# HISTOIRE

DE LA RÉPUBLIQUE

# DE VENISE.

Tome V.

DE L'IMPRIMERIE DE FIRMIN DIDOT,
IMPRIMEUR DU ROI ET DE L'INSTITUT.

# HISTOIRE

DE LA RÉPUBLIQUE

# DE VENISE.

Par P. DARU,
DE L'ACADÉMIE FRANÇAISE.

SECONDE ÉDITION, REVUE ET CORRIGÉE.

TOME CINQUIÈME

A PARIS,

CHEZ FIRMIN DIDOT, PÈRE ET FILS,
LIBRAIRES, RUE JACOB, N° 24.

1821.

# HISTOIRE

DE

# LA RÉPUBLIQUE DE VENISE.

## LIVRE XXXIII.

Guerre de Candie, 1644-1669.

Il est fort difficile d'expliquer pourquoi les Turcs accordèrent si promptement la paix à la république, conservant un profond ressentiment contre elle, et ayant une si belle occasion de satisfaire leur inimitié. On s'exposerait à inspirer peu de confiance, si on avait la prétention de démêler tous les ressorts secrets qui ont amené les résolutions d'une cour mystérieuse, éloignée, où les ministres et les princes se succèdent quel-

I. Les Turcs méditent une attaque contre l'île de Candie. 1644.

quefois avec rapidité, et dont les historiens, d'ailleurs si peu connus de nous, n'admettent presque dans leur récit que les événements militaires, dédaignant même, après avoir raconté une guerre, de faire mention du traité qui la termine. Il est possible que la conduite des Turcs ne fût point le résultat d'un plan : mais, soit qu'il faille attribuer à l'état déplorable de l'armée et de la santé d'Amurat, la facilité de ce prince à se réconcilier avec les Vénitiens ; soit que la politique du divan voulût préparer des coups plus certains, en inspirant plus de sécurité ; soit qu'il fallût une nouvelle guerre à l'ambition d'un ministre, il est constant que celle-ci fut entreprise sans prétexte, et commencée sans déclaration.

Amurat IV était mort. Son frère Ibrahim, qui lui avait succédé, joignait à beaucoup de vices la faiblesse d'esprit, plus dangereuse encore. Ses vices paraissaient ne devoir faire naître des alarmes que dans son empire, et son incapacité rassurait la chrétienté ; mais la fortune lui avait donné un visir entreprenant, qui forma un vaste projet pour l'agrandissement de la puissance ottomane (1).

---

(1) « Abel Urrahim Effendi, étant cadi Laskier, dit un jour en particulier à l'auteur de cet ouvrage, que le feu sul-

Il arriva, en 1644, que les galères de Malte prirent un vaisseau que le sultan envoyait à la Mecque, et une flotte marchande qui allait au

tan Ibrahim était le monarque le plus tranquille du monde, avant toutes ses extravagances, qui firent tant d'éclat; mais que Mehemed Pacha avait été cause d'un changement si extraordinaire : qu'étant dissimulé et flatteur, il n'eut pas plutôt succédé à Mustapha Pacha, enlevé de ce monde par une mort violente, que la crainte d'un pareil sort lui fit porter la flatterie à la dernière extrémité. Sachant combien le sultan était posé et retenu, et lui en ayant un jour demandé la cause, « Mon lala, Mustapha Pacha, répondit-il, me fai-
« sait des leçons de temps en temps, et me reprenait lorsque
« je faisais quelque chose qui n'était pas à faire; mais tu ne
« m'as encore dit aucune parole semblable : d'où vient que tous
« les discours que tu me tiens sont remplis de douceur?» Le grand-visir aussitôt ne manqua pas de jeter son venin « Vous
« êtes, répartit-il, le lieutenant et l'ombre de Dieu sur la
« terre; toutes les pensées qui surviennent à votre entende-
« ment illuminé sont autant de révélations d'en haut; il ne
« peut se rencontrer aucune faute à reprendre dans toutes
« vos paroles ou actions. » Le sultan, qui avait vécu jusque alors dans l'innocence, tint ce discours flatteur et empoisonné pour véritable; et depuis, lorsque ceux qui avaient l'honneur de l'approcher lui faisaient quelques remontrances sur ses actions : « Vos discours, leur disait-il, sont trom-
« peurs, et c'est mon lala qui m'a enseigné à faire ce que je
« fais, » et commença à dire qu'il était infaillible.

(*Annales turques*, traduites par Galland, man. de la Bibl.-du-Roi, n° 10528.)

Caire. Ibrahim, à cette nouvelle, se livra à une telle fureur, qu'il jura d'exterminer le nom chrétien. Les Vénitiens, moins que tous les autres, devaient être responsables des entreprises de l'ordre de Saint-Jean ; car ils n'avaient, dans toute leur noblesse, que deux maisons qui y fussent affiliées, les Cornaro et les Lippomani; encore les membres de ces familles, qui étaient pourvus de commanderies qu'elles-mêmes avaient fondées, étaient-ils obligés d'en jouir à Venise, la république ne leur permettant pas d'aller servir sur les galères de la religion.

Il y avait sur le vaisseau pris par les Maltais une sultane avec un fils qu'elle avait eu d'Ibrahim. Les chevaliers, loin de rendre ces deux prisonniers, qui étaient réclamés vivement, les emmenèrent à Malte. La mère y mourut de douleur, et l'enfant fut confié à des moines, qui en firent un dominicain (1).

Le sultan fit mander devant son visir les ambassadeurs de France et d'Angleterre, le

---

(1) *Nouvelle relation de la ville et république de Venise*, par Freschot, 1$^{re}$ partie. La république n'ayant que deux patriciens agrégés à l'ordre, et les obligeant de résider à Venise, se faisait représenter à Malte par un noble de terre-ferme, chevalier de l'ordre, qui portait le titre d'homme de la république.

baile de Venise et le résident des Provinces-Unies (1); il voulait les rendre responsables de la perte de sa flotte et de la captivité de son fils (2). Ces ministres représentèrent que leurs gouvernements n'y avaient eu aucune part, que l'ordre de Malte était un état indépendant: on leur objecta qu'il se composait de sujets de

---

(1) *Storia civile veneziana*, di Vettor Sandi, lib. 12, cap. 3.

(2) *Voyage de l'armée de France à Candie*, par Des Reaux de la Richardière. « Il n'y a pas long-temps, ajoute l'auteur, que ce prince vint à Paris, où il salua sa majesté très-chrétienne. Cette anecdote m'avait paru fort suspecte; l'histoire turque, que j'ai sous les yeux, ne la rapporte pas. On ne laisse point voyager ainsi les femmes et les fils du grand-seigneur; et en Europe le droit des gens ne permet pas de retenir la femme et le fils d'un souverain avec qui on est en guerre. Cependant une lettre que j'ai trouvée dans le recueil de Michel Justiniani, ne permet pas de douter du fait. Elle est écrite par Antoine Grimani, alors ambassadeur de la république à Rome, au capitaine-général de Candie, François Morosini, sous la date du 15 mai 1668. On y voit qu'on voulait tirer parti de ce jeune sultan, devenu moine, pour faire soulever quelques sujets du grand-seigneur. Voici cette lettre :

Illust. et Eccel. sig. Padron colendis.

La presa fatta da' Maltesi della nave sopra di cui si ritrovava la sultana del defonto Ibrahim col figliolo; fu ( com' all' ecc. v. è ben noto) l'origine lagrimosa della guerra presente. Condotti l'una e l'altro in Malta, quella doppo brevi

toutes les nations chrétiennes, et on fit un reproche particulier aux Vénitiens de ce que les galères maltaises, après cette capture, avaient

---

giorni lasciò la vita; e questi dalla bontà di quei cavalieri honorevolmente educato, fece poi passaggio nella religione de' Padri Predicatori dove ha aggiunto al fregio elevatissimo de' natali quelli della pietà, e delle lettere. Non ha però dentro li claustri perduto li spiriti della sua indole generosa, anzi risolve hora di portarsi con le galere pontificie in coteste parti, e nella congiuntura in cui si vede doppo tanti disagi, esmanili li Turchi di concetto, e di forze, intepedito l'amore de' sudditi, fiacchezza nelle militie, facilità d'inconstanza nella nazione, col beneficio della presenza, con qualche aiuto; che spera dalla Francia, con l'appoggio validissimo dell' Ecc. V. và meditando incontri di gloriosi vantaggi alla Serenissima Republica e al Christianesimo. Applaude S. Santità l'intrapresa, e nè l'ha incorraggita con le più privileggiate benedittioni, e l'Ec. Senato non solo vi aderisce, mà si degna significarmi con sue Ducali di permetterli, quando la fortuna mostrasse, di secondare il disegno, quell' assistenza, che dalla somma virtù dell' E. V. fosse giudicata opportuna. Io resto implorandone il favore dalla divina misericordia, sicuro che il di lei vigilantissimo zelo, non lasciarà strada interotta per promuovere gli acquisti alla fede, le vittorie alla patria, e l'eternità al proprio nome. Mi confermo con distintissimo ossequio. Roma li 15 maggio 1668.

D. V. Ec.

Devotiss. et obligatiss. suo servit.

Antonio Grimani.

mouillé sur les côtes de Candie. Il ne fut pas difficile au baile d'expliquer que cette circonstance ne prouvait aucune connivence de la part de la république, et le ministre ottoman voulut bien paraître satisfait de cette explication.

Le visir Mehemed profita de l'irritation de son maître, pour lui proposer, non la destruction de Malte, devant laquelle les forces ottomanes avaient échoué il n'y avait pas un siècle, mais la conquête de Candie. Il n'y avait point de comparaison entre un rocher stérile et un royaume de soixante lieues d'étendue, situé de manière à fermer l'Archipel et à dominer la mer de Syrie, ayant plusieurs ports, des villes importantes, un riche territoire, et une population de plus de deux cent mille habitants.

Cette île, celle de Standia, qui n'en est distante que de cinq ou six lieues, et quelques autres plus éloignées, étaient tout ce qui restait aux Vénitiens du partage de l'empire d'Orient. Candie leur avait coûté des sommes immenses et des flots de sang; mais, après plus de vingt révoltes, elle était soumise et même tranquille, car elle ne pouvait pas desirer de passer sous la domination des Turcs.

Ceux-ci devaient, au contraire, la convoiter avidement : ils conçurent l'espérance de la surprendre; et cependant, comme ils connaissaient l'importance et la difficulté de l'entreprise, ils firent des préparatifs immenses pour en assurer le succès.

On les vit rassembler dans leurs ports une grande flotte et une armée. Cet appareil devait inspirer des inquiétudes; mais la colère du sultan contre l'ordre de Malte en expliquait hautement l'objet. Le ministre de Venise demanda cependant à cet égard une déclaration officielle. La réponse fut non-seulement rassurante, mais affectueuse, accompagnée de serments et de ces procédés qui pouvaient faire prendre le change au gouvernement de la république. On ajouta que sa hautesse se flattait que si, dans la traversée, sa flotte avait besoin de quelques rafraîchissements ou de repos, elle trouverait, dans les ports vénitiens, l'accueil qu'on avait droit d'attendre d'une puissance amie.

Le sénat ne se fia pas entièrement à ces protestations; il fit armer à Candie une escadre de vingt-trois galères, et ordonna d'y rassembler les milices de l'île, fort mal organisées, par une suite de la négligence qu'entraîne toujours une longue paix. La cour de France fit part au gouvernement vénitien de quelques soupçons qu'elle avait conçus sur cet armement. Mais une déclaration de guerre officielle, publiée au mois de mars 1645, annonça que la flotte turque allait se diriger contre Malte (1).

Cette flotte sortit des Dardanelles, forte de trois cent quarante-huit galères ou vaisseaux (2), et d'un grand nombre de bâtiments de transport, qui portaient une armée de cinquante mille hommes. Le capitan pacha venait d'être honoré d'une faveur qui annonçait l'importance de l'expédition qui lui était confiée, le sultan l'avait déclaré son gendre. Voici ce que l'ambassadeur de France à Venise écrivait à sa cour, le 13 juin : « L'armée du Turc est assurément à Scio : on la tient composée de plus de trois cents voiles de toutes sortes. Jusque ici, le dessein n'en a pu être pénétré ; néanmoins, soit que l'on se flatte en ce que l'on désire, ou qu'en effet il soit vrai, l'on croit ici que le grand-visir a assuré le baile,

II.
Départ de la flotte turque.
1645.

---

(1) Le dimanche 4 de la lune de Rabi el ewel, le sultan étant assis sur son trône, et ayant déclaré de bouche que cette expédition était pour l'île de Malte, la flotte passa en sa présence au bruit de l'artillerie, fit voile et prit la route de l'île de Sakiz (Scio).

(*Annales turques*, trad. par Galland.)

(2) Correspondance de M. de Gremonville, ambassadeur de France à Venise. Lettre du 22 juillet 1645. Manuscrit de la Bibl.-du-Roi, n° $\frac{1121}{1127}$ — 743.

que la république n'avait rien à craindre du grand-seigneur, pourvu qu'elle ne donnât aucun secours aux autres princes chrétiens qu'il pourrait attaquer. Il en a coûté pour cela quelques sequins qu'elle a répandus dans les mains des principaux du conseil. Il passe pour constant que cette armée devait être toute assemblée à Navarrins pour le dernier du passé, et ensuite s'acheminer où elle est destinée; tout le monde croit qu'elle en veut à la Sicile. »

Un mois plus tard il ajoutait : « Les avis reçus du Levant mettent ces seigneurs en grande inquiétude, et d'autant plus qu'ils semblent passer tout d'un coup de la confiance au péril. La résolution que le grand-seigneur semble faire paraître maintenant d'en vouloir à leurs états, se trouvant absolument contraire aux paroles que ses ministres avaient données à ceux de la république, il ne se peut qu'elle ne soit, en quelque sorte, surprise. L'on parle publiquement comme si la république devait être attaquée en ses états. Le principal corps de l'armée turquesque est à l'île de la Sapience, assez proche de Zante. On croit qu'elle se saisira du port de Sainte-Croix, qui appartient à la république de Raguse; et comme ce serait déja prendre pied dans le golfe, duquel ces seigneurs sont si ja-

loux, ils redoublent aussi leurs inquiétudes (1). »
Quelques jours après, les appréhensions étaient
un peu diminuées. On voit qu'on était fort incertain à Venise sur la destination de cette
flotte formidable. Elle passa devant la petite île
de Tine, et y reçut des Vénitiens tous les rafraîchissements qu'elle y fit demander. Quand le
grand-visir jugea qu'elle devait être à la hauteur *Le baile de Venise est arrêté à Constantinople.*
de Candie, il fit arrêter le baile de Venise, et
déroula une série de prétendus griefs que l'empire ottoman avait contre la république.

On ne savait pas encore dans la capitale cette *Les Turcs débarquent à Candie.*
arrestation, lorsqu'on apprit que, le 24 juin,
cette armée de cinquante mille hommes avait
pris terre à la pointe occidentale de l'île, près
de la Canée, qu'elle était commandée par le capitan pacha Jussuf, qu'immédiatement après le
débarquement elle s'était portée sur un petit
poste appelé le fort Saint-Théodore, dont le
commandant, Blaise Juliani, dans l'impossibilité
de se défendre, avait pris le parti de se faire sauter, avec sa garnison et les Turcs qui venaient
l'assaillir; on rapportait que le quartier-général
du capitan pacha était à Casal-Galata, que son

---

(1) Correspondance de M. de Gremonville, lettres des 3
et 10 juin, 4 et 8 juillet 1645.

armée ravageait la campagne et investissait la Canée, place en assez mauvais état, où le gouverneur de l'île avait jeté à la hâte, deux ou trois mille hommes de milices.

<small>III.
État
de cette île.</small>
Voici quelle était alors la situation militaire de l'île. On y comptait sept points fortifiés, tous sur la côte septentrionale. Les Grabuses étaient des châteaux situés dans des îles qui touchent le cap le plus occidental; de là, en se dirigeant vers l'est et en côtoyant la mer on arrivait à la Canée; cette place était déja vivement attaquée. Tout près de la Canée, au fond d'un golfe qui s'avance beaucoup dans les terres, était le port de la Suda. C'était là que se trouvait la flotte vénitienne, composée de vingt et quelques galères et de treize vaisseaux, sous les ordres d'Antoine Capello. Cet amiral, stationné à quelques lieues de l'armée turque, sentait qu'il ne pouvait, ni se commettre contre des forces si supérieures, ni se jeter dans la Canée, comme il en était vivement sollicité; parce qu'il aurait couru le risque d'y être bloqué, et que la flotte aurait subi le sort de la place, ou au moins serait devenue inutile. Plus loin, en tirant vers l'orient, était Rettimo; à droite de Rettimo, Candie, la capitale de l'île, résidence du gouverneur André Cornaro, qui rassemblait à la hâte quelques moyens de défense. Vis-à-vis

le port de Candie, à cinq ou six lieues en mer, était la petite île de Standia, qui offrait un poste avancé, un bon mouillage et un port meilleur que celui de Candie, à l'extrémité d'un cap, la forteresse de Spina-Longa s'avançait au loin dans la mer : enfin, à la pointe orientale de l'île étaient la place et le port de Settia. On voit que les deux chefs militaires de la colonie, le gouverneur et l'amiral, se trouvaient assez loin l'un de l'autre, et ayant pour objet principal, l'un la défense du pays, l'autre la conservation de son escadre.

Le peuple était mal affectionné, ayant eu à se plaindre dans ces derniers temps de quelques gouverneurs (1).

A la nouvelle d'une agression si inattendue, on fut à Venise consterné du danger, mais surtout honteux de s'être laissé tromper. Il y eut dans le sénat des avis pour renoncer à la défense de l'île (2). Cependant ce qui restait d'esprit national dans la métropole se manifesta par des sacrifices pécuniaires. Le patriarche, Jean-François Morosini, en donna l'exemple. Le clergé

IV.
Préparatifs de défense des Vénitiens.

---

(1) Correspondance de M. de Gremonville, lettre du 15 juillet 1645.
(2) *Ibid.*

et les autres ordres de citoyens, s'empressèrent de contribuer aux efforts du gouvernement, pour sauver la plus précieuse de leurs colonies. On leva des troupes; on mit en armement tout ce qu'on avait de vaisseaux; on en fit acheter à Livourne, à Gênes. Le grand-duc de Toscane permit de faire des levées dans ses états. On envoya des forces dans la Dalmatie, pour défendre cette province, ou pour opérer une diversion sur les terres des Turcs. Le sénat appela toutes les puissances étrangères au secours d'une île qu'on croyait le boulevard de la chrétienté; mais il n'y avait que de médiocres efforts à en attendre. L'empire était dans le trouble. La France, qui voyait commencer la guerre de la Fronde, et qui ne voulait pas rompre son alliance avec la Porte, n'offrit qu'un subside de cent mille écus donnés très-secrètement (1).

---

(1) Correspondance de M. de Gremonville. Lettre du 2 septembre et du 11 novembre 1645. « Je veux vous écrire une chose que vous savez peut-être mieux que moi; qui est qu'on a remis ici de France, en lettres-de-change, cent mille écus. Beaucoup croient que c'est la reine qui les fait donner secrètement à ces messieurs, et je ne puis pas être de cet avis, puisque vous ne m'en avez rien mandé; mais ce qui est constant, c'est qu'ils viennent de M. le cardinal Mazarin. Savoir si c'est en don ou en prêt, c'est ce que je n'ai pu pénétrer. Quoi qu'il en soit, l'argent est sorti de France; je

L'Espagne faisait de fastueuses promesses. Les Hollandais permirent à la république de fréter

___

suis bien assuré que S. E. ne l'a pas tiré des revenus de sa maison en Sicile. Voilà de belles libéralités, desquelles on ne saura guère de gré à ceux aux dépens desquels elles sont faites. »

Cette lettre, comme on voit, n'est pas d'un partisan de Mazarin; voici celle que le cardinal lui-même écrivait à la république, en lui envoyant ce secours. Je la transcris en italien, telle qu'elle est rapportée dans la collection des lettres de l'abbé Michel Justiniani. On peut juger par cette lettre, et sur-tout par la réponse, où il n'est pas dit un mot du roi, que le ministre envoyait ce subside comme son offrande personnelle.

*Del cardinale Giulio Mazarini alla sereniss. repubblica di Venetia.*

È così nobile e gloriosa la risolutione che cotesta serenissima repubblica hà presa di continuare la guerra più tosto che di comprare la pace a conditioni ingiuste, e vergognose, che quando i caratteri ch'io porto et il pericolo, che sovrasta alla Christianità tutta, non obligassero di concorrere con gli altri alla conservatione de' stati di V. Serenità, la veneratione mia per cotesto eccelso senato sarebbe sola bastante à farmi impiegare volontieri ogni mio havere per secondare i suoi magnanimi e generosi pensieri. Hò comprobato questi miei sentimenti al Sig. Francesco Giustiniani, ambasciatore di V. Serenità, con l'offerta ch'io gli hò fatto di sei grossi vascelli da guerra forniti et armati di tutto punto per servire nel corso di questo anno : mà come S. Eccellenza hà mostrato, che costì sa-

leurs vaisseaux à ses dépens. Il n'y eut que les puissances d'Italie, le pape, le grand-duc de

rebbe più gradita qualche somma di danaro invece di detti vascelli, io di buona voglia gli hò commutati in cento mila scudi, somma molto minore di quella che darei, se questi tempi calamitosi mi permettessero di fare davvantaggio. Supplico V. Serenità di riconoscere in questo piccolo sussidio solo l'affetto, e il zelo, e di credere ch'io mi rammarico infinitamente che tutte le diligenze e facilità ch'il Rè ha voluto contribuire alla pace, non habbiano trovata quella corrispondenza ch'ogni ragione obbligava di credere, e che S. Maestà particolarmente desiderava, per haver campo di testificare con autentiche prove la parte che la Maestà sua prende negl'interessi di cotesta serenissima repubblica, della cui antica e sincera amicitia ha fatto, e farà sempre questa corona la dovuta stima, come io le conserverò sempre una divota e partialissima osservanza, etc.

Di Parigi 19 aprile 1658.

*Della repubblica di Venetia al cardinal Mazarini.*

Illustrissime et reverendissime in Christo Pater. Conspicua apparisce la pietà e il zelo di V. S. Illustriss. e Rev. per il servitio del signore Dio, non meno che l'ottima partiale dispostissima sua volontà verso la repubblica nostra mentre ha voluto con atti di sopra grande generosità comprobarlo, facendoci godere l'effettive sue assistenze con il pronto sborso di 100 mila scudi, nel tempo del maggior pubblico bisogno, per l'accidente molesto accaduto alla nostra armata, come distintamente intenderà dall'ambasciatore nostro Giustiniani. Il senato sì come pienamente gradisce li testimonj molto vivi della cordialità di V. S. Illustrissima e

Toscane, et l'ordre de Malte (1), qui, en se réunissant à l'Espagne, fournirent une flotte de vingt galères.

---

Rev. così non tralascia di attestargliene con svisceratezza d'affetto le corrispondenti obligationi, accertandola, che oltre la memoria, che molto distinta ne conserverà, di particolar godimento riusciranno le aperture tutte, che valer possino à testificargliene con effetti equivalenti, la conveniente gratitudine; et à V. S. Ill. et Rev. auguriamo da dio signore gl' incrementi delle maggiori prosperità.

Datæ in nostro Ducali Palatio die xj maij indictione xj. M. DC. LVIII.

        Joannes Pisauro, Dei gratia dux
          Venetiarum, etc.
            Giulio-Cesare Alberti, sec.

(1) Voici l'extrait d'une dépêche de l'ambassadeur de France qui était alors à Venise : elle explique assez bien les dispositions des diverses puissances. « Un des plus grands et des principaux remèdes que cherchent ces messieurs contre le mal qui les menace, est dans le secours des princes de la chrétienté, qu'ils prétendent unir à leur défense; en quoi je vous avoue que je les trouve admirables d'en parler de la façon qu'ils font. Il leur semble que toute la chrétienté doive faire une croisade en leur faveur, et cependant il est bien vrai que, lorsqu'on croyoit que Malte pouvoit être attaquée, ils disoient que ceux de la religion le méritoient bien, pour s'être attiré volontairement cet orage : et pour ce qui étoit de la Sicile, que l'on a cru constamment devoir être attaquée, jamais les ministres d'Espagne n'ont pu tirer autre chose de ces gens-là, que la promesse de

V.
Prise de
la Canée.
1645.

Pendant qu'on s'occupait à Venise de ces pré-
leurs offices auprès du roi, pour le convier à la paix ou à
une suspension d'armes : mais, après tout, il ne faut pas
abandonner la cause de Dieu et la protection des fidèles.

« Je ne doute pas que vous ne soyez averti des diligences
qu'ils font auprès du pape, pour ménager quelque ligue
entre le pape, le grand-duc, la république de Gênes et eux.
On dit aussi qu'ils voudroient tirer les Espagnols et faire
une ligue semblable à celle de Pie V, lors de la bataille de
Lépante. Les spéculatifs d'Italie disent que les Espagnols
font aussi leurs efforts, mais avec une fin différente, pour
former cette union, laquelle ils prétendroient enfin tourner
à notre dommage.

« Comme il y auroit de l'impertinence à douter de la mauvaise volonté des Espagnols, il y auroit aussi, ce me semble,
trop de facilité de se laisser persuader qu'en l'état auquel
sont les choses, ces messieurs en osassent entreprendre aucune qui pût offenser la France. Ils reconnoissent bien que
nous sommes les arbitres de la chrétienté, et qu'il n'y a
que la force de notre bras, qui puisse soutenir leurs affaires et les empêcher de la chûte. Il est bien vrai que nos
grandes prospérités leur donnoient de la jalousie ; mais
aussi leur donnoient-elles de la crainte en même temps,
laquelle ils tourneront présentement en prières, pour obtenir de la France quelque protection. Sur quoi je vous prierai de trouver bon que je vous fasse un peu souvenir de
l'humeur des gens avec lesquels nous avons à traiter.

« Ils ne marchent pas avec la franchise et la générosité
naturelles à notre nation. Si nous nous trouvions dans un
rencontre comme celui auquel ils sont, où nous eussions
besoin d'eux, comme ils ont de nous, ils ne nous le donne-

paratifs, le sort de la Canée était décidé. Le

roient pas gratuitement, mais sauroient bien profiter quelque avantage pour eux.

« L'on tient déja pour constant qu'ils ont assurance du pape d'être assistés, et qu'il presse les Génois d'entrer en ligue avec eux, à quoi l'on dit qu'ils le laissent entendre en quelque sorte pourvu que Venise ne s'oppose point à la prétention qu'ils poursuivent à Rome de la *sala regia*, et néanmoins le cardinal Grimaldi me mande qu'il se trouve beaucoup de difficulté à cette union des Génois.

« Pour M. le grand-duc, il a dessein de les servir, et a offert déja ses galères et ses vaisseaux de fort bonne grace.

« Le duc de Parme est toujours ici, et je n'ai pas pu pénétrer jusqu'à présent que l'on ait fait grand compte des offres qu'il a faites de sa personne et de ses troupes ; son humeur est réputée incompatible et ses troupes très-foibles.

« C'est une chose assez plaisante de voir ces gens-ci réduits à mendier le secours de ceux de Malte, qu'ils avoient publié hautement devoir être abandonnés au juste ressentiment du Turc, qu'ils avoient provoqué par une piraterie manifeste, et cependant ils envoient un de leurs secrétaires, pour demander à leur maître les hommes qu'ils peuvent avoir de superflu, qu'ils offrent de bien payer, demandant aussi les galères de la religion.

« La république, ne voulant laisser aucune chose en arrière, dépêche en Pologne le sieur Tiepolo, lequel y a été autrefois ambassadeur et en grande familiarité auprès du roi, pour essayer de le porter à quelque diversion, en lui offrant, pour cet effet, des sommes considérables.

« Il n'y a de sorte de moyens dont ces messieurs ne se ser-

siége, poussé avec moins d'art que de vigueur (1), avait duré cinquante-sept jours; aussi les généraux turcs, en multipliant les assauts, voyaient-ils les fossés comblés par les cadavres de leurs soldats. On dit qu'ils perdirent, devant cette place, près de vingt mille hommes. Les assiégés, après une si longue résistance, trouvèrent encore des forces pour soutenir un dernier assaut; il eut lieu le 17 août. On faisait dans ce temps-là un grand usage de la mine dans l'attaque et la défense des places. Les Turcs en firent jouer une qui renversa une partie du rempart. On

---

vent pour en trouver, tant par imposition sur leurs sujets que par les grands emprunts qu'ils font. L'on m'assure que le crédit ne leur manquera pas, et que tout l'argent de Gênes et de Rome coulera bien fort ici : sur quoi je vous prierai de considérer quel avantage c'est aux princes de conserver la foi publique : ces gens-ci, qui n'ont rien auprès de nous, trouvent du crédit hors de leur état tant qu'ils en veulent, et nous n'en pouvons pas trouver dans les bourses de nos propres sujets. »

(Correspondance de M. de Gremonville. Lettre du 15 juillet 1645.)

(1) « Véritablement ils ont fait une longue résistance dans une mauvaise place, et quelque braves gens qu'ils puissent être, sans rien ôter à leur honneur, on peut dire qu'ils ont été bien mal attaqués. »

(Lettre de M. de Gremonville, du 16 septembre 1645.)

combattit sur la brèche pendant sept heures ; mais ce dernier effort épuisa les moyens d'une faible garnison, dont toute la population, les prêtres, les femmes mêmes, avaient partagé les travaux. Elle capitula, sortit de la place, le 22, avec tous les honneurs de la guerre, et alla se joindre, dans le port de la Suda, aux forces vénitiennes qui s'y trouvaient. Ceux des habitants qui ne purent se décider à s'expatrier, éprouvèrent combien il est dangereux de se fier à la foi des Turcs.

Tant que la Canée avait tenu, on avait dit qu'elle était le boulevard du royaume; il y avait une fâcheuse conséquence à tirer de sa reddition. Cette conquête donnait aux Turcs trois cents soixante pièces de canon (1); un point d'appui pour leur armée répandue dans l'île, et un port pour l'alimenter d'hommes et de munitions. Afin d'être à portée d'y envoyer des renforts, ils établirent leurs dépôts de recrues et d'approvisionnements dans la presqu'île de la Morée, qui est voisine de la pointe occidentale de l'île de Candie. La flotte vénitienne, sortie du golfe, opéra, de l'autre côté de la Morée, une descente, dont le succès se réduisit au sac de la ville de Patras ;

---

(1) *Ibid*. Lettre du 23 octobre 1645.

mais on ne pouvait plus espérer d'attirer, par des diversions, les ennemis hors de Candie, ni de les voir se rebuter par la longueur et les difficultés de l'entreprise. Ils étaient désormais établis dans l'île : ils se disposaient à y renforcer leur armée : on allait avoir une guerre à soutenir, et un royaume à disputer, contre une nation conquérante.

<small>VI. Mesures de finance; la noblesse et les dignités mises en vente.</small>

La prévoyance du gouvernement vénitien s'attacha à préparer les moyens d'une longue résistance, en s'assurant d'avance les capitaux que cette guerre allait consommer. Les expédients auxquels on eut recours auraient fait croire que ce gouvernement n'avait pas alors un trésor à sa disposition. Le pape accorda des décimes sur les revenus du clergé (1). On obligea non-seulement les particuliers, mais les établissements publics, civils et religieux, à faire la déclaration

---

(1) *Storia civile* di Vettor Sandi, lib. 11, cap. 6. A ce sujet il y a une réflexion assez curieuse de l'ambassadeur de France, Gremonville; lettre à M. de Brienne, du 17 mars 1646. « Le pape, dit-il, a accordé, à ce que l'on m'assure, une levée de cinq cent mille francs, à prendre, en une année, sur les ecclésiastiques de cet état, lesquels, cela étant, auront à payer cette année, avec leurs décimes ordinaires, plus de soixante pour cent de leurs revenus : *si vostre clergé de France vous en bailloit autant, il y auroit de quoi continuer la guerre pendant plusieurs années.* »

de tous les effets d'or ou d'argent qu'ils possédaient (1), et à en déposer les trois quarts à la monnaie (2). L'entrée des assemblées d'état fut ouverte pour deux cents ducats aux nobles de dix-huit ans, et on vit une irruption de deux cents jeunes gens dans le grand conseil (3). On demanda à quelques provinces de fournir des galères, en en promettant le commandement à des nobles de terre-ferme. On ouvrit un emprunt à sept

---

(1) Il y a déja quelque temps, ainsi que je vous l'ai mandé, qu'il a été ordonné que chaque père de famille viendrait déclarer au vrai, sur peine de confiscation, la quantité d'argenterie qu'il a dans sa maison. Depuis lors on a aussi obligé les monastères à faire la même déclaration, ce qui semble fort étrange, et dont un autre pape que celui-ci ferait sans doute beaucoup de bruit. » *Ibid.*

(2) *Storia civile veneziana* di Vettor Sandi, lib. 12, cap. 3.

(3) On embrasse ici toutes sortes de moyens de faire de l'argent, et il a été résolu que les gentilshommes vénitiens, lesquels ne pouvaient entrer dans le grand conseil qu'à vingt-cinq ans, y auraient entrée à dix-huit, en payant deux cents ducats, et que, pour les fonctions dont on n'était capable qu'à quarante ans, l'on pourra les exercer à trente, en payant huit cents ducats. Mais la république a beau chercher des moyens pour avoir de l'argent, elle en trouvera encore plus à le dépenser.

( *Lettre de M. de Gremonville*, du 23 octobre 1645. )

pour cent d'intérêt perpétuel, et à quatorze pour cent en viager (1) On offrit la dignité de procurateur de Saint-Marc à qui voudrait enchérir sur la mise à prix de vingt-cinq mille ducats (2), et il se trouva tant de riches vaniteux, qu'on en vint jusqu'à créer plus de quarante de ces places, quoique le prix en eût été porté, par les concurrents, au quadruple de ce qu'on en avait primitivement demandé. Ce prix était pour les anciennes familles moitié moindre que pour les nouvelles (3), distinction tout-à-fait con-

---

(1) *Ibid.* Lettre du 28 octobre 1645.

(2) *Storia civile veneziana* di Vettor Sandi, lib. 12, cap. 3.

(3) « Depuis la dernière guerre contre le Turc, à cause « du besoing de la république, on avoit trouvé expédient de « faire des procurateurs par argent, moyennant vingt-mille « ducats pour les coffres du public, et cinq mille ducats en « distribution de plusieurs pains de sucre, à la noblesse.

« Le nombre desdits procurateurs n'est pas limité; à pré-« sent il y en a trente-six, et quoy qu'il en meure de ceux-« cy on n'en fait pas à leur place.

« Il est à savoir qu'aux nobles faits par argent, qui ont « voulu avoir cette dignité, il en a cousté le double des au-« tres nobles de famille ancienne; car on a voulu que ceux-« cy fussent distingués, et en effet ces nouveaux nobles ne « parviennent en aucune charge considérable. Il n'y en a « eu que deux qui ont eu l'ambition de se faire procurateurs; « l'un estoit avocat, qui s'appeloit Finy, de race Cypre, gen-

traire à l'essence de cette république, et à l'égalité constitutionnelle du patriciat. Quand on vit les dignités mises à l'encan parmi les nobles, les plébéiens marchandèrent la noblesse. Il fut proposé dans le conseil de mettre un prix au patriciat. Quatre citadins en offraient cent mille ducats, dont soixante mille en pur don, et quarante mille en prêt (1).

« Quoi! s'écria l'un des avocats de la commune,
« Ange Michele, quoi! la patrie serait-elle assez
« malheureuse pour que son salut dépendît d'une
« somme de quatre cent mille ducats? Serions-
« nous dans l'alternative de périr ou de sacrifier,
« pour un si faible secours, notre antique con-
« stitution? Vous altérez l'essence de ce gouver-
« nement en mettant le patriciat à l'enchère;
« est-ce guérir le mal que de gangréner le corps

―――

« tilhomme qui avait tant d'intrigue et tant d'adresse et de
« richesses, qu'il aspiroit à estre doge, et on s'est repenti plu-
« sieurs fois de l'avoir créé procurateur; car c'estoit un grand
« politique, et par de certaines manières agréables qu'il avoit,
« il attiroit les gens les plus sensés à son party, et lorsqu'il
« haranguoit dans le prégady, il étoit admiré et estimé d'un
« chacun. » ( *De l'estat présent de la république de Venise*, etc. par H. D. V. chevalier de l'ordre de Saint-Michel; manuscrit de la Bibl.-du-Roi, n° 10465.)

(1) *Storia civile veneziana* di Vettor Sandi, lib. xii, cap. 3, art. 2.

« politique? Est-il d'un gouvernement sage de
« faire entrevoir aux ambitieux plus de chances
« dans les temps de détresse que dans les temps
« de prospérité? Comment voulez-vous que le
« peuple respecte le pouvoir, dans les mains de
« ceux que naguère il voyait les compagnons de
« ses travaux et peut-être de ses vices? Vous
« avez besoin d'argent? eh bien! vendez vos fils,
« mais ne vendez jamais la noblesse (1). » Jacques Marcello, membre du conseil du doge, répondit (2) que ce n'était point dénaturer la constitution de la république que d'imiter ce qu'elle avait déjà fait avec succès, et que, quand cet exemple antérieur n'existerait pas, il faudrait le donner. Dans un état qui affiliait si souvent des étrangers à son ordre équestre, et pour de si légers services, il fallait bien se garder d'ôter aux citoyens l'espérance d'y parvenir. On avait eu à se féliciter, pendant la guerre de Chiozza, d'avoir excité cette noble émulation. Les circonstances actuelles n'exigeaient pas de moindres efforts. Il n'était pas raisonnable de

---

(1) Ce discours d'Ange Micheli et celui de Jacques Marcello, se trouvent dans un manuscrit des affaires étrangères intitulé : *Raccolta di cose varie per interessi della republica Veneta in-4°.*

(2) *Ibid.*

s'exposer à perdre le royaume de Candie pour persister dans la vanité de ne point admettre ses sujets au rang de ses égaux. Parmi les sujets de la république, il y en avait de si considérables, par leur mérite, leur fortune et l'ancienneté de leurs familles, qu'ils pouvaient bien se comparer, sans présomption, à beaucoup de ces étrangers admis si facilement aux honneurs du patriciat. Le premier principe de l'aristocratie était que l'ordre équestre fût nombreux, et comme l'affiliation des étrangers n'était guère qu'une fiction, il fallait bien le recruter de nationaux. Enfin la guerre actuelle avait, dès la première campagne, épuisé les finances, et il valait mieux se résoudre à partager la domination que s'exposer à la perdre. Puisqu'on aimait à citer les Romains, on devait se souvenir qu'ils accordaient, sans difficulté, le droit de citoyen à des nations entières, à des peuples vaincus.

Tout cela pouvait être vrai, si la question n'eût été de donner la noblesse pour cent mille ducats. L'exemple de la guerre de Chiozza n'autorisait point ce qu'on proposait. Dans cette guerre, on n'avait point offert la noblesse à tel prix ; on l'avait promise aux trente citoyens qui auraient le mieux servi la patrie, et certainement il est impossible de concevoir une manière plus noble d'y parvenir. Le choix avait été fait, après la paix obtenue, parmi tous les citoyens de l'état : plus il y en avait d'obscurs, plus l'impartialité et la bonté de ce choix étaient constatées. Les trente noms qu'on inscrivit alors au livre-d'or ajoutèrent à son éclat; mais ici c'était à l'approche du danger qu'on offrait, comme une marchandise, ce qui jadis avait été donné comme une récompense.

Quoi qu'il en soit, la proposition fut admise dans le sénat, dès le mois de février 1645, et le grand conseil la sanctionna après la perte de la Canée. Voici quel fut le décret (1) : On publia que, parmi les citadins et autres sujets, qui, dans le délai d'un mois, offriraient de payer, pendant un an, la solde de mille soldats, et qui, pour cet effet, verseraient dans le trésor la somme de soixante mille ducats vénitiens, on en choisirait cinq, pour être élevés au rang des familles patriciennes. On admit à concourir à ces cinq choix les étrangers qui s'engageraient à entretenir douze cents soldats, c'est-à-dire à payer soixante-dix mille ducats.

Le choix devait être fait par le grand conseil à la pluralité des suffrages (2).

---

(1) *Ibid.*

(2) Il y a à la Bibl.-du-Roi, sous le n° 9967, un manuscrit in-f°; qui contient dix-neuf soumissions, présentées

On n'exigeait des prétendants que ces conditions; d'être nés d'un mariage légitime, et de prouver que ni eux-mêmes, ni leur père, ni leur aïeul, n'avaient exercé de profession mécanique.

Une clause assez remarquable de ce décret, c'est qu'on y classa les nations étrangères, suivant le degré de préférence dont elles paraissaient susceptibles, d'après leur religion et leurs anciens rapports avec la nation vénitienne. « La « magnifique et royale nation grecque, disait-« on, sera préférée, comme ayant long-temps « tenu le sceptre, et comme ayant bien mérité « de la république. Parmi les peuples d'Italie, « nul ne pourra être admis à la concurrence, « qu'en justifiant de toutes les conditions « qu'exige la dignité de la noblesse vénitienne. « La nation allemande sera assimilée à la na-« tion grecque. Les Français, les Espagnols, les « Anglais, seront admissibles aux mêmes con-« ditions. Mais les Juifs, les Turcs, les Sarra-« sins, ne pourront concourir, ni pour une

---

par ceux qui aspiraient au patriciat, et les décrets d'admission. Ce manuscrit est intitulé : *Registro delle suppliche per occasione di offerte fatte da diverse case a questa serenissima repubblica, nelli urgenti bisogni, per la guerra contra il Turco, nel regno di Candia, etc.*

« somme quelconque, ni même en alléguant des
« services rendus; et quiconque proposerait un
« choix dans une de ces trois dernières classes,
« sera puni du bannissement perpétuel, et de la
« confiscation de ses biens. »

On vient de voir qu'on avait décrété seulement l'élévation de cinq familles; mais quand on s'est mis à vendre des graces pour de l'argent, ce n'est point une inconséquence d'en vendre tant qu'il se trouve des gens en état de payer. Au lieu de cinq patriciens à créer, on en admit quatre-vingts; on baissa même le prix de cette faveur. Le trésor public se grossit d'une somme de huit millions de ducats, et il fut constaté que le titre de noble vénitien ne valait que tel prix. Mais il n'y a de grands honneurs que ceux qui passent pour inestimables.

VII. Fin de la campagne de 1645. Pouvoirs donnés au généralissime.

Pendant qu'on prenait ces mesures de finance, on avait armé une flotte : vingt-une galères des princes d'Italie étaient arrivées à la fin du mois d'août, pour la renforcer, et le cardinal Mazarin offrait le concours de l'armée navale de France, sous des conditions qu'il se flattait apparemment qu'on n'accepterait pas (1) : ce secours se réduisit à trois brûlots.

---

(1) « Je ne vous dirai autre chose sur la belle proposition qui a été faite par M. le cardinal Mazarin à l'ambassadeur de

On avait eu occasion de s'apercevoir que le partage de l'autorité entre le gouverneur de Candie et l'amiral, nuisait aux opérations défensives. Beaucoup de voix s'élevaient contre le commandant de la flotte, Capello, qui, aussitôt que les Turcs s'étaient approchés de la Suda, était sorti de ce port, et avait conduit ses galères à Settia, c'est-à-dire à l'autre extrémité de l'île. La Suda était investie; Candie allait l'être. Toutes ces considérations déterminèrent le gouvernement à nommer un généralissime. Le choix se fixa sur Jérôme Morosini. Il entra dans le port de la Suda le 4 septembre, ravitailla la place, envoya l'ordre à tout ce qu'il y avait de bâtiments de guerre dans l'île de venir le joindre, et se trouvant à la tête de cent galères ou gros vaisseaux, il sortit pour livrer bataille à l'ennemi. Les contrariétés accidentelles, qui font si souvent manquer les entreprises dans les campagnes de mer,

---

Venise, touchant notre armée navale, pour l'année qui vient, sinon que je suis entièrement dans votre sentiment, et que quand on a fait cette grande avance, l'on n'a pas cru qu'elle put avoir d'effet, à cause de la condition avec laquelle elle étoit offerte; mais après tout il y a des gens qui tiennent, qu'il n'y a que promettre hardiment, et que l'on ne manque jamais de prétexte pour s'excuser de ne pas acquitter la promesse, principalement en ce qui regarde l'affaire des princes. (Lettre de M. de Cremonville, du 28 octobre 1645.)

empêchèrent que le combat n'eût lieu, et, dès le premier jour d'octobre, les alliés obligèrent l'amiral à y renoncer, en se séparant de la flotte vénitienne, pour aller hiverner dans leurs ports. Il y avait déja de la mésintelligence entre les Vénitiens et leurs auxiliaires; ceux-ci étaient partis mal approvisionnés; après un mois de campagne, le biscuit commençait à leur manquer, et les officiers de la république ne voulurent jamais leur en fournir (1).

Les alliés s'étant séparés, la flotte turque sortit de la Canée, et regagna Constantinople; de sorte que cette campagne se termina, sans que les Vénitiens eussent fait autre chose, qu'augmenter les fortifications et les approvisionnements des places qui leur restaient dans l'île. Le plus difficile était de trouver des soldats; les troupes qui défendaient ces places étaient absolument insuffisantes; les Vénitiens avaient donné des commissions pour la levée de cinquante mille hommes, et il ne leur en arrivait pas dix mille (2), quoique le roi de France leur eût permis de recruter dans ses états. Les peuples de l'île, mécontents de la république, ne témoi-

---

(1) Lettre de M. de Gremonville, du 28 octobre 1645.

(2) *Ibid.* Lettre du 18 novembre 1645.

gnaient pas autant d'aversion qu'on l'avait espéré pour la domination ottomane (1).

Le peu de succès de cette campagne fit sentir encore plus vivement la nécessité d'augmenter l'autorité de celui qui était chargé de la défense de la colonie, non-seulement en mettant à sa disposition les forces de terre et de mer, mais encore en l'investissant de l'autorité civile, comme du pouvoir militaire.

Dans cette grave circonstance, le gouvernement vénitien s'écarta de l'une de ses constantes maximes, qui était de réduire son premier magistrat aux honneurs de la représentation, sans lui laisser aucune autorité personnelle. Les suffrages du grand conseil se réunirent, pour conférer le commandement suprême au doge régnant, François Erizzo. Si son expérience militaire devait inspirer une grande confiance, son âge de quatre-vingts ans pouvait faire douter qu'il se chargeât d'un pareil fardeau. Le scrutin n'était pas encore dépouillé, lorsqu'on s'aperçut du résultat qu'il allait donner ; tous les yeux se tournèrent vers ce vieillard ; on hésitait, par respect, à lui annoncer une semblable mission. Mais lui, d'un air serein, déclara

*Le doge François Erizzo nommé au commandement. Il meurt.*

___
(1) *Ibid.* Lettre du 2 décembre 1645

que son cœur se ranimait, en entrevoyant l'espoir de rendre encore quelques services à la patrie, et qu'il était prêt à lui consacrer le reste de ses forces et ses derniers moments. C'était un exemple de dévouement digne des beaux siècles de la république. Le départ du prince allait décider celui d'un grand nombre de patriciens. Probablement, on aurait fait les plus grands efforts, pour assurer le succès d'une expédition que le chef de l'état devait conduire. La Providence ne lui réservait pas l'honneur de mourir en combattant pour sa patrie; il succomba à sa vieillesse, pendant qu'on faisait les préparatifs de son embarquement. On lui donna pour successeur le procurateur François Molino, dans le dogat, et Jean Capello, dans la place de capitaine-général.

<small>François Molino, doge. 1645.</small>

<small>VIII. Campagne de 1646.</small>
La campagne qu'on allait entreprendre avait deux objets principaux; d'empêcher la chûte des places que les Vénitiens occupaient encore dans l'île, et de reconquérir la Canée. Pour remplir l'un et l'autre objet, il importait d'intercepter tous les secours que les Turcs pouvaient recevoir. Ils tenaient à-peu-près, tout le plat pays, mais ils n'avaient qu'un port. Dans la vue de les priver de tout secours, le généralissime Jérôme Morosini bloquait la Canée; et, afin de rester maître de la mer, il avait envoyé Thomas Moro-

sini, son parent, avec une escadre de vingt-quatre galères, pour fermer les Dardanelles.

Dès qu'on apprit à Constantinople que les Vénitiens se présentaient devant le détroit, le sultan ordonna, avec fureur, à son amiral de forcer le passage. Cinquante-cinq galères turques appareillèrent en effet, mais n'osèrent se hasarder à combattre. Il en coûta la vie au capitan pacha, qui fut décapité. Le port de Constantinople demeura bloqué jusqu'au printemps; c'était le moment où la présence de l'escadre vénitienne était le plus nécessaire dans ces parages; elle fut obligée de les quitter. Ses équipages étaient épuisés par une croisière d'hiver; les renforts qu'elle avait demandés n'arrivaient point, et la flotte ottomane était devenue si nombreuse, que Thomas Morosini ne pouvait plus conserver l'espérance de la refouler dans le détroit. Il leva sa croisière, et laissa le passage libre aux ennemis.

Jean Capello venait de prendre le commandement supérieur de toutes les forces vénitiennes à Candie; mais il n'avait ni l'activité, ni la résolution qu'exigeait une mission de cette importance. On vit, pendant cette campagne, les deux flottes à quelques lieues l'une de l'autre, celle des Turcs dans le port de la Canée, celle des Vénitiens dans le port de la Suda, s'observer sans rien entreprendre de décisif. Elles se présentèrent le combat tour-à-tour, et semblèrent s'être donné le mot pour le refuser. Mais pendant cette inaction des forces maritimes, les Turcs resserraient la place de la Suda, commençaient l'investissement de Rettimo, et la peste ravageait les deux armées, les équipages des deux flottes, et toute la partie occidentale de l'île.

<small>Escadres française et espagnole réunies à la flotte vénitienne.</small> Le seul évènement favorable aux Vénitiens dans cette campagne, fut l'arrivée d'une escadre française de neuf vaisseaux, que le cardinal Mazarin envoya au secours de Candie. Ce fut une singularité remarquable dans cette guerre, que de voir servir comme auxiliaires, dans la même armée, deux escadres, l'une française et l'autre espagnole, quoique ces nations fussent alors ennemies. La république crut reconnaître ce service, en inscrivant le cardinal au nombre de ses patriciens. Depuis que cette qualité était devenue vénale, et accessible à quiconque possédait soixante mille ducats, elle devait peu flatter un premier ministre de France, riche de plus de soixante millions. Ce renfort portait la flotte auxiliaire à trente voiles; mais il est rare qu'on obtienne de ses alliés une coopération vigoureuse, quand le péril n'est pas commun. Ceux-ci trouvaient toujours des prétextes pour arriver tard, et pour se retirer dans leurs ports

aussitôt que la saison de l'hivernage approchait. Cette année se termina encore par un succès pour les troupes ottomanes. Elles emportèrent d'assaut, le 23 novembre 1646, la place de Rettimo. Cette perte indisposa le sénat contre le capitaine-général ; Jean Capello fut rappelé, mis en jugement, condamné à un an de prison, et Baptiste Grimani nommé à sa place.

Prise de Rettimo par les Turcs.

Sous ce nouveau chef la marine vénitienne retrouva son ancienne vigueur. Dès sa première sortie, elle en offrit un exemple mémorable.

Grimani croisait dans l'Archipel : un de ses vaisseaux, que commandait Thomas Morosini, fut séparé de la flotte, en poursuivant des Barbaresques, et jeté, par un coup de vent, à l'entrée de la rade de Négrepont, où la flotte ottomane avait hiverné. Cette flotte avait aussi un nouvel amiral nommé Mousa. Aussitôt que le capitan pacha eut aperçu ce vaisseau, il courut sur lui avec tous ceux de ses bâtiments qui purent appareiller, et Thomas Morosini se trouva, un moment après, environné de quarante-cinq galères. Son feu ralentit la marche de celles qui s'avançaient les premières. Quand elles furent plus rapprochées, il les foudroya avec encore plus de vivacité. Abordé de plusieurs côtés, il parvint à se dégager ; mais ce brave capitaine eut la tête fracassée d'un coup de fusil. Son

IX. Beau combat d'un vaisseau vénitien contre presque toute la flotte ottomane.
1647.

équipage, déterminé à ne pas se rendre, s'acharna au combat. Trois galères ennemies avaient accroché le vaisseau : on combattait sur le pont. Des Turcs avaient déja gagné les hautes manœuvres, et arboraient leur pavillon, lorsqu'on aperçut au large un vaisseau et deux galéasses, portant le pavillon de Saint-Marc, qui accouraient attirés par le bruit du canon. C'était le capitaine-général lui-même, qui, avec ces trois bâtiments, donna dans la flotte turque, la força de lâcher prise, et la canonna jusques dans la rade de Négrepont. Le capitan pacha venait d'être emporté par un boulet; quatre de ses galères, criblées de coups de canon, étaient échouées; tous les Turcs, qui avaient mis le pied sur le vaisseau de Morosini, s'y trouvaient morts ou prisonniers (1). Ce brillant exploit

---

(1) Cet évènement est assez extraordinaire pour qu'on soit curieux d'en confronter le récit avec la version des historiens turcs. Voici ce qu'on lit dans les *Annales turques*, traduites par Galland.

« Le capitan pacha sortit avec toute l'armée navale, le 17 de la lune de Zilhigeh, et prit la route des côtes du pays de Moreh, et étant à la vue d'Egriboz (Négrepont), et ayant découvert un vaisseau ennemi, il l'enveloppa de tous les côtés; mais dans le temps que les musulmans étaient sur le point de s'en emparer, Dieu permit qu'il souffrit le martyre, étant frappé d'une balle de mousquet, dont il mourut

constatait évidemment la supériorité de la marine vénitienne. Le sultan furieux se vengea de cette honte comme se vengent les despotes : il confisqua les biens du capitan pacha tué dans ce combat.

Grimani, ayant rassemblé quarante-un bâtiments, poursuivit les Turcs de station en station, à Négrepont, à Scio, à Mitylène, les obligeant à baisser leurs mâts, pour échapper à sa vue, les attaquant jusques dans leurs rades, les foudroyant jusques dans leurs ports, y pénétrant de vive force au milieu d'eux, et leur enlevant des bâtiments sous le feu des batteries de terre.

Tout cela n'empêchait pas qu'à la faveur de l'obscurité, et de quelques coups de vent, qui écartaient la flotte vénitienne, les vaisseaux turcs ne s'échapassent d'un port pour se réfugier dans un autre, et que le nouveau capitan pacha, Hussein, ne parvînt à jeter des secours et des approvisionnements dans la Canée. Cependant il était bloqué dans le port de Naples de Romanie, et l'armée turque, qui assiégeait

---

sur-le-champ. Sa mort mit le désordre dans l'armée, et les infidèles prirent ce moment, pour échapper des mains des braves musulmans, dont ils ne pouvaient pas échapper sans cet accident. »

les places de l'île ne pouvait pousser que lentement ses opérations. Le général accusait le capitan pacha, tous deux se plaignaient du grand-visir. Ibrahim, sans plus d'information, manda son ministre, et lui plongea de sa main un poignard dans le cœur. Ainsi le promoteur de la guerre de Candie en fut justement une des victimes (1).

Le successeur de Méhémed sentit qu'il y allait de sa tête, s'il ne conduisait les affaires avec plus de succès que son prédécesseur. Il fit sortir une escadre, qui, à la faveur des sinuosités de l'Archipel, échappa aux escadres vénitiennes, rallia les divisions ottomanes éparses dans les diverses stations, entra dans la Canée, y débarqua un renfort de neuf mille hommes, et revint à Constantinople avant l'hiver, n'ayant perdu que deux galères coulées à fond par le canon de l'ennemi.

---

(1) Plusieurs années après, le comte de Cezy, de retour de Constantinople, où il avait été en ambassade, racontait ce trait devant Louis XIV, et quelques autres exemples de la justice des sultans. Il échappa au roi de dire, « Voilà cependant régner. » Le duc de Montausier, qui était présent, se retourna vivement vers l'ambassadeur en lui disant tout haut, « Ajoutez donc qu'on les étrangle. » Louis XIV répara noblement ce moment d'oubli, en nommant gouverneur du dauphin celui qui avait osé dire un mot si sévère.

Pendant cette campagne de 1647, les armes de la république avaient obtenu quelques succès en Dalmatie, quoique les Turcs y entretinssent une armée de vingt mille hommes. Le résultat en avait été, outre la prise de plusieurs petites places, entre autres de la forteresse de Clissa, de déterminer la rebellion d'une peuplade belliqueuse, connue sous le nom des Morlaques. En secouant le joug des Ottomans, elle devint l'utile auxiliaire des Vénitiens (1).

<small>Succès des Vénitiens en Dalmatie.</small>

---

(1) L'auteur des *Annales turques*, en racontant les évènements de la guerre dans la Dalmatie, rapporte un fait qu'on ne lit point dans les historiens vénitiens. « Les infidèles, dit-il, se rendirent maîtres, cette campagne, de la plus grande partie des places du Sangiak de Karka, n'en étant resté que la seule forteresse d'Aiourana au pouvoir des Ottomans, devant laquelle ils mirent encore le siége. Ceux de Sangiak qui purent échapper, se sauvèrent nuds du côté du pays de Bosna, après avoir abandonné leurs femmes et leurs enfants. Le dizdar ( le gouverneur) de Noagra, les spahis d'Obsouchatz et près de quatre cents janissaires furent conduits en esclavage, et les infidèles firent promener leurs femmes nues dans leur camp. Ils transportèrent Cogia Khalil beg, beg de Karka, à Venise, et là, lui ayant dit qu'il ne fallait pas qu'il se présentât les mains vides devant le doge, ils lui mirent une cassette dans les mains, disant que c'était pour faire son présent. Ayant été conduit devant le doge, on l'obligea d'ouvrir la cassette, et ce qu'il y trouva fut la tête de son père. » (*Annales turques* traduites par Galland.)

Cette même année fut signalée en Europe par la conclusion du traité de Munster. Les intérêts qu'on y avait discutés ne touchaient pas immédiatement la république de Venise; mais elle y était intervenue comme médiatrice, et elle eut la gloire de concourir à faire reconnaître les droits des princes de l'empire, et l'indépendance de la Hollande.

X.
Campagne de 1648.

Le commencement de la campagne de 1648 fut marqué par un désastre. Cette flotte victorieuse, qui, sous les ordres de Grimani, avait poursuivi si long-temps l'armée turque, et qu'il conduisait alors vers le détroit des Dardanelles, pour le bloquer, fut assaillie d'une si furieuse tempête, que vingt-huit bâtiments, parmi lesquels était le vaisseau amiral, furent abymés dans les flots, et périrent avec tous ceux qui les montaient. Le reste, consistant en six galères, cinq galéasses, et dix-huit vaisseaux, errait sur l'Archipel : Bernard Morosini les rallia, en prit le commandement, renvoya vers Candie les bâtiments hors d'état de tenir la mer, et, fidèle aux ordres du généralissime, qui n'était plus, se rendit à la station qui lui avait été assignée, sans comparer ses forces à celles de l'armée ottomane. Il arriva aux Dardanelles, pendant que Constantinople se réjouissait de la perte de la flotte vénitienne. Son apparition subite fit d'autant plus d'impression qu'elle était moins attendue. Le capitan pacha se présenta avec quarante galères pour forcer le passage. Les Vénitiens l'obligèrent de rentrer honteusement dans le port, où le sultan lui fit trancher la tête (1).

Louis-Léonard Moncenigo fut envoyé à Candie, pour y remplacer le brave Grimani. Les Turcs s'étaient approchés de la capitale, depuis la conquête de Rettimo. Leur armée avait alors trois stations principales : elle gardait la Canée, elle assiégeait la Suda, devant les portes de laquelle elle avait élevé trois pyramides de cinq mille têtes de chrétiens (2), et elle commençait l'investissement de Candie. Pour les empêcher de recevoir des renforts, il ne suffisait pas de fermer le passage des Dardanelles, il fallait écarter des attérages de l'île une multitude de bâtiments, qui, sortant de tous les ports de l'Archipel et de la Morée, venaient jeter dans la Canée des

---

(1) « L'armée des galères partit du port, et vint au détroit; mais en y arrivant, il se trouva que les vaisseaux des infidèles y étaient à l'ancre, et que ne pouvant déboucher il fallut qu'elle demeurât bloquée; ce que l'on fit seulement fut d'envoyer par terre les choses les plus nécessaires afin de les faire passer dans l'île de Ghirid (Candie), par le moyen des galères des Begs. ( *Annales turques*, traduites par Galland.)

(2) *Ibid.*

hommes et des munitions. Mais après un désastre récent, le capitaine-général ne pouvait avoir à sa disposition que de faibles moyens; il rappela Bernard Morosini, avec une partie de son escadre; de sorte qu'il ne resta que vingt galères à l'entrée du détroit. Elles suffirent pour paralyser, pendant toute la campagne, la flotte turque de Constantinople. Huit galères, ramenées par Morosini, et quelques autres qui furent expédiées de Venise, donnèrent la chasse à toutes les escadres ennemies, prirent quelques bâtiments, mais n'empêchèrent point la communication de la Canée avec la Morée, ni par conséquent, l'arrivée des renforts.

XI. Commencement du siége de Candie. 1648.

Les Vénitiens en avaient encore plus besoin que les Turcs. Le siége de Candie était formé. Une ligne de circonvallation fermait la place. La tranchée était ouverte; les batteries avaient commencé à jouer, et les assiégés avaient eu déjà deux assauts à repousser. Je ne puis pas entreprendre de rapporter ici les particularités d'un siége qui dura plus de vingt ans. Ces détails, qui appartiennent à l'histoire de l'art, ne peuvent entrer dans une histoire politique, dont ils détruiraient les proportions. Je me bornerai à faire mention des circonstances principales, et sur-tout de celles qui peuvent être particulières à ce siége mémorable.

Le pacha qui l'avait entrepris n'avait pas plus de trente mille hommes devant cette place. Dans la ville, les travaux des fortifications, qu'il fallait continuellement réparer, occupaient un si grand nombre de bras, que le capitaine-général fut obligé de désarmer une partie des galères, pour renforcer la garnison. Jussuf, voyant les assiégés relever opiniâtrément leurs murailles démolies par son artillerie, pressait les attaques pour ne pas laisser le temps aux ennemis de se défendre, et à son maître de le condamner. Dès qu'il vit une brèche ouverte à un bastion principal, il fit donner un troisième assaut qu'il commandait en personne. Non-seulement la garnison le soutint, mais elle fit une sortie qui repoussa les assaillants jusques dans leurs lignes. Le lendemain, il les ramena à la charge. Il vit ses drapeaux plantés sur trois différentes parties du rempart. On y combattait avec une égale fureur, lorsque l'explosion fortuite de quelques barils de poudre, répandit l'épouvante. Turcs et Vénitiens, tous se crurent sur une mine qui allait sauter, tous descendirent précipitamment de la brèche. Un officier, qui courait dans la ville, rencontre le généralissime, lui dit que tout est perdu, que l'ennemi est dans la place, qu'il reste à peine le temps de se jeter dans un vaisseau. « Eh bien ! « répond Moncenigo, mourons les armes à la

« main. Que les braves me suivent. » Il rallie des soldats, rassemble quelques bourgeois, monte sur la brèche, y retrouve les Turcs, les précipite dans le fossé, et le comble de leurs morts. Sans lui, la guerre était terminée ce jour-là. Cet acte de courage coûta aux Turcs vingt ans d'efforts. Dans les six premiers mois du siége, Moncenigo leur fit perdre plus de vingt mille hommes, et le pacha se vit réduit à se fortifier dans son camp avec les restes de son armée, pour y attendre des renforts incertains.

Rassuré momentanément sur le sort de Candie, le capitaine-général s'embarqua sur quelques galères, entra, malgré les ennemis, dans le port de la Suda, se mit à la tête de la garnison, fit plusieurs sorties, détruisit les ouvrages des assiégeants, et les contraignit de s'éloigner.

XII.
Délibération pour la paix.

Si le gouvernement de Venise avait eu alors une vingtaine de mille hommes à faire débarquer à Candie, il est probable qu'on aurait écrasé ou forcé à se rendre, les restes de l'armée du pacha, qui n'avait point de retraite. Mais Venise, à force d'être une ville riche, avait cessé d'être une ville guerrière. On n'y connaissait plus d'armes que les trésors. Quelques vaillants hommes y donnaient l'exemple du dévouement personnel ; mais ils ne trouvaient que des admirateurs. L'habitude de la vénalité avait tellement prévalu qu'on imaginait tous les jours quelque nouvel expédient, pour grossir le trésor, au risque d'avilir les fonctions publiques. Outre les nouveaux impôts, outre les dons volontaires, outre l'emploi des capitaux appartenant aux mineurs, et aux établissements de charité, qui étaient déposés à la procuratie de Saint-Marc, et que l'on convertit en créances sur l'état, portant six pour cent d'intérêt, on mit en vente toutes les charges publiques, on admit, pour de l'argent, les jeunes patriciens à siéger dans les conseils, et à exercer les magistratures avant l'âge prescrit par les lois. On voulut que l'argent effaçât les crimes; la peine du bannissement fut remise à ceux qui eurent de quoi s'en racheter; de sorte que la justice cessa d'être égale pour le riche et pour le pauvre. Enfin une chose qui caractérise encore mieux l'esprit du temps, c'est la conversion du service personnel, que tous les populaires devaient à la marine, en une contribution pécuniaire, et cela dans un moment où l'on manquait de soldats, de chiourmes et de matelots. Accoutumés à calculer le pouvoir de l'argent, les grands et le peuple demandaient à ce dieu de Venise de sauver l'honneur et l'indépendance de la patrie.

On ne doit point s'étonner si, dans cette disposition de l'esprit public, le gouvernement conçut la pensée de mettre un terme à cette guerre si dispendieuse, en abandonnant la colonie qui en était le sujet. Déja plus d'une fois, depuis le commencement des hostilités, on avait tâché, soit par le baile, toujours prisonnier à Constantinople, soit par un agent subalterne qu'on y avait envoyé, soit par l'entremise de l'ambassadeur de France, de sonder les dispositions du divan. Les ministres de la Porte s'étaient montrés inébranlables dans la résolution de retenir Candie.

Le conseil du doge hasarda la proposition de la leur céder. Vincent Cussoni se chargea de développer cette proposition devant le sénat. Il insista principalement sur l'impossibilité de pourvoir aux dépenses qu'exigeait la continuation de la guerre. La dernière campagne avait plus coûté que la guerre de Chypre, qui avait duré trois ans. Il rappela cette maxime, que le succès devant toujours demeurer au plus fort, la prudence exige que l'on calcule ses ressources, sans se faire illusion, et que, si on les reconnaît inférieures à celles de l'ennemi, on se hâte de traiter avant qu'elles ne soient épuisées. « Peut-
« être, dit-il, au moment où je parle, le crois-
« sant est-il arboré sur les débris de Candie. Si
« elle est perdue, quel est l'objet de la conti-
« nuation de la guerre? Si elle tient encore,

« profitons de sa résistance pour traiter avec
« moins de désavantage. Ce serait s'aveugler, que
« d'espérer de triompher dans une lutte si iné-
« gale. Plus nous la prolongerons, moins nous
« serons en état d'exiger des Turcs quelques
« ménagements. Craignons, en achevant de nous
« épuiser, d'encourager d'autres ennemis, qui
« n'attendent peut-être que notre catastrophe
« pour se jeter sur nos dépouilles. »

Je ne trouve point, dans cette opinion du rapporteur, une raison que sans doute il ne voulait point avouer, mais qui n'en était pas moins réelle, c'est que les Vénitiens, habitués aux bénéfices du commerce, regardaient, comme la plus grande des privations, l'interruption des expéditions maritimes. Que l'on reporte un instant les yeux sur toute l'histoire de la république, on la verra toujours soutenir, avec constance, les guerres continentales, et abréger par des sacrifices, quand elle ne le pouvait pas par des victoires, les guerres maritimes, bien qu'elle eût assurément plus de moyens pour soutenir celles-ci que celles-là.

Les huit ou neuf guerres que la république eut contre les Génois, ne durèrent ensemble que vingt-cinq ans. Il fallut plus de trente campagnes pour terminer les querelles des Vénitiens avec les princes de la Lombardie, et la guerre qui précéda et suivit la ligue de Cambrai, dura presque sans interruption depuis 1495 jusqu'en 1529.

De cette observation, on pourrait conclure, que les états dont la force et la richesse ont pour principe le commerce maritime, sont plus habiles à faire la guerre de mer, et plus capables de soutenir long-temps la guerre de terre. L'essentiel est de conserver les moyens de continuer ses efforts.

On avait vu, un siècle auparavant, Venise réduite à ses lagunes, et puissante encore, parce que la mer lui restait ouverte. Aujourd'hui, la guerre contre les Turcs avait le plus grand inconvénient que les Vénitiens pussent redouter, elle privait l'état et les particuliers des tributs de la mer et de l'Orient.

Aussi la paix avait-elle beaucoup de partisans; le torrent des voix, dit un historien (1), courait à la cession volontaire de Candie, que quelques sénateurs disaient être une partie gangrenée de la république. Tout le monde soupirait après le repos, c'est-à-dire après la liberté du commerce. Mais les hommes plus désintéressés rougissaient de l'acheter à ce prix. Jean Pesaro s'éleva contre

---

(1) *Histoire du gouvernement de Venise*, par Amelot de la Houssaye.

cette proposition (1); Louis Contarini, Louis Valaresso, François Querini, le secondèrent vivement. Ils ne se dissimulaient pas la puissance du sultan; mais ils comptaient sur ses vices. Ils espéraient que les désordres de la cour ottomane fourniraient tôt ou tard quelque occasion favorable pour la victoire ou pour la paix (2); en

---

(1) Les discours pour et contre sont rapportés dans plusieurs histoires; et, avec des différences notables, dans la *Relazione della città e repubblica di Venezia*, manuscrit de la Bibl.-du-Roi, n° 10465.

(2) Voici un tableau des désordres de cette cour, tracé par un historien turc. « Le dimanche, 6ᵉ jour de la lune de Gemaz selakir, il y eut avant le coucher du soleil, un grand tremblement de terre à Istamboul. On trouva alors dans de bons pronostics qu'il y aurait un tremblement de terre de jour dans le mois d'Haziran, et qu'il marquerait qu'il y aurait du sang de répandu dans le pays de Roum, et que le sultan périrait. Mille nuits de veilles ne suffiraient pas pour raconter dans les détails toutes les autres choses extraordinaires et surprenantes que l'on vit arriver les lunes précédentes, par le pouvoir sans bornes des dames du serrail, par la violence des turbateurs, par les flatteries de ceux qui entretenaient le sultan dans ses débauches, par le pouvoir que s'attribuaient des personnes de néant et des eunuques, par la vénalité des charges et par le désordre qui régnait dans l'administration de toutes les affaires, c'est pourquoi nous avons jugé à propos de n'en point parler. » *Annales turques*, traduites par Galland.)

effet, pendant qu'on délibérait à Venise, une révolution, dont le meurtre du visir avait été le premier signal, s'opérait à Constantinople; Ibrahim venait d'être déposé, étranglé, et une faction élevait son fils sur le trône; mais le moyen de prévoir la direction qu'allait prendre un gouvernement exercé au nom d'un enfant de six ans, et dans une cour si exposée aux orages?

La nouvelle de cet évènement détermina le sénat, après une délibération de plusieurs jours, à rejeter la proposition d'acheter la paix par la cession de Candie. On saisit l'occasion de l'avènement du nouveau sultan, pour envoyer à la Porte une ambassade de félicitation, c'est-à-dire un négociateur; mais quand on demanda des passeports pour ce ministre, le nouveau grand-visir répondit qu'on le recevrait, s'il arrivait avec l'autorisation de céder Candie et de rendre la forteresse de Clissa.

Le gouvernement vénitien déclara au contraire, qu'on ne pouvait entamer une négociation que sur la base d'une restitution réciproque. Cette réponse fut portée au grand-visir par le baile, accompagné d'une députation des Vénitiens établis à Constantinople.

Quand cette déclaration eut été expliquée au visir par le drogman de la république, il entra dans une telle fureur, qu'il fit étrangler cet interprète, ordonna qu'on chargeât de fers le baile et tous ceux qui l'accompagnaient, et les fit conduire, à travers les flots d'une populace insolente, dans le château des Sept-Tours, où on les enferma dans des cachots.

Ces outrages prouvent moins le mépris des Turcs pour la nation vénitienne, que leur ignorance du droit des gens. Dix ans plus tard, ils traitèrent à-peu-près de la même manière un ambassadeur de Louis XIV, quoiqu'ils ne fussent point en guerre avec la France; et, quand le roi fit demander les motifs de cette insulte, on la redoubla, au lieu de la réparer. Le plus puissant monarque de l'Europe dévora son ressentiment (1) : les Vénitiens se vengèrent par une victoire.

Leur amiral Jacques Riva, tenant, pendant tout l'hiver, la pénible station des Dardanelles, avait bloqué le détroit avec vingt galères. Il venait de détacher une division pour aller renouveler sa provision d'eau sur les côtes voisines,

XIII.
Bataille navale de Foschia.
1649.

---

(1) Quelques années après, lorsque Louis XIV exigeait avec hauteur la réparation d'une insulte faite à son ambassadeur à Rome par la garde corse, le pape Alexandre VII, obligé de plier, disait assez justement, que ce prince ne se montrait pas si délicat sur le point d'honneur avec les infidèles.

où l'on n'obtenait rien qu'à main armée, lorsqu'il vit la flotte ottomane, forte de quatre-vingt-trois bâtiments, se déployer sur la mer de Marmara et s'engager dans le détroit. Trop faible, dans ce moment, pour lui fermer le passage, il s'acharna à la suivre, en la canonnant vivement; la plupart de ses galères détachées vinrent le joindre, et tout l'Archipel vit quatre-vingts vaisseaux turcs fuyant, pour éviter le combat, devant une vingtaine de galères vénitiennes. Content d'être sorti du détroit, sans avoir été dans l'obligation d'en forcer le passage, le capitan pacha longea la côte de l'Asie mineure, et se glissant entre l'île de Lesbos et le continent, chercha un asyle dans la rade de Foschia, qui est l'ancienne Phocée, à l'embouchure de l'Hémus, un peu au nord de Smyrne. Il avait intérêt à se rapprocher de cette dernière ville, parce qu'une flotte auxiliaire l'y attendait : elle était composée de bâtiments barbaresques et de vaisseaux chrétiens que les Turcs avaient arrêtés et armés dans toutes les échelles du Levant. Mais à peine étaient-ils arrivés sous le canon de Foschia, que les Vénitiens paraissent à l'entrée de la rade : ils s'y engagent, malgré le feu des batteries de terre et des vaisseaux; pénètrent jusqu'au mouillage des Turcs, trop resserrés pour manœuvrer; les forcent de se jeter les uns sur les autres; repoussent les bâtiments qui osent s'approcher pour tenter l'abordage; les écrasent de leurs boulets, en prennent quelques-uns; mettent le feu à d'autres, et s'éloignent, pour n'être pas enveloppés dans l'incendie. Cette bataille coûta, dit-on, aux Turcs sept mille morts et quinze galères; et, s'il faut en croire les historiens vénitiens, la flotte de la république n'y perdit que quinze hommes. C'est probablement une exagération; mais cette action n'en était pas moins très-audacieuse, et constatait la supériorité de la marine vénitienne.

On la célébra à Venise par des réjouissances dans lesquelles le peuple manifesta son ressentiment contre la France, qu'il soupçonnait de voir sans regret cette guerre allumée entre les Turcs et la république; plusieurs Français furent poursuivis, maltraités, tués dans les rues de Venise; des placards injurieux furent affichés, le peuple brûla l'effigie d'un Turc, d'un Juif et d'un Français. La maison de l'ambassadeur fut même menacée.

Cette victoire de Foschia occasionna le changement du grand-visir et l'adoucissement de la captivité du baile de Venise, qui fut transféré des Sept-Tours dans son palais, où on continua de le garder à vue. Mais Riva fit la faute de ne point bloquer les Turcs dans Foschia. Ils en sortirent, et, réunis à l'escadre barbaresque dans le port de Smyrne, passèrent à la vue de Candie, en allant débarquer à la Canée les troupes que le pacha attendait, pour reprendre les opérations du siége de la capitale.

<small>Continuation du siège de Candie.</small>

Pendant tout le reste de la belle saison, ce siége fut poussé très-vivement; cependant les assiégés faisaient acheter bien cher à l'armée assaillante le peu de terrain qu'elle gagnait. Un même bastion fut pris et repris jusques à quatre fois. Les ouvrages étaient aussitôt ruinés qu'ébauchés, et recommencés que détruits. Les Turcs, les Vénitiens, creusaient la terre les uns sous les autres. Souvent au milieu d'un combat acharné, l'explosion d'une mine faisait sauter l'ouvrage qu'on se disputait, et engloutissait les combattants des deux partis : la ville était couverte de feux. Ce fut particulièrement pendant cette campagne de 1649, que les assiégeants y firent pleuvoir une prodigieuse quantité de bombes. Cette guerre si active, les Vénitiens la soutenaient au milieu de toutes les privations; et les généraux turcs avec des troupes mutinées, qui, à chaque retard de leur paye, déclaraient, à grands cris, qu'elles voulaient se rembarquer.

<small>1650.</small>

Comme il est bien difficile qu'une flotte tienne constamment une même station, le blocus du port de la Canée ne put être tellement resserré que l'armée turque ne trouvât jour pour en sortir et pour aller hiverner à Constantinople. Les amiraux vénitiens, voyant qu'avec toute leur activité et toute leur expérience, ils ne pouvaient ni détruire la flotte turque, qui reparaissait tous les ans plus considérable, ni empêcher l'armée de Candie de recevoir des renforts, conçurent l'idée de se hasarder dans les Dardanelles et d'aller brûler toute la marine ottomane, dans le port de la capitale. Ce projet audacieux effraya un sénat toujours circonspect. Riva continua de croiser à la sortie du détroit; le capitaine-général fit des courses dans l'Archipel, ruinant les établissements des ennemis et leur prenant un grand nombre de bâtiments isolés. A Candie, les travaux du siége épuisaient une garnison qu'il fallait renouveler sans cesse. Les Turcs s'étaient étendus jusqu'à l'extrémité orientale de l'île, et commençaient le siége de Settia. On se détermina à détacher sept ou huit cents hommes de la garnison de Candie, pour y jeter du renfort, mais ce corps fut surpris dans sa marche, entouré et taillé en pièces. Alors les Vénitiens, désespérant de sauver Settia, en firent sauter les fortifications et en transportèrent la garnison dans la capitale.

*Les Vénitiens font sauter les fortifications de Settia.*

A Constantinople, tout était dans la confusion. La flotte n'avait pu sortir des Dardanelles : le capitan pacha, le divan, s'accusaient réciproquement : les janissaires demandaient la tête du grand-visir : on changeait de ministre, d'amiral. Cette guerre, si longue et mêlée de tant de succès divers, n'était pas populaire. Le corps des janissaires murmura hautement contre l'arrestation de l'ambassadeur de la république, et exigea l'exil du muphti, à qui on imputait cette violence (1). Le baile fut renvoyé à Venise.

Tout ce que les Turcs purent faire cette année, ce fut de jeter dans l'île de Candie un renfort de trois mille hommes, qui ne réparait pas, à beaucoup près, les pertes de l'armée assiégeante. La flotte turque parvint cependant à franchir le détroit en 1651.

XIV. Bataille navale de Paros. 1651.

Le généralissime Moncenigo alla à sa rencontre, l'aperçut, le 10 juillet, près de l'île de Paros. Deux de ses galéasses, qui formaient son avant-garde, se jetèrent au milieu de la ligne ennemie. Thomas Moncenigo, qui en conduisait une, fut tué ; Lazare Moncenigo, commandant de l'autre (car ce nom glorieux revient toujours dans les fastes militaires de la république), reçut plusieurs blessures ; mais ces

---

(1) *Annales turques*, traduites par GALLAND.

deux bâtiments firent un feu si terrible, qu'ils avaient déja mis le désordre dans l'armée ottomane, avant que la flotte vénitienne fût à portée de prendre part au combat. Quand elle arriva, la bataille fut décidée. Un vaisseau turc de soixante canons, et neuf autres de moindre grandeur, furent pris, cinq furent brûlés, et quatre ou cinq mille hommes demeurèrent au pouvoir du vainqueur.

Cette victoire de Paros rendait les Vénitiens maîtres de l'Archipel; et, pour ranimer le courage des défenseurs de Candie, la flotte victorieuse vint défiler à la vue de cette place, conduisant à sa suite les vaisseaux enlevés à l'ennemi, qui portaient le pavillon ottoman renversé. Cependant les restes de la flotte turque se jetèrent dans la Canée, et y débarquèrent des secours. De nouvelles révolutions éclatèrent à Constantinople. Les chefs des divers partis se supplantèrent mutuellement; et, sous les yeux du jeune sultan, le sérail fut ensanglanté par le meurtre de la sultane sa grand'mère.

Venise changeait aussi dans ce temps-là son généralissime; mais ce rappel, loin d'être l'effet d'une révolution, n'était qu'un hommage rendu à cette ancienne maxime de la république, qui ne permettait pas que le commandement suprême restât long-temps dans les mêmes mains.

Léonard Foscolo, successeur de Moncenigo dans la charge de capitaine-général, eut à réprimer une révolte d'une partie de la garnison de Candie, composée d'Albanais, qui, mécontents de n'avoir pu obtenir une augmentation de paie, menaçaient de livrer à l'ennemi deux bastions, dont la garde leur était confiée. Le reste des troupes marcha contres ces mutins; on les força de mettre bas les armes, et la corde fit justice des chefs de la sédition.

1652. Foscolo, en croisant dans l'Archipel, rencontra une escadre turque sur laquelle était le capitan pacha lui-même. Cet amiral, n'ayant pu faire sortir sa flotte des Dardanelles toujours étroitement bloquées, s'était embarqué à Ténédos sur vingt-cinq galères barbaresques, qui l'y attendaient. Cette escadre évita le combat, et se sauva, avec quelque perte, dans le port de Rhodes.

Cette campagne de 1652 n'offrit point d'évènement décisif; il y en eut un d'assez remarquable : ce fut la désertion et l'apostasie d'un noble vénitien nommé Louis Navagier, dernier rejeton d'une illustre famille. Il servait alors comme capitaine de vaisseau. La passion du jeu le ruina, et le désordre de ses affaires et de ses pensées l'entraîna jusqu'à changer de patrie et de religion. Il trouva chez les Turcs ce qui attend toujours les transfuges, d'abord quelque faveur, puis le mépris, le soupçon et la mort.

Quelques espérances de paix commencèrent à luire. L'ambassadeur de France à Constantinople donna avis au sénat que les ministres actuels ne paraissaient pas éloignés d'écouter de nouvelles propositions. On se hâta d'envoyer un baile, qui fut Jean Capello; mais lorsque ce négociateur eut demandé la restitution des conquêtes, en offrant cependant un tribut (1), le visir lui ordonna de partir sur le champ, et, se ravisant bientôt après, le fit arrêter dans sa route. La captivité de ce malheureux plénipotentiaire fut si longue et si rigoureuse, qu'il essaya d'attenter à sa vie, et succomba enfin à ses souffrances et à son chagrin.

Moncenigo fut renvoyé pour prendre le commandement à la fin de l'année 1653. La campagne suivante s'ouvrit par un de ces combats

---

(1) « Le 28 de la lune de Safar, un ambassadeur de Venise arriva, et on lui donna un logement à Galata. Sur la proposition qu'il fit, pour faire la paix, de vingt mille piastres de tribut chaque année, pour la ville de Candie, et de quatre cent mille une fois comptées, pour les frais de la guerre, on lui mit une masse d'armes à la main, et on l'envoya à Edrireh, où il fut arrêté prisonnier. »

(*Annales turques*, traduites par Galland.)

également glorieux et déplorables, qui affaiblissent encore plus qu'ils n'illustrent les armes des vainqueurs. Joseph Delfino gardait le passage des Dardanelles avec seize vaisseaux, deux galéasses, et huit galères. Il était observé, du côté de l'Archipel, par trente-deux bâtiments barbaresques, qui cherchaient à l'attirer loin du détroit. Le 6 juillet 1654, il vit venir à lui de Constantinople soixante-quinze galères, ou vaisseaux turcs. Il donna aussitôt le signal du combat; mais, soit que plusieurs de ses capitaines eussent mal exécuté cette manœuvre, soit que les courants ne leur permissent pas de garder la ligne, douze vaisseaux et six galères furent emportés loin du détroit. L'amiral restait avec deux galères, deux galéasses, et quatre vaisseaux.

XV.<br>Combat de huit vaisseaux vénitiens contre la flotte turque aux Dardanelles 1654.

Cette disproportion de forces ne l'empêcha pas de tenir ferme. Chacun des huit bâtiments fut bientôt entouré par plusieurs vaisseaux ennemis. Une de ses galères succomba, après une belle défense. Un vaisseau, que montait Daniel Morosini, faisait un feu terrible, et venait d'obliger une galère ottomane à amener son pavillon. Les Turcs faisaient les plus grands efforts pour la reprendre. Ne pouvant y parvenir, ils y mettent le feu. L'incendie gagne le bâtiment de Morosini, qui saute en l'air. Un autre éprouve bientôt après le même sort. Le troisième vaisseau et les deux galéasses se font jour au travers des ennemis, et gagnent la haute mer. Il ne restait plus sur le champ de bataille, au milieu de toute la flotte turque, que Delfino avec son vaisseau, et une galère. Ce vaisseau, canonné depuis le commencement de l'action par six bâtiments ennemis, n'était plus en état de manœuvrer, ni de se défendre. L'amiral ordonne d'y mettre le feu, fait passer tout l'équipage sur la galère, y passe lui-même, et avec ce seul et dernier bâtiment, percé de tous côtés, sans voiles, sans gouvernail, soutient le choc de toute une armée, éloigne par son feu ceux qui veulent l'aborder, et, se laissant entraîner par le courant, sort du détroit au milieu des ennemis frappés d'admiration, et confondus d'une telle résistance. Hors du canal, il se trouve jeté sur la côte; il se dégage. Les Turcs viennent l'assaillir; il les repousse, leur prend une galère à l'abordage. Entouré par quatorze vaisseaux ennemis, il abandonne sa proie, s'ouvre un passage, et, à la faveur de quelques lambeaux, qui lui servent de voiles, regagne le reste de son escadre. Le lendemain, il voulait attaquer les ennemis qui, dans le combat de la veille, avaient eu deux de leurs vaisseaux brûlés, et trois mille hommes tués; mais les vents l'en éloignèrent ; et le capitan pacha, après avoir employé un mois à réparer sa flotte, courut ravitailler la Canée, et rentra dans les Dardanelles, regardant comme un succès d'avoir traversé l'Archipel sans rencontrer l'ennemi. Moncenigo mourut de chagrin de ce que cette flotte lui avait échappé.

XVI. *Secours fournis à la république, sous la condition du rappel des jésuites.* Ces divers exemples montraient assez que ce n'était point l'habileté qui devait décider du résultat de cette guerre. Toujours victorieux sur mer, les Vénitiens n'empêchaient pas l'armée de Candie de recevoir des renforts. Elle poussait plus ou moins vivement le siége de la capitale de l'île ; mais la durée de cette guerre était désespérante. Rien ne prouvait mieux l'inégalité des forces que l'appareil de troupes et de vaisseaux que l'empire turc, malgré sa détestable administration, renouvelait tous les ans.

Ne sentant que trop l'impossibilité de triompher par la constance, la république appelait à son secours l'empereur, la France, l'Espagne, le protecteur qui gouvernait alors l'Angleterre, le pape, et jusqu'à ce souverain, alors presque inconnu, qu'on appelait le grand-duc de Moscovie. Tous ces princes ne lui témoignèrent qu'un intérêt stérile ; les plus voisins lui envoyaient, vers la fin de chaque campagne, quelques galères qui se retiraient avant l'hiver.

La France avait deux intérêts opposés. Elle voyait sans regret les Vénitiens en guerre avec l'empire turc, parce qu'elle espérait les supplanter dans le commerce du Levant; mais elle ne pouvait voir sans crainte les Ottomans acquérir, dans la Méditerranée, des possessions qui, tôt ou tard, devaient leur en assurer l'empire. Dans cette alternative d'ambition et d'inquiétudes, la cour de France cherchait à s'emparer du rôle de médiatrice. Ses ministres, à Constantinople et à Venise, avaient pour instruction, l'un, de ralentir l'ardeur du divan; l'autre, de soutenir le courage de la république; et le sénat vénitien prouva l'importance qu'il attachait à ces bons offices, en inscrivant, au livre d'or, le nom du comte d'Argenson, alors ambassadeur de Louis XIV (1), et en l'autorisant à ajouter à son écusson les armes de la république.

Le pape supprima quelques couvents dans le territoire vénitien, et permit la vente de leurs biens. C'était une ressource médiocre, mais une concession fort importante; parce qu'elle consacrait le principe, qu'on ne peut faire un meilleur emploi des biens de l'église,

---

(1) Cette délibération est du 27 octobre 1655.

comme de tous les autres, que de les affecter aux besoins de la patrie. Ce pape, qui était Alexandre VII, mit un prix à cette condition. Il exigea le rappel des jésuites, et le gouvernement y consentit, cédant à la nécessité de ménager le souverain pontife, et de complaire à la France, qui, dans cette affaire, témoigna en faveur de cette société un intérêt très-vif et très-difficile à expliquer. Ce rappel porta tous les caractères, non d'une mesure spontanée, mais d'une concession. On permit aux jésuites de rentrer dans le territoire, mais non dans leurs biens. Au lieu de maisons magnifiques qu'ils possédaient auparavant, il fallut qu'ils achetassent un couvent de l'un des ordres qui venaient d'être supprimés. C'était une espèce de contradiction de renvoyer des moines, pour en rappeler d'autres. Une autre preuve bien évidente, qu'on regardait ceux-ci comme dangereux, ce fut le décret qui leur défendit de résider plus de trois ans dans les pays de la domination de la république. On leur permit d'ouvrir un collége; c'était en cela qu'ils pouvaient être éminemment utiles, s'ils avaient su s'y borner. Mais on eut soin d'exiger toujours, dans la pratique de l'enseignement, la plus grande publicité. Le temps ne ralentit point cette méfiance; car, en 1759, le gouvernement refusa un asyle aux jésuites chassés du Portugal, défendit, sous peine de la vie, à douze de ces pères qui arrivaient du Paraguay, de mettre le pied sur le territoire de la république, et appesantit encore le joug qui pesait sur les siens. Un père Vota, fameux dans la société, ayant imaginé de former une espèce d'académie de jeunes nobles, dans laquelle il leur donnait des notions de géographie, de politique et d'histoire, reçut ordre de sortir du territoire vénitien et de n'y plus rentrer (1). On avait oublié, ou plutôt on se souvenait, qu'autrefois saint Ignace était apparu à plusieurs vieux sénateurs, pour leur ordonner de prendre chacun un de ces bons pères, de l'amener dans leur palais, et de le combler de soins et d'honneurs (2).

Le doge, François Molino, mourut en 1655. On lui donna pour successeur Charles Contarini; et le procurateur de Saint-Marc, Jérôme Foscarini, fut nommé capitaine-général.

Charles Contarini, doge. 1655.

La mort du dernier généralissime avait fait tomber momentanément le commandement en-

François Morosini commande par *interim*.

---

(1) *Nouvelle relation de la ville et république de Venise*, par FRESCHOT, 1<sup>re</sup> partie.

(2) *Ibid.* On peut lire un récit assez piquant de ce rappel des jésuites, dans l'abrégé de l'*Histoire ecclésiastique*, tom. X.

tre les mains de François Morosini, dont le nom, dès long-temps illustre, devait être immortalisé dans cette guerre, où il venait de recevoir un nouvel éclat, par le dévouement du patriarche de Venise, Jean-François Morosini, qui avait donné à tout le clergé l'exemple d'un désintéressement patriotique; par les campagnes du généralissime Jérôme, et de Bernard; enfin par la mort glorieuse de Thomas et de Daniel Morosini, qui, tous deux, avaient péri entourés de la flotte turque, et à la vue des Dardanelles.

<small>Nouvelle victoire des Vénitiens aux Dardanelles.</small>

François Morosini saccageait les établissements des Turcs sur les côtes de l'Archipel, brûlait leurs magasins, détruisait leurs manutentions, en attendant le nouveau généralissime; mais il fut obligé de conserver le commandement, parce que Foscarini arriva malade, et mourut quelques jours après. Morosini alla mettre le siége devant Malvoisie. Cette place, située sur la côte orientale de la Morée, était un entrepôt d'où les Turcs envoyaient continuellement des renforts et des approvisionnements à leur armée de Candie.

Cette fois, ce fut Lazare Moncenigo, qui, avec quarante galères ou vaisseaux, fut chargé de fermer le passage des Dardanelles. Les Turcs s'y présentèrent avec plus de cent bâtiments. La bataille fut générale, et la victoire resta fidèle aux armes de la république. Dans une mêlée de six heures, il y eut trois vaisseaux turcs pris, onze brûlés, neuf coulés à fond. Les Vénitiens n'en perdirent qu'un, qui fut dévoré par les flammes. Le lendemain, ils bloquèrent, dans le port de Foschia, le capitan pacha, qui s'y était réfugié avec le reste de ses galères; mais il en fut de cette bataille comme de toutes les autres; ni la rade de Foschia, ni le port de Malvoisie, ne purent être constamment bloqués. Malvoisie fut délivrée par la retraite de Morosini, qui rentra à Candie; et le capitan pacha, profitant de l'éloignement de Moncenigo, ramena les débris de son armée à Constantinople.

Un nouveau capitaine-général, Laurent Marcello, arriva à Candie, pour y prendre le commandement de toutes les forces vénitiennes.

Les désastres de l'armée turque excitèrent une nouvelle sédition dans la capitale de l'empire ottoman. Les janissaires, entourant le serrail, demandèrent à grands cris qu'on leur livrât les ministres, le muphti, et quarante autres personnages. Toutes ces convulsions finirent par un carnage, qui ensanglanta les rues de Constantinople, et par la nomination et la mort de trois ou quatre visirs, qui se succédèrent en quelques jours.

Les batailles perdues troublaient la capitale plus qu'elles ne désorganisaient l'armée. La guerre continuait toujours avec une égale vigueur.

<small>François Cornaro, doge. 1656.</small>

Charles Contarini, qui avait été si récemment élevé au dogat, ne régna pas un an. Après lui, François Cornaro n'occupa le trône que vingt jours. Venise célébrait, par des réjouissances publiques, l'élection d'un nouveau doge, Bertuce Valier, lorsqu'on vit aborder une galère, qui portait des pavillons turcs renversés. On en vit descendre Lazare Moncenigo; il avait la tête enveloppée, un œil crevé. Il venait rendre compte au sénat d'un nouveau combat qui s'était donné, le 26 juin 1656, aux Dardanelles. Les Turcs, avec quatre-vingt-dix-huit bâtiments, avaient voulu passer au travers de l'armée vénitienne qui barrait le canal; le généralissime y commandait en personne; son vaisseau en avait pris deux à l'ennemi. Les Turcs avaient eu dix mille morts; quatorze de leurs galères avaient pris la fuite; plusieurs avaient été abandonnées par les équipages; quatre-vingt-quatre bâtiments, et cinq mille prisonniers étaient au pouvoir du vainqueur.

<small>Bertuce Valier, doge. 1656.</small>

<small>XVII. Bataille à l'entrée du canal de Constantinople. 26 juin 1656.</small>

Cette victoire n'avait coûté que trois cents hommes aux Vénitiens; mais au nombre de leurs morts était le généralissime lui-même, qu'un boulet de canon avait emporté. Trois vaisseaux vénitiens avaient péri par le feu; de ce nombre était celui de Moncenigo.

L'aspect de ce guerrier, défiguré par sa blessure, racontant un combat où son navire avait péri; la belle mort du général vainqueur, l'imagination qui se représentait une armée entière détruite, Constantinople en alarmes, et la paix couronnant de si beaux trophées, tout cela devait exciter l'enthousiasme, et décider les suffrages publics en faveur de Lazare Moncenigo, pour lui faire déférer le commandement suprême. Cependant le sénat lui préféra le procurateur Bernardi; mais les suffrages du grand conseil ne confirmèrent point ce choix, et Moncenigo repartit avec le titre de généralissime, méditant des projets contre Constantinople. Il trouva les îles de Ténédos, de Stalimène et de Samothrace, conquises par l'armée victorieuse, et apprit avec étonnement que déjà une nouvelle armée turque parcourait l'Archipel; qu'une flotte plus considérable était rassemblée dans la mer de Marmara, et qu'on voyait se déployer sur les côtes des Dardanelles un camp de cinquante mille hommes.

Ce nouvel armement, fait avec une incroyable célérité, ne prouvait pas seulement les ressources de l'empire turc; il fallait que l'administra- *Méhémed Kiupergli, grand-visir.*

tion fût tombée entre des mains habiles à les employer. C'est ce qui était arrivé. La fréquente déposition des visirs avait amené dans cette vice-royauté de l'empire ottoman un homme de basse naissance, inconnu jusque alors, mais qui se trouvait d'une capacité plus qu'ordinaire. Son nom, qui n'est devenu que trop célèbre, était Méhémed Kiupergli. A peine élevé au visiriat par une faction, il les réprime toutes. La flotte turque venait d'être détruite : il en envoie une nouvelle dans l'Archipel, et il en prépare une autre. Constantinople s'attendait à voir les Vénitiens franchir le détroit : il y place un camp, et y choisit son poste lui-même. Cette activité des travaux, ces dispositions militaires, occupent les séditieux, rassurent la capitale contre l'ennemi, et le serrail contre la ville.

XVIII. Nouvelle bataille des Dardanelles. 17 juillet 1657.

Lazare Moncenigo se préparait en effet à pénétrer jusqu'à Constantinople ; Kiupergli ne lui en donna pas le temps. Le 17 juillet 1657, la flotte vénitienne vit venir sur elle toute l'armée ottomane ; le combat, engagé avec résolution, fut soutenu avec vigueur ; mais l'habileté l'emporta sur le nombre. Dès le commencement de la mêlée, la capitane turque et un autre bâtiment, ayant reçu beaucoup de boulets, s'échouèrent, un troisième fut coulé à fond, deux galères furent brûlées, plusieurs se rendirent ;

la perte des Turcs était déja de vingt vaisseaux. La nuit ne fit point cesser un combat, dans lequel les uns et les autres se montraient également opiniâtres ; mais les courants portèrent insensiblement les combattants hors du détroit, et là, une obscurité profonde les sépara. Pendant toute la nuit, Moncenigo éleva des feux, pour rallier ses vaisseaux ; il attendait l'aube du jour avec cette impatience d'un vainqueur, qui craint de voir sa proie lui échapper. Il s'agissait, pour le lendemain, d'exterminer la flotte ennemie, de passer à la vue du camp, et d'aller foudroyer la capitale. La mer s'enflait ; un vent impétueux ne permettait pas à des vaisseaux, fatigués par un long combat, de garder leur station, et encore moins une ligne de bataille. Enfin on put s'apercevoir, mais sans pouvoir s'approcher. Turcs et Vénitiens luttaient contre cette mer orageuse, dans des parages difficiles et resserrés ; la côte, qui offrait un asyle aux uns, menaçait les autres. On voyait la flotte ottomane, partie dans le détroit, partie groupée dans les hâvres de Romanie et de Natolie ; les Vénitiens faisaient des efforts pour l'approcher, et on se canonnait de loin, sans être sûr de s'atteindre. Pendant tout le jour, pendant toute la nuit suivante et le jour d'après, la tempête continua ; enfin le troisième jour, lorsque les vagues furieuses commencèrent à se calmer, l'amiral vénitien ne se trouva plus à portée que de treize de ses vaisseaux. Prompt à rallier cette division, il leur fait signal de marcher à sa suite, et se dirige à pleines voiles contre l'ennemi.

Il était déja dans le détroit, et, au mépris du feu des batteries, il allait livrer un dernier combat aux restes de la flotte ottomane, lorsque tout-à-coup le feu se manifesta sur son vaisseau, et gagna les hautes manœuvres ; l'explosion de quelque poudre répandue occasionna cet incendie. Pendant qu'on s'empresse d'en arrêter les progrès, et que Moncenigo, sur le pont, donne ses ordres, une vergue, dont le cordage brûlait, tombe sur lui, et lui fracasse la tête ; son vaisseau s'embrase presque aussitôt. L'équipage, qui ne voit plus de moyens de salut, veut au moins sauver le corps de son général ; on le met dans une chaloupe, et, comme elle s'éloignait à peine, le vaisseau saute en l'air, avec cinq cents hommes, parmi lesquels était un frère de Moncenigo. Il fut du petit nombre de ceux que les embarcations des autres bâtiments retirèrent du milieu des flots.

Cette catastrophe arrêta le mouvement de l'escadre vénitienne, qui repassa le détroit incontinent, et chercha à se rallier, dans les parages voisins, aux autres vaisseaux de la république. Non-seulement la mort de l'amiral leur déroba tout le fruit de cette victoire, qu'on appela la bataille des Dardanelles, mais elle entraîna la perte des conquêtes qui avaient suivi la bataille précédente. Les alliés qui étaient dans l'armée, prétendirent qu'ils ne pouvaient pas marcher sous un chef qui n'avait pas le rang de généralissime, et se retirèrent. La flotte affaiblie, endommagée, dispersée, s'éloigna. Les Turcs, ralliés par le visir, reprirent courage, envoyèrent des escadres dans les îles de Stalimène, de Samothrace et de Ténédos. Les deux premières n'avaient été occupées que par des détachements; la troisième, qui pouvait, disait-on, se défendre, se rendit, par la lâcheté des deux provéditeurs, London et Contarini, contre lesquels on fut si indigné à Venise, qu'un jugement les dégrada de noblesse, et qu'un marbre fut placé sur le péristyle de la place Saint-Marc, pour perpétuer la mémoire de leur opprobre et de leur châtiment (1).

Ces actes d'une juste sévérité honorent le gouvernement de la république.

<small>Prise de Stalimène, de Samothrace et de Ténédos par les Turcs</small>

---

(1) *Storia civile veneziana* di Vettor SANDI, lib. 12, cap. 3.

Ils proposent la paix.

Ainsi les Vénitiens avaient remporté la victoire, et les Turcs en avaient recueilli le fruit. Le grand-visir Kiupergli, plus habile, plus maître de l'empire, et par conséquent plus modéré que ses prédécesseurs, fit proposer la paix, en ne demandant que la cession de la ville de Candie et de son territoire, laissant tout le reste aux Vénitiens. Ce ministre jugeait que, si les Turcs étaient une fois solidement établis dans l'île, la supériorité de leurs forces leur en assurerait la conquête à la première occasion favorable; l'expérience ne le prouvait que trop, puisque l'occupation du port de la Canée leur avait suffi pour s'y maintenir depuis douze ans. Les Vénitiens ne regardaient pas cette conséquence comme moins certaine. Quand on délibéra dans le sénat sur cette proposition, un des sages insista sur la nécessité de l'accepter; le doge lui-même prit la parole, pour faire sentir combien il était urgent de mettre un terme à une guerre où les victoires étaient sans fruit, et où une défaite pouvait être si funeste; mais le procurateur Jean Pesaro combattit avec énergie toute concession, qu'il qualifiait de déshonorante pour la république, et termina son discours par une exhortation à des sacrifices, dont il donna sur le champ l'exemple, en offrant un don patriotique de six mille ducats. Cet exemple fut suivi par tous les sénateurs, par le doge, et les propositions de paix furent rejetées.

Le visir rappela le pacha qui commandait depuis 1644 l'armée de Candie, pour le mettre à la tête des forces navales. C'était un piége; Kiupergli voulait le perdre, et se hâta de l'accuser et de le faire étrangler, en apprenant qu'il avait refusé le combat à François Morosini, nouveau capitaine-général des Vénitiens.

*François Morosini, capitaine-général.*

La campagne suivante ne présenta aucun évènement considérable : les Turcs étaient engagés dans une autre guerre en Transylvanie (1). Leur flotte fut encore battue par Jérôme Contarini, à la hauteur de Samos. Les Vénitiens firent quelques expéditions sans résultat sur les côtes de la Morée.

La république perdit le doge Bertuce Valier en 1657, et lui donna pour successeur ce même Jean Pesaro, qui venait de faire résoudre la continuation de la guerre.

*Jean Pesaro, doge. 1657.*

Le règne de celui-ci ne dura pas trois ans (2) : après lui, le trône ducal fut occupé par Dominique Contarini. On assure qu'il avait cherché à

*Dominique Contarini, doge. 1660.*

---

(1) *Storia civile veneziana* di Vettor Sandi, lib. 12, cap. 3.

(2) On lui éleva en 1666 un tombeau superbe. L'inscription, qui est d'Emmanuel Thesauro, indique d'une manière

se dérober à cet honneur; de pareils refus ne sont pas toujours sincères; mais il est certain qu'il pouvait ne pas être ébloui d'une dignité à laquelle sa maison était parvenue depuis plus de six cents ans. Il était le septième doge de sa famille, et il ne fut pas le dernier.

XIX. Secours de la France.

Les Vénitiens, déterminés à continuer la guerre, négociaient alors avec la France, pour en obtenir un secours plus efficace que celui des princes d'Italie. Depuis quelque temps, cette puissance leur témoignait une affection qui n'était pas désintéressée. On raconte que le cardinal Mazarin, qui savait rarement aller à son but par les voies directes, ayant conçu le projet de marier Louis XIV avec Marie-Thérèse, fille du roi d'Espagne, feignit de projeter une autre union, pour faire desirer celle-ci. Il annonçait même le dessein de pousser la guerre contre l'Espagne avec vigueur, de conquérir le Milanais, et d'attaquer le royaume de Naples. Afin de donner plus d'apparence à ce dessein, il fit proposer une alliance aux Vénitiens, en leur offrant, pour prix de leur coopération, un sub-

---

rapide l'époque de la naissance du doge, celle de sa mort et celle de l'érection du monument.

VIXIT 1589. DEVIXIT 1659. REVIXIT 1666. »

side, une partie du Milanais, lorsqu'il serait conquis, et les ports qu'ils possédaient autrefois sur les côtes de Naples; et il ajoutait à ces offres les promesses les plus solennelles d'un secours considérable pour la défense de Candie.

Soit que le sénat eût pénétré cette finesse, soit qu'il lui parût déraisonnable d'entreprendre une nouvelle guerre, lorsqu'il en avait déja une si difficile à soutenir, il montra qu'il savait se défendre d'une proposition insidieuse, et celle-ci n'eut aucune suite. En 1660, lorsque le mariage de Louis XIV avec l'infante eut été accompli, les Vénitiens réclamèrent l'intérêt que ce prince avait bien voulu prendre à la guerre dans laquelle ils se trouvaient depuis si long-temps engagés. Le roi leur accorda un secours de quatre mille hommes (1), qui allèrent renforcer l'armée avec laquelle le capitaine-général, François Morosini, après avoir menacé l'île de Négrepont, se disposait à surprendre la place de

---

(1) Infanterie: 6 compagnies d'Artois, 4 de St. Aigne, 2 de Montpezat, 3 de Lions, 15 d'Alméric, 10 de Broglio, 10 de Persan, 6 de Mazarin, italien, et 10 de Mazarin, catalan.

Cavalerie : Les compagnies de la Garène, auvergnat, de Chevric, piémontais, de Paniac, auvergnat, et du chevalier Du Plan.

la Canée. Débarqués devant cette place, les Français eurent à soutenir quatre combats fort sanglants, dans l'intervalle du 25 août au 15 septembre. Transportées à Candie, ces troupes, en y arrivant, marchèrent contre l'ennemi, dont elles forcèrent le camp, qu'elles se mirent à piller; mais, pendant le pillage, les Turcs se précipitèrent sur elles, les mirent en fuite dans le plus grand désordre, et les forcèrent à rentrer dans les fortifications, laissant sur le champ de bataille 1500 des leurs.

La peste vint moissonner les débris de cette petite armée. Les Vénitiens se débarrassèrent de ces auxiliaires malades en les envoyant d'abord à Standia, sous prétexte d'y trouver quelques rafraîchissements, puis à Milet, puis à Naxos, et dans diverses îles de l'Archipel, pour y lever les tributs dus à la république.

C'est au sujet de ces quatre mille hommes que l'archevêque d'Embrun, la Feuillade, alors ambassadeur à Venise, écrivait, dans le style si malheureusement à la mode à sa cour: « Il serait à desirer que la république fît un grand effort, de son côté, pour reprendre la Canée; autrement, ce secours ne sera un secours suffisant qu'en la manière que l'expliquent les théologiens dans la matière de la grace, qui est de telle nature que, quoiqu'il enferme la puissance d'agir, il ne donne jamais l'action, et n'est point efficace (1). »

Ces divers échecs furent si sensibles à Morosini, qu'il s'en prit au providiteur de l'armée, Antoine Barbaro, et le condamna à perdre la tête : le condamné appela de ce jugement à Venise ; il y fut absous, il en résulta même une information contre le capitaine-général. Cette information ne produisit rien à la charge de Morosini, qu'un reproche de trop de sévérité ; mais son rappel fut prononcé, et on lui donna pour successeur Georges Morosini, un de ses parents. Il faut qu'un gouvernement soit bien sûr de sa force, pour mettre en jugement un général d'armée, avant de l'avoir dépouillé du commandement.

*Il est remplacé.*

Georges Morosini s'empressa de marcher à la rencontre de la flotte turque, l'aperçut près de l'île de Tine, au moment où elle y opérait une descente, la poursuivit, prit ou détruisit une vingtaine de bâtiments. Les Turcs ne firent point, pendant cette campagne de 1661, ni pendant les trois suivantes, des efforts décisifs ;

1661-1664.

---

(1) Ambassade de l'archevêque d'Embrun, la Feuillade, à Venise. Lettre du 20 avril 1660. Manusc. de la Bibl.-du-Roi, n° 1125-745.

*Tome V.* 6

occupés de la guerre de Hongrie, où ils avaient été battus, privés de leur visir Méhémed Kiupergli, qu'une attaque d'apoplexie avait emporté, et qui avait été remplacé par Achmet, son fils, ils renouvelèrent des propositions d'accommodement avec la république.

Négociation pour la paix.  Malgré les hostilités, elle entretenait toujours à Constantinople un agent, avec un caractère semi-officiel, tant que la Porte voulait bien l'y souffrir. Le nouveau visir, Achmet Kiupergli, fit dire à cet agent que le grand-seigneur pourrait accorder la paix aux Vénitiens, s'ils lui cédaient la moitié de l'île de Candie; il voulait bien leur en laisser la partie orientale, où étaient Candie et Settia; celle qu'il se réservait, devait comprendre la Canée et Rettimo, que les Turcs occupaient déja, et la Suda, qu'ils assiégeaient encore.

Le sénat délibéra long-temps, et finit par ne point accepter ces propositions. Cependant les Turcs continuaient la guerre en Hongrie; ils perdirent, en 1664, près du château de Saint-Gothard, sur le Raab, une grande bataille. La république en concevait d'heureuses espérances, lorsqu'elle apprit que les Turcs venaient de conclure la paix avec l'empereur, et qu'elle allait avoir à soutenir seule tous les efforts de l'empire ottoman.

Alors on se hâta de renouer la négociation, mais la Porte ne voulut plus laisser aux Vénitiens que la capitale de Candie et quelques places démantelées : elle exigeait aussi la démolition des fortifications de Tine, la restitution de toutes les conquêtes de la république en Dalmatie, et enfin le remboursement des frais de la guerre. Le sénat n'osa ni rejeter, ni accepter ces propositions ; le divan ne voulut point les modifier. Il fallut se préparer à une guerre plus vive.

Il y avait plus de trente ans que la république avait interrompu toutes ses relations avec le duc de Savoie ; parce que ce prince avait eu la vanité de se faire donner le titre de roi de Chypre, titre que la république ne prenait pas, qu'elle n'avait pas droit de prendre, mais qu'elle ne voulait pas qu'un autre portât. Ces prétentions opposées avaient, dès le principe, fait naître quelques difficultés sur la manière de traiter les ambassadeurs ; on ne s'en envoyait plus. Mais, d'un côté, quelques embarras qu'éprouvait la maison de Savoie pendant une minorité ; de l'autre, la guerre que la république avait à soutenir, disposèrent les deux puissances à un rapprochement. L'accommodement eut lieu, comme il arrive quelquefois, sans décider la question qui avait été la cause de la querelle : le duc s'abstint de prendre le titre de roi en

XX. Réconciliation de la république avec le duc de Savoie. Le marquis de Ville, commandant à Candie. 1665.

6.

écrivant à la république, et continua de le prendre par-tout ailleurs. Les ambassadeurs de Venise reçurent à Turin le même traitement que ceux de France, et, pour cimenter cette réconciliation, le duc fournit aux Vénitiens deux régiments pour la guerre de Candie. Il leur accorda même le marquis de Ville, un de ses généraux, dont le bisaïeul s'était trouvé à la bataille de Lépante. Les Vénitiens lui donnèrent le commandement de leur infanterie, sous les ordres de leur généralissime. La réputation du marquis de Ville était telle, que Louis XIV lui écrivit pour le féliciter de cette marque de confiance si bien méritée par son expérience et sa valeur (1).

*Secours envoyés à Candie.*

Les rapports qu'on recevait de Candie, annonçaient que les Turcs n'avaient pas plus de dix mille hommes dans cette île (2), que la peste ravageait leur camp; mais il fallait s'attendre que cette armée allait se renforcer des troupes devenues disponibles par la paix de Hongrie. Le gouvernement Vénitien fit partir, au mois

---

(1) *Hist. de la république de Venise*, en abrégé. Cette lettre est du 3 avril 1665.

(2) *Histoire des voyages de M. le marquis de* Ville, *en Levant, et du siége de Candie*, par Joseph Ducros, de l'ordre de Saint-Dominique.

d'octobre 1665, un corps que le nouveau général passa en revue à Paros; il s'y trouva huit mille deux cent quatre-vingt-quinze hommes de pied, et mille huit chevaux effectifs (1). Il y avait dans ces troupes à-peu-près un millier de Bavarois que l'électeur avait permis de recruter dans ses états. Les Turcs reçurent, dans le même temps, un renfort de deux mille janissaires, et de quelques autres troupes.

En arrivant aux attérages de l'île de Candie, les généraux Vénitiens voulurent tenter un coup-de-main sur la Canée; mais les troupes, déja fatiguées par une traversée longue et pénible, furent fort incommodées par les pluies. Les Turcs attaquèrent l'avant-garde du marquis de Ville, et lui tuèrent environ quatre cents hommes. Il fallut renoncer à cette entreprise, se rembarquer, et faire voile pour Candie, où l'on posta cette petite armée dans un camp retranché sous le canon de la place.

Cette troupe ne tarda pas à y être attaquée par les ennemis; elle finit par les repousser avec perte d'un millier d'hommes. Mais continuellement harcelée dans cette position, elle ne put y tenir que depuis le 16 avril jusqu'à la fin de mai 1666, et se retira dans l'intérieur des

---

(1) *Ibid.*

fortifications. C'étaient absolument les mêmes fautes et les mêmes résultats que dans la campagne de 1660.

Les galères de Malte ne parurent qu'au mois de juin, et ce fut pour se retirer presque aussitôt; le commandeur qui les conduisait, demanda pour sa capitane la seconde place dans la ligne de bataille, c'est-à-dire la droite de la galère du généralissime; poste réservé de tout temps à la galère du provéditeur-général. Le généralissime ne crut pas devoir faire cette concession, et l'escadre maltaise ne prit aucune part aux évènements de cette campagne.

On voit, par ces prétentions élevées si mal-à-propos, que les alliés de la république se lassaient de cette longue guerre; cependant on allait avoir besoin de plus de forces que jamais, car le grand-visir, malgré les escadres vénitiennes, qui parcouraient l'Archipel, renforçait continuellement l'armée ottomane. Des côtes de Négrepont, de la Morée et de l'Asie mineure, de nombreux détachements de janissaires filaient sans cesse vers Candie. Kiupergli se disposait à venir prendre lui-même le commandement du siége. Au mois de novembre, on fut averti par des salves d'artillerie, que le grand-visir venait de débarquer (1); et la république

*Le grand-visir vient prendre le commandement du siége.*

---

(1) « Dans la place on attendoit le siége d'un jour à autre,

ne crut pas avoir un général plus habile à lui opposer, que ce même François Morosini, à qui elle avait ôté le commandement quelques années auparavant. Rien ne prouve mieux la différence de l'esprit des républiques à celui des monarchies. Dans les unes comme dans les autres, un général accusé, disgracié, est nécessairement un homme aigri, et rarement un homme sûr. Après une injustice, un retour de confiance est souvent une imprudence. Mais, dans les gouvernements qui sont dirigés par une volonté unique, ce changement de détermination passe ordinairement pour un signe de faiblesse : au contraire, dans les gouvernements collectifs, on est accoutumé à l'oscillation des partis. Par cette raison, les offenses y sont moins sensibles; et cette vertu qui élève les hommes au-dessus d'un juste ressentiment, doit être plus naturelle dans la république que dans la monarchie : on sert l'état plus généreusement que le prince.

*François Morosini rappelé au poste de généralissime.*

---

lorsque l'on ouit de la place trois salves d'artillerie tirées à Candie neuve, ensuite trois salves de mousqueterie, qui donnèrent à cognoistre l'arrivée du visir et de ses troupes; il venoit le plus splendidement que l'on ayt jamais vu, faisant de grandes largesses aux janissaires et aux pionniers. »

(*Hist. du siège de la ville de Candie*, par Philibert de Jarry. Manuscrit de la Biblioth.-du-Roi, n° 10269-3.

Le grand-visir s'était fait suivre à l'armée par un secrétaire de la légation vénitienne, et, avant de commencer la campagne de 1667, il le chargea de transmettre à la république de nouvelles propositions de paix ; mais, cette fois, il ne laissait aux Vénitiens, de toute l'île de Candie, que la capitale, avec un territoire de quatre lieues de rayon.

Ces conditions, plus dures que les précédentes, devaient paraître moins acceptables. Le sénat, sans les refuser positivement, fit ce que les grands ne font que trop souvent quand ils sont dans l'embarras : il rejeta la difficulté sur un subalterne ; on nomma pour négociateur à la Porte, un secrétaire du conseil des Dix, c'est-à-dire un homme pris dans l'ordre de la citadinance. Le poste de ministre de la république à la cour ottomane, était devenu peu compatible avec l'orgueil patricien.

Pendant cette négociation, dont personne n'espérait un heureux résultat, Morosini s'attachait à intercepter les secours qui arrivaient de tous les points du continent voisin, à l'armée turque. Il s'était porté, avec trente galères, aux Grabuses, à l'extrémité occidentale de l'île, pour se trouver entre ce cap et la côte de Morée. Une de ses divisions, sous les ordres d'Alexandre Molino, croisait devant la Canée. Elle surprit une barque qui portait des lettres, annonçant l'arrivée d'un renfort de deux mille hommes, partis de la côte de Syrie. Le lendemain au soir on aperçut cette flotte. Molino l'attaqua vivement; la canonnade ne discontinua pas de toute la nuit. Au point du jour, trois des bâtiments turcs étaient déja au pouvoir des Vénitiens. Les deux capitanes étaient aux prises. Le visir, qui, du port de la Canée, voyait ce combat, fait sortir dix galères; mais deux vaisseaux vénitiens les arrêtent et les forcent à rentrer dans le port. Kiupergli, indigné de leur retour, fait trancher la tête aux capitaines. Le combat continue; la capitane turque, sur laquelle Molino s'acharnait, prend feu et saute en l'air; le reste est dispersé; mais pendant que l'escadre vénitienne s'éloigne, pour achever de détruire cette flotte, quarante-six galères, conduites par le capitan pacha, entrent dans la Canée et y introduisent un secours plus considérable. L'amiral ottoman repartit immédiatement après pour Constantinople, et en revint une seconde fois avec le même bonheur. L'arrivée de tous ces renforts avait porté l'armée assiégeante à quarante mille combattants et à huit mille pionniers (1); elle s'éleva même dans la suite, jusqu'à soixante-dix mille.

---

(1) *Hist. des voyages de M. le marquis* de VILLE, *en Le-*

XXI.
Siége de Candie.
1667.

Il y avait dans la place à-peu-près neuf mille hommes. Le capitaine-général, revenu à Candie, y débarqua deux mille hommes de ses chiourmes, afin de soulager la garnison dans ses travaux. Les naturels du pays, avertis du sort qui les attendait, par les traitements cruels que les Turcs avaient exercés sur les habitants de la Canée, concouraient avec ardeur à la défense. Elle était dirigée par le capitaine-général François Morosini, en personne; il avait sous lui le marquis de Ville, qui commandait l'infanterie, et le provéditeur Antoine Barbaro, gouverneur de la place; mais celui-ci montrant, avec beaucoup d'activité et de bravoure, un esprit peu conciliant, et s'étant mis en opposition déclarée avec le généralissime, fut rappelé vers la fin de cette année 1667, et remplacé par Bernard Nani. Les provéditeurs Donato, Pisani, Moro, Bataglia, Cornaro, et le commandant de l'infanterie ultramontaine Spar, secondaient le capitaine-général. Le chevalier Vernede (1), et, sous lui,

---

*vant; et du siége de Candie*, par Joseph Ducros. Il paraît qu'il y a de l'exagération dans le récit du sieur Philibert de Jarry, *Hist. du siége de la ville de Candie*. Il dit cent mille hommes de troupes et quarante mille pionniers.

(1) Il se nommait Philippe Beneti Vernede, et était natif d'Agde en Languedoc. Il servit la république pendant vingt-

le lieutenant-général Vertmiller, commandaient
l'artillerie. Les ingénieurs Castellano, Quadru-
plani, Loubatiers, Querini, Serravalle, Maupas-
sant, dirigeaient les travaux de leur art. Les co-
lonels de Châteauneuf, Comminges, Deckenfeld,
Golenni, Imberti, Arborio, Vimes, Marini, Go-
merville ; les sergents de bataille Grimaldi,
comte Martinoni, Baroni, Fresheim, Motta, Gran-
dis, Brigeras, Vecchia, Rados, Mathei, le provéditeur des vivres Justiniani, les chefs des mineurs Sentini et Floriot, signalèrent également
leur courage et leur expérience. Le chevalier
d'Harcourt, de l'ordre de Malte ; Maisonneuve,
Langeron, Montausier, de Ganges, et quelques
autres volontaires, s'étaient jetés dans la place.
C'est bien le moins qu'on doive à ceux qui, au
prix de leur sang, contribuèrent à une défense
si mémorable, de conserver leurs noms pour

---

cinq ans. Elle lui donna les titres de comte et de surinten-
dant des fortifications, et le décora d'une chaîne d'or à
laquelle pendait une médaille où était représentée la ville
de Candie avec un aigle qui tenait la foudre dans sa serre.
On lisait autour ce vers de Virgile : « *Si deffendi possent,
etiam hác deffensa fuissent.* » La délibération du sénat qui
lui accorde ces marques d'honneur est du 19 juin 1669. On
peut la lire dans l'*Hist. de la république de Venise*, en
abrégé. Louis XIV avait daigné recommander le chevalier
Vernede à la république par une lettre du 20 mai 1664.

qu'ils restent en vénération dans la postérité.

La place de Candie, qui d'un côté s'appuie à la mer, avait une forte enceinte, flanquée de sept bastions, dont les approches étaient défendues par quelques ouvrages avancés. Les fossés étaient larges et profonds : des travaux souterrains rendaient les assiégés maîtres de détruire en un moment les ouvrages extérieurs, lorsqu'ils ne pourraient plus les disputer à l'ennemi. Il y avait sur les remparts plus de quatre cents pièces de canon, et dans la ville, des munitions de guerre et de bouche considérables, que d'ailleurs on avait la facilité de renouveler.

Ce fut le 22 mai que le grand-visir vint établir son quartier-général devant la place, à la portée du canon des assiégés. L'artillerie des assiégeants lançait des boulets de plus de cent livres. Dès le 10 juin, cinq batteries de canons et trois de mortiers commencèrent à couvrir la place de feux. Voltaire a fait remarquer que les Turcs, dans ce siége, se montrèrent supérieurs aux chrétiens dans l'art militaire. Les plus gros canons qu'on eût vus en Europe furent fondus dans leur camp (1); ils firent,

---

(1) Philibert de Jarry dit que les Turcs lançaient des bombes du poids de huit cents livres.

pour la première fois, des lignes parallèles dans leurs tranchées, usage que nous avons pris d'eux, mais qu'ils tenaient d'un ingénieur italien. On va voir si la résistance fut digne de l'attaque. A partir de ce moment, il ne se passa pas un jour qui ne fût marqué par quelque entreprise des assiégeants, ou par quelque invention des assiégés, pour multiplier les moyens de défense. Le capitaine-général avait établi son logement sur un bastion ; il inventa une machine pour déblayer les fossés. Il se tenait toujours à portée de suivre par ses yeux le succès des affaires de quelque importance ; là ses soldats venaient lui apporter les têtes des infidèles, car ils en avaient emprunté ce barbare usage. Le marquis de Ville fut blessé trois ou quatre fois. Le journal du siége atteste l'incroyable activité des travaux, les tentatives, toujours opiniâtrément renouvelées et repoussées, pour s'emparer des moindres ouvrages, ou pour les détruire: on ne cheminait que dans des flots de sang et sur des décombres. Jamais on ne fit un aussi grand usage des fourneaux de mine, c'était la mode du temps, on en peut juger par les relevés qui ont été publiés du journal de ce siége ; ils portent que, dans cette campagne, c'est-à-dire dans l'intervalle du 22 mai au 18 novembre, il y eut trente-deux assauts, dix-sept sorties, et que de part ou d'autre on fit sauter la mine six cent dix-huit fois. Aussi la garnison perdit-elle en six mois, quatre cents officiers, trois mille deux cents soldats, et l'armée ottomane plus de vingt mille hommes (1).

Qu'on se figure ce que devait être un terrain bouleversé par tant d'explosions, combien d'hommes devaient y être ensevelis, et quelle vigueur il fallait pour s'y maintenir. Cependant les Turcs, toujours très-près du corps de la place, n'étaient maîtres d'aucun ouvrage, après quatre mois et demi d'efforts continus. Vers la fin du cinquième, leurs mines eurent produit un tel effet que l'un des bastions avancés ne se trouva plus tenable pour les assiégés, et les assiégeants se préparèrent à effectuer la descente du fossé. Le 9 novembre, le généralissime ordonna une vigoureuse sortie, qui s'effectua par quatre colonnes, l'une composée d'Italiens, l'autre de Français, une troisième d'Allemands, et une quatrième de milices du pays. Il en était spectateur du haut d'une courtine, exposée à tout

---

(1) Le journal de Ducros, ci-dessus cité, dit même trente mille, et Philibert de Jarry assure, que, de leur aveu, les Turcs en eurent douze mille engloutis par les mines.

le feu des ennemis, tandis que le marquis de Ville se tenait dans le fossé pour diriger les attaques de plus près. On parvint à déloger momentanément les Turcs de leurs réduits, à renverser leurs ouvrages et leurs drapeaux; mais il n'y avait pas moyen de s'établir dans cette position, et lorsque les troupes se retirèrent, les ennemis accoururent fièrement pour y replanter leurs étendards; alors trois mines, dont une était chargée de soixante-dix barils de poudre, éclatèrent et firent sauter en l'air une surface immense, et plusieurs bataillons (1).

Les pluies, qui tombèrent cette année en abondance, vinrent mettre obstacle à cette guerre souterraine, et rendre les lignes inhabitables. Les assiégeants se bornèrent à y laisser des corps-de-garde, et se retirèrent dans leur camp. Alors les assiégés se mirent à travailler avec une ardeur infatigable à réparer leurs fortifi-

---

(1) L'auteur de l'Histoire de la république de Venise en abrégé, qui peut avoir eu des notions assez exactes sur ces détails du siége de Candie, parce qu'il était parent du chev. Vernede, parle d'un fourneau chargé de cent soixante barrils de poudre, pesant dix-huit mille livres : aussi dit-il que la première mine qui joua tua 600 hommes, et en blessa 400.

cations. Ils creusèrent leurs fossés presque comblés par les éboulements, relevèrent leurs murs et construisirent, en arrière, des retranchements nouveaux.

Les Turcs ne restaient pas oisifs; ils élevaient des redoutes, de nouvelles batteries, des cavaliers, qui dominaient les ouvrages des assiégés. Ils continuaient de tirer sur la place, s'avançaient pour déranger les Vénitiens dans leurs travaux, les fatiguaient par des alertes continuelles; mais eux-mêmes étaient épuisés, et affaiblis : une escadre, qu'ils firent partir vers ce temps-là, emmena quatre mille estropiés. La peste régnait dans le camp. Le généralissime, craignant que quelques-uns de ses soldats ne l'apportassent dans la ville, leur avait défendu de faire des prisonniers et de rentrer avec du butin.

La saison avait ralenti, mais non suspendu les attaques. Presque tous les jours on allumait des fourneaux, on combattait dans les tranchées, et quelques habitants étaient atteints dans l'intérieur de la place par les bombes ou les boulets des ennemis ; mais on ne pouvait rien entreprendre de sérieux avant d'avoir reçu de nouveaux renforts. Les galères vénitiennes étaient en mer, pour intercepter les convois qui se dirigeaient sur la Canée. Ainsi se passa l'hiver, qui, comme on voit, ne fut pas un temps de repos.

Averti d'une entreprise, que le grand-visir projetait sur l'île de Standia, le capitaine-général se mit à la tête de vingt galères, alla au-devant de l'ennemi, lui livra un combat de nuit, d'autant plus terrible que presque tous les bâtiments s'abordèrent, prit cinq vaisseaux, dispersa les autres, et rentra dans Candie avec quelques centaines de prisonniers et un millier d'esclaves chrétiens, qui lui devaient leur liberté.

Mais après cette bataille, on s'aperçut de quelques symptômes de peste sur la flotte, et il fallut interdire toute communication entre la ville et l'armée navale.

Cependant les assiégeants voyaient arriver des escadres qui leur amenaient tantôt mille Égyptiens, tantôt quinze cents hommes partis de Constantinople, puis un millier de spahis; ensuite c'était le capitan-pacha qui entrait dans le port de la Canée, avec vingt-cinq vaisseaux, portant quinze cents janissaires, qui allaient être suivis de dix-huit cents.

L'hiver de 1668 se passa, sans que la place de Candie reçût un secours de quelque importance.

Le duc de Savoie voulut même en retirer ses deux régiments. Le pape, qui venait au contraire d'y envoyer cinq cents hommes de ses troupes, lui fit sentir tout ce que cet abandon avait d'odieux. Le duc insista au moins pour le rappel de son général, et le marquis de Ville quitta, au mois de mai 1668, cette colonie, dont il avait glorieusement prolongé la défense aux dépens de son sang.

<small>Le marquis de St-André Montbrun remplace le marquis de Ville.
1668.</small>

Le gouvernement vénitien remplaça ce général par un Français, le marquis de Saint-André Montbrun (1). Ce choix était l'ouvrage de la politique; ou voulait intéresser Louis XIV à la défense de Candie. Ce prince accorda en effet quelques secours d'argent aux Vénitiens, et leur permit de lever des troupes dans ses états.

<small>XXII.
Secours que reçoivent les Vénitiens.
Le duc de la Feuillade arrive à Candie avec cinq cents volontaires.
1668.</small>

Une brillante élite de volontaires se fit inscrire pour cette expédition. L'empereur fournit à la république un renfort de trois mille hommes. Le pape, par ses exhortations, soutint et encouragea le zèle de tous les princes d'Italie, et lorsque les chevaliers de Malte apprirent qu'une troupe d'officiers français se préparait à aller combattre les infidèles, ils ne voulurent point qu'on pût les accuser d'être demeurés spectateurs indifférents de la belle défense de Candie : soixante des leurs allèrent établir, avec cette

---

(1) Alexandre du Puy, marquis de St. André Montbrun. Il était Dauphinais, et lieutenant-général des armées du roi,

jeune noblesse, une glorieuse rivalité de courage et de dévouement.

La cour de France, qui ne voulait pas rompre son alliance avec la Porte, et qui même profitait des disgraces des Vénitiens, pour les supplanter dans le commerce du Levant, avait pris ce terme moyen pour fournir un secours à la république, sans sortir des limites de la neutralité. Le duc de la Feuillade se mit à la tête d'un corps de cinq cents officiers, engagés à raison de vingt sols par jour (1), et dont il payait la majeure partie, quoique sa fortune fût très-médiocre.

Le nom de quelques-uns des chefs de l'entreprise, ce qu'il y avait de romanesque dans cette expédition, les yeux de toute l'Europe attachés sur Candie, tout cela suffisait pour exalter l'imagination d'une jeunesse amoureuse de la gloire, et semblait lui offrir une occasion brillante de se signaler. Les ducs de Château-Thierry et de Caderousse, le comte de Villemor et le comte de Saint-Pol, prince de Neuchâtel, à peine âgé de dix-sept ans, étaient les lieutenants du duc de la Feuillade. Une centaine de volontaires, demandèrent à marcher avec ce corps d'officiers.

---

(1) Journal véritable de ce qui s'est passé en Candie sous M. le duc de la Feuillade, par des Roches.

On y comptait plusieurs Aubusson, des Beauvau, des Langeron, des Créquy, des Tavanes et des Fénélon.

Cette troupe traversa la Méditerranée sous le pavillon de Malte. Le grand-maître lui envoya un drapeau, sur lequel étaient les armes de l'ordre et celles d'Aubusson, armes qui en effet pouvaient s'allier, depuis qu'un grand-maître de ce nom avait défendu Rhodes (1).

*Progrès du siége.* Le successeur du marquis de Ville était arrivé à Candie, quatre ou cinq mois avant le corps du duc de la Feuillade; il avait amené quelques troupes; mais la république était réduite aux expédients : on avait accordé la grace aux bannis, aux malfaiteurs, pour les attirer sous les drapeaux (2). Un régiment français levé par le duc de Lorraine, était entré dans la place. La renommée grossissait l'importance du nouveau renfort qu'on attendait. Les Turcs en avaient reçu aussi de considérables; et le grand-seigneur, qu'irritait la longueur du siége, s'avançait vers la Morée, pour se trouver plus à portée de presser l'embarquement des troupes et des munitions. Un des bastions de la place avait été ruiné

---

(1) En 1480.

(2) Ban publié le 20 octobre 1668.

par les batteries et par les mines; les Turcs finirent par s'y établir, et malgré les torrents de pluie qui vinrent inonder leurs lignes dès le commencement de l'automne, il fut impossible de les en déloger totalement; à force de combattre, on se partagea ce monceau de ruines. Le grand-visir, qui sentait combien pouvait être dangereuse pour lui l'impatience de son maître, ne se donna plus de repos. A peine établi sur un bastion, il en attaqua trois autres à-la-fois. L'entrée du port était encore libre, il entreprit d'y élever un môle. Les brèches étaient réparées, il fit jouer toute son artillerie pour en faire de nouvelles. La ville était abondamment approvisionnée, il la couvrit d'un déluge de feux pour incendier les magasins. La garnison était renforcée, il la fatigua par des assauts.

Pendant que les assiégés avaient à soutenir tant d'attaques, leur flotte effectuait une descente dans le voisinage de la Canée et détruisait les moissons, pour ôter cette ressource à l'armée ottomane.

Les travaux entrepris par les Turcs étaient prodigieux. Ce môle, qu'ils voulaient élever à l'entrée du port, pour en battre la passe et pour foudroyer la ville, assez faible de ce côté, leur coûtait des fatigues et des pertes inouies. Tant d'efforts et de dangers firent éclater la révolte dans leur camp; le grand-visir la comprima par sa fermeté, et le sultan fit dire à son armée, qu'il n'y aurait de repos pour elle que lorsqu'elle serait dans Candie. Dans un des assauts, elle perdit jusqu'à deux mille hommes. C'était une guerre de géants, comme disait le marquis de Montbrun, qui s'était trouvé à presque tous les siéges fameux de son temps. Il fut lui-même grièvement blessé sur la brèche.

Les galères auxiliaires des princes d'Italie se retirèrent de fort bonne heure cette année, au mépris de toutes les instances que les assiégés purent faire pour les retenir. Comme elles s'en retournaient, elles rencontrèrent les galères d'Espagne, qui avaient attendu jusqu'au mois de septembre, pour se mettre en route, et qui, à leur exemple, rebroussèrent chemin.

Les Vénitiens éprouvèrent combien il faut peu compter, dans le malheur, sur la constance de ses alliés. Ce ne fut qu'au mois de novembre qu'ils virent arriver la troupe du duc de la Feuillade. A peine débarqués, ces jeunes officiers furent chargés de la défense de l'un des ouvrages extérieurs de la place.

*Les Français veulent faire une sortie.*

S'ils n'eussent cherché que le danger, ils étaient servis à souhait; mais il leur fallait aussi de l'éclat: il n'y en avait guère à se traîner sur le ventre, pour arriver, sans être aperçus, jusqu'à un réduit avancé très-périlleux, et là, à se tenir immobiles, en silence, à l'affût, jusqu'à ce que l'ennemi voulût bien se montrer. Pour sortir de cette immobilité, il fallait attendre que les Turcs commençassent une attaque de vive force.

Ces braves volontaires s'étonnaient qu'à leur arrivée les affaires n'eussent pas changé de face. Fatigués et sur-tout ennuyés de cette manière de combattre, ils demandèrent qu'on fît une sortie, « de laquelle on ne se promettait pas « moins (ce sont les expressions de l'un d'eux (1), « que de réduire les ennemis à lever le siége. »

Les Vénitiens, qui en avaient déja fait une cinquantaine, seulement dans cette campagne, ne prirent pas cette proposition avec toute la chaleur que l'impatience française exigeait. Le duc de la Feuillade voulait que la sortie fût générale, que tous les vaisseaux vinssent border la côte, pour mettre l'ennemi entre deux feux, qu'on le repoussât loin de ses lignes, et qu'on détruisît ses redoutes et ses tranchées. Morosini, qui, depuis six mois, avait perdu sept mille hommes, dont plus de six cents officiers, ne jugea pas à propos de commettre ce qui lui res-

---

(1) *Journal* véritable de ce qui s'est passé en Candie, sous M. le duc de la Feuillade, par des Roches. L'auteur était aide-major dans la brigade du comte de Saint-Pol.

tait au hasard d'une sortie (1). Dix-sept assauts, repoussés avec peine, ne lui avaient que trop prouvé combien il en coûtait pour combattre de près un ennemi si supérieur. Déloger les Ottomans de leurs lignes lui paraissait impossible, et il trouvait beaucoup plus raisonnable de faire traîner le siége en longueur, par les mêmes moyens qui avaient retardé jusque alors les progrès des assiégeants, c'est-à-dire par les mines. Aussi en avait-il fait jouer près de trois cents dans le cours de cette année. Il était évident que le généralissime suivait les conseils d'une sage expérience. On était au mois de décembre; l'ennemi allait être forcé, par la mauvaise saison, de suspendre ses attaques; la garnison aurait

---

(1) « Morosini représenta à M. de la Feuillade qu'il avoit très-peu de monde dans la place, et que, pour peu qu'il en perdît, il en auroit faute; qu'il les vouloit conserver pour la défense des brèches. Aussi auroit-il esté un très-mal habile homme si il avoit fait autrement. M. de la Feuillade ne cherchoit que de l'honneur pour lui et à faire un action de vigueur, et se seroit très-peu soucié d'y faire assommer sept ou huit cents hommes de cette république, pourvu qu'en France il eût eu l'honneur d'avoir fait une sortie vigoureuse en Candie, et, après être hors de la place, qu'elle se fût perdue faute de monde, c'est ce qui ne l'auroit guères embarrassé. »

(*Hist. du siége de Candie*, par de JARRY.)

le temps de respirer et de recevoir de nouveaux secours. Ce n'était nullement le cas de risquer un combat général, dont la suite immédiate pouvait être la perte de la place.

Les Français, peu capables de modération, ne virent dans la circonspection vénitienne, que de la politique, et se plaignirent hautement de ce que la garnison ne voulait pas se joindre à eux, pour tenter un glorieux effort (1). Le comte de Saint-Pol alla trouver le généralissime, qui, disait-on, *baragouinait* le français pour faire semblant de ne pas entendre, et le pressa avec les plus vives instances d'ordonner une sortie générale, mais il ne put émouvoir le flegme vénitien. Alors le duc de la Feuillade annonça qu'il exécuterait la sortie avec sa troupe seule, dût-on ne lui fournir aucun secours. Les chevaliers de Malte, excités par les volontaires français, crurent qu'il y allait de leur honneur de prendre part à cette entreprise, et offrirent de sortir aussi avec un bataillon de soldats maltais, que le grand-maître avait envoyé dans la place. Morosini leur fit signifier l'ordre de rester à leur poste, et tout ce qu'on put obtenir de lui, ce fut une centaine

---

(1) *Ibid.*

de grenadiers italiens, pour soutenir la troupe du duc de la Feuillade.

<small>Ils sont battus. 16 décembre 1668.</small>

Le 16 décembre, à la tête de cette troupe, déja réduite à deux cent quatre-vingts combattants, la Feuillade, un fouet à la main, comme si cette arme eût suffi pour chasser les ennemis (1), Villemor, Château-Thierry, la Mothe-Fénélon, Saint-Pol, qui s'était dépouillé de ses armes défensives pour être plus agile, s'élancèrent au point du jour sur les retranchements ennemis. Les Turcs, après une vigoureuse résistance, furent forcés de leur abandonner quelques redoutes et deux cents pas de terrain, dont cette poignée de braves resta maîtresse pendant deux heures. Quatre capucins et deux pères de l'Oratoire, qui avaient suivi cette noble élite en qualité d'aumôniers, étaient sortis avec elle, le crucifix à la main; et signalant leur courage apostolique, exhortaient les combattants et assistaient les blessés. Les batteries de la place faisaient un feu terrible sur les ennemis, qui se rassemblaient en bon ordre, pour regagner le terrain qu'ils avaient perdu. Un corps d'à-peu-près deux mille hommes venait d'être repoussé. Un bataillon de janissaires s'a-

---

(1) *Mémoires de d'Artagnan*, tom IV.

vança et ne put parvenir à faire plier cette vaillante noblesse. Elle avait tué huit cents hommes à l'ennemi, et en avait mis quatre cents hors de combat; mais, à force de tenir ferme, elle était sur le point d'être enveloppée, il fallut se résoudre à opérer la retraite, qui s'exécuta en bon ordre (1).

Les comtes de Villemor, de Tavanes et quarante autres étaient tués. Le marquis de Fénélon avait eu la douleur de voir son fils tomber à ses côtés. On comptait soixante et quelques blessés, parmi lesquels étaient le marquis d'Aubusson, Montmorin, le chevalier de Créquy : la Feuillade, qui avait reçu trois blessures, rentra le dernier.

Cet exploit, dont on parla fort diversement, les uns ne voulant voir que ce qu'il y avait de brillant, les autres que son inutilité, réduisit à presque rien la troupe que le duc de la Feuillade avait amenée. Il semblait que ces braves volontaires ne fussent venus de si loin, que pour faire une brillante folie, en dépit de tous

---

(1) « A la vérité l'action fut très-vigoureuse, mais de nulle utilité, puisqu'elle n'avoit pas la fin principale que doit avoir une sortie, qui ne se fait que pour inquiéter les ennemis ou leur rompre leurs travaux. »

(*Hist. du siége de Candie*, par de JARRY.)

les conseils qu'on avait pu leur donner. Dès qu'ils l'eurent exécutée, ils ne montrèrent plus d'impatience que pour sortir de la place qu'ils étaient venus secourir, et se rembarquèrent quelques jours après, emportant les germes de la peste, qui se déclara dans la traversée, et qui moissonna les tristes restes de cette expédition.

> Et se rembarquent.

Cette campagne avait coûté aux Turcs vingt-trois mille hommes, mais elle avait épuisé les Vénitiens. Dans toutes les cours, les ambassadeurs de la république sollicitaient les princes, à la faveur de cet intérêt que devait inspirer une malheureuse colonie, luttant contre les infidèles depuis vingt-cinq ans. Quelques états de l'empire fournirent un secours, qui s'éleva à-peu-près à quatre mille hommes. Mais un Morosini, qui servait sa patrie dans les ambassades, comme le chef de sa maison la servait, dans le même temps, à la tête des armées, et qui représentait alors la république à la cour de Louis XIV, parvint à exciter la générosité de ce grand prince en faveur de Candie. Louis promit douze régiments d'infanterie, trois cents chevaux et même un détachement de sa garde. Cette armée, qui se trouva former six mille hommes (1), partit immédiatement après l'arri-

> XXIII.
> Louis XIV envoie 6000 hommes au secours de Candie.
> 1669.

---

(1) On en trouve l'état détaillé dans le *Voyage de Candie*

vée du duc de la Feuillade à Toulon, sur vingt-sept bâtiments, escortés par quinze vaisseaux de guerre (1) : quatorze galères portaient l'avant-garde. Elle arbora l'étendard de l'église; c'était une précaution que l'on croyait nécessaire, pour que la France conservât les apparences de la neutralité; mais c'était faire un singulier usage de la bannière du pape, que de l'employer à voiler un manque de foi.

L'avis du départ de cette petite armée répandit la joie dans Venise, et rendit l'espérance à Candie. Une grande flotte vénitienne venait de ravitailler cette place et d'y jeter une nouvelle

---

*fait par l'armée de France, en l'année* 1669, par Desreaux de la Richardière.

Infanterie... { 200 officiers volontaires.
500 hommes du régiment des gardes.
4777 hommes formant 16 régiments.

Cavalerie... { 200 mousquetaires.
324 hommes formant 3 escadrons.

(1) (*Ibid.*)

    1 de 90 pièces de canon.
    1 de 80      *id.*
    3 de 70      *id.*
    3 de 60      *id.*
    7 de 48 ou 50 *id.*

garnison. L'imagination s'effraie, quand on considère ce que ce long siége coûtait à la république : on a calculé que ce gouffre dévorait annuellement quatre ou cinq millions de notre monnaie en argent effectif, et trois fois autant en munitions de guerre et de bouche. Dans la seule année 1668, on y consuma trois millions de livres de poudre. Il fallait y envoyer jusqu'à du bois, jusqu'à des fascines, et par conséquent on était réduit à faire vivre la garnison de biscuit qu'on expédiait de Venise. On ne doit pas s'étonner que cette guerre ait coûté cent vingt-six millions de ducats courants (1), et accru de soixante-quatre millions la dette de la république (1).

Pour aider les Vénitiens à subvenir à tant de dépenses, le pape Clément IX, qui, dans tout le cours de son pontificat, se montra animé d'un zèle plus sincère que celui qu'affectait son prédécesseur, supprima quelques ordres religieux dans le territoire de la république, et permit de vendre leurs biens pour les appliquer

---

(1) *Relazione della città e repubblica di Venezia*, etc., Manusc. de la Biblioth.-du-Roi, n° 10465.
3.
(2) *Histoire du gouvernement de Venise* par Amelot de la Houssaye.

aux besoins de l'état : on en tira quatre ou cinq millions (1). Une partie du trésor de Saint-Marc reçut la même destination. Cependant l'argent

*Danger de la place.*

---

(1) Voici ce qu'écrivait l'archevêque d'Embrun, alors ambassadeur de France à Venise, au sujet de cette vente de biens ecclésiastiques. « Le cardinal d'Este voudroit que j'entrasse en une demande que le pape desireroit faire à cette république, pour la révocation d'une loi qu'elle a faite il y a déja long-temps, portant défense aux ecclésiastiques d'acquérir des biens en fonds de terre en cet état. Cette question donna, en partie, lieu à l'interdit que Paul V déclara contre cette république; et le pape d'aujourd'hui, dès le commencement de son pontificat, a renversé les bonnes intentions de son prédécesseur, par un coup d'une puissance extraordinaire, que l'on peut dire, par l'effet, être moins *in ædificationem* que *in destructionem*, pour me servir des paroles de saint Paul. Il a supprimé deux ordres religieux, l'un du Saint-Esprit, l'autre des Crucigeri ; son nonce en a vendu publiquement les biens au plus offrant et dernier enchérisseur, et il en a tiré de compte fait, il y a deux ou trois ans, trois millions de livres, qui ont été donnés à la république, pour soutenir la guerre contre les Turcs, et ce fut sous cette condition tacite, pour complaire aux desirs du pape, que M. le nonce Caraffa fit consentir la république au rétablissement des jésuites en cet état. Il se trouve présentement que sa sainteté, qui est touchée de quelque scrupule, d'avoir fait une aliénation irrévocable de tant de biens, contre l'intention des fondateurs, qui y avoient affecté un service de religion, souhaiteroit que l'église pût au moins se récompenser d'une perte si notable, par les acquisitions qu'elle pourroit

manquait pour solder la garnison de Candie; Morosini, le provéditeur Cornaro, et quelques autres, se dépouillèrent de tout ce qu'ils avaient,

---

faire dans le temps à venir. Ces seigneurs pourroient peut-être bien accorder une permission limitée, que l'église pourroit acquérir jusqu'à la concurrence de la somme qu'ils ont touchée, qui ne sera pas remplacée de mille ans, à ce que m'a dit M. le patriarche de cette ville; mais ils ne veulent pas accorder la permission générale et absolue sans aucune réserve. Le pape ne veut point accepter la première permission, parce qu'il confirmeroit, par la limitation et par l'exception, la loi que ses prédécesseurs ont jugée si contraire aux immunités ecclésiastiques, qu'ils se sont servis des foudres de l'église pour la supprimer. La république ne donnera jamais apparemment la seconde, parce qu'elle prétend qu'elle choque sa souveraineté; voilà la contestation qui est entre sa sainteté et la république. »

(Lettre du 20 sept. 1659.)

« Un ancien sénateur m'a dit que le pape leur avoit permis à la vérité la vente des monastères de deux ordres religieux, qu'il a supprimés, par une puissance absolue, avec quelques scrupules de conscience, dont ils avoient tiré environ trois millions de livres, qui étoient provenues de la disposition du propre bien; qui ne doit pas être imputée à une grande grace; mais ils ont perdu en même temps les décimes et les contributions volontaires de ces biens ecclésiastiques, qui leur faisoient un revenu ordinaire beaucoup plus considérable que n'a pas été le capital de cet argent, et sa sainteté s'est trouvée intéressée dans cette dépense, fort extraordinaire, parce que elle a eu prétexte de disposer dans son

pour donner quelques à-compte aux soldats. On attendait les renforts avec une extrême impatience, car la défense était d'autant plus difficile qu'on n'avait pas assez de bras, pour élever quelques nouveaux retranchements derrière les ouvrages ruinés. Les Turcs étaient maîtres de la moitié d'un bastion dont les assiégés avaient conservé l'autre moitié; Morosini entreprit de faire sauter la partie de cet ouvrage, dont il n'avait pu chasser l'ennemi. L'effet de la mine fut terrible; les hommes, la terre, les canons même, furent lancés au loin; mais les Turcs s'acharnèrent à détruire le reste du bastion occupé par les Vénitiens, et sous le feu de l'artillerie et de la mousqueterie, ils eurent la constance de le démolir et d'emporter les terres; de sorte qu'au prix d'un torrent de sang, cet ouvrage fut entièrement rasé et la place se trouva ouverte.

Le danger croissait de jour en jour : la république avait envoyé à la Porte, un nouveau négociateur, que le visir, lorsqu'il voyait s'éloi-

---

état des biens des monastères des mêmes ordres qu'elle a vendus ou réduits en abbaye, pour en gratifier qui il lui a plu. »

(Lettre de novembre 1658.)

gner l'espérance de prendre Candie, faisait venir de temps en temps, pour lui proposer, tantôt de céder cette forteresse, tantôt de la garder, en s'obligeant à la démanteler, tantôt d'abandonner la moitié de l'île, c'est-à-dire les Grabuses, la Canée, Rettimo, le port de la Suda, et de démolir les fortifications de l'île de Tine. Mais le sénat, qui se flattait toujours de lasser la constance des Ottomans, n'avait pas autorisé son ministre à de pareilles concessions.

XXIV. Arrivée de l'armée française. 19 juin 1669.

On était cependant au dernier terme de la résistance, lorsque, le 19 juin 1669, on signala une flotte de quatorze voiles : c'était une division de l'armée française, commandée par les ducs de Beaufort et de Navailles. Ils amenaient près de cinq mille hommes, qui furent mis à terre la nuit suivante, excepté les mousquetaires de la garde du roi, qui voulurent absolument attendre le jour pour passer sous les batteries des Turcs.

« C'était, dit un des officiers de cette expédition, c'était une chose déplorable de voir l'état où cette ville était réduite : les rues étaient couvertes de boulets, de balles, d'éclats de bombes et de grenades; il n'y avait pas une église, pas un bâtiment, dont les murailles ne fussent percées, et presque ruinées par le canon. Toutes les maisons n'étaient plus que de tristes masures. Il y sentait mauvais par-tout. De quelque côté que l'on tournât on rencontrait des soldats tués, blessés ou estropiés (1). »

Morosini voulait employer ces nouvelles troupes à opérer une diversion du côté de la Canée, pour y attirer une partie de l'armée des Turcs ; mais ces officiers français, aussi peu disposés que leurs prédécesseurs à en croire les conseils de l'expérience des hôtes qu'ils venaient secourir, s'obstinèrent à vouloir faire une sortie dès le lendemain, sans même attendre la seconde division de leur armée, qui consistait en quinze cents ou deux mille hommes. Morosini ne put gagner qu'un délai de quatre jours. Il fallut donc consentir qu'ils effectuassent leur sortie le 25 juin. « Le capitaine-général, dit un témoin oculaire (1), offrit au duc de Navailles de faire sortir avec lui quelques troupes de la république, comme gens accoutumés à la manière de combattre les Turcs, et qui connaissaient mieux le terrain d'autour de Candie que les siens. Il ne voulut pas recevoir cet offre, ni même se consulter en rien avec M. de Saint-André. » On

*Elle veut faire une sortie.*

---

(1) *Voyage en Candie* de Desreaux de la Richardière.

(2) *Hist. du siége de Candie*, par Philibert de Jarry. Cet historien place la sortie, non pas au 25 juin, mais au 25 août.

convint de les faire soutenir par un corps de la garnison, et de faire avancer une partie de la flotte, pour prendre part au combat, si le vent le permettait, ce qui n'eut pas lieu.

Le 25, avant le jour, ces cinq mille hommes attendaient le signal, en silence, ventre à terre, entre les murs et l'ennemi. On y remarquait le duc de Navailles, commandant de cette petite armée; le duc de Beaufort, amiral, qui avait voulu être mis à terre pour prendre part au combat; le comte de Dampierre, à la tête des officiers volontaires; un Choiseul; un Castelane, major des gardes; un Colbert.

*Mauvais succès de cette entreprise.* Dès qu'ils reçurent l'ordre de s'ébranler, ils fondirent sur un corps de troupes qu'ils apercevaient dans l'obscurité. C'était un détachement d'Allemands qui marchait pour les appuyer. Revenus de cette méprise, qui avait mis quelque désordre dans les rangs, ils se précipitèrent dans la tranchée. Les Turcs surpris l'abandonnèrent. On en avait déja tué douze ou treize cents, lorsque tout-à-coup le feu prend à quelques barils de poudre restés dans les batteries. Les Français, qui, depuis trois ans, n'avaient entendu parler que des mines qu'on faisait sauter à Candie, crurent que cette explosion était celle d'un fourneau. On crie, Gare la mine; on croit qu'on marche sur un terrain qui va s'entr'ouvrir; la terreur s'empare des soldats; tout le monde s'écarte : il n'y a plus d'ordre, plus de chefs qui puissent se faire entendre : les premiers rangs se précipitent sur ceux qui les suivaient : la déroute devient générale, et cette troupe, si audacieuse un moment auparavant, se met à courir vers la place, sans être poursuivie. Les Turcs s'ébranlent aussitôt, la serrent de près, et le feu des remparts, l'arrivée de toute la garnison suffisent à peine pour favoriser cette déplorable retraite. Cinq cents têtes, parmi lesquelles étaient celles du duc de Beaufort, du comte de Rosan, neveu du maréchal de Turenne, des marquis de Lignière, d'Uxelles, et de Fabert, de Castelane, de cinquante mousquetaires, et d'un capucin, aumônier d'un régiment, furent étalées aux yeux du grand-visir, et promenées autour de la place.

La perte de cinq cents hommes n'aurait pas été irréparable, car la seconde division française arriva quatre jours après, et on attendait d'autres renforts; mais il n'y eut plus moyen de rendre de la confiance à ces troupes désorganisées. Le 24 juillet on voulut faire avancer les vaisseaux, qui étaient au nombre de plus de cent dans le port de Standia, pour canonner le camp des ennemis; ceux-ci répondirent avec vigueur, et un beau vaisseau français de soixante-dix canons prit feu et sauta en l'air.

*Départ de cette armée. 21 août 1669.*

Alors on apprit avec étonnement que le général français, le duc de Navailles, se disposait à repasser la mer avec ses troupes. Ni les représentations de Morosini, ni les instances de tous les officiers de la garnison, ni les supplications d'une population éplorée, et du clergé en corps, rien ne put le retenir. Il s'embarqua le 21 août, quitta l'île, deux mois après son arrivée, et cet exemple occasionna bientôt la défection des galères de l'église, des Allemands, des Maltais; de sorte que les Vénitiens se voyaient réduits à trois mille hommes, lorsque les Turcs, informés de ce qui se passait dans la place, donnèrent un assaut général.

Cet inexplicable départ de l'armée française, que les historiens vénitiens ne rapportent qu'avec les expressions d'un excusable ressentiment (1), et que Louis XIV désapprouva, si

---

(1) Ne altri ajuti videro i Veneziani giammai, che un mucchio di pochi cavalieri francesi; ma ad una sortita audace sconfitti quelli avventurieri, essendosene partiti vilmente dall'isola, dopo altro tempo e molti casi varj all'infelice città, lacerata in brani, mancò la resistenza.

(*Storia civile Veneziana*, di Vettor Sandi, lib. 12, cap. 3.)

A cette inculpation d'un historien vénitien, il est juste

l'on en juge par l'exil qu'il imposa au duc de Navailles, mit à une terrible épreuve la constance du capitaine-général. Le courage d'esprit bien plus rare que la bravoure militaire,

---

d'opposer les raisons qu'on donne de cette retraite dans la relation de l'expédition du duc de Navailles.

« L'ambassadeur de Venise (y est-il dit) avait promis qu'on trouverait 14000 hommes à Candie; on n'y trouva qu'une garnison épuisée.

« On n'exécuta pas une sortie de 1000 hommes de la garnison, quoique cela eût été convenu pour opérer une diversion pendant l'attaque des Français.

« On n'envoya pas même, ainsi que cela avait été promis, 300 travailleurs pour raser les travaux des Turcs et enclouer leurs canons pendant que les Français étaient maîtres des tranchées.

« Les Vénitiens laissaient les Français attaquer seuls et périr. Ils disaient publiquement qu'on n'était point en état de se défendre, et qu'il fallait rendre la place.

« M. de Navailles partit parce qu'il n'avait plus sur la flotte que les vivres suffisans pour son retour. Il a néanmoins laissé 500 hommes à Candie.

« Il y a de grandes friponneries; et la république est bien trompée; l'humeur des Vénitiens est venue de ce qu'on leur a dit la vérité sur leur relâchement, et de ce qu'on leur a fait tenir la place plus long-temps qu'ils ne desiraient. »

L'impartialité de l'histoire nous oblige d'ajouter que ce dernier reproche est bien déplacé dans la bouche de ceux qui n'avaient passé que deux mois à Candie, contre ceux qui l'avaient défendue si long-temps.

ne lui manqua pas. Il repoussa le nouvel effort des assiégeants, et le lendemain se vit encore abandonné de tout ce qui restait dans la place de troupes auxiliaires.

<small>Départ de tous les auxiliaires.</small> Beaucoup de vaisseaux des alliés étaient retenus par les vents dans la rade de Standia. Le capitaine-général écrivit aux commandants, pour les supplier de lui laisser, en partant, seulement un corps de trois mille hommes, avec lequel il pourrait prolonger sa défense jusqu'à l'hiver, et attendre de nouveaux renforts. Tous furent sourds à cette prière, et mirent à la voile, laissant le défenseur de Candie sans moyens et sans espérance.

<small>État de la place.</small> La place pouvait être emportée au premier moment; elle n'offrait plus qu'un monceau de ruines arrosé du sang de trente mille chrétiens, et de cent dix mille Ottomans, qui avaient péri dans ce siége. « Aussi, dit Philibert de Jarry, étoit-ce une chose surprenante que de nous voir embarquer en l'estat que nous estions. Le régiment de Négron, que je commandois, étoit, au commencement du siege, de deux mille cinq cents hommes. Il avoit reçu quatre cents recrues et il ne sortit de la place que septante hommes, compris officiers et soldats, dont les quarante étoient estropiés. » Il s'agissait de savoir si on pouvait prolonger la résistance. Il n'y en avait

qu'un moyen, c'était de mettre à terre tous les équipages de la flotte, et d'en composer une nouvelle garnison; mais alors la flotte était perdue, il fallait la brûler. Les Turcs devenaient maîtres de la mer, et la place, sans communication avec le dehors, était obligée de se rendre faute de subsistances. Il restait à sauver quatre mille habitants, faible débris de la population de cette capitale, et une poignée de braves, qui avaient survécu à soixante-neuf assauts, à quatre-vingts sorties, et à mille trois cent soixante-quatre explosions de la mine (1).

Morosini sentit qu'il était innévitable de capituler; mais il conçut le projet de convertir cette capitulation en un traité de paix. C'est là une de ces idées qui n'appartiennent qu'aux esprits élevés et aux ames intrépides. Il n'avait point de pouvoirs pour traiter. Il savait que son gouvernement n'avait pas accoutumé ses généraux à sortir des limites de leurs fonctions, et qu'il n'y avait aucune indulgence à en espérer. Son conseil de guerre ne pouvait ni couvrir ni partager sa responsabilité; mais il compta noblement sur l'opinion que les ennemis devaient

XXV.
Morosini se décide à traiter de la paix, sans y être autorisé.

---

(1) Du JARRY dit plus de deux mille. L'historien turc, RASCHID, dit précisément la même chose.

avoir de son caractère, et il fit demander au grand-visir la permission de lui envoyer un officier pour négocier. Achmet Kiupergli, qui avait si long-temps éprouvé la fermeté de Morosini, saisit avec empressement cette occasion de se rendre maître enfin d'une place qui lui avait coûté tant de sang.

<small>Traité.
6 septembre
1669.
Cession
de Candie.</small>
Les pourparlers durèrent depuis le 28 août jusqu'au 6 septembre 1669. Le généralissime imposa tellement aux ennemis qu'il obtint des conditions honorables, non-seulement pour sa garnison, mais pour la république.

Il fut convenu que les Vénitiens abandonneraient Candie, non pas à un jour fixe, mais après qu'ils auraient eu le temps de s'embarquer, et on en évalua la durée à douze jours d'un temps serein. Il ne devait être laissé sur les remparts que l'artillerie, dont ils étaient armés avant le siége. Le visir fit même présent à la garnison de quatre pièces de bronze, en sus de cent quarante qu'elle avait droit d'emmener (1). On stipula en outre que les habitants seraient libres de partir avec la garnison, et d'emporter tous leurs effets; que les Turcs resteraient

---

(1) *Hist. du siége de Candie*, par Philibert de JARRY. Les historiens turcs n'en font pas mention.

maîtres de l'île de Candie, mais que la république y conserverait trois ports, savoir : les Grabuses, Spina-longa, et la Suda, avec les îles qui en dépendent; qu'en compensation de cette cession la république garderait tout ce qu'elle avait conquis sur les frontières de la Dalmatie, et de la Bosnie, notamment la forteresse de Clissa; qu'enfin les anciennes relations de commerce et d'amitié seraient rétablies entre les deux états.

Ce traité (1) était assurément aussi honorable que pouvaient le permettre les circonstances. La lutte avait été terrible, mais trop inégale. Les armes de la république avaient été souvent victorieuses : ce qu'elle acquérait ne compensait pas assurément ce qu'elle avait été obligée de céder; mais du moins elle ne se trouvait soumise à aucune condition humiliante, à aucune indemnité, à aucun tribut.

Les infortunés habitants de Candie voulurent tous abandonner une patrie qui n'existait plus, une terre désolée qui allait être occupée par les infidèles. Leurs personnes, leurs biens, tous les objets du culte, furent reçus sur les vaisseaux de

---

(1) *Codex Italiæ diplomaticus*, Lunig, tom. II, pars 2, sectio 6, XLIV.

Morosini. L'historien turc, Raschid, rend hommage, sans s'en douter, au dévouement des défenseurs de Candie; car il fait évaluer leur petit nombre, en disant que quinze bâtiments et une quarantaine de chaloupes, suffirent à transporter les faibles restes de cette garnison. La tempête attendait ces malheureux; elle en fit périr une partie et en jeta plusieurs sur les côtes d'Afrique, où ils tombèrent dans les chaînes des Barbaresques.

On était si consterné à Venise de la situation où le départ simultané des alliés avait laissé Candie, qu'on y apprit avec plus de surprise que de mécontentement le traité conclu par Morosini, sans autorisation. Cette nouveauté choquait les maximes du sénat; mais il était impossible de proposer la continuation de la guerre. Le traité fut ratifié, par le gouvernement vénitien, comme par le sultan, et la place fut remise aux Turcs, le 27 septembre. Les limites sur le continent de la Dalmatie furent marquées. Trente familles nobles vénitiennes, qui étaient établies à Candie, vinrent recruter le grand conseil d'une centaine de patriciens (1). Les nobles ori-

---

(1) *Storia civile veneziana* di Vettor SANDI, lib. 12, cap. 3.

ginaires de l'île furent admis à la citadinance et les misérables restes de la population de cette colonie, furent envoyés en Istrie, où on leur distribua quelques terres.

Cependant les esprits sévères ne croyaient pas pouvoir pardonner à Morosini d'avoir disposé des provinces de la république, et les envieux étaient encore moins portés à lui pardonner sa gloire (1).

XXVI. Morosini accusé.

On l'avait élevé, vers les derniers moments du siége, à la dignité de procurateur de Saint-Marc. Un jour, dans le grand conseil, un patricien prit la parole, pour réclamer contre cette récompense, décernée à un général qui avait rendu la plus importante colonie de la république. Cette paix qu'on avait ratifiée, l'orateur l'appelait une paix monstrueuse, conclue sans

---

(1) Voici le portrait que fait de Morosini Philibert DE JARRY, qui d'ailleurs ne dissimule point sa haine contre les Vénitiens. « Il restera glorieux à jamais de mille belles choses qu'il a faites, tant sur terre que sur mer, et pour l'affaire de Candie, apparemment il ne pouvait faire autre chose que ce qu'il fit. Il faut que ses ennemis même avouent que c'est un des plus braves hommes qui se verra jamais, qui a infiniment d'esprit, un homme intrépide, et il a fallu en lui toutes ces belles qualités et une bonne tête, pour entendre à tant d'affaires qu'il y avait dans cette place, et savoir ménager tant de sortes d'esprits et de différentes nations, où la

autorisation et reçue avec amertume (1). A une invective véhémente, il ajouta une accusation formelle contre Morosini, et la proposition de le dépouiller de sa dignité, disant qu'il fallait l'appeler, non pas à de nouveaux honneurs, mais à rendre compte de sa conduite. Le traité, l'administration, le courage même du généralissime, devenaient susceptibles d'examen et de reproches. Il avait reçu des présents du grand-visir (2); donc, il avait montré aussi peu de désintéressement que de bravoure dans la défense de Candie.

Quand on entend accuser un personnage cé-

---

plupart ne sont guère raisonnables, et blâment bien souvent un général, sans savoir pourquoi.

« Il ne s'ébranlait jamais pour quoi que ce fût; il avait toujours un visage riant et égal, qui témoignait néanmoins beaucoup d'assurance et de fierté. Pour conclusion, ce qui se peut dire de lui avec vérité, est, que c'était un galant-homme, et que la république n'en a jamais eu ni n'en aura peut-être un autre de sa force. »

Cette prédiction s'est vérifiée; François Morosini a été le dernier des Vénitiens.

(1) Pace monstruosa, conclusa senza autorità, sentira con amarezza, pace senza cantar il *Te Deum*.

(2) *Hist. de Gratiani*, édition de Padoue, 1728, pages 226-228. *Hist. de Michel Foscarini*, collection de Venise, 1718, page 10.

lèbre, on se demande involontairement quels sont les services, le nom, les droits de celui qui ose s'élever contre une grande renommée : et on rougit d'apprendre que des hommes obscurs, qui doivent à une éternelle inaction l'avantage d'être restés irréprochables, aient le courage de se montrer si difficiles en fait de gloire. L'accusateur de Morosini se nommait Antoine Corrario.

Quoique les véritables patriotes ne pussent entendre sans honte cette indécente accusation, et que les gens sages dussent en prévoir les conséquences, elle flattait secrètement la malignité humaine. On est plus disposé à chercher des raisons, pour craindre et déprécier les hommes supérieurs, que des occasions de les employer. Personne ne se leva pour répondre à l'accusation et l'orateur fut encouragé dans son entreprise, par les suffrages de l'assemblée, qui l'élevèrent à la fonction d'avocat de la commune, préférablement au candidat que le sénat avait proposé (1).

Alors ses invectives devinrent une accusation officielle, qu'il fallut nécessairement prendre en considération. Le héros de Candie fut obligé de se constituer prisonnier (2). La majorité des

---

(1) GRATIANI, pag. 229. FOSCARINI, pag. 11.
(2) *Storia civile veneziana* di Vettor SANDI, lib. 12, cap. 3.

voix était d'abord contre lui. Le peuple, à qui on l'avait représenté comme un traître, demandait sa tête, en criant qu'il saurait bien faire justice si les juges ne la faisaient pas (1).

Cependant, une voix éloquente s'éleva pour sa défense ; ce fut celle de Jean Sagredo, ancien ambassadeur de la république, et alors procurateur. Il attaqua non-seulement la proposition, mais son auteur, et ce fut avec une telle énergie, qu'il entraîna une partie de l'assemblée. Les suffrages se trouvèrent tellement partagés, que la délibération ne donna aucun résultat ce jour-là.

Le surlendemain, Corrario invectiva à son tour contre le défenseur de Morosini. Il demandait que le généralissime fût dépouillé, même avant son jugement, de la dignité de procurateur, prétendant que sa promotion avait été faite illégalement. Il n'y avait point de place vacante quand on l'avait nommé ; on avait cru conférer cette dignité à un général qui défendait Candie, et il venait de la rendre. Les débats furent tellement tumultueux (contre l'usage des graves conseils de cette république), qu'on se vit sur le point d'en venir aux mains. Michel Foscarini,

---

(1) *Histoire du gouvernement de Venise*, par Amelot DE LA HOUSSAYE.

à qui nous devons une histoire de Venise, dans laquelle il rapporte, comme témoin oculaire, les détails de cette affaire (1), ramena le calme dans l'assemblée, en représentant que, si la promotion de Morosini eût été illégale dans le principe, il aurait fallu s'y opposer alors; mais que l'annuller aujourd'hui, c'était dépouiller d'une dignité éminente celui qui en était revêtu, c'était punir le défenseur de Candie, et qu'on ne pouvait punir personne sans jugement; que sans doute il devait sembler étrange d'entendre dire qu'on n'avait pu donner légalement au général des armées de la république une dignité qu'on prodiguait pour de l'argent. En conséquence, il demandait que Morosini fût maintenu dans sa qualité de procurateur et que du reste on fît sur sa conduite les informations qu'on jugerait convenables.

Un inquisiteur fut nommé pour instruire l'affaire; d'abord, il commença par réduire l'accusation à deux griefs, au lieu de trois, écartant le reproche relatif à la signature du traité, parce que ce traité avait reçu la sanction du gouvernement. Quant aux deux autres griefs, l'accusation de lâcheté était démentie si hautement par les faits, qu'on ne pouvait la proférer sans

---

(1) Foscarini, pag. 12-14. Gratiani, pag. 229-231.

rougir. Le commissaire ne s'en crut pas moins obligé d'entendre un grand nombre de témoins, dont toutes les dépositions ajoutèrent à la gloire du généralissime.

Restait l'accusation de malversation, et, à cet égard, l'impartialité de l'histoire nous oblige de dire que quelques écrivains donnent à entendre que ce reproche n'était pas sans fondement (1); mais ils auraient dû rappeler aussi que le défenseur de Candie en avait payé la garnison de de ses propres deniers, pendant la détresse du trésor public. On avait enveloppé plusieurs des administrateurs de la colonie et de l'armée dans l'accusation, pour lui donner une apparence d'impartialité ; tous furent honorablement acquittés et le blâme tomba, comme de coutume, sur quelques subalternes.

Pendant la durée de cette procédure des différends s'élevèrent entre les commissaires turcs et les commissaires vénitiens, chargés de fixer les limites de la Dalmatie; on craignit une nouvelle rupture. Alors tous les yeux, toutes les espérances se reportèrent sur l'illustre accusé ; et le peuple, qui avait demandé sa tête, éclata

---

(1) *Nouvelle relation de la ville et république de Venise*, par Freschot, 1re partie.

en imprécations contre ses accusateurs. On verra commment Morosini se vengea.

Il est triste que, depuis l'antiquité jusqu'à nos jours, les accusations des hommes obscurs aient toujours attendu les grands citoyens, et que l'ingratitude publique ait si souvent été le prix des services rendus à la patrie. C'est un défaut plus particulier aux républiques d'oublier le mérite des hommes supérieurs, quand elles croient n'en avoir plus besoin; et voilà pourquoi, dans cette espèce de gouvernement, les agitations, la guerre, sont souvent des causes de prospérité, parce qu'elles remettent le talent à sa place. Paul-Emile n'obtint le consulat, qu'après que la guerre contre la Macédoine eut été déclarée.

# LIVRE XXXIV.

Conquête de la Morée par les Vénitiens. — Paix de Carlowitz, 1670-1699. — Guerre de la succession d'Espagne. — Neutralité des Vénitiens, 1700-1713. — Les Turcs déclarent la guerre à la république. — Elle perd l'île de Tine, la Suda et Spina-longa en Candie et la Morée. — Siége de Corfou. — Paix de Passarowitz, 1713-1718.

I.
État de la république après la cession de Candie. Longue paix.

Ce n'était pas une médiocre gloire, pour les Vénitiens, d'avoir soutenu, pendant vingt-cinq ans, une lutte corps à corps avec l'empire ottoman. Ils n'en sortaient pas sans pertes, mais l'honneur des armes leur restait. Vainqueurs dans dix batailles navales, défenseurs opiniâtres d'une place, qui avait coûté plus de cent mille hommes à l'ennemi, ils pouvaient se vanter d'avoir porté les premiers coups à ce colosse, qui avait menacé de fondre de tout son poids sur l'Europe. La population vénitienne en avait beaucoup souffert; mais le trésor de la république avait forcé plusieurs autres nations à contribuer de leur sang à la défense de Candie; un ambassadeur de France qui résidait à Venise en 1701, assure qu'il est constant, par les registres mêmes tenus à Venise, que, dans la seule ville de Lyon, on avait levé, pendant cette guerre, jusques à 50,000 hommes pour les enrôler sous les drapeaux de St.-Marc (1). Rien n'inspire un plus juste orgueil, que d'être sorti avec honneur d'un combat inégal. Cette guerre aurait ranimé l'esprit national dans la république, s'il en fût resté quelques étincelles; mais on ne voulait être triomphant, que pour jouir avec sécurité de ses richesses; on ne desirait la paix que pour les accroître. « Cette république, disait un prince contemporain (2), n'est plus celle qui

---

(1) *Relation de Venise*, par M. DE LA HAYE. Cet ambassadeur ajoute, qu'à la paix de Candie, les Vénitiens licencièrent presque toutes les troupes, renvoyèrent sans les payer tous les officiers dont les comptes n'étaient pas arrêtés, et firent tellement languir les autres, qu'ils vendaient leurs créances aux nobles, pour un huitième de leur valeur nominale.

(2) Le duc de Mantoue. Voyez la correspondance du baron de Breteuil, ministre de Louis XIV, auprès de ce prince. Dépêche du 20 février 1683. Man. de la bibl. de Monsieur. n° 608.

a mérité l'admiration du monde, par sa sagesse et son énergie. Irrésolue dans ses conseils, lente dans ses mesures, divisée par des cabales, égarée par l'imprudence des jeunes gens; elle est sans trésors, sans généraux, sans armée. » Il y avait quelque exagération dans ce portrait satirique; la guerre de Candie, qu'on vient de lire, et celle de la Morée, que nous allons avoir à raconter, le prouvent suffisamment. Cependant un autre homme, dont la mission était d'observer, le comte d'Avaux, ambassadeur de France, écrivait à-peu-près dans le même temps : « Ils ne sauraient mettre sur pied et entretenir huit mille hommes de troupes réglées; car pour leur milice, je ne la compte pour rien. Nulles de leurs places ne sont munies, et la guerre de Candie, qui a enrichi la plupart des nobles, a tellement appauvri la république, qu'elle a besoin d'un très-long temps pour se remettre. Elle a même quasi perdu son crédit, par les diverses réductions qu'elle a faites de l'intérêt de l'argent donné à vie; et tout ce qu'elle tire de ses sujets, en quelque manière que ce soit, ne va qu'à vingt-quatre millions (1). »

---

(1) Correspondance du comte d'Avaux. (*Arch. des aff. étrang.*) Lettre du 25 octobre 1672.

A ces assertions d'un étranger, comparons les rensei-

L'état venait de perdre sa plus importante colonie ; la dette publique était accrue de soixante-quatre millions de notre monnaie. Le trésor de

---

gnements que nous fournit le cavalier Soranzo, qui écrivait vers 1680, c'est-à-dire une dixaine d'années après la guerre de Candie.

Il évaluait ainsi les revenus de la république :

| | |
|---|---:|
| Les impôts fixes, c'est-à-dire les décimes sur les biens-fonds, les décimes sur le clergé, les taxes sur les offices, celles sur les Juifs, et les subsides de la terre-ferme. | 600,000 ducats. |
| La vente du sel. | 800,000 |
| Les droits sur les huiles. | 300,000 |
| Ceux sur le vin. | 250,000 |
| Autres revenus. | 2,050,000 |
| | 4,000,000 |

| | |
|---|---:|
| Sur cette somme la ville de Venise payait la moitié. | 2,000,000 |
| La province de Brescia. | 1,000,000 |
| Le Vicentin. | 300,000 |
| Le Padouan. | 200,000 |
| Les autres provinces. | 500,000 |
| | 4,000,000 |

Mais il faut remarquer que le Padouan, pays étendu et fertile, était la province où la plupart des nobles vénitiens avaient leurs terres, ils en possédaient les deux tiers ; et comme les contributions payées par les nobles étaient censées payées à Venise, il en résultait que la province de Padoue semblait moins grévée d'impôts que les autres, quoiqu'elle le fût au moins autant. Le Brescian, au contraire, payait un

six millions de sequins qui existait avant la guerre de Candie, se trouvait, disait-on, réduit à cinq cent mille. Ce n'étaient pas là des pertes

---

million, parce qu'il était interdit aux Vénitiens d'y acheter des terres ; ils ne pouvaient en acquérir dans cette province que par mariage ou par succession.

Soranzo estime que les dépenses absorbaient ce revenu à trois ou quatre cent mille ducats près.

Il ajoute que pour les besoins extraordinaires qu'une guerre malheureuse pouvait faire naître, l'état a deux ressources : d'abord, une taxe annuelle que paient les artisans, sous le nom de *Taxe insensible*. Elle est légère mais perpétuelle ; et comme on n'y touche jamais, elle tend naturellement à s'accroître. L'auteur raconte à cette occasion que, lors de la disette de 1675, on voulut faire un emprunt à cette caisse, mais que le procurateur Nani s'y opposa. Pour en disposer, il fallait une délibération du sénat prise à la majorité des cinq sixièmes des voix. Il estime que cette caisse contenait de son temps environ 500,000 ducats. La seconde ressource indiquée par Soranzo, est le restant de l'ancien trésor où il avait existé jusqu'à six millions de sequins ; mais réduit par la guerre de Candie à cinq cent mille, équivalant, à cause de la variation des monnaies, à environ quinze cent mille ducats.

A ces ressources on pouvait ajouter :

1° Un nouvel impôt d'un décime, dont le produit était évalué à 1,000,000 ducats ;

2° Le rappel des bannis, dont le nombre s'élevait à quinze mille. En supposant qu'il n'en rentrât que la moitié, et qu'ils

que le commerce pût réparer; cependant les citoyens crurent n'avoir plus rien à regretter, dès que la mer leur fut ouverte, et qu'ils purent se livrer à ces spéculations, source de toutes les fortunes particulières.

La situation de l'Europe leur promettait quelques années de repos. L'empereur faisait les derniers efforts, pour opprimer la liberté de la Hongrie et assurer à sa maison la possession de cette couronne. Louis XIV se trouvait au plus haut point de ses prospérités; il conquérait l'Alsace, la Franche-Comté; son ambition ne menaçait point l'Italie, et, en humiliant la maison qui possédait le Milanais, elle relevait la république de Venise, et assurait son indépendance.

Pendant quatorze ans, l'industrie commerciale se livra à toute son activité, à la faveur d'une sécurité d'autant plus parfaite, que les discordes qui divisaient les autres nations, laissaient les commerçants vénitiens sans concurrents.

Dans cet intervalle, la paix intérieure dont la république jouissait fut sur le point d'être trou-

Nicolas Sagredo, doge.
1674.

---

payassent l'un dans l'autre 30 ducats seulement, cette mesure devait produire une recette de 200,000 ducats;

3° L'admission des débiteurs du trésor public à se libérer, en leur faisant grace de l'amende, et une remise de 10 pour cent, était estimée devoir produire 100,000 ducats.

blée. Nicolas Sagredo avait succédé à Dominique Contarini dans la suprême magistrature, en 1674. Deux ans après il mourut, et les suffrages de vingt-huit électeurs désignèrent, pour le remplacer, Jean Sagredo, son frère, qui avait été ambassadeur en France, et ensuite auprès de Cromwell ; c'était le même que nous avons vu se porter pour défenseur de l'illustre François Morosini. Cette nomination fut l'occasion d'une espèce de soulèvement ; les historiens n'en indiquent pas la cause avec précision. Suivant les uns, les Sagredo ne jouissaient pas de la faveur publique, et celui qu'on venait d'élire n'avait pas fait au peuple des libéralités suffisantes, en prenant possession de la procuratie. Si l'on en croit les autres, on trouvait dangereux de voir le trône ducal occupé successivement par deux frères. Cependant il y en avait eu plusieurs exemples, sans que la constitution de l'état en eût souffert, et c'était une nouveauté d'une bien autre conséquence de revenir sur une élection régulière et consommée. Quoi qu'il en soit, l'agitation fut telle, que l'on craignit une guerre civile ; et, ce qui ne s'était jamais vu à Venise, on annulla l'élection, pour en faire une nouvelle, qui porta sur le trône Louis Contarini, procurateur de Saint-Marc.

Un fait de cette importance mériterait sans

doute d'autres développements, mais la circonspection des historiens vénitiens nous réduit à des conjectures. Il paraît que Jean Sagredo comptait plus d'admirateurs de son éloquence, que d'approbateurs de sa conduite. Sa défense de François Morosini, qui aurait dû l'illustrer, lui avait attiré beaucoup d'ennemis, parmi les envieux du généralissime, et l'avait même dépopularisé. On l'accusait de s'être chargé de cette cause, par des motifs moins nobles que l'honneur de protéger la gloire et l'innocence (1). L'avocat de la commune lui avait reproché d'être, comme un ancien orateur romain dont parle Tacite, plus éloquent qu'homme de bien (2), plus digne d'admiration que d'estime. Tout cela pouvait être une raison de ne pas l'élire, mais ce n'en était pas moins un évènement fort extraordinaire, dans un gouvernement comme celui de Venise, que la révocation d'une nomination irrévocable de sa nature. Sagredo, dit-on, avait des dettes et ne les payait pas; cette raison n'aurait pas suffi pour que le peuple se portât à réclamer contre l'élection, s'il n'y eût été encouragé par

---

(1) *Nouvelle relation de la ville et république de Venise*, par Freschot, 1<sup>re</sup> partie.

(2) Prosperiore eloquentiâ quàm famâ. *Ann.* liv. 4.

des patriciens. Si Sagredo n'avait eu d'autre malheur que celui de ne pas obtenir les acclamations populaires, il n'est pas probable que le grand conseil se fût déterminé à donner cette satisfaction à la multitude. Il est plus naturel de croire qu'il existait contre lui, parmi la noblesse, une faction qui se trouva assez forte dans le grand conseil, pour faire annuller l'élection. Mais Sagredo s'était montré homme de parti; ce qui supposait l'existence d'un parti contraire, et, malheureusement pour lui, il donnait prise à ses ennemis, par les désordres de son fils, par un mariage peu sortable qu'il avait fait faire à sa fille, par sa propre inconduite; on lui reprochait jusqu'à ses infirmités, qu'on disait provenir d'une cause honteuse (1). On a remarqué que ce fut

---

(1) *Da un Gallico assai contumace.* Écrit du cavalier Soranzo sur le gouvernement de Venise. (Manuscrit de la bibliothèque de Monsieur, n° 54.) C'est l'ouvrage où j'ai trouvé le plus de particularités sur cette élection.

Burnet, évêque de Salisbury, dit, dans son *Voyage d'Italie*, que Sagredo conçut un tel ressentiment d'avoir vu sa nomination annullée, qu'il se retira à la campagne, et ne voulut plus remettre les pieds dans Venise. « Il y composa, ajoute-t-il, deux ouvrages, l'un, qui porte pour titre: *Mémoire des affaires ottomanes*; l'autre, qui n'a jamais été imprimé, et qui traite du gouvernement et de l'état de Venise, livre qui est bon, mais qui, pour rapporter les choses

toujours un des soins de la politique vénitienne, de faire cesser les causes qui pouvaient amener des divisions dans le corps de la noblesse. Une loi, nécessaire dans les républiques, où l'amour-propre, sans cesse exalté par les discussions, a besoin d'être contenu, défendait les duels, privait de son rang et notait d'infamie le patricien infracteur de la défense.

Marc-Antoine Justiniani remplaça le doge Contarini, qui mourut en 1683.

Il laissait la république dans un état de paix, mais d'inquiétude, occasionnée par les procédés du ministère ottoman. La gloire acquise par Achmet Kiupergli avait imposé à Cara Mustapha, son successeur, l'obligation d'illustrer aussi son visiriat. Mustapha crut ne pouvoir mieux se signaler, qu'en affectant non-seulement de la haine, mais du mépris pour toutes les nations chrétiennes, et sur-tout pour les Vénitiens, qui partageaient avec l'Autriche la gloire d'être les plus constants ennemis de la Porte. Les Russes n'avaient pas encore pris le premier rang parmi ceux que la puissance ottomane avait à redouter.

Des avanies faites au commerce vénitien, des

<small>Marc-Antoine Justiniani, doge. 1683.

II. Nouvelle guerre contre les Turcs. 1684.</small>

---

trop sincèrement et avec trop de particularités, demeurera probablement dans les archives. »

outrages prodigués aux agents diplomatiques attestèrent, et la résolution des Turcs de ne garder aucun ménagement, et l'imperturbable patience du gouvernement de la république.

Bien convaincue de l'inutilité de chercher des auxiliaires, et de l'impossibilité de soutenir seule une guerre contre un empire si puissant, elle se résigna à supporter toutes les insultes, pour ne pas s'exposer à de plus grands malheurs, et se borna à des représentations, qui furent reçues avec une hauteur dédaigneuse.

Cara Mustapha, croyant trouver, dans la révolte des Hongrois, une occasion favorable pour attaquer la puissance autrichienne, fit déclarer la guerre à l'empereur, marcha sur Vienne avec deux cent mille hommes, mit le siége devant cette capitale, qui était défendue par un général vénitien, Ferdinand Degli Obizzi (1), et était sur

---

(1) Voici par quelles circonstances ce gentilhomme padouan se trouvait au service d'Autriche. Sa mère était remarquable par sa beauté. Un gentilhomme qui en était devenu éperdument amoureux, s'introduisit la nuit dans sa chambre, où il la trouva seule avec son fils alors âgé de cinq ans. Ses sollicitations, ses menaces, son désespoir n'ayant pu la vaincre, il la poignarda. Il s'ensuivit une procédure dans laquelle on ne put ou on ne voulut pas parvenir à convaincre le meurtrier, quoiqu'on l'eût appliqué à la question.

le point d'y entrer, lorsque Jean Sobieski, roi de Pologne, fondit sur son camp, dispersa l'armée ottomane, délivra et vengea l'Autriche.

Cet évènement changea tout-à-coup la politique des Vénitiens; ils oublièrent, quoiqu'ils l'eussent éprouvé plus d'une fois, que les puissances du second ordre, en société avec de grands états, risquent d'être écrasées dans la guerre, et sont presque toujours sacrifiées à la paix. Ils se déterminèrent à entrer dans l'alliance de l'Autriche avec la Pologne et le czar de Moscovie, et à déclarer la guerre aux Turcs. La principale condition de cette ligue, fut que chacune des parties contractantes resterait, après la paix, en possession de ce qu'elle aurait conquis (1).

L'envoyé de la république à Constantinople,

---

Après quinze ans de prison, on se détermina à le mettre en liberté, mais le jeune Ferdinand vengea sa mère, en le tuant d'un coup de pistolet. Obligé de s'enfuir, pour échapper lui-même à un jugement, il se refugia en Autriche, où il parvint aux premiers grades militaires. Il y a dans une des salles de l'hôtel-de-ville de Padoue un monument en l'honneur de la mère.

(1) *Storia civile veneziana* di Vettor SANDI, lib. 12, c. 4. On peut voir le traité dans LUNIG. *Codex Italiæ diplomaticus*, tom. II, pars 2, sect. 6; art. XLV.

remit furtivement au divan une déclaration de guerre, et se sauva en habit de marinier (1).

*François Morosini rappelé au commandement.*

Vingt-quatre vaisseaux de ligne, six galéasses et vingt-huit galères, étaient prêts à opérer une importante diversion, si favorable aux intérêts de l'Autriche. Lorsqu'il fut question de donner un commandant à cette flotte, tous les yeux se tournèrent vers François Morosini; on ne se souvint plus ni de ses torts prétendus, ni de l'injure qui lui avait été faite; on oublia une seconde fois cette maxime, qui défend de confier le pouvoir à ceux qu'on a grièvement offensés. Je ne connais, dans l'histoire de Venise, que ce seul exemple d'une imprudence de cette nature; car la nomination de Pisani au commandement, lorsqu'on le tira de prison, pour le mettre à la tête de l'armée, pendant la guerre de Chiozza, ne fut pas un acte volontaire.

*L'île de Ste.-Maure prise par les Vénitiens. 6 août 1684.*

Morosini mit à la voile, et, renforcé de quelques galères, que fournirent le pape, l'ordre de Malte et le grand duc de Toscane, il se porta sur l'île de Sainte-Maure, débarqua ses troupes, investit la forteresse, donna l'assaut, et força le commandant Turc à capituler, au bout de seize jours, le 6 août 1684.

---

(1) *Hist. des conquêtes des Vénitiens*, depuis 1684, jusque à présent (1688), par J. L.

L'occupation de cette île était très-importante, parce que, placée entre les îles de Céphalonie et de Corfou, elle protége ou menace l'entrée du golfe Adriatique, en même temps qu'elle ferme le golfe de Lépante. C'est l'ancienne Leucade. Elle touche presque au continent de la Grèce, par un banc de sable que les Corinthiens avaient coupé autrefois. Envahie par les Turcs en 1479, elle avait déja été conquise en 1502 par les Vénitiens; mais, à la paix, ils avaient été obligés de la rendre.

Immédiatement après cette conquête, le généralissime jeta un corps de troupes sur le continent voisin; le général Strasoldo, qui les commandait, fit capituler le château de Prévésa, près de l'ancien promontoire d'Actium, le 29 septembre. *Prise de Prévésa. 29 sept<sup>re</sup>.*

La flotte turque était sortie des Dardanelles, mais n'osant hasarder un combat contre la flotte vénitienne, elle se bornait à quelques ravages sur les îles de l'Archipel. Les Turcs avaient à faire face sur toute la frontière occidentale de leur empire, depuis Kaminieck, que les Polonais assiégeaient, jusqu'à Coron, que l'armée de Morosini se disposait à attaquer.

Huit mille Vénitiens (1), débarqués dans la *De Coron.*

---

(1) Trois mille Vénitiens, mille Esclavons, deux mille

presqu'île du Péloponèse, venaient d'investir cette place, lorsque le généralissime, informé que le pacha de la Morée s'avançait pour la délivrer, lève son camp, marche à la rencontre de l'ennemi, le surprend la nuit, le met dans une déroute complète, revient occuper ses lignes devant Coron, fait jouer une mine chargée, dit-on, de deux cent cinquante barils de poudre, ouvre une large brèche, donne l'assaut, et force la garnison à arborer le drapeau blanc. Pendant qu'on discute les conditions de la capitulation, un coup de canon part de la place, tue quelques hommes; les Vénitiens s'élancent sur la brèche, pénètrent dans la ville, la saccagent impitoyablement, et tout ce qu'il y avait de de Turcs est passé au fil de l'épée, « à la réserve de quelques heureux, » comme dit un témoin oculaire (1).

Cette guerre prenait un caractère d'animosité, qui explique les atrocités, mais qui ne les justifie pas. Le proviléditeur-général de Zara at-

---

quatre cents hommes de troupes de Brunswick-Hanovre, un bataillon de Malte de cent vingt chevaliers et de huit à neuf cents soldats, quatre cents hommes de troupes du pape, trois cents de Toscane.

(1) *Hist. des conquêtes des Vénitiens*, depuis 1684, jusqu'à présent (1688), par J. L.

taquant une petite ville de cette côte, fit exposer aux yeux des assiégés, pour jeter le découragement parmi eux, une rangée de têtes, qui étaient celles des Turcs venus au secours de la place. Une peuplade des frontières de la Dalmatie, qui venait de tailler en pièces un corps de Turcs, envoya en tribut à Venise les têtes des vaincus; on les payait chacune deux sequins (1). Ce n'était pas la première fois qu'on voyait la place de Saint-Marc décorée d'un trophée pareil à ceux qu'on étale sur la porte du serrail.

La république, qui ne se fiait pas imprudemment à ces premiers succès, se préparait les moyens de conserver ses avantages dans les campagnes suivantes. Ils ne pouvaient être durables qu'autant que ses alliés en obtiendraient aussi. Heureusement pour elle, Jean Sobieski et les Impériaux avaient repoussé les Turcs jusqu'en Moldavie. Le gouvernement de Venise levait des troupes allemandes, la Saxe et le duché de Brunswick lui en fournissaient, et ces troupes allaient renforcer l'armée de débarquement, aux ordres de Morosini.

Quant aux ressources pécuniaires que ces levées de troupes et ces armements nécessitaient,

---

(1) *Ibid.*

le moyen de se les procurer était indiqué par les souvenirs de la guerre précédente. Les citadins opulents offraient de subvenir aux besoins de l'état, si on voulait leur vendre la noblesse; elle fut mise au prix de cent mille ducats, et trente-huit noms nouveaux furent ajoutés au livre d'or. Cette ressource ne dispensa pas de vendre des biens communaux, et d'établir de nouvelles impositions dans les provinces de Terre-Ferme.

III.<br>Conquête<br>de la Morée.<br>1685. Morosini vit alors la possibilité de réaliser un vaste projet qu'il avait conçu, celui d'enlever toute la Morée aux Ottomans. Cette presqu'île, peuplée de chrétiens, qui pouvaient regretter leurs anciens maîtres en comparant leur gouvernement à celui des Turcs, devait faire quelques efforts pour secouer le joug des infidèles. En effet les habitants de la province de Maïna se déclarèrent pour la république, et contribuèrent à la défaite d'un corps commandé par le capitan pacha en personne, et dont la dispersion rendit les Vénitiens maîtres de cette province. Ce fut là le résultat de la campagne de 1685.

Prise de<br>Navarins,<br>de Modone,<br>d'Argos,<br>et de Naples<br>de Romanie.<br>1686. Celle de 1686 commença par la reddition des deux châteaux de Navarins, des villes de Modone, d'Argos, et, bientôt après, de Naples de Romanie, qui était la capitale de la Morée. Le général turc se présenta deux fois pour arrêter les progrès de l'armée vénitienne ; deux fois il fut battu complètement par le général suédois Kônigsmarck, que la république avait pris à sa solde. En Dalmatie, plusieurs places importantes furent enlevées d'assaut. Les Turcs avaient leurs principales forces occupées ailleurs par les Polonais et par les Impériaux, qui venaient de prendre Bude. Venise était dans la joie de ces triomphes, et le sénat décrétait que Morosini transmettrait à son neveu, car il n'avait point de fils, le titre de chevalier dont il était décoré, titre qui devait passer à perpétuité au chef de cette maison. C'était un honneur qui, jusques là, n'avait appartenu qu'aux familles Querini et Contarini (1).

Une nouvelle défaite de la petite armée ottomane, qui, toujours battue, se ralliait toujours, et revenait observer plutôt que contrarier les progrès des Vénitiens ; la prise de Patras et de Castelnuovo, où les Vénitiens firent, pour la première fois, usage des galiotes à bombes, inventées seulement depuis deux ans ; la reddition

---

(1) Les Contarini devaient les priviléges du cavaliérat héréditaire à la reine de Chypre, Catherine Cornaro, et les Querini aux services qu'ils avaient rendus à la république, dans un temps de peste et de disette.

*Prise de Lépante et de Corinthe. 1687.*

des châteaux de Morée et de Romélie, celle de Lépante, enfin la fuite du séraskier, qui repassa l'isthme et abandonna Corinthe, signalèrent la campagne de 1687, et complétèrent la conquête de la Morée. Dans toute cette province, il ne restait plus à soumettre que la place de Malvoisie.

*Prise d'Athènes.*

On allait avoir à défendre une péninsule, qui ne communique avec la terre que par un passage très-étroit; c'était un grand avantage, surtout pour un vainqueur, qui pouvait se flatter de conserver quelque supériorité sur mer. Mais, ni le défilé de l'isthme, ni leurs forces navales, ne pouvaient rassurer les Vénitiens, si l'ennemi conservait, dans la proximité de la Morée, des établissements considérables où il pût rassembler une armée, et d'où il eût la facilité de la jeter en quelques heures dans la presqu'île. Pour éviter cet inconvénient, il fallait occuper, non-seulement les grandes îles qui avoisinent la Morée, c'est-à-dire Négrepont nécessairement, et peut-être même Candie, mais encore le rivage septentrional des deux golfes que sépare l'isthme de Corinthe. La possession de Lépante, de Patras et de quelques châteaux, rendait les Vénitiens maîtres de l'ancienne mer de Crissa : il restait à s'emparer du port que les ennemis tenaient sur la côte du golfe Saronique, opposée à l'Argolide ; ce port était celui d'Athènes.

Les Turcs y avaient une nombreuse garnison ; Morosini la fit attaquer par une vigoureuse artillerie, qui, sans respect pour cette patrie des arts, foudroya ce qui restait des glorieux monuments de l'antiquité. En moins de six jours, toute la ville fut en flammes ou en ruines. Une bombe de Morosini tomba sur le Parthénon, dont les Turcs avaient fait un magasin à poudre ; et ce fameux temple, qui, dit-on, avait coûté plus de quarante millions, attesta par ses débris que la fureur des peuples policés n'est guères moins funeste aux arts que l'ignorance des barbares. Après la victoire, les Vénitiens brisèrent, en voulant l'enlever, la statue de Minerve, ouvrage de ce Phidias, plus habile encore à représenter des dieux que des hommes (1).

*Destruction du temple et de la statue de Minerve.*

Athènes capitula et devint un poste avancé, d'où les Vénitiens purent protéger leur nouvelle conquète.

Ils assiégeaient Malvoisie, mais sans faire beaucoup de progrès. Morosini, à la tête d'une flotte

*Honneurs décernés à François Morosini.*

---

(1) Phidias diis quàm hominibus efficiendis melior artifex traditur. Quintilianus, lib. 12, cap. 10.

de deux cents voiles, se disposait à l'attaque de Négrepont. Ses victoires avaient répandu un si grand éclat sur les armes de la république, qu'elle lui décerna une de ces récompenses dignes des temps anciens, et faite pour exalter les nobles ambitions. On éleva son buste dans la salle des armes, au palais ducal, avec cette inscription : « A François Morosini, le Péloponésiaque ; de « son vivant. »

<small>IV.
Il est élevé au dogat.
1688.</small>

Peu de temps après, en 1688, la mort du doge fournit à la reconnaissance nationale un nouveau moyen de s'acquitter. A peine Justiniani eût-il fermé les yeux, qu'on vit dans toutes les rues de Venise des placards qui portaient : Celui qui vous a donné un royaume, a bien droit à une couronne. Le généralissime fut élevé à la magistrature suprême. On lui envoya deux assistants, qui, avec le provéditeur de l'armée, devaient former son conseil. Dans ce conseil, le doge n'avait que sa voix ; seulement elle était prépondérante en cas de partage (1). Plus le prince était illustre, plus l'aristocratie devait chercher à limiter la double autorité qu'on lui confiait. On peut ajouter que l'ordre de la noblesse n'était pas naturellement porté à élever

---

(1) *Storia civile veneziana* di Vettor Sandi, lib. 12, c. 4.

Morosini sur le trône. On a vu qu'il avait, dans cet ordre, beaucoup d'ennemis ; mais, en se servant des populaires, pour faire révoquer l'élection de Jean Segredo, on les avait accoutumés à manifester leur opinion sur le choix, et cette fois, ils avaient pris l'initiative. Ceint de la couronne ducale, Morosini partit le 8 juillet du golfe d'Égine, pour aller assiéger Négrepont.

Six mille hommes défendaient cette place, environnée de bonnes fortifications, qui avaient déja, dans les temps antérieurs, soutenu tour-à-tour les efforts des Turcs et des Vénitiens. Morosini débarqua à-peu-près quinze mille hommes ; le comte de Kônigsmarck commença l'investissement, éleva cinq batteries, et obligea les assiégés à se renfermer dans leurs murailles. Malheureusement le siége était à peine entamé, que la peste se manifesta dans le camp, et moissonna un tiers de l'armée. Le comte de Kônigsmarck lui-même y succomba, après s'être illustré dans ces deux dernières campagnes. On lui donna pour successeur Charles-Félix Galléas, duc de Gadagne, dans le Comtat-Venaissin ; c'était un général de réputation, qui avait servi sous le maréchal de Turenne. Mais, pour reprendre les opérations du siége avec quelque vigueur, il fallut attendre des renforts. Le séraskier de l'île saisit ce moment pour attaquer dans ses

Il assiege Négrepont.
1688.

lignes cette armée épuisée par la maladie : repoussé une première fois, il recommença le combat, et pénétra jusque dans le camp vénitien ; ce ne fut que par les efforts du désespoir, et avec une perte considérable, qu'on parvint à l'éloigner.

Quatre mille hommes étant arrivés de Venise, Morosini fit donner un assaut, le 20 août 1688. Un ouvrage extérieur, vaillamment défendu, fut emporté ; il en coûta quinze cents hommes aux Turcs, et la moitié moins aux Vénitiens. Mais de si rudes combats anéantissaient une armée déjà languissante. Elle s'obstina encore, pendant un mois et demi, à battre le corps de la place. Enfin, lorsqu'on y eut fait une large brèche, et qu'une mine eut comblé le fossé, en y renversant la contrescarpe, on tenta un nouvel assaut. Les troupes albanaises et dalmates s'élancèrent sur la brèche ; il y eut des soldats qui parvinrent jusques sur le rempart ; ces efforts furent infructueux. Cette partie de la muraille était trop escarpée, pour que de la brèche on pût descendre dans la ville, et trop découverte, pour que la position fût tenable : il fallut abandonner l'attaque, et Morosini se décida à ordonner le rembarquement.

Obligé de renoncer à Négrepont, il se reporta devant Malvoisie. On a remarqué qu'il avait

*Levée du siége.*

*Morosini quitte le commandement.*

trouvé au comble des honneurs le terme de ses prospérités. Dès les premiers moments de ce nouveau siége, il fut atteint d'une maladie qui le força de quitter l'armée, et de retourner à Venise, laissant la conduite des opérations au capitaine-général Cornaro.

*Prise de Malvoisie.*

Cependant les évènements désastreux de ces quatre campagnes avaient répandu le trouble dans le divan; il en avait coûté la vie à trois visirs (1), et le trône à Mahomet IV. Soliman, son successeur, fit faire des propositions de paix, que les Vénitiens rejetèrent, malgré les avertissements que la fortune venait de leur donner.

L'ardeur belliqueuse de la république tenait à l'influence d'un nouveau pontife, qui venait de monter dans la chaire de saint Pierre. Le sacré collége, voyant des divisions entre les maisons de France et d'Autriche, avait voulu appeler au trône un pape indépendant de l'une et de l'autre de ces puissances. Son choix s'était fixé sur le cardinal Ottoboni, Vénitien, homme peu considérable dans sa république, car son père venait d'acheter la noblesse pendant la guerre de Candie. La politique de ce pape, qui prit le

---

(1) Cara Mustapha, Ibrahim et Soliman.

nom d'Alexandre VIII, fut d'occuper les armées impériales contre les Turcs. Les Turcs demandaient la paix ; l'empereur la desirait, pour pouvoir tourner ses forces contre Louis XIV ; mais le pape fit de si grandes promesses de secours aux Vénitiens, qu'il les décida à continuer la guerre.

Un nouveau visir, Mustapha Kiupergli, fils du vainqueur de Candie, voulut se rendre digne de son père et de son aïeul, en rétablissant l'honneur des armes ottomanes. Tandis qu'il marchait contre les Autrichiens en Hongrie, il envoya le capitan pacha au secours de Malvoisie, dont le siége continuait toujours. Ce fut une raison pour les Vénitiens de prévenir son arrivée, et de faire un effort pour emporter la place d'assaut. Ils y perdirent un millier d'hommes, sans pouvoir pénétrer dans la ville ; mais la garnison, réduite à la dernière extrémité, capitula, et la république se trouva maîtresse de toutes les forteresses de la Morée.

*Prise de la Vallone.* Cornaro, averti de la sortie de la flotte turque, se porta à sa rencontre, la battit près de Mitylène, et la força de se réfugier dans ses ports. De là il vint sur les côtes occidentales de la Grèce, enlever aux ennemis l'importante place de la Vallone, dont il démolit les fortifications.

Les alliés des Vénitiens ne faisaient pas la guerre avec moins de bonheur. Déja refoulés dans la Hongrie par l'armée de Mustapha Kiupergli, près d'être battus à Salankemen, ils durent la victoire à l'un de ces hasards de la guerre, qui changent quelquefois la destinée des empires; un boulet emporta la tête du grand-visir, et cette mort mit le désordre dans une armée déja victorieuse.

Les Turcs, battus dans la Hongrie et dans la Grèce, eurent recours, sur d'autres points, à d'autres armes. Ils parvinrent à séduire un officier napolitain, qui avait quelque emploi dans la place des Grabuses, l'une des trois que la république avait conservées en Candie. Cet officier (1) leur procura les moyens de surprendre cette ville; ils s'en rendirent maîtres. Des intelligences avaient été pratiquées dans le même objet, avec quelques officiers des garnisons de la Suda et de Spinalonga; les Vénitiens furent assez heureux pour découvrir à temps et faire avorter ces deux nouvelles trahisons.

Ces évènements avaient rempli les années 1689 et 1690. Le capitaine-général Cornaro,

V. Expédition infructueuse sur Candie.

___

(1) *Storia civile veneziana* di Vettor Sandi, lib. 12, cap. 4.

qui était mort après la conquête de la Vallone, venait d'être remplacé par Dominique Moncenigo; celui-ci avait reçu l'ordre de se porter sur la Canée. C'eût été une brillante expédition, que d'enlever aux Ottomans cette île de Candie, qu'on avait défendue avec tant d'opiniâtreté pendant vingt-cinq ans. Mais, au lieu de surprendre la Canée, comme on s'en flattait, on trouva le pacha prévenu du dessein des Vénitiens, et déjà sur la défensive. Il fallut en venir aux attaques régulières. Les opérations de ce siége traînaient en longueur; cependant on avait déjà livré des assauts, repoussé des sorties, et fait brèche au corps de la place, lorsque le capitaine-général reçut la nouvelle que les Turcs préparaient une expédition contre la Morée.

Il assembla ses officiers, leur fit part de cet avis, et leur demanda s'ils ne jugeaient pas convenable d'abandonner leur entreprise sur la Canée, pour voler à la défense de leur conquête. Tous lui représentèrent que le danger de la Morée ne pouvait être pressant, que les Turcs n'avaient à y envoyer que des milices, dont l'inexpérience ne suffisait pas pour emporter les nombreuses places fortes de ce pays; qu'au contraire, la Canée était aux abois, et qu'il suffisait, pour s'en rendre maître, de prolonger encore de quelques jours un siége qui durait depuis un mois, et qu'on ne pouvait abandonner sans honte.

Ces raisons ne firent aucune impression sur Dominique Moncenigo ; il ordonna le rembarquement, et fit voile pour la Morée, où il se trouva qu'en effet les Turcs n'avaient pas pénétré. Un corps de cinq à six mille hommes seulement s'était présenté devant Lépante, et avait fait au commandant de cette place une sommation reçue avec mépris. Il fut facile aux Vénitiens de dissiper cette petite armée ; mais l'occasion de prendre la Canée était perdue, et cette perte était irréparable.

Ce ne fut qu'un cri contre le capitaine-général ; accusé, conduit à Venise, et constitué prisonnier, Dominique Moncenigo subit une procédure, qui donna la conviction de son incapacité plutôt que de sa culpabilité. On ne le condamna point, mais on le dépouilla de son grade ; et de généralissime qu'il était, on l'envoya exercer les fonctions subalternes de capitaine d'armes à Vicence. C'est un genre de punition qu'il n'appartient qu'aux gouvernements despotiques d'infliger.

La mauvaise conduite de ce général fit sentir encore plus vivement le besoin qu'on avait des talents de François Morosini ; un décret le rappela, pour la quatrième fois, au suprême com-

VI. Retour de François Morosini à l'armée. 1693.

mandement. Né en 1618, il avait alors soixante-quinze ans; malgré ses infirmités, il partit avec joie le 24 mai 1693, et conduisit la flotte de la république dans l'Archipel, où elle n'eut point occasion de se signaler, les ennemis ayant eu le bonheur d'éviter sa poursuite. Revenu pour hiverner dans le port de Naples de Romanie, le doge y succomba aux fatigues de cette dernière campagne, entreprise avec une santé chancelante et dans un âge si avancé. On lui donna pour successeur sur le trône ducal, Silvestre Valier, et dans la charge de capitaine-général, Antoine Zéno.

*Sa mort.*

*Silvestre Valier, doge.*
*1694.*

Les Vénitiens, étonnés eux-mêmes de leurs succès, appelaient cette guerre la guerre miraculeuse. Il était aisé de voir qu'elle leur avait offert des conquêtes assez faciles; ils n'avaient presque jamais rencontré les flottes turques à la mer : sur le continent, on ne leur avait pas opposé de grandes armées : tout cela venait de ce que les forces ottomanes étaient occupées ailleurs, et prouvait que la durée des prospérités des Vénitiens tenait au succès des armées autrichiennes. C'eût été, par conséquent, une grande imprudence, de regarder ces conquêtes comme solides. On cherchait cependant à les étendre de tous côtés. Le provéditeur-général de la Dalmatie, Jean Delfino, prit plusieurs forteresses

*Prise de Ciclut en Dalmatie.*

de cette frontière, notamment celle de Ciclut, à laquelle le gouvernement turc attachait une telle importance, qu'il envoya un corps de vingt mille hommes pour la reprendre; mais ce corps fut dispersé et taillé en pièces. Ce même provéditeur échoua devant Dulcigno, quoiqu'il eût repoussé successivement trois petites armées turques venues au secours de cette forteresse.

L'armée navale de la république se porta vers l'île de Scio, où elle mit à terre, le 8 septembre 1694, un corps d'environ neuf mille hommes. L'attaque fut vive, et il fallait qu'elle fût décisive, pour ne pas donner à la place le temps d'être secourue. Les chrétiens qui habitaient l'île, s'empressèrent de seconder les opérations des Vénitiens. On pénétra dans le port, on s'empara de trois galères qui s'y trouvaient, on fit sauter une partie de l'enceinte de la place, et la garnison ayant demandé à capituler, fut transportée sur le continent voisin.

<small>Prise de l'île de Scio.</small>

Quelques jours après, la flotte du capitaine-général, ayant fait voile pour atteindre la flotte turque, vit toutes les galères ennemies s'enfuir à force de rames, laissant les vaisseaux de guerre retenus par le calme, et dans l'impossibilité de manœuvrer, tandis que les Vénitiens avaient l'avantage de pouvoir faire remorquer les leurs. Tous les capitaines demandaient la permission de fondre sur ces vaisseaux immobiles. Antoine Zeno ne voulut jamais le permettre, prétextant, tantôt que toute son armée n'était pas réunie, tantôt que le jour était trop avancé, tantôt qu'il avait à renouveler sa provision d'eau. Le lendemain, les vaisseaux turcs étaient encore en vue à l'entrée du canal de Smyrne. Il ne céda qu'avec peine aux cris, aux murmures de ses équipages, et lorsqu'il se décida à faire un mouvement, il n'était plus temps; les vaisseaux étaient dans le port de Smyrne; tous les Turcs qui les montaient, se croyant au moment d'être attaqués dans le port même, se jetaient dans les embarcations pour se sauver à terre. Zeno pouvait au moins foudroyer le port; mais les consuls de France, d'Angleterre et de Hollande, se rendirent à son bord, et obtinrent de lui qu'il s'éloignât. La facilité avec laquelle il cédait aux prières de ces étrangers, après avoir méprisé les instances de ses officiers, indigna toute l'armée.

VII.
Bataille navale.
Perte de Scio.

Le capitan pacha sortit du canal des Dardanelles, avec la mission de reprendre Scio. Les Vénitiens se présentèrent pour lui disputer le passage. Il y eut un combat terrible, où la flotte de la république perdit seize cents hommes, et trois vaisseaux, qui sautèrent en l'air, parce qu'on avait laissé trop long-temps l'avant-garde engagée avec toute la flotte ottomane. Il y a des historiens qui disent que celle-ci finit par être vaincue, et obligée de se réfugier dans ses ports; mais l'abandon de Scio, qui suivit cette bataille, prouve assez que l'avantage n'en était pas resté aux Vénitiens. L'auteur de l'Histoire civile de Venise, le patricien Sandi, dit en propres termes, que l'armée vénitienne fut battue (1). Elle se voyait dans la nécessité de regagner ses ports, pour réparer ses vaisseaux et recruter ses équipages. La mauvaise saison approchait; on se détermina à faire sauter les fortifications de Scio, et à évacuer l'île, abandonnant les habitants chrétiens au ressentiment des Turcs. Ainsi cette campagne ne fut signalée que par une bataille sanglante et sans résultat, une belle occasion manquée, et la perte d'une conquête. Il en coûta à Zeno sa charge et sa liberté; conduit à Venise chargé de fers, avec les provéditeurs Querini et Pisani, Zeno mourut pendant qu'on instruisait son procès (2), et les autres furent

---

(1) Sconfitta l'armata veneta navale dai Turchi che sopravvennero, Scio fù abbandonata e si perdè. La rotta marittima e l'avvilimento del Zeno, fecero che il senato spedisse un inquisitor nel Levante, etc.

(*Storia civile veneziana* di Vettor Sandi, lib. 12, cap. 4.)

(2) M. Lebret, professeur d'histoire à Stuttgard, a inséré

dégradés de toutes fonctions militaires et civiles.

<small>Campagne de 1696.</small>

Alexandre Molino, qui remplaçait le capitaine-général, si justement puni, mit dans ses opérations toute la vigueur qu'est en droit d'exiger un gouvernement qui sait récompenser et punir. Il fondit sur un corps de Turcs, qui avait pénétré jusques dans le territoire d'Argos, et qui s'avançait pour opérer un soulèvement dans la Morée. Ce corps, qui était de douze à quinze mille hommes, disputa le champ de bataille pendant tout un jour, et finit par abandonner sa position, treize pièces de canon, et mille morts.

<small>Seconde bataille navale.</small>

Victorieux sur terre, Molino alla chercher dans l'Archipel la flotte du capitan pacha, qui n'était pas forte de moins de trente vaisseaux et de dix-huit galères; les Vénitiens avaient six galéasses, vingt galères et vingt vaisseaux. Après s'être canonnées d'assez loin pendant deux jours, les deux armées en vinrent à une action générale. Trois galères turques avaient déja pris la fuite, deux vaisseaux étaient désemparés, on dit même

---

dans son *Magasin historique*, tom. 4, une notice sur un manuscrit de la bibliothèque de M. Schweyer, à Venise, qui est un mémoire justificatif, fait par le cavalier Zeno dans sa prison.

que l'amiral était sur le point de se rendre, lorsque le feu se manifesta à bord d'un des vaisseaux vénitiens; cet accident mit le désordre dans leur ligne. Les ennemis en profitèrent, revinrent à la charge avec plus de fureur; mais ce fut pour perdre deux de leurs vaisseaux, et les deux flottes se séparèrent extrêmement maltraitées. Cependant ce combat, qui donna lieu à une information contre les capitaines, accusés de n'avoir pas agi avec assez d'ensemble (1), rendit les Vénitiens maîtres de la mer pour toute cette campagne, et même pour celle de 1696. En 1697, il y eut encore, près de l'île d'Andros, une bataille meurtrière, qui se termina par l'incendie d'un vaisseau vénitien, et la fuite de l'armée turque. L'année suivante, un autre combat naval, livré par le généralissime Jacques Cornaro, attesta encore la supériorité de la marine vénitienne; mais ces batailles ne décidaient rien. Le prince Eugène, qui, dans le même temps, venait de battre les Turcs en Hongrie, ne pouvait pas non plus se flatter de la gloire d'avoir mis fin à la guerre, quoiqu'il leur eût tué plus de vingt mille hommes dans la journée de Zenta.

*Troisième bataille. 1697.*

*Quatrième bataille. 1698.*

---

(1) *Storia civile veneziana* di Vettor SANDI, lib. 12, cap. 4.

VIII.
Paix de Carlowitz.
1699.

Ligue d'Augsbourg.

La paix tenait à des évènements d'un autre ordre. L'ambition de Louis XIV avait excité l'inquiétude de toutes les puissances de l'Europe, et c'était dans Venise, qu'à la faveur du mystère et sous le prétexte des plaisirs, le duc de Savoie, l'électeur de Bavière, et des négociateurs secrets d'Autriche, d'Espagne, de Suède et de Hollande, s'étaient réunis pour arrêter le plan d'une ligue, qui fut signée à Augsbourg, et dont l'objet était d'opposer une barrière à la puissance toujours croissante d'un prince qu'on accusait d'aspirer à la monarchie universelle. Louis XIV avait glorieusement résisté à tant d'ennemis, mais d'autres vues le déterminèrent à abandonner la plus grande partie de ses conquêtes, et à signer le traité de Riswick en 1698. La prochaine vacance du trône d'Espagne devenait l'objet de l'ambition et de l'inquiétude générale. Le roi Charles II faisait et refaisait son testament, et on se partageait d'avance ses dépouilles, par des traités sur lesquels personne ne comptait.

L'empereur, ne pouvant rester spectateur d'un grand évènement, dans lequel sa maison était intéressée, desira terminer la guerre fatigante et infructueuse qu'il soutenait depuis quinze ans contre les Turcs. L'Angleterre, la Hollande, qui souhaitaient son intervention dans les affaires de l'Europe occidentale, dans la vue d'opposer ce prince à Louis XIV, offrirent leur médiation à la Porte, et aux puissances chrétiennes liguées contre elle. Elle fut acceptée, et un congrès s'ouvrit à Carlowitz, en Hongrie, où la république envoya, pour son plénipotentiaire, le chevalier Charles Ruzzini.

Les alliés étaient convenus que l'on partirait de ce principe, que chacun conserverait ce dont il était en possession; mais les Turcs n'avaient point admis la nécessité de tout céder, et l'empereur, à qui la Porte abandonnait la Transylvanie, annonçait la résolution de faire sa paix séparée, si les Vénitiens ne voulaient pas se relâcher de leurs prétentions. Le sénat, qui sentait que la république n'avait rien tant à redouter que d'avoir à soutenir seule une guerre contre l'empire ottoman, le sénat, dis-je, se résigna à subir la condition des états du second ordre, engagés dans les intérêts des grandes puissances. Il accepta la paix qu'on lui dictait, et sacrifia une partie de ses conquêtes. Ce qui lui en restait était déjà beaucoup pour sa gloire, et trop pour ses forces, comme la suite le fit bientôt voir.

Par ce traité de Carlowitz, la Porte cédait la Transylvanie à l'Autriche, la place de Kaminieck, les provinces de Podolie et d'Ukraine à la Pologne, le port d'Asoph au Czar.

Voici les articles qui intéressaient plus particulièrement la république de Venise (1) : elle conserva de ses conquêtes toute la Morée, jusqu'à l'isthme de Corinthe, l'île d'Égine d'un côté, celle de Sainte-Maure de l'autre ; Castel-Nuovo à l'entrée du canal de Cattaro et Risano ; enfin, dans la Dalmatie, les forteresses de Sing, Knin et Ciclut ; elle restituait les villes conquises au nord du golfe d'Athènes et du golfe de Lépante ; mais les fortifications de Lépante, de Romélie et de Prevesa devaient être démolies. Enfin elle consentait à laisser aux Turcs la place importante des Grabuses, quoiqu'ils n'y fussent entrés que par trahison.

*La Morée cédée à la république.*

On ne pouvait que se féliciter de cette paix, d'où date l'abaissement de la puissance ottomane ; mais on avait le droit de se plaindre des procédés des alliés. La Morée offrait à la république des ports excellents, et une contiguité de possessions, qui s'étendait depuis l'extrémité du golfe Adriatique, jusqu'au milieu de l'Archipel. Malheureusement, cette acquisition était susceptible d'être attaquée par mer et par terre, et il était impossible de croire que les Turcs y eussent renoncé sincèrement.

---

(1) *Codex Italiæ diplomaticus.* Lunig. tom. II, pars 2, sectio 6, XLVI.

Les Vénitiens revinrent, pour la troisième ou quatrième fois, au projet de fermer l'isthme de Corinthe par une ligne de forts, qui furent exécutés sous la direction du général Stenau. Faible barrière contre une puissance comme la puissance ottomane!

Ce qu'ils firent de mieux, ce fut d'envoyer dans cette nouvelle province un inquisiteur chargé de redresser quelques torts faits aux habitants, et d'y établir une administration qui les empêchât de regretter le joug des Turcs. Mais cela même était fort difficile, parce que la Morée était peuplée de chrétiens de la religion grecque, à qui les infidèles étaient beaucoup moins odieux que les chrétiens de la communion latine.

Le doge Silvestre Valier ne survécut que d'un an à la signature du traité qui venait de rendre la paix à sa patrie. Le trône fut occupé après lui par Louis Moncenigo; celui-ci régna jusque en 1709, et fut remplacé par Jean Cornaro.

*Louis Moncenigo, doge. 1700.*

*Jean Cornaro, doge. 1709.*

Les treize premières années du XVIIIe siècle furent remplies par la guerre que les maisons d'Autriche et de Bourbon se firent pour la couronne d'Espagne, et dans laquelle elles entraînèrent presque toute l'Europe. La république de Venise s'attacha à n'y prendre aucune part. Un prince plus faible qu'elle, donna un exemple contraire. Victor Amédée, duc de Savoie, dont

*IX. Guerre de la succession d'Espagne. Neutralité des Vénitiens. 1700.*

les états, comme ceux de la république, se trouvaient situés entre ceux des deux grandes puissances belligérantes, au lieu de mettre sa sûreté dans un système de neutralité et de circonspection, se lança dans cette grande querelle, sans affectionner aucun parti, prêt à en changer selon son intérêt, ne craignant pas d'exciter des haines, et sachant toujours faire acheter ses services. Rien ne pouvait justifier ses nombreuses infidélités : les évènements justifièrent sa politique. Il vit ses états envahis, mais il finit par les étendre.

Le résultat que les Vénitiens obtinrent de leur système fut fort différent. On ne leur tint pas grand compte de leur neutralité, parce qu'on ne l'attribua point à leur modération; on ne la respecta guère, parce qu'elle décelait de la timidité et de la faiblesse, et au moment où tout le monde posa les armes, ils se trouvèrent aussi peu recherchés que redoutés.

Il n'y avait qu'une manière de conserver à-la-fois leur neutralité et leur considération, c'était de profiter de la paix, dont ils voulaient jouir, pour augmenter leurs forces, pendant que les autres puissances épuisaient les leurs. Je suis loin de prétendre qu'il eût été plus sage de se jeter au milieu des hasards de la guerre, ni plus louable d'imiter la duplicité du duc de Savoie, ni plus profitable de prendre part à une guerre dans laquelle la république n'avait aucun intérêt : je veux seulement faire remarquer que, dans ce système, il fallait se ménager les moyens de se faire respecter.

Les Vénitiens firent pour cela tout ce qu'on peut faire avec de l'argent. Ils réparèrent et perfectionnèrent leurs forteresses; ils entretinrent une armée d'une vingtaine de mille hommes; mais comme leurs moyens, quoique considérables, étaient de beaucoup inférieurs à ceux des grandes puissances, ce poids, qu'ils ne jetaient point dans la balance, ne pouvait produire aucun effet. Les sacrifices pécuniaires ne suffisaient plus pour assurer la supériorité, il aurait fallu prendre une attitude plus imposante, inspirer une noble résolution à tous les princes de l'Italie, se placer à leur tête, et se mettre en état d'empêcher les étrangers de ravager ce beau pays; c'est ce qu'on ne fit point. La France, au commencement de cette guerre, avait employé les sollicitations, les menaces, et jusqu'aux moyens de séduction pour y entraîner les Vénitiens; elle leur avait offert l'évêché de Trente, le Frioul autrichien, sans les ébranler (1). L'ambassadeur

---

(1) Négociations de M. de la Have, ambassadeur du roi

résidant à Venise rendait compte au roi d'une conversation, qu'une cérémonie lui avait fourni l'occasion d'avoir avec un conseiller du doge. On

à Venise, pendant les mois de novembre et décembre 1700, jusqu'au 21 janvier 1701.

Cette négociation a pour objet unique de déterminer la république de Venise à refuser le passage aux troupes que l'empereur envoyait en Italie, à l'occasion de la mort du roi d'Espagne. Il avait été fait entre la France et d'autres puissances un traité de partage des états que l'Espagne possédait en Italie. On avait proposé aux Vénitiens d'y entrer et d'avoir une part dans le partage, ils avaient cru devoir s'y refuser, à l'exemple de l'empereur. Depuis, le roi d'Espagne était mort, et avait institué pour son héritier le duc d'Anjou, petit-fils de Louis XIV. Celui-ci avait accepté le testament; mais l'empereur prétendait que le duché de Milan, étant un fief de l'empire, rentrait dans ses mains par la mort du roi d'Espagne, et faisait marcher des troupes pour s'en emparer. La France demandait que Venise refusât passage à ces troupes sur son territoire. Le cardinal d'Estrées fut envoyé pour coopérer, avec M. de la Haye, à cette négociation.

Négociation du cardinal d'Estrées et de M. de la Haye, avec la république de Venise, depuis le 21 janvier, jusqu'à la fin d'avril 1701.

Le cardinal d'Estrées était chargé d'exciter tous les princes de l'Italie à s'opposer à l'entrée des troupes allemandes dans cette péninsule; et son instruction l'autorisait, après avoir encouragé les Vénitiens dans la résistance et les avoir déterminés à lever des troupes, à leur laisser entrevoir dans

venait de recevoir la nouvelle de la maladie du roi d'Espagne, Charles II : le patricien convint « qu'il était à craindre que la guerre ne se renouvelât dans la chrétienté, s'il venait faute de ce prince. » Le ministre lui ayant témoigné son étonnement de ce que la république ne prenait

---

la suite quelques avantages, comme le résultat d'une guerre qu'ils n'auraient entreprise que pour se défendre; ils pourraient trouver dans le territoire de l'évêché de Trente, le dédommagement des frais que cette guerre leur aurait occasionnés. On crut appercevoir qu'ils tourneraient plutôt leurs vues vers le Frioul, et on s'empressa de leur promettre l'assistance de la France, pour l'occupation de ce territoire.

Ces offres ne les séduisirent point, ils s'attachèrent invariablement à leur système de neutralité.

Cette longue analyse de la correspondance des ambassadeurs, cesse de rouler sur des faits politiques, du moment qu'il n'y a plus d'espoir de déterminer les Vénitiens à se déclarer contre l'empereur. A partir de là, il n'est plus question que de plaintes contre les désordres commis par les troupes, contre la partialité de la république en faveur des Allemands, et ensuite les querelles dégénèrent en affaires d'étiquette. Les seuls faits un peu remarquables sont, l'enlèvement d'un bâtiment ennemi brûlé par les Français dans le port de Malamocco, et l'exécution de deux bannis vénitiens, à qui l'ambassadeur de France, avait donné un passeport. Louis XIV exigea, en réparation, que la république lui écrivît une lettre d'excuse, qui lui fut portée par un ambassadeur extraordinaire.

aucunes mesures, le Vénitien répondit : « Eh que voulez-vous qu'on fasse sans troupes et sans argent? On voit le mal ; mais on ne peut y remédier (1). » Cet aveu aurait été étrange, s'il n'y avait pas eu de la duplicité : leurs ressources n'étaient pas aussi épuisées que ce patricien le disait ; et c'était peut-être pour les faire croire telles, qu'on avait imaginé des impôts bizarres, jusqu'à une taxe sur les perruques. Le sénat affecta de regarder la querelle des maisons de France et d'Autriche, comme lui étant indifférente. Ce n'était encore qu'un prétexte pour excuser sa timide inaction, car il ne sentait que trop combien il était dangereux de voir l'une ou l'autre de ces deux grandes puissances acquérir dans l'Italie les états qu'on allait se disputer, le royaume de Naples et le duché de Milan.

Il suffit de rappeler aux lecteurs que Charles II, après avoir fait un premier testament, par lequel il instituait l'archiduc Charles d'Autriche héritier de tous ses royaumes, fut amené, par ses ministres et par ses théologiens, à en faire un second, en faveur de Philippe duc d'Anjou, son petit neveu, fils puîné du dauphin de France.

Louis XIV déploya tout l'appareil de sa puis-

---

(1) Dépêches de M. de la Haye au roi, du 24 avril 1700.

sance, pour soutenir les droits de son petit-fils. Ce prince, sous le nom de Philippe V, se mit en possession de la couronne, et fut reconnu en qualité de roi d'Espagne, par l'Angleterre, la Hollande, les électeurs de Cologne et de Bavière, le pape, les ducs de Savoie et de Mantoue, la république de Gênes et le roi de Portugal. La république de Venise fut des premières à lui adresser ses félicitations sur son avènement au trône; mais, immédiatement après cette reconnaissance, le roi d'Angleterre, les États-Généraux et le roi de Danemarck, signèrent une ligue, par laquelle ils se déclarèrent en faveur de l'empereur Léopold, qui avait déja dans son parti les rois de Prusse et de Pologne, et presque tous les princes de l'empire.

Les premières hostilités éclatèrent en Italie. Venise, qui avait fait déclarer sa neutralité aux cours de Vienne, de Versailles et de Madrid, voyait d'un côté, sur les bords du lac de Garde, une armée de soixante mille hommes, commandée par le maréchal de Catinat, sous le duc de Savoie, et de l'autre, le prince Eugène, qui descendait des montagnes de Trente, à la tête des impériaux. Un officier vint annoncer au provéditeur de Vérone que l'armée autrichienne allait passer sur le territoire de la république, ne man-

X.
Hostilités entre les Français et les impériaux en Italie.
1701-1713.

quant pas de vanter sa bonne discipline (1); en effet le prince était en marche, et, sans égard pour la neutralité, il vint camper sur l'Adige, le 27 mai 1701. Les Français et les Piémontais s'avancèrent pour lui en disputer le passage, et la province de Vérone se trouva le théâtre de la guerre : bientôt après, le fléau s'étendit sur le territoire de Brescia.

Dans cette situation, les Vénitiens étaient forcés de faire des vœux pour que les impériaux repoussassent les Français jusques dans le duché de Milan (2); cependant ils étaient en même temps combattus par une autre crainte : comment souhaiter des succès durables à l'empereur, à un prince, qui, fidèle aux prétentions de ses prédécesseurs, disait toujours *ma Vérone* en parlant d'une place que la république possédait depuis trois cents ans? Le rappel de Catinat, le choix du maréchal de Villeroy pour le remplacer, la perfidie de Victor-Amédée, les affaires de Carpi et de Chiari, facilitèrent successivement

---

(1) *Vie du prince Eugène*, tome Ier, édition de 1750, pag. 314.

(2) Finalmente il sospirato effetto si ottenne, i Francesi ripassarono l'Oglio, etc., *Principi di storia civile della republica di Venezia* di Vettor SANDI, tom. II, lib. 4, cap. 4, art. 2.

au prince Eugène le passage de l'Adige, du Mincio, puis celui de l'Oglio, puis enfin celui de l'Adda; et, grace à ces évènements, le territoire de la république, quoique toujours traversé par les troupes autrichiennes, cessa du moins d'être ensanglanté.

Mais le duc de Vendôme, successeur du maréchal de Villeroy, si heureusement fait prisonnier dans Crémone, arrêta les progrès des impériaux. Il les battit à Luzara, et se préparait à pénétrer jusque dans l'évêché de Trente, lorsque la défection du duc de Savoie le força de rétrograder. On dit que, pour arrêter l'ennemi, ce général fut sur le point de couper les digues de l'Adige, et par conséquent de noyer une partie du territoire des Vénitiens. La fortune leur épargna ce désastre; mais la neutralité de la république était journellement violée sur terre et sur mer (1).

---

(1) L'historien Victor Sandi, (*Principi della storia civile della repubblica di Venezia*, vol. 11, lib. 4, cap. 3, art. 2,) dit : Gli Allemanni inferivano, per la lor povertà, danni considerabili a quel territorio, meno scorretti peraltro essendo i Francesi, perchè meglio provveduti dal loro rè. Faceva la repubblica doglianze ai principi interessati, così che convenne ai Tedeschi di scieglier commissarj, onde si destinassero deputati da quella città, che unitamente fir-

*Tome V.*   12

L'empereur faisait partir de Trieste des flottilles, qui traversaient le golfe, et venaient porter à son armée des munitions et des renforts. Une petite escadre française vint jusqu'au fond de l'Adriatique intercepter ces convois. C'étaient autant d'atteintes portées au droit de souveraineté que la république prétendait sur le golfe. Il faut avouer qu'elle fournissait un prétexte aux violences des parties belligérantes, par le peu de soin qu'elle prenait de déguiser sa partialité. Les vaisseaux vénitiens allaient et venaient sans cesse d'une rive à l'autre, pour voiturer des armes, des approvisionnements, des recrues à l'armée impériale. Le chevalier de Forbin, qui commandait la flottille française, en rencontra quatre-vingts en un seul convoi. Un

---

massero le polizze dei danni, le quali, depositate nella camera di Verona, se ne attendesse dai creditori il pagamento. Questa facilità ravvisata dai Francesi, si posero anch'essi a praticar forse più scandalose licenze e rapine. Crescevano così tutto giorno i danni e gl'insulti, ect...... Erano i sudditi troppo malmenati dalle rapine delle soldatesche..... Li Francesi, disegnando un taglio del fiume Adige, lo chè portava inondazioni, chiedettero di entrar anche in Sanguinetto e con forza armata; e dagli Allemanni in vicinanza di Verona si praticano incendj, omicidj, derubamenti. Si resiste dalla repubblica, si esclama, si maneggia alle corti, non sempre in vano, ma con acerbità assai molesta.

détachement de son équipage fut massacré dans une île vénitienne; enfin il apprit que le ministre autrichien avait acheté un vaisseau anglais de cinquante canons, et le faisait armer dans le port même de Malamocco. Dès ce moment, l'amiral français se mit à arrêter toutes les barques vénitiennes qui venaient des ports autrichiens, à jeter à la mer tout ce dont elles étaient chargées, à les brûler; il brûla de même un vaisseau de cinquante canons, portant le pavillon de la république, sous prétexte qu'il l'avait rencontré à l'entrée d'un port impérial. Quelques jours après, il pénétra à minuit, avec trois chaloupes montées de cinquante hommes, dans le port de Malamocco, aborda le vaisseau anglais armé pour le compte de l'empereur, le surprit, s'en rendit maître, y mit le feu, se retira en emmenant ses prisonniers, et eut la satisfaction de voir sauter ce bâtiment ennemi au milieu du port (1).

On peut juger de l'alarme que cet incendie, cette explosion, avaient répandue dans Venise. On croyait pallier toutes ces infractions au droit

---

(1) Voyez les *Mémoires du chev. de Forbin*, tom. II, année 1701. Il était devenu la terreur des matelots vénitiens, qui se disaient entre eux : *San Marco ci guardi della bollina e del cavalier Forbino*. La bollina est un météore que les marins de l'Adriatique redoutent beaucoup.

des gens, les Vénitiens en protestant de leur neutralité, les Français en arborant le pavillon espagnol, c'est-à-dire en imputant leurs violences à d'autres.

Eugène et Vendôme se mesurèrent une seconde fois près de Cassano, où le premier fut battu, et cette victoire reporta encore la guerre sur la rive gauche de l'Oglio. Les états du duc de Savoie étaient envahis, en punition de sa défection : il ne lui restait que la place de Turin : les Français étaient maîtres de tout le Milanais : Venise était alarmée du voisinage d'une si grande puissance, lorsque les malheurs que la France éprouvait d'un autre côté, firent appeler en Flandres le duc de Vendôme, et mirent le sort de l'Italie entre les mains du duc d'Orléans et du maréchal de Marsin. Une nouvelle bataille que le prince Eugène vint livrer à ces deux généraux devant Turin, fit perdre aux Français toutes leurs conquêtes.

Maîtres du duché de Milan, les Autrichiens obligèrent Louis XIV à y renoncer, détachèrent une armée qui alla s'emparer de Naples, et imposèrent des contributions à l'Italie, sans distinguer les neutres des ennemis.

Eugène et Malborough, Vendôme, Berwick et Villars s'illustraient, mais les disgraces de la France étaient à leur comble. Les alliés exigeaient de Louis XIV, non-seulement qu'il abandonnât la cause de son petit-fils, mais qu'il aidât à le détrôner. L'archiduc Charles d'Autriche revenait d'Espagne en Allemagne, où il allait ceindre la couronne impériale, et la république, en lui prodiguant les marques de respect à son passage, le qualifiait de roi d'Epagne, quoiqu'elle eût déja donné le même titre à Philippe V (1). Enfin les victoires de Villa-Viciosa en Castille, et de Denain en Flandres, ramenèrent les esprits des alliés à cette modération, seule base des pacifications durables.

Un congrès avait été déja ouvert à Utrecht. La république, comme toutes les autres puissances, avait été invitée à y envoyer un plénipotentiaire; mais elle n'était ni partie belligérante, ni médiatrice jouissant de quelque influence; car son crédit n'alla pas jusqu'à se faire adjuger une indemnité pour les dommages que cette guerre lui avait occasionnés (2). Elle fut seulement témoin du traité, qui, complété l'année suivante par celui de Rastadt, assigna l'Espagne et les Indes au petit-fils de Louis XIV, Gibraltar et Minorque à l'Angleterre, le Mont-

Traités d'Utrecht et de Rastadt. 1713-1714.

---

(1) *Principi di storia civile di Venezia*, ibid.

(2) *Idem*, ibid.

ferrat, une partie du Milanais et la Sicile au duc de Savoie, enfin Milan, Mantoue et Naples à la maison d'Autriche.

Le résultat de cette guerre était de rendre les possessions autrichiennes contiguës à celles de la république, depuis les montagnes de la Dalmatie, jusqu'à la rive gauche du Pô. On voit que tout le territoire continental des Vénitiens se trouvait enveloppé par cette grande puissance.

<small>XI.
Funestes suites de la neutralité des Vénitiens.</small>

Veut-on savoir maintenant comment ils avaient été ménagés? voici quelques exemples qui feront juger du degré de considération qui leur restait.

Quand le prince Eugène suivait les Français du côté de Brescia, il jugea nécessaire d'occuper le poste de Chiari. Il y avait dans cette ville une petite garnison de deux cents hommes, qui en refusa l'entrée. Le prince se plaignit de ce refus comme d'un acte d'hostilité, et, partant de ce principe que l'immunité ne pouvait être réclamée que pour les places fortifiées, il menaça l'officier vénitien de le faire casser, en ajoutant qu'il allait faire forcer le passage. Le commandant intimidé n'insista plus, que pour obtenir une attestation de sa résistance, et le prince Eugène ne fit aucune difficulté de constater par sa signature l'insulte qui venait d'être faite à la république (1).

Les Français ne se montrèrent pas plus disposés que leurs ennemis à respecter la neutralité des Vénitiens. Ayant trouvé dans la campagne de 1704, un passage fermé par des barrières, près de Sanguinetto, ils se mirent à les rompre. La garnison vénitienne du château voisin fit feu sur eux; aussitôt les Français fondirent sur le château, s'en emparèrent, et leur général envoya demander au gouverneur de la province une réparation éclatante de cette insulte (2).

Le duc de Vendôme avait fait occuper par un de ses détachements le poste de Labadia, dans la Polésine, auquel il attachait quelque importance; le gouvernement de la république en sollicita avec instance l'évacuation, en promettant de le faire garder par ses troupes. Peu après que les Français en furent sortis, les Autrichiens se présentèrent : le commandant Vénitien refusa d'ouvrir les portes : le prince Eugène le fit attaquer et entra de vive force dans la place (3).

---

(1) *Vie du prince Eugène*, l. c. p. 336 et 337.
(2) *Clef du cabinet des princes*, 1704, août, p. 101.
(3) *Vie du prince Eugène*, tom. II, p. 401, 402.

Les deux parties belligérantes violaient tour-à-tour la neutralité des Vénitiens, et les rendaient responsables des violations qu'ils avaient souffertes. Il arriva en 1704 que les impériaux passèrent sur les terres de la république pour aller brûler quelques maisons dans un district du Mantouan. Les Français entrèrent sur les terres de Venise, y mirent le feu à plusieurs villages, et quand le gouvernement en porta ses plaintes, il ne reçut, pour toute satisfaction, que la menace de voir se renouveler ces justes représailles, toutes les fois qu'il donnerait passage aux ennemis (1).

L'état de guerre pouvait jusqu'à un certain point excuser de semblables violences, mais ce n'était pas seulement de la part des généraux que la république avait à supporter des hauteurs. Les gens de l'ambassadeur d'Angleterre ayant voulu introduire de la contrebande, les préposés de la douane visitèrent leur gondole et saisirent les marchandises. L'ambassadeur se plaignit de cet acte comme d'un attentat au droit des gens, et exigea non-seulement la restitution des objets confisqués, mais encore

---

(1) *Clef du cabinet des princes*, 1704, septembre, pag. 187, 188.

le châtiment des commis, qui furent punis d'avoir fait leur devoir, comme d'un crime. Onze de ces malheureux furent condamnés aux galères, et, avant d'être envoyés à la chaîne, promenés dans Venise, avec un écriteau qui indiquait leur faute (1), ou plutôt qui attestait la pusillanimité du gouvernement. Il y avait loin de ces temps à celui où le conseil des Dix faisait braquer deux pièces de canon devant la porte d'un ambassadeur, pour se faire livrer un coupable.

Ces exemples prouvent où conduit un système de neutralité adopté par faiblesse. La guerre était moins dangereuse que de pareils outrages; mais quand on se détermine à la guerre, il ne faut pas vouloir la faire seulement avec de l'argent. Pour se faire respecter par la France et par l'Autriche, il y avait d'autres mesures à prendre que de marchander deux régiments aux cantons suisses, comme on le fit en 1704. Pour être une puissance, il fallait avoir une armée; mais, pour avoir une armée, il ne suffisait pas de stipendier une poignée d'étrangers.

Au commencement de cette guerre, il y avait

---

(1) *Clef du cabinet des princes*, 1708. juin, pag. 422, 423; nov., pag. 348, 350.

une parité absolue entre la position du duc de Savoie et celle de la république. L'un était placé entre la France et le Milanais, l'autre entre le Milanais et l'Autriche. La seule différence était que les forces du duc étaient beaucoup moins considérables que celles des Vénitiens. A la paix, le duc se trouva une puissance, dont toutes les autres eurent à rechercher l'amitié, et la république ne put compter ni sur des amis, ni même sur des ménagements. Le résultat condamna donc le système qu'elle avait suivi, et on ne peut pas dire que ce soit juger d'après l'événement; car si les chances de la guerre influèrent sur le sort du duc de Savoie, on ne peut pas mettre sur le compte de la fortune ce qui arriva à la république. Tout ce qu'elle éprouva, elle avait dû le prévoir. On envahit son territoire, parce qu'il fallait nécessairement y passer; on méprisa sa neutralité, parce qu'on voulait la forcer à se déclarer, et que chacune des parties belligérantes lui était supérieure en forces; on fit la paix sans elle, parce qu'elle ne s'était pas rendue nécessaire.

XII.
Les Turcs déclarent la guerre à la république.
1713.

L'Europe venait de poser les armes, lorsqu'on apprit qu'il y avait une activité extraordinaire dans l'arsenal de Constantinople. On disait que le visir craignait une émeute du peuple de la capitale; mais on voyait préparer une flotte de quarante vaisseaux, on voyait embarquer des mortiers et des bombes. Les ministres répandaient le bruit que la Porte voulait châtier une peuplade des frontières de la Dalmatie qui habitait les rochers de Montenegro; mais en même temps ils faisaient augmenter les fortifications de Négrepont, et on relevait celles de quelques autres places.

Venise craignait tellement la guerre qu'elle ne voulait pas y croire. Elle mit de la timidité même dans ses précautions. Tandis qu'elle entretenait sur la frontière du Milanais vingt ou vingt-quatre mille hommes, qui étaient tout-à-fait inutiles, puisqu'on était décidé à endurer tous les outrages, elle n'avait pas huit mille soldats dans la presqu'île de la Morée. A quoi servait une paix de treize ans, qui avait coûté à la république toute sa considération chez l'étranger, si on ne se trouvait pas au moins en mesure de repousser une agression? Tel était dans ce temps-là l'esprit du gouvernement, qu'il s'appliquait à éloigner la pensée du danger, plutôt que le danger lui-même. Aussi eut-il le tort de se laisser surprendre. Son ministre à Constantinople fut arrêté, et un corps de troupes ottomanes s'avança vers la Dalmatie, tandis que le provéditeur de la Morée, qui n'avait à sa disposition que huit mille hommes et une flotte de onze galères et de huit vaisseaux de ligne, vit fondre sur lui une armée de cent mille Turcs, commandée par le grand-visir, et secondée par une flotte de plus de cent voiles.

Alors la république implora le secours des autres états ; mais, comme elle devait s'y attendre, elle ne trouva dans toutes les cours que la plus complète indifférence sur le danger qui la menaçait. Le pape seul, qui ne pouvait se dispenser de prendre part à une guerre contre les infidèles, promit quatre galères et engagea le grand-duc de Toscane à en fournir deux. L'ordre de Malte ne put se refuser à y en joindre six. La France, l'Espagne, l'Angleterre, la Hollande, ne voulurent intervenir que pour obtenir la liberté de l'ambassadeur. L'empereur alla un peu plus loin : il offrit sa médiation, mais elle fut refusée avec hauteur par le ministère ottoman.

Jean Delfino, provéditeur de la Morée, fut élevé aux fonctions de capitaine-général. Il s'agissait de lui donner des forces et non pas une dignité. Il était bien évident qu'avec huit mille hommes, il ne pouvait pas munir de garnisons suffisantes une douzaine de places. Il se borna à défendre les principales, et laissa le pays entièrement ouvert aux dévastations de l'ennemi. Le temps n'était plus, où une poignée d'hommes avait osé défendre cette même terre, contre l'inondation des barbares.

La flotte des Turcs, en traversant l'Archipel, se présenta devant l'île de Tine. C'était un poste très-important par sa situation au milieu de cette mer. Les fortifications en étaient excellentes. Les Vénitiens, établis dans cette île depuis plusieurs siècles, s'y étaient maintenus, malgré de fréquentes attaques, pendant toute la guerre de Candie. Malheureusement le commandement de cette forteresse se trouva confié à un de ces gouverneurs qui ne savent pas que, bonne ou mauvaise, une place doit être défendue jusqu'à la dernière extrémité, et qui, se perdant en raisonnements sur la conduite générale de la guerre, finissent par se déterminer pour les partis les plus timides. Le provéditeur Bernard Balbi, malgré les instances et les larmes généreuses des habitants, qui ne demandaient qu'à se défendre, se mit à parlementer dès la première sommation, et crut qu'il y avait de l'honneur à obtenir les honneurs de la guerre sans avoir combattu. Il s'embarqua avec sa garnison, et vint subir à Venise une prison perpétuelle; mais sa juste punition ne dédommageait pas la république de la perte d'une île importante, ni les malheureux habitants de Tine de la rigueur

*Reddition de l'île de Tine par le commandant vénitien.*

de leurs nouveaux maîtres, qui déportèrent deux cents familles sur la côte d'Afrique.

Cependant l'armée du grand-visir s'avançait vers l'isthme de Corinthe. La flotte des Vénitiens s'était renforcée de quelques vaisseaux, sans pouvoir se mesurer avec celle du capitan-pacha. Les détachements de troupes jetés dans la Morée ne suffisaient pas pour assurer la conservation des places. Les gouverneurs de la Suda et de Spina-longa en Candie, réclamaient inutilement des secours. Les frontières de la Dalmatie n'étaient couvertes que par ces peuplades belliqueuses, qui habitent les montagnes de cette côte, et qui combattaient beaucoup moins par dévouement à la république, que par animosité contre les Turcs.

XIII. *Conquête de la Morée par les Turcs. 1714.*

Le grand-visir se présenta devant Corinthe, le 20 juin 1714. Cette place se rendit après cinq jours de tranchée ouverte, et, quoique la garnison eût capitulé, elle fut presque entièrement passée au fil de l'épée. Le reste fut conduit sur les galères du capitan-pacha, pour avoir la tête tranchée, devant le port de Naples de Romanie, à la vue des troupes vénitiennes accourues sur le rempart. Le passage de l'isthme de Corinthe était forcé; nouvelle preuve de l'inutilité de ces lignes de fortification, dont la défense exigerait

*Prise de Corinthe.*

une armée entière, avec laquelle on n'attend pas l'ennemi derrière une muraille.

Delfino, voyant que les Turcs allaient pénétrer dans la presqu'île, se détermina à faire ravager tout le pays et à brûler les moissons, pour ôter à l'ennemi les moyens d'y subsister. La prise d'Égine et d'Argos, qui se rendirent sans coup férir, annonça quel allait être bientôt le sort des autres places. La plus importante, c'est-à-dire Naples de Romanie, fut investie au mois de juillet et attaquée avec une grande vigueur. La garnison, commandée par le provéditeur-général Bono, se promettait cependant de faire une forte résistance ; mais tandis que les batteries foudroyaient deux bastions, et que la mine renversait la contrescarpe, les assiégeants découvrirent un côté, où il n'y avait pas assez d'eau dans le fossé pour les empêcher de parvenir jusqu'au pied du rempart. Les janissaires tentèrent l'escalade pendant la nuit, pénétrèrent dans la place, mirent le pétard sous une porte et donnèrent la main à leurs gens, qui inondèrent la ville et firent un massacre général de tout ce qui s'y trouvait. L'archevêque eut la tête tranchée.

*D'Argos.*

*De Naples de Romanie.*

La garnison du château de Morée, qui ne se défendit que cinq jours, fut traitée de même.

La terreur égare à tel point la raison des

*De Modone.*

hommes, que cet usage barbare des Turcs, de ne point faire de quartier, ôta aux troupes, qui étaient dans Modone, le courage de se défendre. Leur commandant Marc Venier, et le provéditeur Vincent Pasta, eurent beau les exhorter, les supplier de sauver ou au moins de vendre chèrement leur vie, il n'y eut pas moyen de les empêcher de jeter leurs armes; et, pendant qu'on discutait quelques articles d'une capitulation, ces lâches coururent d'eux-mêmes se mettre entre les mains des Turcs. Le grand-visir abusa non moins lâchement de sa fortune, en outrageant et faisant charger de chaînes ces malheureux officiers. Vincent Pasta, tout captif qu'il était, remporta sur lui la seule victoire qu'il pût encore lui disputer, en répondant fièrement à ses outrages, qu'il devait rougir de traiter avec cette indignité de braves gens, qui n'avaient fait que leur devoir, et qui ne lui auraient jamais rendu Modone, si leurs troupes eussent voulu les seconder.

<small>De Malvoisie.</small> Le découragement gagna jusqu'aux généraux. Un homme, qui portait un des noms les plus illustres de Venise, Frédéric Badouer, rendit, sans attendre un seul coup de canon, Malvoisie, la seule place qui restât à la république dans la Morée.

Pendant que les Turcs reconquéraient si facilement cette province, le capitaine-général, avec sa flotte, rôdait autour de la presqu'île, se présentant toujours trop tard devant des places, qui ne lui donnaient pas le temps d'y jeter des secours. Tantôt évité, tantôt poursuivi par le capitan-pacha, sans jamais en venir à une bataille, il laissait prendre sous ses yeux l'île de Cérigo, faisait sauter les fortifications de Sainte-Maure, au lieu de la défendre, et ramenait enfin dans Corfou une flotte qui n'avait pas combattu.

De Cérigo.

On ne reconnaît plus, dans cette suite de désastres, ni les braves défenseurs de Candie, ni cette audacieuse marine, qui avait détruit tant de fois les flottes ottomanes. Officiers et soldats, tout était également frappé de terreur; et le gouvernement se montrait sans activité, sans énergie, comme il s'était montré sans prévoyance. Candie avait été défendue pendant vingt-cinq ans; la Morée venait d'être perdue en quelques mois : et c'était en moins d'un demi-siècle qu'un gouvernement, qu'une nation avait pu dégénérer à ce point (1).

---

(1) Voici quelques passages d'un rapport fait en 1701, par M. de la Haye, qui avait résidé pendant huit ans à Venise, comme ambassadeur de France :

Si l'on veut retrouver quelques traces de l'antique valeur vénitienne, c'est encore à Candie qu'il faut les chercher. Louis Magno et François

*De Spina-longa et de la Suda en Candie.*

---

« Le nombre des jeunes gens infatués de leur prétendue ancienne noblesse et de leur propre mérite surpasse aujourd'hui de beaucoup celui des plus habiles et des plus expérimentés..... Si le corps de cette république a mérité autrefois le renom d'être une assemblée de sages, il faut que la noblesse qui le composait alors, eût d'autres inclinations et une éducation différente de celle qu'a aujourd'hui la noblesse régnante; car, à dire les choses au vrai, elle conserve bien toujours cette ancienne fierté qui lui est naturelle, mais elle est glorieuse avec une présomption démesurée, elle est voluptueuse par tous les endroits; enfin elle est nourrie dans la vengeance et plongée dans la débauche..... La noblesse de terre-ferme n'est pas exempte du mépris et de la haine des nobles vénitiens, lesquels, se considérant comme autant de souverains, la tiennent dans une dépendance si servile, qu'elle n'en supporte le poids qu'avec chagrin et avec une espèce de désespoir, capable quelque jour de produire de très-méchants effets.

« La république n'est pas seulement épuisée d'argent, mais elle est encore surchargée d'une infinité de dettes considérables, pour le paiement desquelles il n'y a aucun fonds établi, et quoique elle ait surchargé ses sujets par de grosses impositions, jusqu'à la proposition de taxer tous ceux qui portent des perruques, elle a de la peine à subvenir aux dépenses indispensables.

« Le revenu liquide de la république ne monte, au plus, aujourd'hui qu'à douze millions de ducats. Ses forces de

Justiniani, qui commandaient, l'un à la Suda, et l'autre à Spina-longa, ne succombèrent du moins qu'après avoir fait de généreux efforts; mais, abandonnés par la métropole, ils capitulèrent au mois de novembre 1715, et, après cette perte, la république se trouva ne plus rien posséder de ses vastes domaines dans l'Orient.

Le gouvernement s'en prit de toutes ces pertes au capitaine-général, dont il partageait les torts. On le rappela, mais sans le punir, et ce qui est encore une preuve frappante de la dégénération de l'esprit public, il fallut faire trois élections avant de trouver un patricien, qui, dans le danger de la patrie, voulût accepter ce difficile emploi. André Pisani alla prendre le commandement de la flotte, et la direction d'une défense, qui n'avait plus pour objet que la conservation des îles situées à l'entrée du golfe Adriatique.

---

terre se réduisent, au plus, à dix mille hommes passablement bonnes troupes, mais sans aucun bon officier, et environ trente mille hommes de milice; il est vrai qu'elle a encore quelques mille hommes en Dalmatie et en Morée. Les forces de mer consistent en vingt ou vingt-deux galères et galéasses, et environ quinze vaisseaux de cinquante à soixante canons, et elle peut, au plus, augmenter le nombre de ses vaisseaux jusques à vingt-trois ou vingt-quatre.

Alliance de l'Autriche avec la république.

Le mariage de Philippe V, roi d'Espagne, avec l'héritière des duchés de Toscane, de Parme et de Plaisance, et l'habileté d'Albéroni, son premier ministre, firent craindre à l'empereur de voir la maison de Bourbon former de nouveau un grand établissement en Italie. L'inquiétude qu'il en conçut pour ses propres états, le détermina à se lier avec les Vénitiens, qui, depuis le commencement de la guerre, n'avaient cessé de le solliciter d'opérer une diversion en leur faveur, en attaquant les Turcs sur les frontières de la Hongrie. Un traité fut signé, par lequel la république garantit à la maison d'Autriche les possessions que la paix de Rastadt lui avait assurées en-deçà des monts, et, pour prix de cette garantie, l'empereur envoya contre les Turcs une armée commandée par le prince Eugène. Cette diversion sauva la Dalmatie, en obligeant les Turcs à envoyer contre les Autrichiens la majeure partie de l'armée qui venait de conquérir la Morée.

XIV. Les Turcs paraissent devant Corfou. 1716.

Mais on ne pouvait pas douter que leurs premiers efforts ne se portassent sur Corfou. Le pape accéda à la ligue de l'Autriche et des Vénitiens. Albéroni, qui voulait alors complaire à la cour de Rome, promit la coopération d'une flotte espagnole, pour sauver ce boulevard de l'Adriatique et de l'Italie. La France ne prit aucune part à cette guerre; elle venait de perdre Louis XIV. Pendant que le nouveau capitaine-général travaillait à mettre l'île dans le meilleur état de défense, le gouvernement recruta quelques régiments en Allemagne, et fit un heureux choix pour le commandement de cette place importante. Il engagea à son service, comme général des troupes de terre, un officier saxon, le comte de Schullembourg, déjà célèbre pour avoir sauvé l'armée du roi Auguste, et fait dire à Charles XII : « Aujourd'hui Schullembourg nous « a vaincus (1). »

Corfou, avec une population de cinquante mille ames (2), de bons ports, une forteresse construite avec non moins d'art que de magnificence, avait bravé les efforts de Barberousse, en 1537. Depuis, on avait encore perfectionné les ouvrages défensifs; la place était abondamment pourvue de toutes sortes de munitions; mais toutes les troupes, qui devaient en former la garnison, n'étaient pas encore arrivées, lorsque l'armée ottomane parut dans la rade le 5

---

(1) *Hist. de Charles XII*, par VOLTAIRE, liv. 3.
(2) *Voyage historique, littéraire et pittoresque dans les îles et possessions vénitiennes du Levant*, par André GRASSET Saint-Sauveur, liv. 6, chap 68. Le père Coronelli dit aussi cinquante mille habitants : Darbois dit soixante-dix mille.

juillet 1716. Il était désormais dans la destinée du gouvernement vénitien de se laisser prévenir par l'ennemi.

Le canal que forment l'île de Corfou et la côte d'Épire, peut avoir vingt-cinq lieues de long. Il se resserre aux deux extrémités ; la passe du midi a quelques milles de largeur; mais, vers le nord, le bras de mer qui sépare l'île du continent, n'a pas plus d'un mille. Entre les deux extrémités de ce bassin, un promontoire, qui semble se détacher de la côte orientale de l'île, s'avance dans la mer, c'est là qu'est bâtie la capitale. Vis-à-vis, sur la côte opposée, au fond d'un petit golfe, on aperçoit la ville de Butrinto sur une hauteur (1).

Du côté par où elle communique à la terre, la place de Corfou est défendue par un front de fortifications, composé de plusieurs ouvrages; mais ces ouvrages sont dominés par deux hauteurs extérieures, qu'on appelle le mont Abraham et le mont Saint-Sauveur, et qui, ne

---

(1) Protinùs aerias Phæacum abscondimus arces,
  Littoraque Epiri legimus, portuque subimus
  Chaonio, et celsam Buthroti ascendimus urbem.
                                                  Virg.

*Aerias Phæacum arces.* Ce sont les deux forts qui dominent la ville de Corfou.

faisant point partie du système de la fortification, se trouvent par conséquent des positions offensives.

La flotte turque, composée de vingt-deux vaisseaux de ligne, et d'un grand nombre d'autres bâtiments, portait l'armée destinée à assiéger Corfou. Le capitaine-général vénitien n'y avait encore rassemblé que ses galères; hors d'état d'attaquer l'ennemi avec des bâtiments d'une force si inférieure, il voulut au moins éviter de se laisser bloquer dans le port, et appareilla, pour aller à la rencontre des vaisseaux de ligne, que lui amenait le provéditeur Cornaro, et du convoi de troupes qu'on attendait de Venise.

Le capitan-pacha, Dianun Cogia, au lieu de le poursuivre, s'occupa du débarquement, et mit à terre trente mille hommes et trois mille chevaux, qui établirent leur camp près des salines de Potamo, à une lieue de la ville. Pendant qu'il était descendu lui-même à terre, pour concerter ses opérations avec le séraskier, à qui la direction du siége allait être confiée, il entendit, vers le nord de l'île, des salves d'artillerie; c'était la flotte de Pisani qui revenait déja, et qui, ayant rencontré l'amiral Cornaro en-dehors de la passe, saluait, en doublant le cap, la vierge de Cassopo, c'est-à-dire une chapelle bâtie sur l'ancien promontoire de Cassiopée.

Cogia quitta aussitôt le camp, pour courir vers ses vaisseaux. Il ordonna d'interrompre le débarquement, d'appareiller et de se préparer au combat; mais toute cette manœuvre, commandée avec précipitation, ne put s'exécuter sans quelque désordre. Les embarcations légères se sauvèrent dans la baie de Butrinto, et les vaisseaux n'avaient pas encore formé leur ligne, que déjà la flotte vénitienne arrivait sur eux.

Un vaisseau, commandé par Flangini, engagea le combat. Trois autres y prirent part un moment après. Toute la division de Cornaro suivait cette avant-garde. La canonnade fut vive et meurtrière; les vaisseaux du capitan-pacha furent fort maltraités; cependant il n'en perdit aucun, et il profita de la nuit pour se retirer à Butrinto, tandis que Pisani faisait entrer dans le port de Corfou le convoi de troupes et de munitions. Un seul bâtiment de ce convoi, portant trois cents hommes, tomba sous le vent et fut enveloppé par les ennemis.

xv. Belle défense du comte de Schullembourg.

Les Turcs, débarqués dans l'île, dirigèrent leurs premières attaques sur le mont Abraham, l'une de ces deux hauteurs qui dominent les fortifications de la place. Ils en furent vaillamment repoussés par les troupes grecques et esclavones, que Schullembourg y avait postées. Des Allemands, des Italiens, des Esclavons, les naturels de l'île, tout concourait à la défense de Corfou, jusqu'aux Juifs, qu'on avait armés et dont un se fit remarquer par son courage, au point de mériter le grade de capitaine.

Le peu de succès de cette tentative, et apparemment le temps qu'il fallut pour recevoir et monter l'artillerie, ralentirent les travaux des assiégeants pendant tout le mois de juillet. Le mois d'août était commencé, qu'ils n'avaient élevé que deux batteries; mais, à cette époque, ils se déterminèrent à emporter les positions d'Abraham et de Saint-Sauveur. La première, défendue par des Vénitiens, coûta beaucoup de monde aux assaillants : la seconde fut abandonnée sans résistance par les Allemands qui y étaient retranchés.

Maîtres de ces hauteurs, les Turcs foudroyaient la ville et le port; mais, au lieu de battre les fortifications, ils dirigèrent constamment leurs feux sur l'intérieur de la place, qu'ils écrasaient de leurs bombes et de leurs boulets. Toute la population s'était réfugiée dans les vastes souterrains qu'offrait heureusement cette forteresse. Des renforts arrivaient de jour en jour aux assiégeants et aux assiégés. La flotte vénitienne, pour isoler l'armée ottomane campée devant la place, voulut présenter la bataille au capitan-pacha; mais celui-ci se tint constamment dans sa position, sans engager un combat, dont l'issue, si elle était funeste, pouvait compromettre cette armée.

Les assiégeants ne paraissaient suivre aucun système régulier dans leurs attaques; ils se présentaient tous les jours, pour emporter, le sabre à la main, ces fortifications qu'ils n'avaient pas essayé de canonner. Ces assauts, toujours repoussés, coûtaient des pertes immenses à l'armée assiégeante et à la garnison. Les pointes de fer semées sous leurs pas, les artifices disposés pour éclater sous les ouvrages extérieurs qu'ils assaillaient, la mitraille qui pleuvait des remparts, le feu de la mousqueterie, rien n'empêchait les Turcs de s'obstiner aux attaques et de s'amonceler sur le terrain qu'ils disputaient. Il n'était pas rare que ces combats durassent plusieurs heures.

Les généraux vénitiens sentaient qu'avec un ennemi, qui se présentait aux portes tous les jours, toutes les nuits, il ne fallait qu'un moment de surprise ou d'hésitation, pour perdre le fruit de la plus vigoureuse résistance. Ils voulurent ralentir l'impétuosité de l'assiégeant en l'attaquant eux-mêmes. Ils ordonnèrent une sortie.

Trois heures avant le jour, un millier d'hommes, moitié Allemands, moitié Esclavons, débouchèrent par deux portes différentes, tandis que vingt galères et les batteries de la place foudroyaient d'un autre côté le camp des ennemis, pour détourner leur attention. Les Esclavons passèrent au fil de l'épée les postes avancés, pénétrèrent dans les tranchées, culbutèrent les Turcs qui les gardaient, et les poursuivirent jusqu'au pied du mont Abraham. Là ils trouvèrent une plus vive résistance : ils continuaient de combattre avec acharnement, lorsque les Allemands arrivèrent; mais, soit que, dans l'obscurité, ceux-ci, eussent pris leurs alliés pour des ennemis, soit qu'ils tirassent en désordre et que leur feu fût mal dirigé, deux cents de ces braves Esclavons tombèrent dès les premières décharges. On s'aperçut de la méprise, il n'était plus temps d'y remédier. Des troupes qui se croient attaquées par derrière, sont difficiles à maintenir; on fut trop heureux, dans cette confusion, de pouvoir opérer une espèce de retraite.

Quelques jours après, le séraskier se vengea de cette sortie, par un assaut général. Dans la nuit du 17 au 18 août, toute l'armée ottomane prit les armes et se précipita sur divers points des ouvrages extérieurs qui protégeaient la place.

On dit que les Allemands furent les premiers à céder, mais bientôt les Esclavons, les Italiens, accablés par le nombre, furent forcés, comme eux, d'abandonner les postes qu'ils défendaient. Ces troupes repoussées se jetèrent en tumulte dans la place, dans le château; et tandis qu'une partie des assaillants, après avoir planté leurs étendards sur les ouvrages qu'ils venaient de conquérir, se hâtaient de s'y retrancher, les autres, arrivés jusqu'au pied des murs, battaient les portes et appliquaient les échelles. C'était vers un des bastions du château neuf que le combat était le plus sanglant. Schullembourg, le capitaine de la place Loredan, le sergent-général Marc-Antoine Sala, couraient par-tout, animant les soldats, et se voyaient secondés non-seulement par les habitants, mais par les femmes, par les religieux, qui concouraient, aux dépens de leur vie, à repousser les infidèles. Dans un endroit où les assaillants et les assiégés combattaient pêle-mêle, le général voit un moine grec qui retournait à la charge, armé d'un grand crucifix de fer; il lui demande ce qu'il prétend faire. « *Lasciate, lasciate*, dit le moine, transposant dans sa fureur ses imprécations, et blasphémant sans s'en apercevoir (1), *Christi male-*

---

(1) *Voyage historique, littéraire et pittoresque dans les*

*detti su la testa*; que je leur donne de ce maudit Christ sur la tête. »

Ce terrible assaut avait déja duré six heures, et les Turcs, loin de lâcher prise, s'acharnaient à forcer la place, lorsque Schullembourg, à la tête de huit cents hommes, débouche par une des portes, se précipite sur les ennemis, les prend en flanc, les met en désordre, en fait un horrible carnage, les chasse de tous les ouvrages qu'ils occupaient, et les oblige de fuir jusques dans leurs lignes, laissant au pied des remparts deux mille morts et vingt drapeaux.

A ce combat succéda une nuit horrible. Une tempête furieuse mit tous les vaisseaux en danger; des torrents de pluie inondèrent le camp et les tranchées; les tentes des Turcs furent renversées, déchirées par le vent. Dans ce désordre de la nature, le courage des assiégeants fut ébranlé. Ils crurent que les moyens de quitter cette île fatale allaient leur être ravis; ils demandèrent à grands cris à se rembarquer. Au point du jour, on aperçut au loin sur la mer un grand nombre de voiles, c'était la flotte d'Espagne qui arrivait au secours de Corfou. Alors

XVI.
Les Turcs lèvent le siége.

---

*îles et possessions vénitiennes du Levant*, par A. GRASSET de Saint-Sauveur, liv. 6, ch. 69.

le séraskier perdit toute espérance. Il fit donner avis de son projet au capitan-pacha, qui, dans la nuit suivante, envoya ses bâtiments légers, pour recueillir les restes de l'armée ottomane. Elle avait perdu quinze mille hommes dans ce siége de quarante-deux jours. L'embarquement se fit avec une telle précipitation, que beaucoup de soldats se noyèrent.

Le lendemain, à la pointe du jour, un détachement de la garnison, envoyé à la découverte, fut étonné de ne pas rencontrer les ennemis à leurs avant-postes ordinaires. Il s'avança avec précaution, et trouva le camp abandonné. Il y restait les tentes, les magasins, tout le bagage, cinquante six canons, huit mortiers, et un grand nombre de blessés.

Pisani, avec sa flotte, se mit alors à la poursuite des ennemis, mais ils avaient gagné les devants. Le vent, qui soufflait de l'est, avait permis au capitan-pacha de sortir du port de Butrinto, et retenait les gros vaisseaux vénitiens sur la côte de Corfou. Le capitaine-général continua la chasse avec ses bâtiments à rames, sans pouvoir atteindre la flotte turque, qui se jeta d'abord dans le port de Coron, et qui, s'y croyant pas en sûreté, rentra bientôt après dans les Dardanelles.

Sainte-Maure et Butrinto furent attaquées par

Schullembourg, immédiatement après le départ des Turcs, et se rendirent sans résistance. Le gouvernement vénitien fit élever une statue à ce capitaine, dans cette place même qu'il avait si vaillamment défendue. En voici l'inscription : *Mathiæ Johanni Comiti à Schullemburgio, summo terrestrium copiarum præfecto, christianæ reipublicæ in Corcyræ obsidione fortissimo assertori, adhuc viventi, senatus. Anno* MDCCXVII. « Il n'y a que les républiques, dit Voltaire (1), qui rendent de tels honneurs. Les rois ne donnent que des récompenses. » Une circonstance ajoutait un nouveau prix à la statue que la reconnaissance publique venait d'ériger à Schullembourg ; c'est qu'elle s'élevait sur les débris de toutes celles que la basse adulation de la noblesse corfiote avait décernées à plusieurs provéditeurs, et que le sénat venait de faire abattre (2). Schullembourg, dont une telle récompense ne pouvait qu'élever le cré-

---

(1) *Hist. de Charles XII*, liv. 3.

(2) *Voyage hist.* etc., d'André Grasset Saint-Sauveur, liv. 6, ch. 67. Le même écrivain raconte qu'il se répandit dans Venise des médailles, sur lesquelles la tête de Schullembourg était gravée avec cet exergue : *auspiciis Venetum virtus germana tuetur*, et que le gouvernement les fit supprimer.

dit, sut en profiter noblement. Il demanda et obtint, pour les protestants ses co-religionnaires, toute la tolérance compatible avec les principes d'un gouvernement, qui n'accordait la publicité qu'au seul culte catholique. Pendant que les Vénitiens défendaient Corfou, avec tant de succès, le prince Eugène consolidait leurs avantages par des victoires. Il battait les Turcs à Péterwaradin, leur tuait trente mille hommes, et prenait la forteresse de Temeswar.

<small>XVII. Campagne de 1717.</small>

Ardents à profiter des faveurs de la fortune, les Vénitiens envoyèrent, au commencement de la campagne suivante, vingt-sept vaisseaux de ligne devant les Dardanelles, sous le commandement de Louis Flangini. Cet amiral y rencontra quarante-deux vaisseaux turcs, avec lesquels il engagea une vive canonnade, qui dura toute la nuit, à la clarté de la lune; mais dont l'effet se réduisit à des dommages réciproques. Le len-

<small>Combat naval.</small>

demain, le surlendemain, les deux flottes se cherchèrent ou s'évitèrent, suivant qu'elles crurent avoir l'avantage de la position; ce ne fut que le troisième jour, le 16 juin 1717, que les Turcs engagèrent un véritable combat; les deux premières heures en furent terribles; trois de leurs vaisseaux étaient coulés à fond; celui du capitan-pacha était fracassé; l'amiral vénitien voyait le sien démâté; il répétait les signaux, pour que ses vaisseaux détruisissent la flotte turque qui commençait à se disperser, lorsqu'il fut atteint d'une blessure mortelle. Il voulut rester sur le pont et continuer de donner des ordres jusqu'à son dernier soupir; mais sa mort ralentit la poursuite, et donna à la flotte ottomane le temps de se réfugier dans le port de Stalimène.

On sortait de ce combat, lorsque Pisani arriva avec l'escadre des galères, pour prendre le commandement dans l'Archipel. Les succès avaient fait grossir les forces de la coalition : deux galères de Toscane, quatre du pape, cinq de Malte, deux vaisseaux de l'ordre, sept du roi de Portugal, et autant d'espagnols, étaient venus se joindre à l'armée de la république.

Les deux amiraux cherchaient le combat avec une égale ardeur. Ils se rencontrèrent le 19 juillet, près de Cérigo; l'engagement dura huit heures. On dit que les Turcs furent plus maltraités que les Vénitiens; mais ce qu'il y a de certain, c'est que les uns et les autres rentrèrent dans leurs ports. On peut remarquer que, depuis que l'usage des vaisseaux de ligne avait été substitué à celui des galères, les flottes vénitiennes ne remportaient plus aussi fréquemment des avantages décisifs.

Revenu dans la mer Ionienne, Pisani se concerta avec Schullembourg, et ils résolurent d'attaquer la place de Prévésa.

Six mille hommes furent débarqués, au mois d'octobre, sur cette côte, que le gouvernement turc n'avait pu munir de beaucoup de troupes, à cause des progrès que le prince Eugène faisait dans la Transylvanie. Le pacha qui commandait à Prévésa fit d'abord quelques efforts, pour empêcher les Vénitiens d'asseoir leur camp devant sa place; mais dès qu'il vit jouer leurs batteries, il offrit de se retirer, pourvu qu'on lui accordât les honneurs de la guerre. Schullembourg exigea, non-seulement qu'il se rendît à discrétion, mais qu'il envoyât au commandant de Wonizza, qui lui était subordonné, l'ordre de remettre cette place aux Vénitiens. Le pacha, pour toute réponse, sortit à la tête de sa garnison, se fit jour au travers des assiégeants, et gagna la forteresse de Larta. Au lieu de l'y poursuivre, Schullembourg se dirigea vers Wonizza, qu'il enleva après une faible résistance.

Pendant que cette petite armée de la république conquérait Prévésa et Wonizza, les troupes vénitiennes reculaient les frontières de la Dalmatie, et assuraient leurs conquêtes par la prise du château d'Imoschi. Les circonstances où la république se trouvait alors étaient absolument les mêmes que celles où elle s'était vue trente ans auparavant, lorsque, profitant de l'occupation que les Autrichiens donnaient aux Turcs, elle s'était emparée si facilement de la Morée. Ses espérances de recouvrer cette province paraissaient mieux fondées que jamais. Les nouveaux succès du prince Eugène, qui venait d'emporter Belgrade, donnaient la certitude que les Turcs ne trouveraient point de forces disponibles, pour défendre cette presqu'île.

Mais ce qu'on avait vu à la fin de la précédente guerre allait se renouveler. L'empereur était pressé de profiter des victoires de ses armées, pour conclure sa paix avec les Turcs, afin de s'opposer aux Espagnols, qui venaient d'envahir la Sardaigne à l'improviste, et qui opéraient un débarquement en Sicile. Les Vénitiens eurent beau le solliciter de continuer la guerre, en lui représentant que le plus important était de saisir une occasion favorable, pour abaisser la puissance ottomane, qu'il serait toujours temps de chasser les Espagnols de l'Italie. L'empereur ne voulut point céder à ces sollicitations, et le sénat comprit que la paix allait être conclue à ses dépens.

XVIII. Paix de Passarowitz. 21 juillet 1718. Perte de la Morée.

En effet, un congrès fut assemblé à Passarowitz, sous la médiation de l'Angleterre et de la Hollande. Comme la république ne demandait pas mieux que de rompre la négociation, elle continua les hostilités sur terre et sur mer. Son armée mit le siége devant la ville de Dulcigno en Albanie, tandis que sa flotte allait chercher, dans l'Archipel, celle du capitan-pacha; mais tout-à-coup la nouvelle de la paix signée vint apprendre aux Vénitiens que l'empereur gardait toutes ses conquêtes, et qu'il fallait qu'ils renonçassent à la Morée, en faveur de la Porte, qui leur abandonnait, en dédommagement, l'île de Cérigo et quelques points fortifiés sur les côtes de la Dalmatie et de l'Albanie. A ces concessions, la Porte voulait bien en ajouter une autre assez favorable aux Vénitiens, c'était de réduire à trois pour cent les droits de douane qui avaient été perçus jusques-là, sur le pied de cinq pour cent.

Ce n'était pas conclure la paix, c'était la recevoir telle qu'un puissant allié l'avait dictée. Pour rendre les Vénitiens moins difficiles sur les conditions du traité, les plénipotentiaires turcs feignirent, dans le commencement du congrès, de n'être pas autorisés à négocier avec le plénipotentiaire de la république (1). C'était ce qui pouvait lui arriver de pis, de se trouver en guerre

---

(1) *Principi di storia civile veneta* di Vettor Sandi, vol. 3, liv. 4, cap. 5. *Storia della repubblica di Venezia* di Giacomo Diedo, tom. IV, liv. 5.

avec l'empire ottoman, après la défection de l'Autriche. Le sénat demandait la Suda, Spinalonga, Tine et Cérigo, à titre d'anciennes possessions, et la restitution de la Morée. Quand on vit qu'il n'y avait pas moyen de se flatter de recouvrer cette presqu'île, on se réduisit à demander en indemnité Scutari, Dulcigno et Antivari, sur la côte d'Albanie, en conservant Prévésa, Wonizza et Butrinto (1). Toutes ces propositions furent rejetées, il fallut se contenter du rocher de Cérigo. Ensuite on traça la ligne de démarcation, en dedans de laquelle les bâtiments de commerce de la république devaient être garantis, par la protection de la Porte, de l'insulte des corsaires barbaresques (2). Cette ligne, partant de Sainte-Maure et de Zante, passait à trente lieues au large de Sapienza, de Modone, et comprenait tout l'Archipel, l'île de Candie, Rhodes, Chypre, Berythe, Tripoli de Syrie, et Alexandrie d'Égypte où elle finissait (3).

Quant aux possessions de la république sur

---

(1) *Ibid.* SANDI et DIEDO ut suprà.

(2) L'art. 23 de ce traité était assez humiliant. Il portait que si les Vénitiens s'emparaient de quelques corsaires, ils ne pourraient les faire mourir, et seraient obligés de les remettre à la Porte, qui se chargeait de leur punition.

(3) Sandi et Diedo ut Suprà.

la côte d'Albanie, elles se réduisirent aux places de Butrinto, Parga et Prévésa, c'est-à-dire à une lisière d'une vingtaine de lieues de longueur, sur deux lieues de largeur. Cependant il faut remarquer que cette position était d'une grande importance, parce que ce littoral forme la côte orientale du canal qui sépare l'île de Corfou du continent. Le canal n'aurait pas été tenable, pour les vaisseaux stationnés à Corfou, si la côte opposée eût été ennemie; tandis qu'au contraire l'occupation de cette côte leur garantissait la sûreté de ce bassin, attendu qu'à ses deux extrémités les feux de l'île et ceux du continent peuvent se croiser. Les trois villes de Butrinto, Parga et Prévésa ont chacune un très-bon port; les deux premières étaient fortifiées; les Turcs, par le traité de Carlowitz, avaient obligé les Vénitiens à démanteler la troisième.

Cette paix de Passarowitz, fut signée le 21 juillet 1718 (1).

En même temps l'empereur décidait du sort de l'Italie, par un traité particulier avec la France et l'Angleterre. On y arrêtait que l'Autriche au-

---

(1) *Codex Italiæ diplomaticus* Lunig. tom. XI, pars 2; sect. 6, XLIX.

rait la Sicile, et qu'on indemniserait le duc de Savoie, en lui abandonnant la Sardaigne. Ce traité fut encore une humiliation pour la république, qui n'y était point intervenue, et pour l'Italie une nouvelle source de calamités.

Dans ses deux dernières guerres avec les Turcs, Venise avait eu l'empereur pour auxiliaire ; cette alliance de dix-huit ans l'accoutuma à l'idée qu'elle avait des intérêts communs avec la maison d'Autriche et lui fit oublier les raisons qui pouvaient la déterminer à chercher du côté de la France une protection moins dangereuse; les Vénitiens ne pardonnaient pas à la France, d'avoir envahi le commerce du Levant pendant la guerre de Candie, d'avoir forcé, par son ambition, par ses victoires, l'empereur à faire brusquement la paix avec les Turcs, et par là, de les avoir forcés eux-mêmes à céder la Morée, en les réduisant à continuer la guerre avec leurs seules forces contre l'empire ottoman.

La paix de Passarowitz était à peine conclue, qu'un accident terrible vint bouleverser cette forterese de Corfou, si heureusement sauvée des mains des Turcs, et faire périr les braves qui avaient survécu à sa défense.

Le 28 octobre, le tonnerre fit sauter trois magasins à poudre. Beaucoup de maisons détruites, une partie des fortifications renversées, quatre galéasses et une galère coulées au fond de la mer, plusieurs vaisseaux fracassés dans le port, deux mille personnes écrasées, un plus grand nombre de blessés, le capitaine-général Pisani, et plusieurs de ses principaux officiers ensevelis sous les ruines, après avoir échappé si long-temps à tous les dangers de la guerre ; telles furent les principales circonstances de ce désastre, qui donna lieu au maréchal de Schullembourg de tracer un nouveau plan pour les fortifications de Corfou, d'après lequel elles furent réparées comme on les voit aujourd'hui. Ce fut à l'occasion de ces travaux, que les habitants de l'île furent assujettis à payer un dixième du vin et de l'huile qu'ils recueillaient (1).

---

(1) *Storia della repubblica di Venezia* di Giacomo Diedo, tom. 6, lib. 5.

# LIVRE XXXV.

Guerre pour la succession de Parme et de Toscane. — Neutralité des Vénitiens dans cette guerre et dans la suivante, pour la succession de l'empereur Charles VI. — Division du patriarcat d'Aquilée, 1719-1750. — Guerres de l'Europe pendant la seconde moitié du XVIII<sup>e</sup> siècle. — Guerres de la république avec les puissances barbaresques. — Sa situation à la fin du siècle, 1751-1789.

La paix de Passarowitz fixa les destinées de Venise. Cette république, qui n'a fait depuis ni perte, ni acquisition, ni échange, consistait alors dans les états ci-après : le Dogat, c'est-à-dire les îles et le bord des lagunes; sur le continent de l'Italie, les provinces de Bergame, de Brescia, Crème, Vérone, Vicence, la Polésine de Rovigo, et la Marche de Trévise, qui comprenait Feltre, Bellune et Cadore ; au nord du golfe, le Frioul et l'Istrie ; à l'est du golfe, la Dalma-

I. État des possessions de la république après la paix de Passarowitz. 1719.

tie vénitienne avec les îles qui en dépendent; une partie de l'Albanie, c'est-à-dire le territoire de Cattaro, Butrinto, Parga, Prévésa, Wonizza; enfin, dans la mer Ionienne, les îles de Corfou, Paxo, qui en est une dépendance, Sainte-Maure, Céphalonie, Thiaqui (Ithaque), Zante, Asso; les strophades et Cérigo. D'après les renseignemens recueillis en 1722, la population de tout ce territoire s'élevait à deux millions cinq cent mille ames, les revenus publics à six millions de ducats (valant à-peu-près 4 f. 19 c.), et la dette à vingt-huit millions des mêmes ducats; ce qui fait en valeur monétaire de France, un revenu de vingt-cinq millions, et une dette de cent dix-sept millions. Les effets publics se vendaient à soixante pour cent de leur valeur nominale (1); on prétend que les étrangers en possédaient pour quarante millions.

II.
Politique passive des Vénitiens.

Ici finit l'histoire de Venise, ou du moins ici se terminent ses rapports actifs avec le reste du monde. Réduite à une existence passive, elle n'a plus ni guerres à soutenir, ni paix à conclure, ni volonté à exprimer. Spectatrice des évènemens, pour éviter d'être obligée d'y prendre quelque part, elle affecte de n'y prendre aucun

---

(1) Lettre de M. de Fremont, secrétaire d'ambassade, du 17 juin 1719.

intérêt. Les autres nations, la voyant déterminée dans ce système d'impassibilité, négligent de l'interroger sur ce qui se passe à ses portes. Aussi n'aurai-je à parler des principaux évènements qui survinrent en Europe, et même de ceux qui changèrent la face de l'Italie, que pour dire que Venise eut soin d'y demeurer constamment étrangère. Isolée au milieu des nations, imperturbable dans son indifférence, aveugle sur ses intérêts, insensible aux injures, elle sacrifiait tout à l'unique desir de ne point donner d'ombrage aux autres états, et de conserver une paix éternelle.

Mais il n'y a que les vertus naturelles qui inspirent du respect. On tient peu de compte de celles qui nous sont commandées par notre situation, et encore moins de celles que nous ne devons qu'à notre défaut d'énergie. Ce fut d'après cette règle qu'on apprécia le désintéressement, la prudence et la modération des Vénitiens, et quand on en vint à observer qu'un gouvernement si patient était composé des hommes les plus vains, on ne put plus faire honneur à sa sagesse de ses dispositions si opiniâtrément pacifiques.

Montesquieu a remarqué que Venise était une des républiques où l'on avait le mieux corrigé les inconvénients de l'aristocratie héréditaire; il reconnaît que le grand nombre des nobles tend à rendre le gouvernement moins violent ; mais il ajoute « que comme il y aura peu de vertu, on tombera dans un esprit de nonchalance, de paresse, d'abandon, qui fera que l'état n'aura plus de force ni de ressort (1). »

Cependant, pour être juste, il ne faut pas oublier, quand on parle d'un gouvernement, qu'on juge plusieurs générations à-la-fois. Les fautes d'aujourd'hui ne sont souvent que la conséquence inévitable des fautes passées, et quelquefois les disgraces qui marquent une époque fatale, ne sont dues qu'à l'éclat de l'époque qui a précédé. C'est une chose constante, et qui n'aura point échappé au lecteur attentif, que la tendance du gouvernement de Venise fut souvent en opposition avec la direction qui lui paraissait assignée par la nature.

III. Mauvais système du gouvernement relativement ses sujets.

Un peuple réfugié dans de petites îles incultes ne devait ambitionner que la puissance du commerce ; il voulut être conquérant. Pour conquérir, il faut une force résultant d'une certaine masse de population : il ne l'avait pas ; mais il se servit de ses anciens sujets pour en soumettre d'autres. Avait-il donc ce secret d'amalgamer les

_____

(1) *Esprit des lois*, liv. 8, ch. 5.

peuples conquis, de manière à les habituer à confondre leurs affections et leurs intérêts avec ceux de la métropole? Point du tout; Venise était, par sa constitution, un des états où cette fusion devait s'opérer le moins facilement. Une aristocratie renfermée dans une ville, dans quelques familles, ne pouvait offrir à de nouveaux sujets ni les avantages qu'on trouve sous la domination d'un prince, ni encore moins cette espèce d'adoption que pratiquaient d'anciennes républiques, en admettant les étrangers au droit de cité. Que l'on suppose un moment Venise gouvernée par un monarque : les sujets italiens, les Dalmates, les Grecs, se seraient trouvés égaux devant le prince. Tous auraient pu participer aux emplois; et, à l'exception du trône, il n'y avait point de poste auquel l'ambition n'eût pu aspirer : sujets d'une république constituée comme celle de Rome, les habitants de ces diverses contrées auraient pu être déclarés citoyens; et, dans l'une et l'autre de ces suppositions, on conçoit qu'un sentiment d'attachement pouvait lier entre elles les diverses parties du même état. Il n'en pouvait être ainsi dans un gouvernement, qui, par sa nature, se réservait non-seulement toute l'autorité, mais toutes les fonctions lucratives. Il n'avait à offrir à ses peuples, pour prix d'une obéissance passive, qu'une administration assez sage, mais qui ne laissait entrevoir aucun dédommagement à l'amour-propre. Sa position lui faisait une nécessité de laisser subsister toutes les différences originairement existantes entre ses provinces. Les Grecs, les Italiens, les Dalmates ne formaient pas une nation; ils n'avaient qu'un lien commun; c'était d'être sujets de quatre ou cinq cents familles établies à Venise. La police intérieure avait à entretenir les jalousies de ces peuples si divers. Les Vénitiens étaient des artisans, les habitants de la terre-ferme des cultivateurs, les Esclavons des soldats, les Grecs des matelots. Leurs habitudes, leur langage, leur destination, leurs intérêts les rendaient étrangers les uns aux autres. Aussi les troupes dalmates ou albanaises maintenaient-elles les provinces de la terre-ferme dans l'obéissance, tandis que les soldats italiens formaient une garde autour des provéditeurs préposés au gouvernement des colonies d'outre-mer.

Si on se demande maintenant à quoi cet état dut l'avantage de parvenir à un si haut degré de puissance et même de prospérité, on trouvera la solution de ce problème dans une circonstance qui l'honore. Venise eut le bonheur d'avoir un gouvernement régulier, stable, long-temps avant les pays qui l'environnaient. Ce gouvernement fut ambitieux, ombrageux, mais sage d'ailleurs et constamment économe. Voilà pourquoi il parvint à une puissance qui le mit, pendant long-temps, sur la ligne des états du premier ordre : tant que ses prospérités durèrent, il eut de quoi consoler ses sujets du joug qu'il leur faisait porter.

Les provinces d'Italie, en comparant leur sort à celui de leurs voisins déchirés par des factions, ou en proie à de petits tyrans qui se succédaient, devaient se féliciter d'être protégées par le pavillon de Saint-Marc, contre les étrangers et contre les discordes civiles, et de n'avoir à acheter cette protection que par des tributs modérés.

Un commerce exclusif enrichissait les colonies et toutes les villes maritimes.

Les succès de la guerre offraient une perspective à l'ambition de la partie remuante de cette population.

Enfin, dans la capitale, un site unique, une manière d'être toute particulière, une tranquillité inaltérable, maintenue par une police vigilante et tolérante jusqu'à l'excès sur tout ce qu'elle ne jugeait pas dangereux pour elle; une liberté de mœurs, qui aurait fait croire à la liberté politique; l'affluence des étrangers tributaires d'un commerce, qui appelait les richesses des trois parties du monde connu ; ce mouvement d'une multitude d'ateliers ouverts à l'industrie et à l'indigence, pour satisfaire aux besoins du pauvre et défier tous les caprices du riche; l'appareil de l'opulence, le luxe des arts, les trophées de la victoire, une administration riche à-la-fois et économe, qui joignait à une gravité imposante des vues libérales d'édilité; les pompes triomphales, les fêtes, telles que Venise seule savait en donner, tout ce spectacle de grandeur, de richesse, de joie, animait une population active et ingénieuse, et lui inspirait un trop juste orgueil, pour qu'elle ne dût pas se croire contente de sa destinée.

Tels furent les effets d'une bonne administration, qui compensait les vices qu'il pouvait y avoir dans le gouvernement. Tant que les prospérités multiplièrent les jouissances, les sujets de Venise n'eurent à envier à d'autres peuples que la liberté; or la liberté, dont quelques villes d'Italie pouvaient seules se vanter d'avoir joui momentanément, avait été achetée par des torrents de sang et perdue par des discordes. Elle n'avait plus d'asyle que dans les vallées des Alpes; mais les Vénitiens n'auraient pas voulu l'acheter par la pauvreté, ce qui prouve qu'ils n'en étaient pas dignes.

Si l'ambition des conquêtes égara plus d'une

fois le gouvernement, l'amour des richesses corrompit l'esprit public.

Des causes indépendantes de la prudence humaine firent déchoir Venise du haut rang où elle s'était placée. Un nouveau monde découvert, une route nouvelle frayée pour aller aux Indes, les progrès de l'art des constructions navales firent perdre aux Vénitiens leur supériorité dans la marine et dans le commerce. Un peuple vint de l'Asie, qui occupa toutes les côtes orientales de la Méditerranée. L'Autriche devint une puissance immense, et dès-lors Venise se trouva dans des rapports tout différents avec les autres nations. De ces évènements, elle ne pouvait en empêcher aucun, et il y en a qu'il lui était même impossible de prévoir; mais elle pouvait se dispenser d'appeler les Français en Italie, et elle devait prévoir que c'était y appeler en même temps les puissances rivales de celle-ci, que l'une ou l'autre finirait par rester maîtresse de ce champ de bataille, et par donner des lois à la péninsule.

IV. Inconvénients de son système de politique.

Après avoir fait cette faute, elle pouvait encore adopter un système de politique plus courageux, c'est-à-dire tendre à réunir en faisceau toutes les forces de l'Italie, et à se mettre à la tête de cette fédération : c'est ce qu'elle ne fit pas.

Enfin elle pouvait, dans le choc de la maison de Bourbon et de la maison d'Autriche, faire rechercher son alliance, faute de pouvoir faire respecter sa neutralité, et, en se déterminant, comme elle le fit, à rester spectatrice de leurs combats, elle devait au moins profiter de cet intervalle de paix, qu'elle achetait aux dépens de sa considération, pour réparer ses forces, organiser ses armées, d'après le système militaire de l'Europe moderne, accroître son trésor et se mettre en droit de se faire écouter dans ces congrès, où l'on admettait à peine ses plénipotentiaires.

Je mets sans doute au nombre des beaux exemples donnés par ce gouvernement son attachement à la paix; mais il laissa trop voir qu'il avait moins d'amour pour la paix que pour les richesses, et que son horreur pour la guerre n'était que la crainte de sortir d'une aveugle indolence, et de troubler l'opulente mollesse de ses nobles et de ses citadins. En adoptant ce système, Venise devait pourvoir à sa sûreté. Au lieu de prendre ces précautions, qui auraient exigé des sacrifices, de l'énergie, de l'esprit national, elle se résigna à n'être plus qu'une puissance du second ordre, spectatrice de la lutte des grands états, et qui pouvait à chaque instant en devenir la victime. Elle se confia de sa sûreté à leur jalousie, et n'eut plus pour sauve-garde que de vaines maximes de droit public.

Après avoir abdiqué cette partie de ses fonctions qui lui imposaient des devoirs au-dehors, le gouvernement se renferma dans les soins de son organisation intérieure, multiplia les précautions, pour prévenir les troubles domestiques, et pour paraître, aux yeux de l'étranger, grave et non pas inerte, circonspect et non pas timide.

Au-dehors l'activité de sa diplomatie, au-dedans la vigilance de sa police, le servirent assez bien, pour qu'il conservât long-temps sa réputation de haute sagesse et l'apparence d'une autorité inébranlable. Cette profonde illusion qu'il entretenait chez les autres, il la partagea lui-même. S'il ne se crut pas toujours sûr du respect des étrangers ou de son crédit, du moins il ne douta pas de la docilité de ses sujets; et il finit par croire que sa diplomatie et sa police étaient des moyens de puissance.

Il est évident que ces prestiges devaient se dissiper au moins chez l'étranger, à mesure que les circonstances mettaient la longanimité des Vénitiens à de nouvelles épreuves, à mesure que les autres peuples acquéraient cette stabilité de gouvernement dont Venise avait joui avant eux, à mesure qu'ils faisaient des progrès vers la richesse, vers la puissance, vers le perfectionnement de l'organisation sociale.

La république révélait l'indigence de son trésor, en laissant s'arriérer de cinq, six, sept ans le paiement des intérêts de sa dette, déja réduits à deux pour cent (1).

Le gouvernement de Venise ne devait plus avoir ni puissance au-dehors, ni sûreté au-de-

---

(1) « L'état est si décrédité qu'il n'y a personne au monde qui veuille risquer de lui prêter la moindre somme. En effet il est dû cinq, six et sept années d'arrérages aux rentiers, dont les rentes ont été réduites à deux pour cent, et par ces raisons les actions perdent 60 pour cent. »

(Correspondance de M. de Frémont, chargé d'affaires à Venise, lettre du 17 juin 1719. *Archives des affaires étrangères.*)

Le même observateur écrivait cinq ans auparavant, le 29 septembre 1714. « Comme ils se trouvent sans argent, sans crédit, sans amis, leur conduite leur ayant fait perdre l'amitié de la plus grande partie des puissances de l'Europe, qu'ils n'ont qu'un très-petit nombre de troupes, et qu'ils ne peuvent espérer de grandes ressources de leurs sujets, qui la plupart sont réduits en un état malheureux, ils doivent être fort embarrassés dans la conjoncture présente. Je sais même qu'un des principaux sages-grands a dit à une personne de ses amis, que la guerre dont ils étaient menacés de la part des Turcs, les mettrait dans la dernière extrémité. »

dans, du moment que ses peuples, en comparant leur sort à celui des autres, pourraient croire qu'ils avaient quelque chose à leur envier. C'est la leçon qu'on peut tirer de cette triste et dernière époque de l'histoire de Venise.

Tous les traités de paix avec la Porte étaient suivis de longues discussions. Il y avait à régler de nouvelles limites ; les commissaires turcs déconcertaient la gravité vénitienne, par leurs minutieuses et interminables difficultés, et comme ils y mêlaient toujours des menaces, on pouvait craindre à chaque instant de voir recommencer la guerre. Les intérêts de la république dans la démarcation des frontières, après la paix de Passarowitz, furent confiés à Sébastien Moncenigo, qui s'était distingué par d'utiles services dans la guerre précédente. Il eut pendant deux ans à débattre les prétentions des commissaires ottomans, et fut récompensé de son succès dans cette mission, par son élévation au dogat, à la mort de Jean Cornaro, qui arriva en 1722.

V. Discussions passagères avec les Turcs.

Sébastien Moncenigo, doge. 1722.

Quoique la paix fût rétablie, on voyait la Porte faire des armements considérables, et l'on avait sujet de s'alarmer, en considérant qu'elle avait assigné la Morée pour le rendez-vous de toutes les flottes de l'empire. Les protestations du divan ne suffisaient pas pour rassurer la république, et il est en effet fort douteux qu'elle eût pu s'y fier, si la révolution de la Perse, et la part qu'y prenait le czar Pierre I<sup>er</sup>, n'eussent attiré de ce côté les forces de l'empire ottoman.

Un accident imprévu faillit à rallumer le feu de la guerre, et coûta à la république une douloureuse humiliation. Il se trouvait à Venise un bâtiment de Dulcigno, sous pavillon ottoman. Une rixe s'éleva entre des Esclavons et quelques hommes de l'équipage ; plusieurs Dulcignottes furent tués, et on mit le feu à leur vaisseau. La Porte prit cette affaire avec beaucoup de hauteur, jusqu'à demander une place forte en indemnité. Les Vénitiens disaient que les Dulcignottes étaient des pirates, mais cette raison ne valait rien ; il était évident qu'un navire étranger reçu dans le port, devait y être sous la protection du gouvernement du pays. Après une longue négociation, dans laquelle les ministres turcs prodiguèrent les menaces, la république se soumit à relâcher deux cents esclaves turcs, et à payer une indemnité de douze mille piastres (1).

---

(1) Basterà accennare che l'asprezza spinosa dell' inviluppo, fece discendere la repubblica al rilascio di due cento schiavi, ed allo sborso di dodici mila piastre, a peso degli

Les craintes toujours renaissantes qu'inspiraient les armements de la Porte, déterminèrent le gouvernement de Venise à faire fortifier les îles de la mer Ionienne, c'est-à-dire Cérigo, Zante, Céphalonie, Sainte-Maure et Corfou, et à garder à sa solde le maréchal de Schullembourg, dont le nom imposait aux Turcs : ce fut lui qui traça les nouveaux ouvrages autour de de ces places. La dépense en était considérable. On y pourvut en partie par un emprunt de trois cent mille ducats, et par un décret qui permit aux Juifs étrangers ou sujets de s'établir à Venise, en payant une taxe. Cette fois, la république dérogea à ses anciennes maximes, en permettant aux étrangers de placer leurs capitaux dans ses emprunts.

En 1724, le roi d'Espagne, Philippe V, irrité contre la France, à cause du renvoi de l'infante, dont le mariage avec Louis XV avait été arrêté, chercha à se rapprocher de l'empereur Charles VI. Ils se reconnurent réciproquement dans

VI. Ligue entre l'empereur Charles VI et le roi d'Espagne Philippe V. 1724.

---

autori privati del fatto seguito, somma di gran lunga minore dell' altissime pretese de' Turchi.

*Principi di storia civile della repubblica di Venezia* di Vettor SANDI. lib. 4, cap. 7.

*Storia della repubblica di Venezia*; di Giacomo DIEDO, tom. IV, lib. 6.

leurs qualités d'empereur d'Allemagne et de roi d'Espagne, et s'accordèrent sur les affaires d'Italie. Les couronnes de Toscane et de Parme, qui allaient se trouver vacantes, par la mort prochaine du grand duc Jean-Gaston de Médicis, et d'Antoine Farnèse, qui ne laissaient point d'héritiers mâles, furent assurées à don Carlos, fils du second lit du roi Philippe V.

Cet arrangement établissait en Italie deux maisons puissantes, qui ne pouvaient manquer d'y devenir rivales. La maison d'Autriche possédait Naples et Milan, celle d'Espagne allait occuper Parme et la Toscane; mais, dans ce moment, elles étaient d'intelligence, et cette intelligence, fortifiée par un traité d'alliance avec la Russie, parut assez dangereuse aux autres états de l'Europe, pour donner naissance à une ligue entre la France, l'Angleterre, la Prusse et la Hollande.

L'empereur forme un établissement maritime à Trieste.

Ces deux ligues rivales devaient embraser l'Europe. Venise, quoique sollicitée par l'un et l'autre parti, refusa constamment de se déclarer. Elle éprouva immédiatement après l'inconvénient de ne s'être mise ni dans un état d'hostilité, ni dans des relations d'amitié avec l'Autriche. L'empereur, que ses victoires sur l'empire ottoman avaient mis en droit d'exiger l'admission de ses vaisseaux dans toutes les échelles du Levant, voulut former un établissement de marine à Trieste : cet établissement lui était nécessaire d'ailleurs, pour lier une communication entre ses états de Naples ou de Sicile et ses provinces autrichiennes. Les Vénitiens, en augmentant continuellement le tarif de leurs douanes, en soumettant les étrangers à une législation fiscale, vexatoire, et même capricieuse, avaient déterminé l'empereur à affranchir ses sujets de leurs exactions. Plus ils conçurent d'inquiétude et de jalousie, en apprenant qu'on travaillait au port de Trieste, plus ils eurent à se reprocher d'avoir rendu ce port indispensable à leurs voisins. Ils entendaient dire qu'on entourait Trieste de nouvelles fortifications, qu'on y disposait un arsenal, et que bientôt on en verrait sortir des bâtiments de guerre. Dans l'espérance de ralentir ces travaux, ils prohibèrent l'extraction des bois et des pierres de l'Istrie (1). Ils représentèrent, mais d'une voix timide, que, depuis plusieurs siècles, ils étaient en possession de la souveraineté du golfe, et que le droit résultant de cette souveraineté était d'y naviguer seuls sur des bâtiments armés. La cour de Vienne, sans entrer dans la discussion de ces prétentions, allégua le droit de souveraineté non moins incontestable qu'elle

---

(1) En 1755.

avait sur le port de Trieste, et en fit dériver, par une conséquence non moins juste, celui de faire dans ce port tout ce qu'elle jugerait convenable au bien de ses sujets. Pour marquer encore mieux l'intérêt qu'il mettait à ces travaux, et l'invariable résolution de les poursuivre, l'empereur fit un voyage à Trieste, afin que les ouvrages fussent tracés et continués sous ses yeux ; et le sénat de Venise, sachant ce prince dans son voisinage, ne crut pas pouvoir se dispenser de l'envoyer complimenter par deux ambassadeurs, qui furent témoins des progrès d'une entreprise si fatale aux antiques prétentions de la république (1).

VII.
Ouverture de la succession de Parme, 1731.

La mort d'Antoine Farnèse, duc de Parme, arrivée le 20 janvier 1731, donna ouverture aux prétentions de l'infant don Carlos sur cet héritage. L'empereur avait cherché à éluder sa promesse ; la veuve du duc Antoine se disait enceinte, et comme l'infant d'Espagne ne pouvait hériter de cette principauté qu'à défaut d'héritier direct, l'empereur lui refusa l'investiture, et fit occuper Parme par ses troupes. Mais l'Espagne s'était déja réconciliée avec la France, par un traité conclu à Séville. La France

---

(1) *Clef du cabinet des princes*, octobre 1728, pag. 292, et novembre, pag. 352.

voulait forcer l'empereur à laisser remonter sur le trône de Pologne Stanislas Leczinski, beau-père de Louis XV.

La grossesse de la douairière de Parme n'étant que simulée, les menaces de la France, de l'Angleterre et de la Hollande, obligèrent Charles VI à retirer ses troupes de ce duché; et don Carlos, à la tête de six mille Espagnols, vint prendre possession de son état. Ainsi il y eut sur le Pò deux armées appartenant à deux souverains qui venaient de rompre leur ancienne alliance; la guerre paraissait inévitable; car l'infant prenait, outre son nouveau titre de duc de Parme, la qualité de généralissime des armées espagnoles en Italie (1).

L'empereur rassemblait des troupes dans le Tyrol, et en faisait filer vers le Milanais; d'autres venaient du fond de l'Italie vers cette même province, traversant l'état de l'église. La France promettait d'aider l'Espagne à chasser les Allemands de la péninsule; et le duc de Savoie, Victor Amédée, venait de conclure deux traités également perfides, par lesquels il s'engageait avec l'un et l'autre parti.

---

(1) *Principi della storia civile di Venezia* di Vettor SANDI, lib. 4. cap. 6.

<small>Neutralité des Vénitiens.</small> Les ambassadeurs de France et d'Autriche pressaient la république de se déclarer; mais elle se tint en garde contre les protestations d'amitié et les offres séduisantes de l'une et de l'autre puissance. Elle notifia son invariable résolution de conserver une exacte neutralité, et exigea, sans y compter, la promesse que son territoire serait respecté par les puissances belligérantes. Le gouvernement appela une partie de ses troupes de la Dalmatie et des îles Ioniennes, leva les milices des provinces de terre-ferme, et établit un cordon militaire sur les confins des duchés de Mantoue et de Milan.

<small>Charles Ruzzini, doge. 1732.</small> Le doge Sébastien Moncenigo étant mort sur ces entrefaites, fut remplacé par Charles Ruzzini, l'un des hommes les plus considérables de la république, pour avoir signé les traités de Carlowitz et de Passarowitz.

<small>VIII. Guerre pour la succession de Parme. 1733.</small> Les hostilités entre l'Autriche et les cours de France, d'Espagne et de Turin, commencèrent en 1733.

C'est la seconde fois que, dans une situation pareille, nous voyons les deux gouvernements placés aux extrémités de l'Italie septentrionale, embrasser deux systèmes différents; les Vénitiens persister dans une neutralité difficile à garder, et encore plus à faire respecter; et le duc de Savoie, que désormais il faut appeler le roi de Sardaigne, se jeter au milieu des évènements, sauf à changer de parti avec la fortune.

La première opération des alliés fut l'occupation du Milanais. Les Français, sous les ordres du duc d'Harcourt, se portèrent jusqu'à Lodi et Crémone, tandis que le roi de Sardaigne, maître en un instant de Vigevano, de Pavie, voyait les magistrats de Milan venir au-devant de lui, pour lui présenter les clefs de cette capitale, pratiquait dans le château des intelligences qui lui en ouvraient les portes, et, par la prise de Pizzighitone, consommait la conquête de ce duché : cette conquête avait été l'affaire de deux mois.

Mantoue devint, comme elle l'a été depuis dans toutes les guerres, le point de refuge et de résistance de toutes les forces autrichiennes en Italie. Une armée française bloquait cette place plutôt qu'elle ne l'assiégeait. Depuis la Sesia jusqu'à l'Oglio, tout était conquis. Les impériaux, pour venger ou réparer ces pertes, livrèrent coup-sur-coup trois batailles, à Parme, à Quistello, à Guastalla, dont le résultat, quoiqu'ils eussent célébré la dernière comme une victoire, fut pour eux la perte de tout le Milanais.

Pendant ce temps-là, trente mille Espagnols leur enlevaient le royaume de Naples; le duc de

Montémar y acquérait le glorieux surnom de duc de Bitonto, par la victoire qu'il remportait près de cette ville. La noblesse sicilienne appelait don Carlos; et ce prince, après avoir été proclamé à Naples, faisait son entrée triomphale dans Palerme.

Le territoire de la république traversé par les armées étrangères.L'Autriche avait rassemblé de nouvelles troupes dans le Tyrol; une lettre du maréchal de Noailles (1) annonça au sénat que, pour les empêcher de pénétrer en Italie, les Français allaient s'avancer dans le territoire vénitien. En effet le corps de Maillebois vint à Castel-Nuovo, celui de Lautrec à Gossolongo, le maréchal de Noailles occupait le Véronais, les Espagnols étaient postés sur le bas Adige, les Piémontais à Salo et dans la province de Brescia.

L'armée autrichienne, pour éviter ces différents corps, prit sa route par les provinces plus voisines de la mer, c'est-à-dire par les pays de Bassano, de Vicence et de Padoue. Ainsi la république voyait toutes les armées sur son territoire, et se trouvait obligée, non-seulement de fournir à leurs besoins, mais de souffrir les insultes et les dégâts inséparables de cet état de choses. Elle se trouva sur le point de sortir de la

---

(1) *Storia della repubblica di Venezia* di Giacomo Diedo, lib. 10.

neutralité qu'elle s'était prescrite, et d'embrasser le parti victorieux (1); mais il était tard pour se déclarer.

Certainement sa politique n'avait pas à s'applaudir des changements qui venaient de s'opérer en Italie; la maison de Bourbon se trouvait en possession du Milanais, du Parmesan, de Naples, de la Sicile, et on ne pouvait plus lui disputer la Toscane. Heureusement pour Venise, de si grands succès donnèrent de l'ombrage à l'Angleterre et à la Hollande; elles voulurent intervenir, pour arrêter ces progrès par une pacification dont elles seraient les médiatrices. Le premier ministre de France, le cardinal de Fleury, eut l'adresse de saisir ce moment pour faire, sans aucune médiation, une paix séparée, qui entraînait nécessairement une paix générale. Il en résulta que les alliés de la France n'obtinrent pas tous les avantages qu'ils s'étaient promis; mais l'Europe fut pacifiée, et le sort de l'Italie se trouva fixé.

Les hostilités cessèrent à la fin de 1735, entre la France et l'Autriche.

On était convenu que l'empereur aurait les duchés de Parme et de Plaisance, qu'il rentrerait dans le duché de Milan, mais en cédant au roi de Sardaigne les provinces de Tortone et de

IX.
Paix de 1735.

---

(1) *Ibid.*

Novarre, avec quelques fiefs ; que la maison d'Espagne, au lieu de Parme et de la Toscane, garderait les royaumes de Naples et de Sicile. Il restait à disposer de la Toscane ; la France en fit le prix de la renonciation du roi Stanislas Leczinski au trône de Pologne : on convint de donner à ce prince les duchés de Lorraine et de Bar, que possédait le gendre de l'empereur Charles VI, François de Lorraine, et on assigna à celui-ci, en échange, le grand-duché de Toscane. La part de la France, dans ce traité, fut la reversibilité de la Lorraine après la mort du roi Stanislas.

Ces arrangement était aussi favorable qu'il était permis de l'espérer, pour maintenir dans l'Italie une espèce d'équilibre. La maison d'Autriche n'y conservait que Parme, le duché de Mantoue et le Milanais, amoindri de deux provinces ; les Espagnols restaient au fond de la péninsule ; une maison qui jusque alors n'avait rien possédé en Italie, celle de Lorraine, venait s'établir à Florence ; on ne prévoyait pas alors qu'elle se confondrait bientôt avec la maison d'Autriche. Enfin le roi de Sardaigne, agrandi, se trouvait plus en état de défendre les passages des Alpes.

On voit que, si l'on en juge par l'évènement, cette nouvelle expérience, comme celle de la guerre pour la succession d'Espagne, prouve que le cabinet de Turin avait pris un meilleur parti que le sénat de Venise.

Pendant cette guerre, la république n'eut qu'une misérable discussion de vanité avec le saint-siége : un criminel s'était refugié dans le palais de l'ambassadeur de Venise, les sbires l'y enlevèrent de force. L'ambassadeur, qui crut ses priviléges violés et sa dignité compromise, partit de Rome. Le gouvernement vénitien, qui ne se rappelait pas que, dans une circonstance pareille, il avait fait avancer du canon pour briser les portes du palais de l'ambassadeur de France, soutint les prétentions de son ministre avec hauteur, avec opiniâtreté; le nonce du pape fut invité à se retirer, et les relations entre Rome et Venise demeurèrent interrompues, jusqu'à ce que le pape Clément XII prit le parti le plus sage, qui fut de restreindre le droit d'asyle, et de faire inviter les ministres étrangers à ne pas protéger des criminels poursuivis par la justice.

Venise avait perdu son doge Charles Ruzzini au mois de janvier 1735, et lui avait donné pour successeur Louis Pisani.

L'empereur chercha à se dédommager des mauvais succès qu'il venait d'avoir en Italie, en se déclarant l'allié des Russes contre les Turcs. Il sollicita vivement, et à trois reprises différentes, les Vénitiens d'entrer dans cette coalition:

<small>Louis Pisani, doge. 1735.</small>

mais il n'y avait rien de si dangereux pour eux que d'entreprendre la guerre contre un ennemi si redoutable, avec un allié qui déja deux fois avait fait la paix à leurs dépens. Ils persistèrent dans leur système de neutralité, et ils eurent sujet de s'en applaudir, lorsqu'ils virent les armées autrichiennes plier devant les troupes ottomanes. Pendant cette guerre, ils n'eurent d'autre soin que de se défendre contre les corsaires barbaresques, et d'éviter, dans les mers du Levant, les rixes entre leurs sujets et les sujets de la Porte; parce que ces affaires étaient toujours suivies, de la part de cette cour, de quelques actes de hauteur, et ne pouvaient se terminer que par des réparations ou des indemnités.

X.
Établissement d'un port franc à Venise.
1736.

Du reste, cet état de guerre de l'empire ottoman était assez favorable au commerce vénitien. Mais l'empereur avait déclaré la franchise de son port de Trieste; le pape en avait fait autant pour Ancône; et, depuis que la république ne pouvait plus exercer son droit de souveraineté dans le golfe, de manière à interdire presque tout commerce à ces deux ports, l'avantage que leur franchise présentait aux spéculateurs diminuait considérablement l'affluence des marchandises et des étrangers à Venise, où la législation des douanes était très-rigoureuse.

Les négociants représentèrent qu'il fallait subir

la loi de l'exemple, sous peine de ne plus voir ce port fréquenté par les étrangers; déja, dans les temps antérieurs, ce système de la franchise du port avait été essayé. Dès 1658, on avait supprimé tous les droits d'entrée pour les marchandises qui arrivaient par mer, à l'exception des draps étrangers, qui restèrent prohibés; on avait maintenu d'abord les droits de sortie, mais ils furent encore supprimés quelque temps après. On avait espéré que les bénéfices des manufactures vénitiennes compenseraient le sacrifice que le fisc voulait bien s'imposer. Les effets de cette mesure ne répondirent point à ce qu'on s'en était promis; on fit, en 1682, la comparaison des marchandises sorties du port de Venise, depuis qu'il était franc, avec celles qui en sortaient précédemment, et on reconnut que les exportations avaient diminué, et que le trésor avait éprouvé un dommage considérable. Les droits furent rétablis, et la franchise supprimée en 1689; mais les droits d'entrée furent réduits de six pour cent à quatre.

En 1717, en 1730, on proposa de modérer les tarifs; on sentait qu'il était difficile de les laisser subsister, depuis que d'autres ports étaient en concurrence avec celui-ci. Le commerce renouvela ses sollicitations en 1733; il demandait que toutes les marchandises pussent sortir librement de Venise sans payer aucun droit, sans être assujetties à aucune formalité ; cette question fut long-temps agitée, et un décret du mois de juillet 1735, rejeta de nouveau cette proposition (1).

Enfin l'année suivante, les instances s'étant renouvelées, le sénat, après une longue délibération, céda à la nécessité et composa avec les circonstances, malgré l'opposition du sénateur Trono, qui parla pendant six heures contre le nouvel ordre de choses qu'on voulait établir. Il fut réglé que Venise serait un port franc, non pas dans toute l'étendue de ce mot, et avec une exemption absolue de toute charge et de toute surveillance, mais avec des modifications telles qu'on pouvait espérer d'attirer les étrangers, malgré la franchise des ports de Trieste et d'Ancône. Une magistrature fut instituée pour veiller aux intérêts du commerce ; et, ce qui est remarquable, c'est qu'à cette magistrature, composée de cinq patriciens, on adjoignit deux commerçants pris dans l'ordre de la citadinance. Ce conseil proposa au sénat de réduire les droits d'entrée à un pour cent, et les droits de sortie à demi

---

(1) *Principi di storia civile della repubblica di Venezia* di Vettor SANDI, liv. 7, cap. 1 et 4.

pour cent, mais seulement pour les marchandises du Levant qui arriveraient à Venise sur des bâtiments vénitiens, et pour les marchandises du ponant, arrivant sous pavillon étranger. Les marchandises venant du golfe ou du Levant sur des vaisseaux autres que les navires vénitiens, restèrent soumises aux tarifs existants (1).

Les soins que le pape Clément XII donnait aux intérêts commerciaux de ses sujets, alarmèrent de nouveau les Vénitiens, lorsque ce pontife établit une foire à Sinigaglia, dans le duché d'Urbin. La république défendit à ses sujets d'y aller trafiquer; le pape usa de représailles, en interdisant toute relation de commerce entre ses états et ceux de la république. Ces défenses, qui ne paraissaient ni d'une bonne politique, ni d'une administration éclairée, furent levées sous le pontificat de Benoît XIV; et, malgré la jalousie des Vénitiens, la foire de Sinigaglia devint la plus célèbre de l'Italie.

Ils passèrent ainsi cinq ou six ans, c'est-à-dire l'intervalle de 1734 à 1740, occupés à faire des efforts pour recouvrer ou conserver leur commerce, et à solliciter infructueusement, auprès

---

(1) *Storia della repubblica di Venezia* di Giacomo Diedo, lib. 12.

des cours de Vienne et de Versailles, la réparation des dommages qui leur avaient été occasionnés par la guerre, ou au moins le paiement des fournitures qu'ils avaient faites aux armées des puissances belligérantes.

*Discussions avec les Turcs. 1741.*

La Porte leur donnait fréquemment des alarmes par des armements considérables, dont il était difficile d'expliquer l'objet, et par les menaces qu'elle renouvelait, chaque fois qu'il survenait le moindre différend entre ses sujets et ceux de la république. On en vit un exemple déplorable en 1741 : le pacha qui commandait sur les frontières de la Dalmatie, prétendit avoir à se plaindre des Vénitiens ; les ministres de la Porte, sans vouloir admettre aucune des explications qu'on s'empressait d'offrir sur tous les faits allégués, parlèrent de faire entrer vingt-cinq mille Turcs dans la Dalmatie, à moins que la république ne réparât tout le dommage, que le pacha faisait monter à huit cent mille sequins. Il fallut négocier, non pour établir les faits, non pour discuter les droits de la république, mais sur l'énormité du dédommagement exigé ; et on se félicita d'avoir obtenu qu'il serait réduit à cent soixante mille sequins.

*Pierre Grimani, doge. 1741.*

Cette année fut celle de la mort du doge Louis Pisani, à qui Pierre Grimani succéda.

Une affaire bien autrement importante attirait alors l'attention du gouvernement vénitien. L'empereur Charles VI était mort à la fin de l'année 1740; sa fille Marie-Thérèse héritait de ses états, mais ils lui étaient disputés par le roi d'Espagne, par l'électeur de Bavière, par l'électeur de Saxe, roi de Pologne; le roi de Prusse et le roi de Sardaigne en réclamaient aussi quelques parties; la France prenait part à cette querelle, pour démembrer les possessions de la maison d'Autriche. Pendant que cette guerre se préparait, l'ambassadeur de la république à Vienne, Capello, pressait son gouvernement d'embrasser la cause de la nouvelle reine de Hongrie, dont il se vantait même dans ses lettres d'avoir touché le cœur; mais les efforts de son parti furent inutiles, le sénat persista dans son système de neutralité.

XI. Guerre pour la succession de l'empereur Charles VI. 1741.

L'embrasement fut général; on se battit en Silésie, en Bohême, en Bavière, en Italie. Je me borne à retracer rapidement ce qui, dans cette agitation de toute l'Europe, pouvait intéresser les Vénitiens de plus près.

Marie-Thérèse, occupée de se défendre en Allemagne, ne pouvait guères songer sérieusement à la conservation de ses états d'au-delà des monts; heureusement pour elle, la rivalité des prétentions vint ranimer ses espérances. Les rois d'Espagne et de Naples faisaient marcher une armée dans le Milanais; le roi de Sardaigne convoitait aussi ce duché, mais il craignait sur-tout que les Espagnols ne s'en emparassent; cette crainte le détermina à se jeter dans l'alliance de Marie-Thérèse, espérant moins de ses propres droits que de la reconnaissance de cette princesse.

La première opération des troupes autrichiennes fut la démolition des écluses construites par le gouvernement vénitien sur une petite rivière, qui, en sortant de l'état de Mantoue, se jette dans le territoire de la république. Les plaintes qu'on en fit porter à Vienne y furent reçues avec les ménagements qu'on avait droit d'attendre d'une cour qui avait un grand intérêt à ne pas s'attirer de nouveaux ennemis, et la négociation se termina par le prêt d'une somme assez considérable que la république fournit à la reine de Hongrie, dont les finances étaient alors fort au-dessous de ses pressants besoins.

Une armée d'observation de vingt-quatre mille hommes fut répartie sur la frontière occidentale de l'état vénitien, pour être spectatrice des coups que les Espagnols, alliés avec le duc de Modène, et les Allemands, secondés par le roi de Sardaigne, allaient se porter. Pendant les deux premières campagnes, les opérations ne furent point vives; le roi de Sardaigne agissait mollement, parce qu'il voulait obliger Marie-Thérèse à acheter sa coopération par des cessions importantes. En effet l'inaction dans laquelle il persistait détermina la reine de Hongrie à lui abandonner la province de Vigevano, la partie de la province de Pavie qui est entre le Pô et le Tésin, Plaisance, la partie de ce duché qui s'étend entre la Nura et le Pô, enfin tous les droits que la maison d'Autriche prétendait avoir sur le marquisat de Finale, dont les Génois étaient en possession.

Quand il eut reçu le prix de son alliance, ce prince se mit en devoir de défendre les passages des Alpes contre les armées françaises, qui se préparaient à pénétrer en Italie. Marie-Thérèse avait vu la Silésie conquise, Prague emportée d'assaut, et Vienne assiégée; elle était sur le point de perdre tous ses états d'Allemagne. Sa constance héroïque, le dévouement des Hongrois, les secours de l'Angleterre et de la Hollande, des traités qui interrompaient les hostilités de la Prusse et de la Saxe, ramenèrent la fortune sous ses drapeaux. Elle conquit à son tour la Bavière, chassa les Français de la Bohème, et les repoussa jusques sur le Rhin.

Ces succès lui permirent de disposer de quelques corps, pour les envoyer au secours de ses états d'Italie; le territoire vénitien fut traversé par des troupes indisciplinées, dont on ne put ni empêcher, ni réparer les désordres. Le golfe fut couvert de bâtiments de guerre autrichiens et anglais, qui insultaient les côtes de la Pouille et désolaient le commerce de Naples, mais qui, en même temps, portaient journellement des atteintes au droit de souveraineté que la république s'était arrogé sur cette mer.

1744. Les troupes autrichiennes repoussèrent les Espagnols jusqu'aux frontières de Naples; elles furent à leur tour obligées de se replier, et ne s'arrêtèrent que dans la Romagne. Pendant ce temps-là, c'était en 1744, quarante-deux bataillons français avaient forcé les passages des Alpes, et gagnaient, avec les Espagnols, une bataille sur les Piémontais devant Coni. Les Génois, afin de n'être pas obligés de céder Finale au roi de Sardaigne, se déclarèrent contre lui. Leur port, ouvert aux troupes de France et d'Espagne, fournit le moyen de porter sans difficulté des troupes sur le revers des Alpes.

1745. L'armée du maréchal de Maillebois descendit des Apennins, prit Tortone, Parme, Plaisance, força Alexandrie, Asti, Valence, Casal, conquit tout le Milanais, pénétra jusqu'à Lodi; et le 19 décembre 1745, l'infant don Philippe reçut le serment de fidélité de la ville de Milan. En Flandres, le maréchal de Saxe conquérait tout le pays depuis Louvain jusqu'à Anvers; et cette conquête, commencée par la bataille de Fontenoi, se terminait par la victoire de Raucoux.

La campagne suivante, les Français et les Espagnols éprouvèrent l'inconstance de la fortune ; les Autrichiens les repoussèrent jusqu'au pied des Alpes ; le roi de Sardaigne les battit à San-Lazaro ; Gênes, Savone, Finale, furent réduites à se rendre. Les Français avaient repassé le Var, et la place d'Antibes était assiégée. 1746.

Une insurrection du peuple de Gênes délivra cette ville des Allemands, et les obligea de rassembler leurs forces, pour en entreprendre le siége. Cette circonstance, le gain de la bataille de Lawfeld sur les frontières de la Hollande, et la prise de Berg-op-zoom, mirent la France en état de proposer des conditions de paix à la fin de la campagne de 1747. Le traité fut conclu le 30 avril 1748, à Aix-la-Chapelle. 1747.

On convint de se rendre mutuellement toutes les conquêtes faites en Allemagne et dans les Pays-Bas, à l'exception de la Silésie, qui avait été cédée à la Prusse par un traité antérieur. Marie-Thérèse, désormais l'impératrice-reine, puisque son mari, François de Lorraine, fut reconnu empereur d'Allemagne, ajouta au sacrifice de cette province celui des duchés de Parme et de Plaisance, qui furent cédés à l'infant don Philippe. Les Génois furent rétablis

XII. Traité d'Aix-la-Chapelle. 1748.

dans tous leurs droits. Quant au roi de Sardaigne, on ne lui laissa pas tout ce que la reine de Hongrie lui avait abandonné par leur traité d'alliance; il ne conserva que la province de Vigevano, le comté d'Anghiera, mais il étendit ses possessions au-delà du Tésin, en occupant une partie de la province de Pavie, jusqu'au Pô. Cette paix fixa pour un demi-siècle l'état de l'Italie.

On voit pour la troisième fois la politique de la maison de Savoie justifiée par le succès, et cette couronne s'accroître, tandis que la neutralité de Venise avait encore fait perdre à cette république de sa considération.

La cour de Vienne, qui sentait l'importance d'avoir une communication directe de ses possessions allemandes avec ses provinces d'Italie, desirait vivement acquérir une partie du territoire vénitien, qui séparait le Milanais du Tyrol et de l'évêché de Trente; elle offrait, en échange, quelques possessions en Istrie, qui n'étaient pas moins à la convenance de la république. Cet échange aurait eu, pour les Vénitiens, l'inappréciable avantage de les affranchir de l'incommodité d'un passage toujours désastreux, souvent humiliant, et qui, à chaque guerre, compromettait leur neutralité. Mais telle était alors la timidité du sénat de Venise, qu'il n'osa pas même entamer cette négociation, aimant mieux s'exposer à des inconvénients si souvent éprouvés, que de donner ouverture à de nouvelles discussions (1).

Il termina assez heureusement celles qu'il avait depuis long-temps avec le pape, pour les limites du pays de Ferrare.

XIII. Division du patriarcat d'Aquilée en deux archevêchés

Mais il y avait depuis plusieurs siècles un sujet de contestation entre la maison d'Autriche et la république, au sujet du patriarcat d'Aquilée. La juridiction de ce siége s'étendait sur les deux parties du Frioul possédées par les deux états. Il avait été réglé anciennement que le patriarche serait nommé alternativement par chacun des deux gouvernements; les Vénitiens avaient éludé l'exécution de cette convention.

---

(1) Tentò, nell' anno 1749, la imperatrice Maria Teresa d'intorbidarne la contentezza, ricercando i Veneziani che cedere le volessero una porzione dell' Istria per alcune terre in sui confini del Trentino e del Milanese: ( *On voit qu'ici l'historien italien a confondu le but de l'échange proposé* ) ma i Veneziani, riconoscendo che le repubbliche doveano opporsi ad ogni novità, e che i piccioli a tutto potere deggiono ne' grandi vicini impedire si fatti cangiamenti, mostrarono repugnanza si grande che l'Austriaca casa non altre insistette.

(*Della litteratura veneziana del secolo XVIII*, da Gian Antonio Moschini, tom. I.)

Le siége, lorsqu'elle avait été faite, se trouvait occupé par un Vénitien; ce patriarche s'était nommé un coadjuteur, qu'il avait eu soin de prendre dans le clergé de sa nation, sous l'approbation du sénat; ses successeurs avaient fait de même; de sorte que le patriarcat ne s'était jamais trouvé vacant, et que l'Autriche n'avait pu jouir de son droit.

L'impératrice-reine voulut faire cesser cet abus; ses réclamations inquiétèrent beaucoup le sénat de Venise; on proposa de prendre le pape pour arbitre dans cette affaire. Benoît XIV décida, que le territoire du patriarcat dépendant de deux souverains, le meilleur moyen de laisser à chacun la jouissance de ses droits, était de diviser la juridiction, de conserver le patriarche à Udine, capitale du Frioul vénitien, et de placer à Aquilée, qui était dans le Frioul autrichien, un vicaire apostolique.

Les Vénitiens, après avoir proposé un arbitrage et reçu une décision aussi raisonnable, se récrièrent comme si l'arbitre n'eût dû consulter que leurs intérêts. Cette décision ne leur ôtait rien, ils conservaient le siége et la faculté d'y nommer; mais le patriarche vénitien ne devait plus étendre sa juridiction spirituelle sur le Frioul autrichien. La perte de cette juridiction ne portait aucune atteinte à l'autorité de la république; et cependant, telle fut sa prévention ou son injustice, qu'elle déclara que le pape, dont les deux puissances contendantes avaient reclamé l'arbitrage, n'avait pas eu le droit de prononcer ainsi; qu'il ne pouvait pas changer la démarcation territoriale d'un siége épiscopal, sans le concours de la puissance civile; et, pour appuyer ces plaintes, qu'ils répandirent indiscrètement dans toutes les cours, comme si on eût pu s'y intéresser, ils rappelèrent leur ambassadeur de Rome, renvoyèrent de Venise le nonce pontifical, et armèrent deux vaisseaux de guerre, qui semblaient destinés à aller attaquer le port d'Ancône.

Benoît XIV fit tomber toutes ces menaces dans le néant, en déclarant qu'il avait accepté l'arbitrage de cette affaire à la prière des deux gouvernements, que c'était à eux de savoir s'ils voulaient s'en tenir à sa sentence, et que c'était à la cour de Vienne que les Vénitiens devaient s'adresser pour y obtenir des modifications.

Dès ce moment, il ne fut plus possible de soutenir cette contestation avec la même hauteur. La France employa ses bons offices pour concilier les deux partis. La cour de Vienne, profitant de la difficulté que les Vénitiens avaient faite de se soumettre à la sentence arbitrale, demanda que le patriarcat fût supprimé et qu'il y eût un archevêque dans la partie autrichienne du Frioul, comme dans la partie vénitienne; il fallut y consentir, et le patriarcat d'Aquilée forma les archevêchés d'Udine et de Gorice.

La république témoigna son ressentiment contre la cour de Rome, en remettant en vigueur quelques anciennes lois relatives à l'abus des dispenses et des indulgences. Le pape demanda vivement que ce décret fût rapporté. L'abbé de Bernis, qui voulait être cardinal, et l'abbé de Villesocalf, chargé après lui des affaires de France à Venise, et nouvellement pourvu d'un riche abbaye par la protection du saint-siége, n'épargnèrent pas leurs efforts pour obtenir cette révocation. Ils firent intervenir le nom de leur souverain; le décret fut d'abord suspendu, mais pour quatre mois seulement; et ce qu'on avait refusé au roi de France, fut accordé aux instances d'un nouveau pape, Clément XIII, qui était Vénitien. Ce dépit de la république contre Rome, ne se manifesta plus que par une guerre de douanes.

La contestation qu'on venait d'avoir avec l'Autriche, au sujet du patriarcat d'Aquilée, diminua un peu le crédit dont la cour de Vienne jouissait à Venise.

Nous avons eu occasion de rapporter que

depuis leurs dernières guerres, contre les Turcs, les Vénitiens paraissaient s'être rapprochés de l'Autriche, quoique cette puissance eût conclu deux traités importants, sans ménager les intérêts de la république, son alliée, et sans même la consulter. On a pu remarquer que, lorsque la guerre pour la succession de l'empereur Charles VI, fut sur le point d'éclater, la reine de Hongrie, Marie-Thérèse, avait un parti dans le sénat (1); on redoutait l'ambition autrichienne, et cependant, on affectait pour cette maison des égards qui étaient autant de symptômes d'une inimitié secrète contre la France. Les preuves de cette inimitié ne tardèrent pas à se multiplier.

En 1740, lorsque le conclave était assemblé depuis plusieurs mois, pour donner un successeur au pape Clément XII, la cour de Versailles fit demander au sénat que les cardinaux vénitiens votassent avec ceux de la faction de France. Cette proposition fut rejetée séchement, sous le prétexte que les cardinaux, nés sujets de la république, avaient la libre disposition de leurs voix.

---

(1) Le parti autrichien était composé principalement des familles Capello, Trono et Foscarini.

Tome V.

Vers la même époque, un nouveau tarif des douanes assujettit les sucres bruts venant de France à des droits que les autres nations ne payaient pas.

En 1742, la colonie des négociants vénitiens établis en Chypre, qui, depuis la décadence de la république, avait reconnu le consul de France pour protecteur, imagina de renoncer à cette protection pour passer sous celle du consul anglais. Le gouvernement français réclama; le sénat éluda de donner une réponse décisive, prétextant que cette affaire était de la compétence du baile, résidant à Constantinople et il se trouva que le ministre avait déjà envoyé au consul anglais la patente du consul vénitien.

En 1747, Venise décela encore, par le choix de ses amis, ses sentiments pour la France, en s'abandonnant sans mesure aux intérêts de l'Angleterre et en lui fournissant même des secours clandestins.

On voit que la politique de ce grave sénat n'était pas exempte de passions, et par conséquent, d'imprudence; aussi le traité de 1756, qui unit les maisons d'Autriche et de Bourbon, causa-t-il à ce gouvernement les plus vives alarmes.

La république n'en eut pas plutôt été informée, qu'elle se hâta de conclure une convention avec les Grisons pour avoir une route de communication avec la Souabe, sans passer par le territoire autrichien, afin de pouvoir appeler des secours de la haute-Allemagne.

L'année suivante, la cour de Vienne sollicita un emprunt à Venise; le gouvernement se garda bien de le fournir; il se contenta, ou plutôt feignit de le tolérer, bien sûr que les sujets ne courraient pas le risque de déplaire à l'inquisition d'état, en ouvrant leur bourse à une puissance étrangère.

En 1762, à la fin de la guerre, qui, pendant sept ans, avait ravagé l'Allemagne, Venise tenta de renouveler son alliance avec les Grisons pour en obtenir quelques troupes; mais la cour de Vienne fit échouer cette négociation, et la république piquée s'en prit aux Grisons, à qui elle retira les priviléges qu'elle leur avait précédemment accordés, leur refusant même les arrérages de quelques pensions qui leur étaient dues depuis un grand nombre d'années.

XIV. Neutralité de la république pendant les guerres de l'Europe.

Une des circonstances qui contribuèrent à sauver le reste des colonies vénitiennes, après la perte de Candie et de la Morée, ce fut la décadence de l'empire turc; elle suivit immédiatement ces deux importantes conquêtes. Le prince Eugène avait porté de si rudes coups à cet empire, les guerres contre la Perse et la Russie l'avaient tellement affaibli, qu'il n'osa plus se commettre, même avec une république, qui paraissait déterminée à ne plus accepter la guerre. Il ne cessait pas de convoiter la Dalmatie et l'Albanie, mais il n'osait hasarder de donner de l'ombrage à l'Autriche. Il est probable que Venise ne fut redevable de la conservation de ces deux provinces, qu'à la circonspection que la puissance autrichienne inspirait au ministère ottoman (1).

---

(1) Un secrétaire de la légation vénitienne à Constantinople, nommé P. Buzinello, a fait un mémoire sur la Turquie, dans lequel il examine quelle était l'opinion des Turcs sur la république. Selon lui, ils avaient pour elle, non-seulement de l'estime, mais de l'affection. Le premier de ces sentiments, était le résultat de l'épreuve qu'ils avaient faite de l'habileté du gouvernement, et du courage de la nation. La guerre de Candie les avait convaincus de la supériorité de la marine vénitienne. Ils avouaient que la leur n'avait pu se relever de ses nombreuses défaites. Ils admiraient la stabilité d'un gouvernement qui ne pouvait s'être maintenu pendant tant de siècles, que par une haute sagesse.

Il y a sûrement à rabattre de l'admiration qu'on prête à un peuple qui avait réussi dans toutes ses entreprises contre les Vénitiens, excepté le siège de Corfou. Famagouste et Candie avaient fait sans doute une défense mémorable; les campagnes de mer avaient été constamment glorieuses pour la république; mais, depuis François Morosini, elle

Du côté de l'Europe chrétienne, Venise était à la discrétion de l'Autriche ou du premier occupant de l'Italie. Elle n'avait de sauve-garde que dans le droit public, c'est-à-dire dans la jalousie des grandes puissances.

Cette jalousie était tellement invétérée, que quatre guerres terribles remplirent la seconde moitié du dix-huitième siècle.

La guerre de la France et de l'Angleterre, dont les limites du Canada furent l'occasion ou le prétexte, dura depuis 1756 jusqu'en 1759. L'Espagne et le Portugal y intervinrent; elle coûta aux Espagnols la Floride, aux Français presque tous leurs établissements dans l'Inde, le Canada, et cinquante vaisseaux de ligne. *Guerre du Canada. 1756-1759.*

L'incendie n'était pas éteint d'un côté qu'il se rallumait d'un autre; pendant que ces trois nations combattaient sur toutes les mers, l'Allemagne était ravagée. L'Autriche, la France, la Russie, les rois de Pologne et de Suède s'efforçaient d'écraser le roi de Prusse, qui n'avait d'allié que l'électeur de Hanovre, le landgrave *Guerre de sept ans. 1756-1763.*

---

n'avait eu aucun succès, ni dans la politique, ni dans la guerre; et l'auteur du mémoire, que je viens de citer, ajoute, que l'intelligence des Turcs avec la république n'était due qu'à la crainte qu'inspiraient au divan les Russes et les Autrichiens.

de Hesse et le duc de Brunswick. La Saxe conquise fut ruinée par les extorsions des Prussiens, après l'avoir été par le faste de l'électeur; le Hanovre fut saccagé, Berlin fut pris deux fois, on livra dix batailles, et après sept ans de guerre, la paix de 1763 laissa les choses en Allemagne à-peu-près sur le même pied où elles étaient auparavant.

<small>Guerre de Corse. 1768.</small> Une guerre moins importante, mais non moins cruelle, désolait une île voisine de l'Italie et de la France. Les Corses s'étaient révoltés contre les Génois; on comptait cette insurrection pour la dix-huitième. Les Vénitiens avaient vu quelque temps dans leur capitale, et même dans leurs prisons, cet aventurier allemand que les Corses avaient couronné sous le nom de Théodore, et dont Gênes avait mis la tête à prix. Il avait intrigué, sans succès, auprès du sénat pour en obtenir des secours. Depuis vingt ans, la France employait sa médiation, et même ses troupes, pour rétablir l'harmonie entre les Corses et leur métropole, lorsqu'en 1754, ils confièrent la défense de leur liberté à leur général Paschal Paoli. Indépendamment du sang répandu dans la guerre, on portait jusqu'à vingt-six mille le nombre des assassinats. Les Français revinrent en 1764 comme médiateurs, ou comme dépositaires des places : au bout de

quatre ans, ils se retirèrent, sans avoir déterminé les habitants à la soumission. Alors le sénat de Gênes comprit que la France ne pourrait agir efficacement pour la pacification de la Corse, que lorsqu'elle agirait pour elle-même; il lui vendit cette île, en 1768; et, après avoir comprimé une résistance vive, mais courte, le gouvernement français y fit reconnaître son autorité.

Dix ans après, une autre guerre éclata entre les puissances maritimes de l'Europe; il s'agissait de la liberté des colonies anglaises dans l'Amérique septentrionale, dont l'indépendance fut affermie à l'aide des armes de la France et de l'Espagne.

*Guerre des États-Unis d'Amérique 1778.*

Dans le même temps, une révolte des Monténégrins, peuple barbare qui habite sur les confins de la Dalmatie, faillit à compromettre la république avec les Russes et avec les Turcs; ces factieux avaient pour chef un nommé Stéfano Piccolo, qui se faisait passer pour le czar Pierre III. Ce personnage mystérieux avait rassemblé jusqu'à douze mille hommes de troupes; ses gardes se prosternaient devant lui; il parlait de rétablir l'empire grec, pillant sans distinction les Turcs et les Vénitiens, et arrêtant une caravane qui appartenait aux marchands de Cattaro. La république voulut armer contre lui, mais les Es-

XV. *Révolte des Monténégrins.*

clavons refusèrent de marcher, et les troupes italiennes ne l'osèrent pas. Pour éviter tout soupçon de connivence, les Vénitiens se virent réduits à mettre à prix la tête de ce rebelle et à faire pendre deux papas grecs qui avaient embrassé son parti.

Pendant ces agitations, l'un des principaux administrateurs de l'arsenal, le patricien Vénier, fut convaincu d'avoir donné aux agents de la Russie des renseignements sur les forces de la république; un abbé était l'entremetteur de cette correspondance, l'abbé fut étranglé, les inquisiteurs se contentèrent de reléguer le patricien à Palma-Nova. Cette indulgence, qui ne leur était pas ordinaire, provenait sans doute de ce que le tribunal était lui-même dans un moment de crise; mais ici cette indulgence était de l'injustice, aussi trouva-t-on plusieurs fois, dans l'urne du scrutin du grand conseil, des billets satiriques qui dénonçaient la partialité du tribunal.

En 1777, le gouverneur de Corfou, Pierre-Antoine Querini, fut condamné à trois ans de prison pour avoir détourné, au profit des Russes, quelques objets de l'approvisionnement de cette forteresse. Ainsi plusieurs symptômes annonçaient dans la république les progrès de la corruption.

Cependant le désordre continuait dans la Grèce; les Turcs armaient, la Russie affectait de menacer, et l'on commençait à croire qu'elle pouvait bien avoir elle-même suscité un rebelle, pour avoir un prétexte de faire paraître son pavillon sur ces côtes; en effet le prince d'Olgorouki y débarqua, se mit à la tête des Monténégrins, et les hostilités commencèrent entre les Russes et les Turcs.

Dans cette guerre, on vit des flottes sorties de la Baltique, venir explorer les côtes de la Grèce, et défier la puissance ottomane jusques dans ses mers. La république envoya une escadre dans le Levant, pour y veiller aux intérêts de son commerce, protection qui s'étendit même sur le commerce français, et qu'attestent les remerciements que le roi Louis XVI en fit faire au sénat, et particulièrement à l'amiral Angelo Emo.

*Guerre des Russes et des Autrichiens contre les Turcs.*

Cette apparition du pavillon russe dans la Méditerranée effraya tellement les Vénitiens, qu'ils essayèrent de tromper l'ambition de cette puissance, en se proposant pour être les facteurs de son commerce. Il y avait à-peu-près un siècle (en 1663) qu'on avait vu arriver à Venise une ambassade moscovite pour proposer un traité qui facilitât l'écoulement des productions de ce vaste empire; mais les circonstances étaient bien changées : la nation russe, ou du moins son administration, était déja assez éclairée sur ses véritables intérêts, pour sentir que c'étaient des acheteurs qu'il lui fallait, et non pas des facteurs. Ce qu'elle avait offert elle-même en 1663, en 1768, elle le refusa en 1774.

L'Autriche était l'auxiliaire de la Russie, dans le projet de chasser les Turcs au-delà du Bosphore. Les deux cours impériales ne pouvaient guère espérer un succès complet, sans la coopération de la république de Venise. D'abord, en qualité de puissance limitrophe de l'empire turc, elle pouvait opérer sur le continent de la Grèce une utile diversion; en second lieu, il fallait, à tout prix, que les escadres russes, envoyées de si loin dans la Méditerranée, pussent trouver, dans les ports de la république, un asyle, des approvisionnements, des moyens de se réparer; troisièmement, ces escadres n'étaient pas tellement supérieures à la marine ottomane, que les forces navales de Venise ne fussent un secours très-important; enfin, dans le cas d'un succès complet, l'Autriche, qui n'avait point de forces maritimes, était intéressée à ce que les Russes n'eussent pas seuls le droit et le moyen de retenir toutes les conquêtes faites dans la Morée et dans l'Archipel.

Ces deux puissances, pour entraîner la république dans leur coalition, lui firent les propositions les plus séduisantes, avec cette prodigalité que l'on met à disposer de ce qui ne nous appartient pas encore. On dit que la Morée et Candie ne furent qu'une partie du prix qu'elles promirent aux Vénitiens, pour obtenir leur coopération (1). L'importance de ces offres avertissait du danger qu'il y avait à s'y fier.

Le sénat avait trop d'expérience pour ne pas prévoir, que plus les deux cours impériales auraient accru leur puissance, moins elles se croiraient obligées de lui tenir parole; que tôt ou tard l'amitié qui subsistait entre elles se changerait en une rivalité d'intérêts, qui occasionnerait des guerres où la république serait forcée de prendre part; que si, contre toute apparence, elles restaient unies, leur ambition si connue ne lui laisserait point de sûreté; que, du moment où les sujets grecs de la domination vénitienne cesseraient d'être exposés aux brigandages des Turcs, et se verraient cajolés par un gouvernement professant leur culte, établi dans leur voisinage, et assez fort pour les protéger, leur fidélité n'aurait plus de garantie; qu'enfin les Turcs étaient des voisins moins dangereux

---

(1) *Annual register,* année 1788, ch. 2.

que les Russes, et que déja la république n'avait que trop de points de contact avec la puissance autrichienne.

Telles furent, sans doute, les raisons qui déterminèrent le gouvernement de Venise à persister avec une constance qui tenait de l'opiniâtreté, dans des refus qu'il couvrait du voile de la modération ; mais il ne put s'empêcher de laisser percer sa partialité. Les Russes ayant essuyé quelques échecs, en 1773, on livra aux Turcs des Grecs qui s'étaient réfugiés dans les îles vénitiennes : on sévit contre ceux des sujets de la république qui avaient favorisé les Russes; on arrêta un comte Macri, à Céphalonie, et un noble de Zante, nommé Mocenigo, qui avait accepté un brevet de colonel au service de Russie; mais cette puissance s'en plaignit avec tant de hauteur, qu'il fallut relâcher cet officier, et le succès de cette menace en occasionna une seconde : la Russie exigea le rappel de tous les Grecs bannis pour sa cause.

L'empereur Joseph II fut très-irrité du système de conduite des Vénitiens, et, lorsqu'il se rendit de Vienne à son armée du Danube, il affecta de passer par Trieste, quoique assurément ce ne fût pas son chemin, pour ébranler la république dans sa résolution. Ce voyage n'eut d'autre résultat que de lui fournir une occasion de manifester son ressentiment. Le sénat, le sachant dans le voisinage de Venise, lui envoya une ambassade extraordinaire pour le complimenter, et pour excuser la république de son attachement à la neutralité. On dit (1) que ce monarque reçut les ambassadeurs avec une hauteur qui approchait du dédain, et que son ministre à Venise se permit dans ses notes un ton qui allait jusqu'à la censure et à la menace.

On rapporte plusieurs anecdotes qui prouvent que, dans cette guerre, les amiraux russes ne prirent pas plus de soin que le gouvernement autrichien de ménager l'orgueil de la république (2).

Ces diverses guerres n'arrachèrent point les Vénitiens de cet état d'apathie dont ils s'étaient fait un système. On verra qu'ils y persistèrent, lorsqu'une guerre bien autrement importante s'alluma à la fin du siècle, pour embraser toute

---

(1) *Annual register*, année 1783, ch. 2.

(2) M. ARCHENHOLZ raconte, dans son *Tableau de l'Italie*, qu'en 1775, le comte Alexis Orlow, étant venu relâcher à Venise, où il achetait des armes, des munitions, et enrôlait des matelots, le sénat inquiet lui fit notifier l'invitation de partir; à quoi il répondit avec hauteur qu'il ne recevait des ordres que de sa souveraine, et qu'il partirait quand il lui plairait.

l'Europe; mais avant d'arriver à ce grand évènement, il me reste à retracer les dernières circonstances qui accompagnèrent la décadence de la république.

XVI.<br>Évènements domestiques.

Les changements qui venaient de s'opérer en Italie par le traité d'Aix-la-Chapelle, furent consolidés par un traité particulier des cours de Vienne et de Madrid, où, en prévoyant les évènements ultérieurs, les deux maisons d'Espagne et d'Autriche se garantirent leurs possessions actuelles dans la péninsule.

Tranquille de ce côté, sans craintes du côté des Turcs, que des révoltes dans les provinces de Géorgie, de Valachie et de Chypre occupaient assez, la république put se livrer aux soins de son commerce, pendant les dix années

François Loredan, doge.<br>1752.

du règne de son doge François Loredan, qui avait succédé à Pierre Grimani, en 1752. Cependant il faut considérer que ce système de neutralité auquel elle s'était fixée, devait lui faire négliger sa marine, par conséquent la protection de son commerce et le maintien de son autorité dans ses colonies. On en fit l'épreuve en 1753; il y eut une émeute dans la ville de Cattaro, contre le gouverneur vénitien. Une imposition établie, au profit des nobles, en fut la cause. Ces troubles furent appaisés; mais une partie de la population, mécontente, émigra sur le territoire ottoman. En 1760, en 1771, les mêmes causes occasionnèrent des troubles; à Céphalonie, le comte Metaxa, l'un des principaux de l'île, qui s'était mis à la tête des rebelles, fut exécuté à Venise, et beaucoup de ses complices furent étranglés ou noyés en secret.

Vers le même temps, en 1758, les suffrages du sacré collège élevèrent sur le trône pontifical un cardinal vénitien, Charles Rezzonico, évêque de Padoue, qui prit le nom de Clément XIII. Cette élection, qui ne prouvait nullement le crédit de la république, y fut reçue avec des transports de joie extraordinaires; et le gouvernement, qui cherchait toutes les occasions d'entretenir ses peuples dans l'illusion où ils étaient sur sa considération chez l'étranger, célébra cet évènement par des réjouissances solennelles. Venise ne disposait pas, comme les rois catholiques, d'un certain nombre de chapeaux, et la république ayant beaucoup perdu de sa considération au-dehors, les papes, depuis quelque temps, avaient négligé d'appeler des protégés de Saint-Marc dans le sacré collège. C'est ce qui fit dire plaisamment au peuple, à l'occasion de l'exaltation de Rezzonico : « Les « chapeaux ont été rares chez nous pendant

Clément XIII, pape. 1758.

« long-temps, mais à présent nous avons le
« chapelier. »

Clément XIII, croyant faire quelque chose d'agréable à ses anciens concitoyens, offrit à la république d'instituer, à Saint-Pierre de Castello, un chapitre noble de douze chanoines; mais le gouvernement ne jugea pas utile d'avoir douze patriciens de plus dans la dépendance de la cour de Rome. Il y avait déja un chapitre de vingt-quatre patriciens à Saint-Marc : dans une délibération qui eut lieu à leur sujet, Jean-Marc Calbo, membre du conseil des Dix, ayant parlé d'une manière trop favorable aux prétentions du saint-siége, fut exilé par les inquisiteurs d'état.

Marc Foscarini, doge. 1762. Marc Foscarini succéda à François Loredan, en 1762. Les correcteurs des promissions ducales qui furent nommés pendant cet interrègne, frappés apparemment de l'état de langueur de la république, et l'attribuant en partie à ce que la puissance ducale était énervée, firent une chose inouie depuis plusieurs siècles ; ils proposèrent, et le grand conseil adopta sans beaucoup de difficultés, quelques réglements qui tendaient à augmenter un peu l'influence du doge sur l'administration. A défaut d'occasions pour illustrer son règne, Foscarini avait élevé un monument à la gloire littéraire de sa patrie, et mérita d'être compté lui-même au rang des plus savants écrivains (1).

Il n'occupa le trône ducal que dix mois, et y fut remplacé par Alvise Moncenigo (2).

Alvise Moncenigo doge. 1763.

On voit combien l'histoire des Vénitiens fut stérile pendant cet intervalle. Il faudrait en féliciter ce peuple, si ce long repos n'eût été le sommeil précurseur de la mort. C'est beaucoup, sans doute, d'être tranquille, mais ce n'est pas tout; il faut encore que cette tranquillité soit fondée sur une juste confiance dans ses moyens de sécurité : pour se dérober au péril, il ne suffit pas de fermer les yeux.

Venise était tellement avare des moindres sacrifices que pouvait exiger sa sûreté, ou tellement alarmée de ses moindres rapports avec

---

(1) *Della litteratura veneziana*, libri otto di Marco Foscarini. Padova, 1752, in-f°. On n'en a imprimé que les quatre premiers livres qui traitent de la législation et de l'histoire. On dit que la suite existe en manuscrit.

(2) On compara le mérite de ces deux doges, et celui des papes Benoît XIV et Clément XIII, dans la petite épigramme suivante :

>Gran doge Foscarini,
>Gran papa Lambertini;
>Ma Rezzonico papessa,
>Moncenigo dogaressa.

d'autres puissances, quand ils pouvaient l'entraîner dans des discussions avec l'étranger, qu'en 1766, son alliance avec les Grisons venant à expirer, elle ne voulut pas la renouveler, et aima mieux laisser à ce peuple un sujet de ressentiment, que de s'exposer à prendre part dans ses querelles intestines ou extérieures.

XVII. Guerres de la république avec les puissances barbaresques.

On peut juger à quel point d'abaissement cette fière république était descendue ; ce n'était pas assez d'endurer sans murmure les avanies des Turcs, il restait à supporter les insultes des pirates. Ceux de Dulcigno surprirent le château de Prévésa, sur la côte d'Albanie, et en dérobèrent les canons ; ceux d'Alger débarquèrent dans l'île de Cérigo. Les puissances d'Italie et l'Espagne, fatiguées de tous ces outrages, avaient formé une ligue, dont l'objet était de bombarder les repaires de ces brigands ; mais ce projet resta sans exécution, malgré l'exemple que donnèrent les Anglais, et ensuite la France, dont les escadres forcèrent les deys d'Alger et de Tripoli à des réparations et à des excuses. Les Vénitiens n'osaient même poursuivre ces pirates sans la permission de la Porte. Ils l'obtinrent, c'est-à-dire qu'ils l'achetèrent. Le grand-seigneur trouva bon que ces corsaires fussent réprimés, pourvu que ce fût hors de la portée du canon de ses ports.

Les pirates barbaresques étaient encouragés, non-seulement par l'impunité, mais par les tributs auxquels se soumettaient les nations calculatrices, qui, après avoir comparé le montant du tribut et la dépense d'un armement, ne voyaient point de raison de se décider pour le parti le plus cher. Le Dannemarck, la ville de Hambourg, la Hollande, l'Angleterre elle-même, avaient traité avec les régences. Venise avait déja fait avec ces barbares, en 1753, une convention « dont les conditions, disait l'abbé de Bernis, étaient plutôt faites pour des sujets que pour des souverains (1). » Après quelques courses inutiles de ses vaisseaux, elle se décida à traiter de nouveau avec Maroc, Tunis, Alger et Tripoli. Ces capitulations furent conclues en 1764 et 1765 : elles portaient (2), que le gouvernement

Traités de 1764-1765.

---

(1) Correspondance de l'abbé de Bernis, ambassadeur de France à Venise. *Mémoire sur les causes de la décadence du commerce des Vénitiens*, du 12 mai 1753.

(*Archives des aff. étr.*)

La négociation avec les Barbaresques ayant occasionné de grands débats dans le sénat, on en chargea les inquisiteurs d'état, apparemment parce qu'on croyait ensevelir dans le secret les conditions humiliantes auxquelles il fallait se soumettre si on ne voulait pas montrer de la vigueur.

(2) *Principi di storia civile della repubblica di Venezia*, lib. 4, cap. 13.

18.

vénitien s'interdisait de couvrir de son pavillon des personnes, marchandises ou vaisseaux appartenant à des nations en guerre avec les Barbaresques; mais que ceux-ci ne pourraient enlever aucun individu étranger sur les vaisseaux vénitiens ; les Vénitiens n'étaient soumis à payer que les droits de douane exigés des nations amies; on s'interdisait réciproquement la visite des bâtiments rencontrés en pleine mer, à la charge de se faire reconnaître, en se communiquant ses papiers : les régences promettaient de ne fournir aucuns corsaires aux puissances qui pourraient être en guerre avec la république; de ne plus souffrir qu'aucun bâtiment vénitien fût vendu dans leurs ports ; de ne plus acheter ni conserver aucun esclave de cette nation. On stipula qu'en Barbarie, les Vénitiens, pour les procès qu'ils pourraient avoir entre eux, ne seraient justiciables que de leur consul, et que leurs contestations avec les naturels du pays seraient soumises aux juges locaux, mais en présence du divan : que les vaisseaux vénitiens seraient exempts de tout droit d'amarrage, s'ils entraient dans les ports barbaresques, pour éviter la tempête ou l'ennemi, ou pour y faire des provisions : qu'enfin les bâtiments armés des Barbaresques ne pourraient entrer dans le golfe sous aucun prétexte, et se tiendraient constamment à trente milles des côtes de la république.

L'historien Sandi, d'après lequel j'analyse ce traité, ne dit pas si le gouvernement de Venise se soumit à une redevance annuelle envers les régences, mais cela n'en est pas moins certain, et on en demeure convaincu, d'après une expression qui lui est échappée au sujet de la rupture qui eut lieu bientôt après.

Il raconte que la régence de Tripoli ne tarda pas à violer ces conditions, et que le sénat fut obligé, dès l'année suivante, de lui adresser des menaces, pour réprimer les excès de ses corsaires. Ces menaces n'ayant eu aucun effet, on arma une escadre, qui se présenta devant Tripoli. Le dey vint à bord de l'amiral, fit restituer les bâtiments qui avaient été enlevés, et même un vaisseau non vénitien qui avait été capturé sur les côtes de la Morée, rendit toutes les marchandises, paya la valeur de celles qui ne purent être représentées en nature, et promit de ne plus envoyer ses bâtiments armés au-delà d'une ligne tirée du cap Sainte-Marie à l'île de Sapienza.

A peine venait-on d'obtenir cette réparation, que le dey d'Alger prétendit que le consul de la république devait être confirmé ou changé de deux en deux ans, parce qu'à cette occasion le

*Nouvelle rupture.*

nouveau consul devait offrir des présents ; et il ajouta qu'à chaque changement de dey ou de ministre, les présents envoyés après la signature des capitulations, devraient être renouvelés. Ces demandes parurent d'autant plus étranges, dit Sandi (1), que la république avait payé avec exactitude au nouveau dey la redevance annuelle qui avait été convenue. Cet aveu échappé à l'historien dément sa propre réticence, et ne permet pas de douter que la république ne se fût soumise à payer à la régence une somme annuelle, sous un titre quelconque.

Le gouvernement vénitien ayant essayé de négocier, au lieu d'admettre ces nouvelles prétentions, apprit tout-d'un-coup que le dey d'Alger lui déclarait la guerre ; alors on offrit de nouveaux présents, et on obtint un armistice de quatre mois. Mais les prétentions du dey allèrent croissant. Il exigeait des sommes considérables, pour lui, pour ses ministres, et une augmentation de la redevance annuelle. La république fit porter sa réponse par une escadre.

On encouragea les commerçants à se servir de vaisseaux susceptibles de quelque défense. Le

---

(1) E benchè al nuovo dey si fosse fatto l'esborso dell'annualità pattuita, e ciò per l'anno 1766. *Ibid.*

gouvernement contribuait aux frais de construction, prêtait gratuitement des canons et des soldats, fournissait des munitions à bon marché, et modérait les droits de douane en faveur de l'armateur.

L'amiral qui commandait la flotte destinée contre les pirates, se présenta dans la rade d'Alger, et déclara que si la régence rétablissait la paix, rendait quelques vaisseaux qui avaient été déja pris, et mettait en liberté les sujets vénitiens réduits en esclavage, on paierait le tribut annuel, qu'on enverrait des présents à l'avènement de chaque dey et au changement des consuls(1). L'état d'incertitude se prolongea, et cette affaire fut plutôt assoupie que terminée.

La régence de Tunis se montra à son tour aussi exigeante que les autres. Elle rompit les traités, en 1774, et obligea la république à reprendre les armes, après de longues discussions. Cet évènement pouvait rendre quelque éclat à la marine vénitienne. Elle voyait à la tête de ses escadres un amiral, qui heureusement avait autant de courage pour déterminer le gouvernement à des mesures de vigueur que pour les exécuter. Grace à l'activité d'Angelo Emo, au

*Guerre contre la régence de Tunis. 1774.*

---

(1) SANDI ubi suprà. C'est ici que se termine son histoire.

zèle infatigable qu'il apporta dans la correction des abus, les Vénitiens déployèrent avec quelque appareil leurs forces maritimes (1). Des observateurs politiques ont prétendu, que Venise, inquiète de l'apparition d'une escadre russe dans la Méditerranée et du danger que courait l'empire turc, avait eu la prudence de se ménager une brouillerie avec les Barbaresques, c'est-à-dire un prétexte, pour ne pas rester désarmée, pendant qu'une flotte étrangère serait dans son voisinage. Cette explication pourrait bien n'être qu'une subtilité diplomatique; car d'abord ce système de conduite serait tout-à-fait contraire à l'indifférence que la république s'obstinait à manifester, depuis long-temps, pour tous les évènements qui se passaient autour d'elle : en second lieu, Venise n'avait pas besoin d'un prétexte pour entretenir une escadre à la mer, c'était son usage, il ne s'agissait que de la renforcer : troisièmement, elle aimait mieux sans doute des Turcs que des Russes dans son voisinage; mais c'eût été un mauvais moyen de servir les

---

(1) Cette escadre, dont une partie bloquait Tunis, et dont l'autre croisait dans l'Archipel, se trouvait, à l'époque de sa plus grande force, composée de neuf vaisseaux, cinq frégates, quatre chebecks, huit canonnières et quatre galéotines.

Turcs, que d'attaquer une puissance vassale de la Porte ; enfin ce n'était pas un jeu que d'entreprendre une guerre qui devait coûter des efforts et des dépenses immenses.

Les guerres contre les pirates ont rarement de brillants résultats. Emo bombarda Suza, Biserte et le poste avancé de Tunis qu'on appelle la Goulette ; on combattit pendant trois ans ; cette guerre coûtait déja sept millions de ducats à la république. On désespéra de réduire les Tunisiens à demander la paix, et les anciens conquérants de Constantinople consentirent encore une fois à se déclarer tributaires des régences barbaresques, consommant ainsi la dépendance de leur commerce et l'inactivité de leur marine. Pour faire juger combien ils avaient honte de ces sacrifices, il suffit de dire que la résolution de la paix ne passa dans le sénat qu'à la majorité de soixante-treize voix contre soixante-cinq.

On avait, par égard pour l'Espagne, encore plus que pour la sûreté du commerce vénitien, stipulé dans le traité, que les sujets de la république ne pourraient transporter, dans les ports des régences, des bois de construction, des munitions navales, ni des armes. Le dey de Tunis, devenu plus exigeant, obtint, en 1792, la suppression de cette prohibition ; de sorte que le commerce de Venise se chargea de fournir des matériaux de construction et des armes aux pirates. Les autres nations en furent indignées. Les vaisseaux vénitiens qui faisaient ce coupable trafic, furent plus d'une fois arrêtés en pleine mer et confisqués dans les ports d'Espagne ou de Naples. L'Espagne soumit les bâtiments vénitiens à la quarantaine, ce qui porta un préjudice considérable à leur commerce.

C'était sans doute une honte de payer un tribut aux Barbaresques, mais cette humiliation était partagée par des puissances bien plus considérables. Celles qui étaient assez fortes pour se faire respecter par les pirates, conseillaient à Venise d'emprunter leur pavillon; elle sentit que c'était toujours se rendre tributaire, et de plus dépendante; que par-là, elle se soumettait à ne faire le commerce qu'avec désavantage, que dès-lors qu'on ne pourrait plus naviguer sous le pavillon de Saint-Marc, on cesserait de construire des vaisseaux dans ses ports, et que bientôt elle n'aurait plus ni commerce, ni navires, ni matelots. Comment prétendre à la souveraineté du golfe Adriatique, lorsque son pavillon n'oserait plus s'y montrer?

Ce fut le dernier évènement politique de l'histoire de Venise, car on ne peut guère ranger sous ce titre une discussion que le gouvernement eut avec la république de Hollande; cette discussion ne fut qu'un procès.

Le doge Paul Renier succéda à Alvise Moncé- XVIII.
nigo, en 1779 (1). Il avait été l'un des plus ar- Paul
dents promoteurs de la réforme proposée pour Renier,
limiter la puissance du conseil des Dix. Son an- doge.
tagoniste Marc Foscarini avait triomphé, et avait 1779.
été récompensé de son dévouement à l'oligarchie, par la dignité ducale. Renier, homme
d'ailleurs d'une grande érudition, sur-tout dans
les lettres grecques, et d'une habileté éprou-
vée dans les ambassades de Vienne et de Constantinople, se montra constamment à la tête du
parti qui voulait diminuer l'influence des grands.
Son élection, qui suivit d'assez près celle de
Foscarini, prouva que déja les deux partis se
balançaient.

---

(1) On a accusé ce doge d'avoir dû son élévation à ses libéralités envers les nobles pauvres. Il lui en coûta, dit-on, cent mille ducats pour être élu; encore avait-il manqué de parole à ses partisans, en ne leur tenant que la moitié de ce qu'il leur avait promis. On conçoit difficilement l'influence que la noblesse indigente pouvait avoir sur cette nomination, car il était impossible de savoir quels seraient les électeurs. Cette accusation de corruption ne s'accorde guère d'ailleurs avec le reproche d'avarice qu'on fait en même temps à ce doge. On dit qu'il souffrait que la dogaresse sa femme tirât une rétribution, même des mendiants, pour la place où ils venaient s'établir sous les portiques du palais.

Sous son règne, un Albanais qui prenait le nom de comte de Zanowitch, trouva moyen de s'introduire auprès du chevalier Cavalli, ambassadeur de Venise à la cour de Naples. Cet aventurier, partant pour un voyage de Hollande, obtint des lettres de recommandation de l'ambassadeur, et en abusa jusqu'à emprunter une somme de trois cent mille florins, qu'il eut bientôt dissipée. Les banquiers hollandais attaquèrent le chevalier Cavalli en garantie. La question était de savoir si les lettres de recommandation étaient conçues de manière à pouvoir passer pour des lettres de crédit, et si ce crédit était illimité. Cavalli s'étant défendu de payer, le gouvernement de Hollande voulut rendre la république de Venise responsable de la somme. Cette réclamation, présentée avec chaleur, repoussée de même, acquit une telle importance, que les puissances étrangères crurent devoir intervenir; l'empereur offrit sa médiation, pour empêcher les deux républiques d'en venir à une rupture, dont le résultat ne pouvait être, pour l'une et pour l'autre, que des pertes bien plus considérables que l'objet du litige. Enfin les Hollandais, après avoir accepté, puis refusé la proposition d'un arbitrage, se décidèrent à abandonner leur réclamation.

Je ne placerais pas parmi les événements

dignes d'être recueillis par l'histoire, le voyage que l'empereur Joseph II fit à Venise en 1775, parce qu'il fut sans résultat; ni de petites ré-révoltes, qui éclatèrent dans l'île de Zante et dans la ville de Cattaro, si elles ne me fournissaient l'occasion de faire remarquer qu'elles donnèrent lieu à l'émigration d'un assez grand nombre d'habitants déjà familiarisés avec les Russes, qui s'étaient montrés sur ces côtes. On vit aussi, en 1785, une émigration de quatrevingts familles dalmates, qui passèrent à-la-fois sur le territoire ottoman (1) : ainsi les sujets de Venise se réfugiaient à Saint-Pétersbourg et à Constantinople, pour échapper au despotisme de la république.

Je me hâte d'arriver à l'évènement qui termina l'existence de la république. Louis Manini fut placé, en 1788, à la tête d'un gouvernement dont la décadence était visible sans doute, mais à qui rien n'annonçait alors une fin si prochaine. Il est remarquable que ce patricien, destiné au malheur de voir le sceptre de l'état se briser dans sa main, appartenait à une des familles les moins anciennement aggrégées à l'ordre équestre, c'é-

Louis Manini, doge. 1788.

---

(1) Lettre de M. Schlick, chargé d'affaires de France à Venise, du 11 juin 1785.

(*Archives des aff. étr.*)

tait ce que l'on appelait un noble de la quatrième classe. Ce succès de la nouvelle noblesse, qui venait de porter un de ses membres au trône, était déja un symptôme de révolution.

La première année du règne de ce doge fut marquée par une calamité publique, que le peuple ne manqua pas de prendre pour un funeste présage. Un incendie, tel qu'on n'en avait point vu de mémoire d'homme, éclata dans un des quartiers les plus resserrés de la capitale. Le feu avait pris dans un magasin rempli d'une immense quantité d'huile. En un instant, cette matière brûlante se répandit en dehors, les flammes roulaient sur les canaux, dévorant les barques, et atteignant des deux côtés les édifices; une fumée noire obscurcissait le jour, un torrent de feu parcourait la ville et interceptait les communications. Il fallut attendre que cette huile fût totalement consumée, pour pouvoir approcher des édifices incendiés et y porter quelques secours.

XIX.
Situation et forces de la république à la fin du xviii° siècle

La paix que la république s'était obstinée à conserver, au milieu de toutes les agitations de l'Europe, pouvait avoir affaibli les ressorts politiques de l'état, mais elle avait permis à deux générations de s'écouler dans une tranquillité parfaite, parmi les jouissances d'une antique opulence due aux travaux de leurs ancêtres, et d'une considération attachée à de grands souvenirs, dont le prestige commençait à se dissiper. Mais, dans cet intervalle de soixante-dix ans, si la population s'était énervée, elle s'était accrue jusqu'à plus de trois millions d'ames (1), elle était répartie ainsi qu'il suit (2): *Population.*

| | |
|---|---:|
| Provinces de la terre-ferme, sur la rive droite du Mincio | 600,000 |
| Provinces de la terre-ferme sur la rive gauche du Mincio, le Frioul et l'Istrie | 1,860,000 |
| Dalmatie (3) | 257,000 |
| Albanie | 31,000 |
| | 2,748,000 |

(1) *Mémoires historiques et politiques sur la république de Venise*, par Léopold Curti, part. 2, ch. 10.

(2) *Mémoires sur l'hist. de Venise*, de l'abbé Tentori, tom. 2, p. 216.

(3) La population de la Dalmatie et de l'Albanie, est prise dans l'ouvrage de M. Jean-Luc Garaguin, intitulé: *Riflessioni economico-politiche sopra la Dalmazia*, 1806.

M. l'abbé Moschini, dans son livre sur la littérature vénitienne, tom. I, p. 232, dit que, suivant une relation du provéditeur Frédéric Nani, laquelle porte la date de 1691, le continent de la Dalmatie n'avait que 78,090 ames de population, et qu'environ 60 ans après, suivant un autre rapport de François Grimani, cette population s'était élevé à 177,251.

|   |   |   |   |
|---|---|---|---|
|   | Report.... | | 2,748,000 |
| Iles de la mer Ionienne. (1) | Prévésa...... 10,000<br>Corfou........ 48,000<br>Sainte-Maure. 15,000<br>Céphalonie... 60,000<br>Zante........ 20,000<br>Ithaque...... 4,000<br>Cérigo....... 9,000 | | 156,000 |
|   |   | | 2,914,000 |

Dans ces évaluations, on ne comprenait pas les îles, qui contenaient 42,525 habitants, ni l'Albanie, dont la population était évaluée à 25,037. Ce résultat était d'autant plus extraordinaire que la peste désola six fois la Dalmatie dans le XVIIIe siècle, en 1723, 1731, 1762, 1763, 1783 et 1784. M. Moschini attribue cet accroissement si rapide de la population de cette province, aux soins que le gouvernement se donna pour faire cesser les discordes qui la désolaient, et pour améliorer le sort des paysans, aux distributions gratuites des terres, à de sages réglements rendus vers 1770, et qui eurent pour effet d'encourager la pêche, à la multiplication des oliviers, et à l'introduction de plusieurs cultures nouvelles.

(1) Un mémoire sur les trois départements de Corcyre, d'Ithaque et de la mer Égée, par Darbois frères, porte la population des îles Ioniennes à cent quatre-vingt-deux mille ames, en y comprenant Prévésa. J'ai suivi pour cette statistique un mémoire anonyme, fort bien fait, qui a été publié en 1808, sous le titre de *Pensieri di economia pubblica, sopra le isole ex-venete del mar Ionio.*

La population de la capitale n'avait pas suivi les progrès de celle des provinces, car, suivant un recensement fait en 1769, elle se trouvait réduite à 149,476 ames (1).

Mais cette réduction ne portait pas sur les Juifs, car leur nombre, qui n'était pas de mille au commencement du XVI<sup>e</sup> siècle, s'élevait à cinq mille vers la fin du XVIII<sup>e</sup>. On n'en comptait pas plus de trois cents riches; et un décret de 1777, provoqué par la jalousie des marchands vénitiens, vint réduire les concessions

---

(1) Voici le relevé des naissances et des décès, d'après les tableaux publiés dans les derniers temps.

| ANNÉES. | NAISSANCES. | DÉCÈS. |
|---|---|---|
| 1744. | 5,407. | 5,776. |
| 1754. | 5,561. | 5,156. |
| 1763. | 5,213. | 5,689. |
| 1765. | 5,090. | 5,424. |
| 1766. | 4,984. | 5,171. |
| 1767. | 5,024. | 5,608. |
| 1768. | 4,868. | 5,695. |
| 1769. | 4,989. | 5,767. |
| 1770. | 5,015. | 5,771. |
| 1771. | 5,085. | 5,523 |
| 1786. | 5,221. | 6,070. |
| 1787. | 5,220. | 5,945. |
| 1788. | 5,009. | 7,003. |

*Tome V.*

qui leur avaient été faites pour leur négoce. Ils étaient chargés, par un article de leur capitulation, de tenir la banque des pauvres; cette banque fut supprimée en 1778, et on la remplaça par un mont-de-piété; les Juifs les plus opulents, voyant renaître la persécution, menacèrent de quitter Venise. Le commerce de cette capitale était dans un tel état de décadence qu'on ne pouvait se passer d'eux; il fallut rapporter en 1780 le décret de 1777, leur rendre leur banque, leur permettre de rétablir leurs manufactures supprimées, et même leur accorder quelques nouveaux priviléges, comme, par exemple, celui d'avoir des navires en propriété. C'était une concession arrachée par les circonstances, la moitié des bâtiments existant dans le port se trouvaient alors à vendre.

*Admission de nouveaux nobles.*

L'administration s'était perfectionnée à quelques égards, sur-tout elle s'était adoucie. La partie de la population dalmate, qui ne professait pas la religion romaine (1), avait obtenu, en 1761, la permission d'avoir un évêque du rite grec, que le gouvernement avait doté. C'était une concession qu'on n'aurait pas osé faire

---

(1) Sur 244,693 habitants, il y en avait, di M. Moschini, 193,425 du rite latin, et 51,268 du rite grec.

dans un autre temps : elle attira à la république, de la part du pape, un bref, qui contenait des reproches sévères, mais qui demeura sans effet.

Les sujets de la république avaient profité de la décadence du gouvernement, qui, averti de sa faiblesse, commençait à sentir la nécessité d'avoir d'autres garants de la fidélité des peuples, que des soldats étrangers et l'inquisition d'état. L'orgueil des nobles vénitiens s'était humanisé jusqu'à rendre le patriciat moins inaccessible. Ils avaient décrété, en 1775, que le livre d'or resterait ouvert pendant vingt ans, et qu'on pourrait y inscrire jusqu'à quarante nobles de terre-ferme, ou autres sujets de la république, pourvu qu'ils justifiassent d'un revenu de dix mille ducats, et que leur noblesse remontât jusqu'à leur bisaïeul. On exigeait aussi que les nouveaux patriciens fixassent leur résidence à Venise, ce qui se conciliait assez peu avec les habitudes et les intérêts des gentilshommes des provinces.

Qu'aurait dit de cette aggrégation faite en pleine paix, dans des temps d'opulence, le vieux Michielli, qui, pendant la guerre de Candie, entendant une pareille proposition, s'écriait : *Vender i figlj, ma non mai vender la nobil-*

tà (1)! Les mœurs étaient bien changées, le cavalier Diedo, qui parla vivement contre ce projet, en fut puni par les arrêts domestiques, que lui infligèrent les inquisiteurs d'état. Au reste, cette dignité du patriciat fut estimée ce qu'elle valait, on montra peu d'empressement à la demander.

<small>Forces maritimes.</small> A cette époque, les forces de la république consistaient en huit ou dix vaisseaux de ligne, quelques frégates et quatre galères, qui tenaient la mer, et dans une vingtaine de bâtiments en construction; mais ces bâtiments, on ne les achevait jamais. Lorsque les Français entrèrent dans Venise, en 1797, ils trouvèrent sur les chantiers treize vaisseaux et sept frégates; il n'y avait pas de matériaux suffisans pour les terminer, et de ces treize vaisseaux, deux étaient commencés depuis 1752, deux depuis 1743, deux enfin depuis 1732, c'est-à-dire qu'avant d'être en état de sortir du chantier, ils avaient déjà soixante-cinq ans.

Cet appareil de constructions navales n'était qu'un moyen d'entretenir l'illusion : ces vaisseaux étaient d'un faible échantillon (2); ils ne

---

(1) *Raccolta di cose varie per interessi della repubblica veneta*, man. des Archives des aff. étr.

(2) Le type irrévocablement fixé par la loi différait peu

portaient que du canon de vingt-quatre à leur batterie basse; ils ne pouvaient sortir du port avec leur artillerie; on était obligé de les armer dehors; les officiers n'avaient eu depuis long-temps aucune occasion d'acquérir de l'expérience, et une marine marchande, qui n'occupait que quatre ou cinq cents vaisseaux, ne pouvait fournir des marins pour armer une escadre formidable. Pendant la guerre contre les Barbaresques, on manquait de mousses: on fut obligé d'enlever la nuit des enfants de pêcheurs; les pères, irrités, se retirèrent sur les terres du pape. Cet état de la marine marchande indique à quel point le commerce était réduit. Il en était de même des manufactures; avant la perte de Candie, on fabriquait à Venise de cent vingt-quatre à cent vingt-six mille pièces de drap pour le Levant; dans les temps postérieurs on n'en fabriquait pas cinq mille (1).

---

du premier vaisseau de ligne que la république avait fait construire, et ce premier essai datait de 1625.

(*Mémoire de M.* Forfait *sur la marine de Venise.*)
Cependant en 1780 on avait admis quelques améliorations.
(1) Si fabbricavano in Venezia avanti la guerra di Candia, cento ventiquattro à cento ventisei mila pezze di panno di lana, oggi non arrivano a cinque mila.

(*Relazione della città e repubblica di Venezia*, man. de la Bibliot.-du-Roi n° 10465.)

*Armée de terre.*

L'armée de terre, qui jouissait de peu de considération, parce que l'orgueil patricien avait toujours dédaigné ce service, d'ailleurs très-mesquinement payé, consistait en sept mille Italiens et cinq à six mille Esclavons; c'était douze à quatorze mille hommes d'infanterie (1). Sous cette dénomination d'Italiens, on comprenait des recrues de toutes les nations du monde, excepté des Espagnols, car la république n'en

---

(1) « Le sage a mis sous les yeux de ses maîtres l'état des troupes : il en résulte que la totalité de l'armée consiste en douze mille neuf cent soixante-quatre hommes, dont six mille huit cent vingt-huit d'infanterie italienne, quatre mille deux cent quatre-vingt-sept d'infanterie dalmate, douze cent douze de cavalerie grosse ou légère, et six cent quarante artilleurs, non compris deux compagnies de travailleurs affectés au département de Corfou et de la Dalmatie ; en voici la répartition :

| | |
|---|---:|
| Embarqués .................................. | 2580 |
| En Dalmatie............................... | 3867 |
| Dans les colonies du Levant. (Les îles Ioniennes.)................................... | 3435 |
| Dans la Lombardie vénitienne.......... | 2937 |
| Sur le vaisseau qui porte le baile à Constantinople.................................. | 145 |
| | 12,964 |

( Correspondance de M. Schlick, chargé d'affaires de France, dépêche du 6 mai 1786.

admettait jamais à son service. Dans les temps de guerre, on achetait, quand on le pouvait, des régiments en Hollande, en Bavière et chez les Grisons. Pour la cavalerie, le gouvernement avait, avec vingt-cinq capitaines, habitants des provinces de la terre-ferme, des traités par lesquels chacun de ces officiers s'obligeait à mettre sur pied, à la première réquisition, cent hommes montés. On conçoit ce que pouvait être une cavalerie non exercée, et dont le gouvernement ne fournissait ni l'équipement ni les chevaux. A ces forces si médiocres, l'opinion ajoutait la possibilité de lever cent mille hommes de milice (1). On voit que, pour leur armée de terre encore plus que pour leur marine, les Vénitiens étaient restés fort en arrière des gouvernements contemporains.

---

(1) Curti, 1$^{re}$ partie, ch. 10. Mais d'abord il faut considérer qu'au lieu de cent mille hommes de milice il n'y en avait que quatre-vingt mille de conscrits ; ensuite il faut entendre ce qu'en dit le cav. Soranzo : « La repubblica ha descritti nelle sue cernide più di 80 mila fanti. Mà chi vuol far passagio del campo arativo al campo di Marte vi trova gran diversità di mestier e gran difficoltà di riuscita. In tutto questo gran numero non vi trovarebbe alcuna porzione di sufficienza che nelle cernide di sette communi del Vicentino, quale darebbero 2000 huomini; il Bresciano, Cremasco e Bergamasco ne aggiuntarebbero fanti che arrivabbero à dieci

Cependant dès 1760 on avait eu l'idée d'introduire dans cette petite armée les manœuvres prussiennes, comme s'il eût convenu à la république d'imiter Frédéric-le-Grand. Les Vénitiens, que leur orgueil aurait dû garantir de l'enthousiasme, avaient partagé l'engouement de l'Europe pour le conquérant de la Silésie, et déja on parlait dans le sénat de rechercher l'alliance de la Prusse, pour échapper à la violence de la maison d'Autriche.

L'artillerie et le génie qui, jusques-là, n'avaient formé qu'un seul corps dont les officiers étaient ingénieurs et les soldats canonniers, furent séparés en 1770 et formèrent deux corps distincts, à la tête desquels le gouvernement plaça deux officiers anglais (1).

*Finances.*

Les progrès de l'agriculture et l'habileté du fisc avaient presque doublé le produit des impôts depuis la paix de Passarowitz; puisqu'ils

---

mila scielti dà maggior numero, e che in tempo mediocre apprenderebbero disciplina. Il Veronese, Padovano, Trivigiano, Frioli e Polesine darebbero genti più di zappa e badile che da spada e moschetto, e migliori guastadori che soldati. Onde del proprio stato non può sperare una levata a proposito.

(*Governo dello stato veneto.* Manusc. de la bibliot. de Monsieur, n° 54.

(1) MM. Pattison et Dickson.

s'élevaient, vers la fin du siècle, à onze millions six cent mille ducats (quarante-huit millions cinq cent mille francs). On serait tenté de croire que la tyrannie s'était adoucie, car on sait que c'est en raison de la liberté des sujets, qu'il est permis d'accroître les impôts (1). Il est vrai que la dette publique s'était accrue dans la même proportion, puisqu'elle était de quarante-quatre millions de ducats (cent quatre-vingt-quatre millions de notre monnaie). Cette augmentation de la dette confirme l'observation énoncée par plusieurs écrivains, qu'après soixante et dix ans de paix, l'administration était devenue si dispendieuse, que les revenus ne suffisaient pas à couvrir les dépenses annuelles.

Cet état des finances ne pouvait pas être long-temps un mystère : la république en fit l'épreuve, lorsqu'en 1785 elle ouvrit à Venise un emprunt à trois pour cent ; les nationaux n'offrirent point leurs fonds : on voulut voir si on aurait plus de crédit dans l'étranger ; on transporta l'emprunt à Gênes ; cet essai ne réussit pas mieux : enfin il fallut s'adresser à Anvers, où l'on n'obtint qu'avec lenteur et difficulté la somme dont on avait besoin (2).

---

(1) *Esprit des Lois*, liv. 13, ch. 12.
(2) Correspondance de M. Schlick, chargé d'affaires

Quant au système des impôts, le génie fiscal avait profité de toutes les inventions des temps modernes; impôts sur les terres, sur les personnes, sur les consommations, sur le commerce national et étranger, sur le travail, sur les mutations des propriétés. Je renvoie pour tous ces détails, à un mémoire qu'on trouvera à la suite de cette histoire, sur l'administration fiscale des Vénitiens.

<small>Agriculture</small> Je viens de dire que l'agriculture s'était perfectionnée; ceci me donne occasion de rendre hommage à quelques citoyens qui avaient contribué à en accélérer les progrès. L'un est Antoine Zanoni, qui, au commencement du dix-huitième siècle, propagea les mûriers, et perfectionna la culture de la vigne dans le Frioul, essais que le gouvernement de Venise encouragea par une médaille d'or : l'autre est le marquis Jérôme Manfrini, qui fit des plantations de tabac à Nona en Dalmatie. Un troisième est le comte Carburi, coopérateur de Falconet, dans l'entreprise de transporter jusqu'à Saint-Pétersbourg l'énorme rocher qui sert de base à la statue de Pierre-le-Grand. Le comte Carburi, dis-je, avait naturalisé dans l'île

---

de France; dépêche du 19 novembre 1785. (*Archives des affaires étr.*)

de Céphalonie l'indigo, le sucre et le café. Il avait porté ses soins jusqu'à faire venir de la Martinique des cultivateurs pour diriger ces plantations. Un coup de poignard termina, en 1782, la vie et les travaux de cet utile citoyen, et vint interrompre des essais qui pouvaient être si profitables. On introduisit aussi dans la Dalmatie la culture du pin et du frêne de Calabre, qui produit la manne; mais comment espérer de voir l'agriculture, le commerce, l'industrie, faire quelques progrès dans des colonies où le gouvernement ne permettait pas même l'établissement d'une imprimerie?

Cette période d'à-peu-près quarante ans, sur laquelle je viens de passer si rapidement, fut marquée par des symptômes qui annonçaient visiblement que la forme du gouvernement tendait à s'altérer. Tous les corps investis du pouvoir étaient successivement attaqués; les sages par le sénat, le sénat par les quaranties, le conseil des Dix et les inquisiteurs d'état par le grand conseil. Toutes ces rivalités qui commençaient à s'établir, prouvaient que la noblesse pauvre était mécontente, et qu'elle voulait faire l'essai de ses forces.

XX.
Rivalité des divers pouvoirs.

Le sénat rendit plusieurs décrets qui diminuaient le pouvoir des sages, c'est-à-dire des ministres, et qui les astreignaient à lire dans cette assemblée toutes les dépêches arrivées au collége, sans la moindre suppression.

Le sénat lui-même avait à lutter contre les corps de magistrature, qui réclamaient leurs attributions, et contre le grand conseil, qui, forcé presque toujours de réélire, contre son gré, les mêmes sénateurs, ne trouva pas d'autre moyen, pour s'affranchir de cette violence, que de décréter que le même sujet ne pourrait être l'objet de plus de trois élections consécutives.

C'étaient autant d'atteintes portées à l'aristocratie, ou, si l'on veut, à l'oligarchie, par la plèbe de la noblesse. Mais le conseil des Dix, et sur-tout les inquisiteurs d'état, car ceux-ci avaient usurpé à-peu-près toute l'autorité des autres, furent l'objet des attaques les plus vives, et ces attaques furent renouvelées en 1761, en 1773, en 1777, en 1779.

*Attaques dirigées contre le conseil des Dix, en 1761.*

Souvent les concessions qu'on fait pour échapper aux dangers, qui peuvent venir du dehors, n'ont d'autre résultat que de favoriser la tyrannie au-dedans, et d'y fomenter la discorde. Venise en fit l'épreuve trois fois en moins de six ans.

Les membres des quaranties se croyaient en droit de réclamer une augmentation de leur modique traitement; les lois qui le fixaient étaient fort anciennes; tout avait changé de valeur.

Cette prétention donna lieu à quelques harangues assez véhémentes dans les assemblées de ces magistrats. Pour intimider les promoteurs de ces nouveautés, les inquisiteurs d'état reléguèrent dans un monastère l'un des présidents de la quarantie criminelle. Quelque temps après, un provéditeur, un des sages du collége, un membre du conseil des Dix même, subirent à peu près le même sort.

L'avogador Ange Querini, homme de talent et d'une fermeté qui allait jusqu'à l'opiniâtreté, livré dès sa jeunesse à l'étude de l'histoire secrète de sa patrie, et plein des abus de pouvoir qu'on pouvait reprocher à l'inquisition d'état, entreprit d'attaquer ce tribunal devant le grand conseil.

Un matin, en 1761, il fut enlevé, sur l'ordre d'un inquisiteur, par les sbires, et conduit dans la citadelle de Vérone. C'était une chose sans exemple que l'arrestation d'un avogador en charge.

Cet acte d'autorité occasionna une agitation extrême, qui mit en péril l'existence du conseil des Dix. On voulut d'abord déposer l'inquisiteur, qu'on accusait d'avoir excédé ses pouvoirs; cette proposition seule était une témérité inouie. Bientôt on mit en question dans le grand conseil la nécessité de conserver le tribunal.

L'époque du renouvèllement des membres du conseil des Dix arriva, on eut beau proposer successivement un grand nombre de candidats, pas un ne réunit le nombre de suffrages nécessaire. Les hommes graves, ennemis naturels des innovations, profitèrent de cette circonstance pour gagner du temps. Ils proposèrent de nommer une commission pour examiner les changements dont l'organisation du conseil des Dix et des inquisiteurs d'état pouvait être susceptible. Les séances où l'on discuta cette proposition furent très-orageuses; cependant elle fut adoptée. On eut beaucoup de peine à parvenir à la nomination des commissaires : il en fallait cinq; les deux partis se balançaient tellement dans l'assemblée, que deux des membres de la commission se trouvèrent appartenir à l'un, deux à l'autre, et que le cinquième était d'un parti mitoyen. Ce partage des opinions ralentissait leur travail (1); cependant les nouveaux décemvirs restaient à nommer; ce fut encore un sujet de discorde. Beaucoup de votants voulaient différer la nomination; elle fut décrétée. Alors on fit circuler des billets anonymes; on trouvait

---

(1) Voyez sur toute cette affaire *Istoria della correzzione del consiglio de' Dieci*, scritta da Pietro FRANCESCHI, segretario de' medesimi correttori. (*Archives des aff. étr.*)

tous les jours, dans l'urne des scrutins, des bulletins satiriques qui demandaient le rappel de Querini, et qui menaçaient de l'indignation publique les futurs dépositaires de l'autorité, s'ils n'en usaient pas avec plus de modération que leurs prédécesseurs (1). On parvint cependant à faire les choix.

---

(1) Correspondance du comte de Baschi, ambassadeur de France. Lettre du 3 octobre 1761. Man. des Archives des affaires étr. En voici quelques extraits.

Lettre du 5 septembre 1761.

« On m'écrit que M. Diedo, un des trois inquisiteurs d'état, ayant dépossédé et puni M. Querini, avant l'expiration du temps de sa charge d'avogador, avait été déposé lui-même de sa place. »

*Id.* du 12 septembre 1761.

« Cela a causé et cause des discussions vives entre le grand conseil et le conseil des Dix, je ne serais point surpris que ces différends eussent de grandes suites, qui aboutissent à faire diminuer la puissance immodérée de ce tribunal, et des inquisiteurs d'état. On regarde la déposition et la prison de M. l'avogador Querini comme une innovation dans le gouvernement: il est encore plus certain que la déposition de M. Diedo, de la charge d'inquisiteur, est absolument sans exemple. »

*Id.* du 19 septembre 1761.

« J'ai trouvé les discussions à-peu-près calmées par l'élection de cinq correcteurs, magistrats extraordinaires dont le pouvoir doit durer huit mois : ce sont MM. Louis Zeno, Marco Foscarini, procurateur, Hieronimo Grimani, Pierre

La commission délibéra pendant quatre mois; cette lenteur favorisait assez les partisans de l'ordre actuel des choses. Une recherche avait

---

Antoine Malipiero, et Lorenzo Alessandro Marcello; on a eu toutes les peines du monde à l'élection des membres de ce nouveau tribunal. »

*Id.* du 3 octobre 1761.

« Il s'en faut bien que les agitations intérieures soient calmées; on a dû cependant créer hier les inquisiteurs d'état; on prétend qu'on a déjà répandu contre ces magistrats encore inconnus, et contre le conseil des Dix, des billets menaçants si leur conduite n'était pas plus mesurée que celle de leurs prédécesseurs. »

Lettre du 28 novembre 1761.

« Depuis moins de soixante ans, ils ont trouvé les moyens d'absorber presque tout le pouvoir du conseil des Dix, qui s'en est laissé dépouiller, et qui, quoique, par les lois, plus puissant que les trois, se laisse gourmander tout comme les plus petits nobles, et a laissé perdre l'autorité de ses chefs. Les progrès des inquisiteurs, seulement depuis six ans, sont énormes. »

*Id.* du 23 janvier 1762.

« Dans le grand conseil de dimanche passé, les correcteurs firent leur rapport; mais, comme les efforts faits pour les réunir ont été jusqu'ici inutiles, ils proposèrent trois opinions différentes. M. Foscarini porta celle de laisser les choses à-peu-près comme elles sont : M. Zeno au contraire voudrait presque réduire à rien l'autorité des inquisiteurs et renvoyer le jugement de toutes les personnes qu'ils pourraient faire

LIVRE XXXV. 305

été ordonnée dans les archives du tribunal, mais le secrétaire, qui en avait été chargé, ne put jamais se déterminer à répondre aux questions

---

arrêter au conseil des Dix; enfin le troisième sentiment serait de certaines réformes. »
*Id.* du 30 janvier 1762.

« Le 17, après la lecture des propositions, trois des conseillers et un des chefs de quarantie se levèrent et prétendirent que les correcteurs avaient excédé leurs pouvoirs. Les bruits généraux sont, qu'il y a eu huit propositions, sur sept desquelles les correcteurs sont à-peu-près d'accord; la huitième tendrait à ôter aux inquisiteurs le pouvoir de juger, sans rendre aucun compte de leurs jugements, et d'en renvoyer la décision au conseil des Dix. Cette proposition, portée par M. Zeno et M. Malipiero, est fort contestée par MM. Foscarini, et Hieronimo Grimani, tous deux sages-grands: M. Foscarini s'explique même assez durement vis-à-vis de M. Zeno, sur les désordres qui suivraient la diminution de l'autorité des inquisiteurs. Une des autres propositions est pour donner au sénat le choix du secrétaire des inquisiteurs. »
*Id.* du 13 mars 1762.

« L'affaire des correcteurs est sur le point d'être décidée. Depuis dimanche dernier, il y a tous les jours grand conseil par extraordinaire. M. Zeno et M. Foscarini ont harangué dans les séances de dimanche et de mardi, chacun cinq heures de suite, indépendamment de ce qu'ils ont parlé encore dans d'autres. Les inquisiteurs sont un mal nécessaire, cet aveu n'est pas à l'honneur de la noblesse vénitienne: sur-tout de la pauvre, qui est la seule que l'on a à

*Tome V.*

qui lui furent adressées, et à révéler ce qu'il y avait vu. Enfin les commissaires firent leur rapport, qui consistait, non à soumettre un avis,

---

régir, mais il est vrai que si elle n'avait pas un frein on ne pourrait vivre ici sous ces mille souverains. »

Id. du 20 mars 1762.

« Enfin la grande affaire de ce pays-ci a été terminée, après neuf séances entières, où les correcteurs ont harangué et rappelé tout ce que l'histoire de Venise fournit sur les inquisiteurs d'état, jusqu'à de petites anecdotes secrètes et scandaleuses. M. Zorzi, simple particulier, qui jusque ici avait été assez méprisé et rejeté dans toutes les poursuites de charges qu'il avait faites, et M. Paul Renier, qui a passé pour un des hommes les plus accrédités de Venise, et qui, depuis quelque temps, a reçu bien des déboires, ont parlé aussi ; le premier contre l'avis de M. Zeno, qui tendait à la diminution du pouvoir des inquisiteurs d'état, ou plutôt à leur entière abrogation : le second pour cet avis, pendant plus de six heures. Cet avis a été rejeté et celui de M. Foscarini, qui tendait à augmenter, s'il était possible, le pouvoir de ces juges suprêmes, dans les affaires criminelles, (car ils ne prétendent plus à la connaissance des affaires civiles), a passé à la majorité de quatre cent soixante-quatorze voix contre deux cent quatorze. »

Ici l'ambassadeur n'est pas exact, ou pour mieux dire, ne s'exprime pas clairement. Voici le relevé des votes que je trouve dans une lettre du consul. Il y eut deux tours de ballottage.

1<sup>er</sup> Ballottage.

Per li trè correttori, c'est-à-dire pour l'avis de Foscarini,

mais à proposer le choix entre trois partis différents, le maintien du tribunal, l'anéantissement presque absolu de son autorité, et quelques réformes.

de Grimani et de Marcello.................  473 voix.

Per li due correttori, c'est-à-dire Zeno et Malipier..................................  214 voix.
   Di nò (négatives.).....................  22
   Non sincere (nulles.)..................  262
                                                          498

$2^e$ *Ballottage.*

Per li trè correttori....................  486

Ber li due correttori...................  213
Di nò................................  14
Non sincere..........................  257
                                                           484

Ainsi on voit que l'affaire ne passa que de deux voix.

« Les six secrétaires du conseil des Dix seront tous susseptibles de servir sous les inquisiteurs, et un d'eux sera élu tous les ans avec eux, par le conseil des Dix.

« Le peuple a marqué une grande joie de ce que les inquisiteurs, qu'il regarde comme le seul frein qu'il y ait à la *prepotenza* des nobles, étaient confirmés dans ce pouvoir, et a fait des illuminations, des feux de joie, et des danses devant les palais Grimani et Foscarini; mais si on n'eût arrêté la fougue des plus zélés, ils auraient été mettre le feu aux

On commença par attaquer les commissaires; on dit qu'ils s'étaient écartés de leur mission : leurs trois propositions furent subdivisées : les

---

maisons de MM. Renier et Zeno. Ce dernier a, dit-on, déclaré qu'incessamment il prendrait le parti de se faire ecclésiastique, pour éviter sa perte; on regarde celle de M. Renier comme certaine.

Voici la *parte* du grand conseil qui termina cette affaire.

Sia preso che resti al consiglio de' X ferma e valida l'amplissima autorità di far ordini e decreti secondo le occorenze, per quello che se gli aspetta, commessagli con la *parte* di questo consiglio, 1335, 20 luglio, dichiarata con l'altra 1628, 14 settembre, lo data, con quella 1667, 30 novembre, conveniente all'altezza di dignità, in cui fù collocato, e sempre con buon servizio delle cose nostre esercitate, salve però le *parti* di questo maggior consiglio, che della sola autorità di se medesime possono essere alterate.

Al consiglio de' X continua ad appartenere la cognizione de' casi gravi e criminali, ne' quali interveniranno nobili nostri, cosi essendo offesi, come offendendo, colla facoltà di rimettere alli magistrati, nominati nella parte 1628, 25 settembre, quei casi minori nelle materie sopradette, dove entrassero nobili nostri come dietro le pratiche anche prima introdotte, prescrisse la *parte* suddetta; salve le facoltà sopra nobili nelle respettive materie di questo consiglio, ò dal consiglio de' X conferite a' consigli, presidenze e magistrati.

In esso consiglio de' X, parimenti coll' antico e necessario presidio del tribunale de' capi, e dei tribunali supremi della sua autorità derivati, e dalle provvide sue ordinazioni

uns voulaient que les inquisiteurs ne pussent condamner les membres de l'ordre équestre, sans rendre compte de leur jugement; les autres, que leur autorité se bornât à ordonner les arrestations, et que le droit de juger les prévenus, nobles ou non, fût réservé au conseil des Dix. Louis Zeno, Pierre-Antoine Malipier, Paul Renier étaient ceux qui invectivaient avec le plus de force contre les inquisiteurs : à la tête du parti contraire se trouvaient le procurateur Marc Foscarini, et Jérôme Grimani. Les harangues qui furent prononcées dans cette occasion, forment d'énormes volumes. On s'agita pendant deux

---

instituiti, per l'adempimento delle gravissime uprezioni che gli furono da questo consiglio commesse, a sostenimento dello stato e della pubblica volontà e libertà, continui ad esser risposta la somma cura e autorità, per la pubblica tranquillità e disciplina, e la moderazione dell' ordine patrizio e l'osservanza delle leggi concernenti gli oggetti essenzialissimi di stato, in che consistono, per la dignità del principato, per l'amore, riverenza de'sudditi, e per l'estimazione degli stranieri, la sussistenza e felicità della repubblica, essendo sempre per questo modo felicemente ottenuto di mantenere illesa lungo tratto de' secoli (mercè la divina assistenza), questa patria nostra, che, per esser conservata e tramandata tale all' età futura, impregnar deve l'affetto e lo studio di tutti gli cittadini, ed il concorso dell' invariabile costanza di questo consiglio.

mois, et, lorsqu'on en vint à délibérer dans l'assemblée, composée de neuf cent soixante-dix votants, le premier tour de scrutin ne donna point de résultat; au second, la majorité ne fut que de deux voix. Mais un symptôme de cette faiblesse qui se remarque toujours dans les assemblées, c'est qu'il y eut deux cent cinquante-sept voix nulles (1).

Par ce décret, le conseil des Dix et les inquisiteurs furent maintenus dans toute leur autorité; la réforme se réduisit à obliger ceux-ci à se servir d'un secrétaire du conseil des Dix, qui serait nommé tous les ans par ce conseil, au lieu d'en avoir un spécial, permanent, et de leur choix.

Dès que la délibération fut prise, la perte des orateurs qui s'y étaient opposés, fut regardée comme certaine (2), et le peuple courut faire des illuminations et des feux de joie devant les maisons des promoteurs du décret; on voulait

---

(1) Il paraît que M. Siebenkees a commis une erreur au sujet de cette délibération, quand il dit qu'elle passa à la majorité de sept cent quarante-trois voix contre deux cent treize. Les détails contenus dans la note précédente ne permettent pas d'admettre son récit.

(2) Correspondance du comte de Baschi. Dépêche du 20 mars 1762.

brûler celles de leurs adversaires. Ces applaudissements n'étaient pas purement de la flatterie; le peuple éprouvait une joie maligne d'avoir vu ses maîtres se débattre sous le joug, sans pouvoir s'en affranchir, et rester soumis à une autorité despotique qui le vengeait de leur insolence.

Mais si ces traits caractérisent les sentiments du peuple vénitien, je ne dois pas en omettre un qui fait connaître la sagesse des hommes graves qui présidaient aux conseils de cette république. Les inquisiteurs d'état, qui sortaient avec la plénitude de leurs pouvoirs de cette lutte engagée contre eux, usèrent avec modération de la victoire, se renfermèrent d'eux-mêmes dans des limites plus étroites, et la somme qu'ils tiraient annuellement de la caisse publique, pour en disposer sans en rendre compte, fut réduite, par eux, de 140,000 ducats à 35,000.

En 1773, Ange Querini, cet avogador déposé douze ans auparavant par l'inquisition d'état, se trouvant à la tête d'une des quaranties, s'éleva contre le conseil des Dix. Les inquisiteurs imposèrent silence à ses adhérents, en l'envoyant en exil. A son retour, il dénonça au grand conseil les abus manifestes qui existaient dans la manière de recueillir les suffrages, et qui attentaient à l'autorité du conseil, en faisant des

XXI. Nouvelle division sur le même sujet. 1773.

lois qui ne devaient leur existence qu'à une majorité fictive; mais le jour qu'il se proposait de développer sa dénonciation, il fut encore privé de sa liberté (1). Cette manière d'imposer silence à un magistrat, défenseur-né des intérêts publics, occasionna une vive fermentation. Il s'éleva des plaintes, non-seulement contre les décemvirs et les dictateurs, car c'était ainsi qu'on désignait la magistrature inquisitoriale, mais contre le gouvernement même. On censurait amèrement ses opérations administratives; on déplorait l'état du trésor, épuisé, disait-on, malgré une vente récente de domaines ecclésiastiques, qui avait produit un million et demi de ducats. Toutes ces plaintes donnèrent lieu à la création d'une commission chargée d'indiquer

---

(1) Correspondance de M. de Zuckmantel, ambassadeur de France. *Archives des aff. étr.* Lettre du 2 septembre 1775. « Le noble Ange Querini, exilé il y a deux ans, pendant qu'il était chef d'une quarantie, à l'occasion d'une harangue dans laquelle il n'avait pas craint de menacer le conseil des Dix, vient de s'élever contre l'infidélité manifeste des ballotations. »

Du 23. « Le 17 on devait délibérer sur la réforme dans les ballotations proposée par le patricien Ange Querini, qui se disposait à haranguer de nouveau dans le grand conseil; mais les inquisiteurs d'état l'ont prévenu, en lui faisant intimer les arrêts chez lui, pendant la durée de cette assemblée. »

les moyens de remédier aux abus. Les résultats de ses travaux ne furent pas très-importants; mais, dans une discussion, qui dura près de deux ans, les propositions se multiplièrent, les matières les plus délicates furent agitées; ouverture du livre d'or, nouvelle organisation du service des postes, changements proposés dans beaucoup d'administrations, prohibition des jeux de hasard, suppression d'une redoute où les nobles se réunissaient, augmentation des traitements affectés à certains emplois, distribution de 40,000 ducats aux nobles pauvres, examen des finances. Cette diversité d'objets prouve l'inquiétude qui régnait dans les esprits. Les correcteurs avaient proposé une loi pour proroger dans leurs fonctions les membres du conseil des Dix, jusqu'à l'élection de leurs successeurs; ce projet qui tendait à perpétuer cette magistrature, fut rejeté avec indignation (1). De toutes ces discussions, nous ne recueillerons que les comptes des recettes et dépenses publiques, qu'on trouvera transcrits à la suite de cette histoire.

Les agitations qui se renouvelèrent en 1777, eurent une cause moins grave; les inquisiteurs

En 1777.

---

(1) *Istoria arcana della correzzione degli anni* 1774, 1775. 3 vol. in-4°. Aff. étr.

d'état s'avisèrent de défendre aux femmes de paraître au spectacle vêtues de telle manière, et à la noblesse des deux sexes de fréquenter les cafés hors de la saison du carnaval; encore les femmes ne pouvaient-elles s'y montrer que sous le masque, et les patriciens en robe de magistrature (1). Seize ans auparavant, en 1761, quelques femmes se disant du sang le plus pur et non mélangé, avaient voulu instituer un casin, où elles se seraient assemblées, sans y admettre celles qu'elles ne reconnaissaient pas pour leurs égales; les inquisiteurs d'état ne manquèrent pas de défendre cette réunion. Ce n'étaient là que des réglements de police plus ou moins raisonnables, on y vit une tyrannie révoltante.

Dans ce temps-là, le gouvernement de Bergame vint à vaquer: cette place était très-onéreuse: le grand conseil, au lieu d'y nommer,

---

(1) Correspondance de M. de Zuckmantel, dépêche du 15 février 1777. « On remarque quelque effervescence parmi la noblesse, mais il est à présumer que la terreur qu'inspire la sévérité des inquisiteurs d'état actuels, la calmera promptement. Elle est occasionnée par la défense que ce même tribunal a faite, il y a quinze jours, aux patriciens, de fréquenter les cafés, hors le carnaval et autre temps de masque, et mercredi dernier aux patriciens d'y paraître autrement qu'en robe de magistrature. »

comme presque toujours, le sujet présenté par le sénat, saisit cette occasion de se venger de l'inquisiteur, qui passait pour l'auteur des nouveaux réglements, en l'appelant à cette destination (1); et on persista à refuser tous les sujets proposés pour remplacer l'inquisiteur expulsé, jusqu'à ce que le tribunal, sentant la nécessité de faire cesser une division occasionnée par un sujet si frivole, révoqua ses ordonnances (2).

Les discordes ne furent qu'assoupies. A la fin de la même année, un orateur parut à la tribune, qui déplora le renchérissement de tous les objets nécessaires à la vie, cause immédiate du haut prix de la main d'œuvre, de

---

(1) *Ibid.* du 22 février 1777. « Dimanche dernier, le grand conseil, au lieu de confirmer le choix que le sénat avait fait pour le gouvernement de Bergame, qui est dispendieux, y a nommé André Querini, l'un des inquisiteurs, qu'on croit être le premier moteur des réformes dont il est question. »

(2) *Ibid.* du 8 mars 1777. « On n'a pu calmer l'effervescence qui s'est manifestée parmi la noblesse : les mécontents persistent à refuser tous les sujets proposés pour remplacer au conseil des Dix, le membre qu'ils en ont expulsé, on craint qu'ils ne se portent à de nouvelles entreprises. Dans ces circonstances, ce conseil a fait révoquer verbalement les défenses en question. »

la ruine des manufactures, de l'inactivité des ateliers, et de la misère publique. Il ajoutait que tous ces maux étaient aggravés par le faste des grands, et il provoquait les délibérations du grand conseil sur les moyens de modérer le prix des denrées, de réprimer le luxe, et de réformer les mœurs. Quand on parle hautement des besoins du peuple, les gouvernements n'osent refuser de s'en occuper: le grand conseil renvoya l'affaire au sénat, le sénat au collége.

En 1779. On disputa pendant trois mois sur cette manière d'éluder la délibération: les chefs de la quarantie criminelle demandèrent la nomination d'une commission spéciale. Ces sortes de commissions étaient ce que redoutaient le plus les partisans de l'ordre immuable des choses: ils présentèrent un autre projet; ils attaquèrent les priviléges des chefs de la quarantie: le grand conseil se trouva divisé en deux factions presque égales. Quand on en vint au choix des commissaires, les scrutins furent troublés; il se trouva jusqu'à soixante-douze bulletins de trop (1). Il y eut des alterca-

---

(1) Une ancienne loi autorisait à jeter par la fenêtre le votant qu'on surprendrait à mettre plus d'une boule dans l'urne.

tions violentes entre plusieurs nobles dans les lieux publics. Enfin la commission fut nommée ; mais, quelques jours après, les décemvirs firent enlever le patricien Charles Contarini, qui avait jeté dans les conseils cette pomme de discorde, et le reléguèrent à Cattaro: trois de ses adhérents furent envoyés dans des forteresses. Cette mesure intimida les novateurs; les commissaires eurent soin de faire durer leurs délibérations pendant six mois, et finirent par proposer quelques réglements de peu d'importance ou de peu d'effet, qui, considérés en eux-mêmes, ne paraissaient pas devoir être le résultat de discussions aussi violentes (1).

Les discours prononcés au milieu de ces agitations étaient d'une véhémence d'expressions et d'une audace de pensées jusque alors inconnues dans les conseils de Venise. On voyait qu'il y avait plusieurs partis déterminés à provoquer de grands changements. Les dépositaires du pouvoir étaient obligés d'en abuser pour se défendre. L'un des orateurs contre lesquels le conseil des Dix avait sévi, le procurateur Pisani, était relégué pour dix ans dans

---

(1) *Arringhi recitati nel serenissimo maggior consiglio, parti e altro concernente la correzione* 1780.

(Aff. étr.)

la forteresse de Vérone : lorsque le terme de sa détention fut sur le point d'expirer, sa famille, ses amis se réunirent pour fêter son retour; mais on apprit que les inquisiteurs d'état venaient de prolonger sa peine, se fondant sur ce principe, que les premiers jugements n'étaient jamais que provisoires. Le grand conseil ne manifesta son indignation de cet acte arbitraire, qu'en nommant un des inquisiteurs à une place fort au-dessous de sa dignité. Il appela en même temps un autre patricien prisonnier, en feignant d'ignorer sa détention, au gouvernement important de Chiozza. Le tribunal rendit cette nomination inutile, en ne relâchant point le nouveau gouverneur, et il fallut que ce patricien payât l'amende pour ne s'être pas rendu au poste que le conseil souverain avait voulu lui donner. Un noble véronais nommé Sarramossa, noté pour la hardiesse de ses discours, disparut à-peu-près vers ce temps-là, et on répandit qu'il avait été étranglé en prison (1). C'est aussi à cette époque et à la même cause, dit-on, qu'il faut rapporter le bannissement du patricien Léopold Curti, qui

---

(1) Correspondance de M. Henin, chargé d'affaires de France, 1790.

(*Archives des aff. étr.*)

vint publier à Paris ses mémoires sur le gouvernement de Venise.

Ainsi les esprits audacieux se montraient impatients; on s'agitait dans les conseils, on nommait des commissaires pour proposer une réforme; mais ces commissaires trompaient toujours les espérances qu'on en avait conçues, et les autorités odieuses, dont on voulait limiter le pouvoir, finissaient par triompher.

Pour s'expliquer comment l'énergie des commissaires les abandonnait au moment de faire leur rapport, il faut savoir que, depuis une époque bien antérieure, il y avait, dans les réglements de l'inquisition d'état, un article portant, que, toutes les fois que le grand conseil aurait nommé des correcteurs des lois, ils seraient mandés secrètement devant le tribunal, et qu'on leur intimerait la défense de faire aucune proposition tendant à restreindre l'autorité du sénat, ou celle du conseil des Dix (1). Le frein était puissant, mais il fatiguait, et la multitude des nobles mécontents ne cessait pas de se débattre sous le joug.

Un autre symptôme non moins remarquable de la révolution qui s'était opérée dans les es-

XXII. Attaques contre le clergé. 1768.

───────────────

(1) Art. 2 du nouveau *Supplément aux statuts*.

prits, fut la guerre que le sénat déclara au clergé en 1768. On se plaignit de la tendance de ce corps à accroître continuellement ses richesses, à défaut de toute influence politique. Des commissaires furent nommés pour proposer les moyens d'y remédier (1). Après un exposé de

---

(1) Rapport du 12 juin 1768, dans un vol. de la correspondance du marquis de Paulmy, ambassadeur de France à Venise. (*Arch. des aff. étr.*) Les auteurs de ce rapport étaient Jean-Antoine de Riva, André Querini et Alvise Valarezzo. Voyez *Pièces justificatives*, section 2, § v.

M. le professeur Lebret a inséré dans son *Magasin historique*, imprimé à Leipsig, d'autres mémoires qui furent faits dans le temps pour la réforme de l'administration ecclésiastique.

Tome III. Rapport du 27 août 1768, sur les divers ordres religieux, et notamment sur les ordres mendiants.

Tom. V. Avis présenté au sénat le 9 juin 1768, par la commission *ad pias causas*, sur les taxes de la chancellerie épiscopale. La commission administrative des œuvres pies, assistée de quatre théologiens, établit dans ce mémoire, que les taxes des chancelleries épiscopales, et tous les tributs que prélèvent les gens d'église, sont soumis à l'autorité du prince; et elle montre l'abus que les évêques font de ces taxes, pour grossir leurs revenus. On a fabriqué, disent-ils, dans chaque diocèse des tarifs qui ne portent point de date, et qu'on donne pour fort anciens, où l'on a taxé tous les sacrements, les pénitences, les billets de confession et de confirmation, le droit d'exorciser, le droit de porter l'habit ecclésiastique,

l'ambition du clergé, de son opulence, objet de scandale et d'envie, et de ses ruses, pour éluder les lois qui ne cessaient d'y mettre obstacle ; malgré tous ces efforts, ajoutent-ils, opposés avec tant de constance, pendant cinq cents ans, à l'agrandissement du clergé, on va voir combien de vers rongeurs (ce sont les expressions du rapport) se nourrissent de la substance destinée aux besoins de la population active. Les commissaires évaluent :

<small>Évaluation des biens du clergé.</small>

Les revenus en immeubles du clergé, sujets aux décimes à 1,163,837 ducats.

Ceux des immeubles non-passibles des décimes....... 219,456

1,383,293

---

ou celui de pélerin, les absolutions. On soutraite pour les cas réservés. Il y a des taxes qu'on augmente d'un dixième à titre de *pour boire* de la maison de l'évêque. On taxe les acceptations de legs ; on paie pour tester, pour être enterré : moyennant une taxe, un prêtre peut avoir une fille servante. Les religieuses paient pour obtenir la permission de faire entrer des ouvriers dans leurs couvents, etc.

Dans le même volume : Rapport de la même commission sur l'abus des pensions ecclésiastiques, du 11 avril 1769.

Il en résulte qu'en 1767, les pensions dont les bénéfices situés dans l'état de la république, étaient grevés, en faveur d'étrangers, s'élevaient à 33,662 écus.

|  |  |
|---|---:|
| *Report*... | 1,383,293 |
| Les rentes dues au clergé par des laïcs.............. | 108,285 |
| L'intérêt des capitaux du clergé provenant de la vente de ses immeubles................ | 303,005 |
| L'intérêt des capitaux du clergé placés sur les fonds publics. | 940,224 |
|  | 2,734,807 |

Tel était le montant du revenu fixe : il restait à évaluer le revenu casuel. On fit faire le relevé du produit des quêtes, faites par les religieux mendiants seulement, sans y comprendre les quêtes faites par les couvents de femmes, ni pour les maisons où l'on recevait d'autres secours : ce produit se trouva monter annuellement à.................. 170,064 ducats.

On fit faire également le relevé des messes fondées dont le nombre se trouva être de 3,107,68$\frac{2}{3}$, et celui des messes payées aux sacristies des couvents, pendant cinq ans, qui donnèrent pour terme moyen la quantité de 1,435,539 messes

170,064

Report... 170,064 ducats.

par an. C'était un total de 4,688,399 messes à dire par les religieux. Nous n'avons pas manqué, disent les commissaires, de réfléchir sur le nombre de prêtres qu'exigerait la célébration de tant de messes : on assure qu'on a grand soin de s'en acquitter ; mais il est évident qu'on ne le peut pas. Il y a bien 7,638 religieux réguliers, mais sur ce nombre on ne compte que 3,272 prêtres ; ainsi ce serait quatorze ou quinze cents messes par an à dire pour chacun. Le nombre des messes célébrées par les prêtres séculiers fut évalué à 4,250,060.

Ainsi la totalité des messes payées au clergé, s'élevait à la quantité de 8,938,459. Ces messes coûtaient au public, défalcation faite des messes fondées, dont le prix faisait

170,064

*Report...* 170,064 ducats.

partie des revenus fixes du clergé.................... 1,369,589

Total des revenus casuels.. 1,539,653
Les revenus fixes étaient de. 2,734,807

Le clergé jouissait donc d'un revenu de................. 4,274,460

Ce revenu, évalué à 3 pour cent, pour les immeubles, et à 3 et demi pour le reste, représentait un capital que les commissaires évaluent à 129,047,986 ducats.

Ainsi, disaient-ils, les gens de main-morte possèdent un revenu presque égal à celui du gouvernement, et, si on y ajoutait tout ce qui a dû échapper à nos recherches, et l'augmentation des valeurs depuis des estimations si anciennes, et le casuel autre que les messes et les quêtes, et la valeur de tous les immeubles non-productifs occupés par le clergé, et les dots que les familles paient pour les religieux, et les dons en nature, et les legs, et la valeur d'un mobilier immense, on serait effrayé de la masse des richesses qui se trouvent placées hors du domaine de l'état, et qui ne contribuent point à l'acquittement des charges publiques.

Ces calculs sont effrayants sans doute, ainsi que le disent les commissaires; cependant j'ai cherché dans leur rapport quel était le nombre des personnes appartenant au clergé. J'y ai trouvé qu'il s'élevait à 45,773; or, en répartissant entre elles ce revenu de 4,274,460 ducats, il n'en résulte qu'une somme annuelle de 93 ducats pour chacune : ce n'était donc pas de la richesse du clergé considéré individuellement, qu'on avait à se plaindre, mais de sa masse. Pour en sentir l'énormité, il ne faut que le comparer à celui de France et même à celui d'Espagne. Le nombre des individus des deux sexes voués à la vie religieuse s'élevait, dans le premier de ces royaumes, à 160,000 et dans le second à 150,000. La population catholique était en France d'à-peu-près vingt-quatre-millions, celle d'Espagne de onze millions, et celle de la république de Venise de deux millions et demi. Il en résultait qu'en France il y avait un ecclésiastique sur cent cinquante habitants, en Espagne sur soixante-treize, et à Venise sur cinquante quatre. Le clergé était donc proportionnellement trois fois plus nombreux à Venise qu'en France, où certainement il excédait de beaucoup les besoins de la population : aussi la somme affectée annuellement au culte, quoique très-considérable, ne donnait-elle à Venise que trois ou quatre cents francs par individu, tandis qu'en France les personnes ecclésiastiques coûtaient à l'état, l'une dans l'autre, plus de deux mille francs par an.

Les réglements qui intervinrent en conséquence de ce rapport, embrassèrent dans leurs dispositions les biens et les personnes. Quant aux biens, on ordonna une nouvelle estimation des immeubles sujets aux décimes. Pour s'affranchir de la nécessité de solliciter l'autorisation de la cour de Rome, lorsqu'on aurait à lever une contribution sur le clergé, on établit une distinction entre l'impôt ordinaire, que l'on appela décime d'état, et les taxes extraordinaires, pour lesquelles seules on continua de demander une autorisation. On maintint les lois antérieures qui défendaient au clergé toutes acquisitions; on interdit la quête à plusieurs ordres; il fut défendu aux évêques d'acquitter aucunes pensions assignées par la cour de Rome sur leurs bénéfices, et aux particuliers d'aliéner aucun bien-fonds en faveur des corps ecclésiastiques. Les rentes foncières dues au clergé furent déclarées rachetables, il lui fut même défendu d'emprunter sur le mobilier des églises; les registres de tous les couvents furent enlevés et portés aux archives du gouvernement.

Quant aux personnes on régla que, dans les

couvents, les charges de supérieurs, d'économes et de provinciaux ne pourraient être exercées que par des sujets nés vénitiens. On supprima les couvents sans revenus. On ordonna à tous les religieux de reconnaître exclusivement la juridiction de leur évêque, pour le spirituel, et celle des magistrats pour le temporel; c'était les soustraire à l'autorité des supérieurs généraux de leur ordre. L'âge pour la prise d'habit, dans les cloîtres, fut fixé à 21 ans; il fut défendu de faire profession avant 25 ans accomplis. Les ordres mendiants ne purent plus admettre même des novices. Le nombre des religieux dans chaque couvent fut déterminé, et l'effet de ces dispositions fut tel que, quinze ans après, on s'aperçut que les monastères ne remplaçaient plus leurs pertes; et, pour éviter que les cloîtres ne devinssent bientôt déserts, le sénat fut obligé de permettre les prises d'habits à 16 ans, et les professions à 21 (1).

Enfin en 1773, les jésuites, qui avaient été rappelés à Venise pendant la guerre de Candie (2),

---

(1) Correspondance de M. de Vergennes, ambassadeur à Venise; dépêche du 20 mars 1784.

(*Archives des aff. étr.*)

(2) En 1656.

y subirent la proscription générale dont ils étaient frappés dans toute l'Europe. Ils n'avaient dans toute la république que six maisons et un revenu de douze mille ducats. On pourvut avec assez peu de soin à la subsistance des membres de l'ordre supprimé. Une pension de 66 ducats fut l'unique secours accordé aux profès. Les religieux non-profès ne reçurent que quelques ducats une fois payés (1).

XXIII. Corruption des mœurs.

A ces attaques si fréquentes que le gouvernement dirigeait contre le clergé, à ces luttes établies entre les différents corps constitués, à ces entreprises de la masse de la noblesse contre les dépositaires du pouvoir, à toutes ces propositions d'innovation qui se terminaient toujours par des coups-d'état; il faut ajouter une autre cause non moins propre à propager le mépris des anciennes doctrines, c'était l'excès de la corruption.

Cette liberté de mœurs, qu'on avait long-temps vantée comme le charme principal de la société de Venise, était devenue un désordre scandaleux; le lien du mariage était moins sacré dans

---

(1) On peut voir dans le *Magasin historique* de M. le professeur LEBRET, tom. VI, le rapport de la commission *ad pias causas*, sur l'exécution de la bulle qui supprimait cet ordre religieux.

ce pays catholique que dans ceux où les lois civiles et religieuses permettent de le dissoudre. Faute de pouvoir rompre le contrat, on supposait qu'il n'avait jamais existé, et les moyens de nullité, allégués avec impudeur par les époux, étaient admis avec la même facilité par des magistrats et par des prêtres également corrompus. Ces divorces, colorés d'un autre nom, devinrent si fréquents, qu'on vit jusqu'à neuf cents demandes de cette nature portées à-la-fois devant le patriarche, que l'acte le plus important de la société civile se trouva de la compétence d'un tribunal d'exception, et que ce fut à la police de réprimer le scandale. Le conseil des Dix ordonna, en 1782, que toute femme, qui intenterait une demande en dissolution de mariage, serait obligée d'en attendre le jugement dans un couvent que le tribunal désignerait (1). Bientôt après, il évoqua devant lui toutes les causes de cette nature (2). Cet empiétement sur la juridiction ecclésiastique ayant occasionné des réclamations de la part de la cour de Rome, le conseil se réserva le droit de débouter les époux de leur demande, et consentit à la renvoyer devant l'officialité,

---

(1) Correspondance de M. Schlick, chargé d'affaires de France; dépêche du 24 août 1782.

(2) *Ibid.* Dépêche du 31 août.

toutes les fois qu'il ne l'aurait pas rejetée (1).

Il y eût un moment, où sans doute le renversement des fortunes, la perte des jeunes gens, les discordes domestiques, déterminèrent le gouvernement à s'écarter des maximes qu'il s'était faites sur la liberté de mœurs qu'il permettait à ses sujets : on chassa de Venise toutes les courtisannes. Mais leur absence ne suffisait pas, pour ramener aux bonnes mœurs toute une population élevée dans la plus honteuse licence. Le désordre pénétra dans l'intérieur des familles, dans les cloîtres; et l'on se crut obligé de rappeler, d'indemniser même des femmes (2), qui n'étaient pas sans utilité, car elles surprenaient quelquefois d'importants secrets, et on pouvait les employer utilement à ruiner des hommes

---

(1) *Ibid*. Dépêche du 3 septembre 1785.

Le ministre de France écrivait quelques années après : « Le sénat (en 1790) commence à sentir l'importance de la religion en politique. Il se repent de ses opérations sur les monastères, et adopte une bulle de Benoît XIV sur le divorce, qui tend à juger ces sortes de causes moins légèrement. »

(2) Le décret de rappel les désignait sous le nom de *nostre benemerite meretrici*. On leur assigna un fonds et des maisons appelées, *Case rampane*, d'où vient la dénomination injurieuse de *Carampana*.

que leur fortune aurait pu rendre dangereux. Depuis, la licence est toujours allée croissant, et l'on a vu non-seulement des mères trafiquer de la virginité de leurs filles, mais la vendre par un contrat, dont l'authenticité était garantie par la signature d'un officier public, et l'exécution mise sous la protection des lois (1).

Les parloirs des couvents où étaient renfermées les filles nobles, les maisons des courtisannes, quoique la police y entretînt soigneusement un grand nombre de surveillants, étaient les seuls points de réunion de la société de Venise, et, dans ces deux endroits si divers, on était également libre. La musique, les collations, la galanterie, n'étaient pas plus interdites dans les parloirs que dans les casins. Il y avait un grand nombre de casins destinés aux réunions publiques, où le jeu était la principale occupation de la société.

Le plus fréquenté de ces casins s'appelait la Redoute. Ce n'était pas un établissement indigne de l'attention de l'observateur, elle existait depuis 1676. C'était un vaste édifice consacré aux jeux de hasard; il y avait communément 60 ou

---

(1) MAYER, *Description de Venise*, tom. II, et M. ARCHENHOLZ, *Tableau de l'Italie*, tom. 1, chap. 2.

80 tables, où les patriciens seuls pouvaient siéger comme banquiers, ils y étaient en robe et à visage découvert, tandis que les autres joueurs étaient en masque; mais ces patriciens ne tenaient pas la banque pour leur propre compte, ils étaient aux gages des compagnies qui s'associaient pour cette spéculation, c'est-à-dire des capitalistes cupides et même des Juifs, ils étaient payés à l'année, au mois, à l'heure. C'était un singulier spectacle de voir autour d'une table des personnes des deux sexes en masque, et de graves personnages en robe de magistrature, tenant la banque, les uns et les autres, implorant le hasard, passant des angoisses du désespoir aux illusions de l'espérance, et cela sans proférer une parole.

Les riches avaient des casins particuliers; mais ils y vivaient avec mystère; leurs femmes délaissées trouvaient un dédommagement dans la liberté dont elles jouissaient. La corruption des mœurs les avait privées de tout leur empire; on vient de parcourir toute l'histoire de Venise, et on ne les a pas vues une seule fois exercer la moindre influence.

# LIVRE XXXVI.

Révolution française. — Conduite des Vénitiens envers la république française. 1788-1795.

<small>I.
Situation politique de la république de Venise en 1788.</small>

Les évènements qui vont suivre appartiennent à l'histoire contemporaine. Ils se lient à une révolution qui a exalté toutes les passions humaines. Je ne sais point d'homme qui ait le droit de se dire impartial; mais ici il ne s'agit point de faire le tableau de la révolution française, encore moins de la juger. En rappelant ce grand évènement, il ne faut pas oublier qu'il s'agit de le peindre tel qu'il était vu de Venise. C'est de Venise qu'il faut entendre ces voix éloquentes, ces maximes inattendues, ces actes héroïques, qui portaient au loin l'enthousiasme et l'effroi; ces égarements déplorables, ces scènes horribles, dont les causes sont si mal connues; ces infortunes royales qui ont étonné le monde, et ces commotions qui l'ont ébranlé. Tout l'univers était présent à ce grand spectacle; tous les cœurs palpitaient, mais de sentiments divers. Si nous voulons connaître quelles émotions éprouvait à ces récits une nation éloignée de nous par la forme de son gouvernement, par ses intérêts, par ses habitudes, il faut nous transporter au milieu d'elle. Là, nos opinions personnelles, nos préjugés nationaux, perdront leur empire, et graces à l'abondance des matériaux historiques, dont l'intérêt excuse quelquefois la prolixité aux yeux des contemporains, nous assisterons à notre tour au spectacle que présentait Venise, aux scènes tumultueuses de sa population et aux délibérations de son sénat.

Pour s'expliquer la conduite des Vénitiens, dans les circonstances difficiles où ils vont se trouver placés, il faut se rappeler que, depuis plus de soixante-dix ans, ce gouvernement avait su se maintenir en paix. Trois générations s'étaient écoulées à l'abri de ces orages, déplorables sans doute, mais qui entretiennent l'énergie de l'homme. Ce repos, conservé par la timidité au moins autant que par la sagesse, on ne pouvait pas se flatter d'en être redevable à la réputation dont le gouvernement jouissait, puisque sa considération diminuait de jour en jour. Les passions actives auxquelles la guerre offre un aliment, avaient pris une autre direction, et la morale publique n'y avait pas gagné.

Dans un pays où les conditions sont inégales, c'est un état dangereux que celui où les grands ne peuvent plus justifier leurs priviléges par d'éclatants services, et où les petits n'ont aucun moyen de sortir de leur nullité. On ne pouvait plus avoir aucune idée de gloire; mais l'ambition restait, et elle n'avait plus qu'une auxiliaire, l'avarice.

C'est à l'époque de 1785 qu'on trouve une proclamation du gouvernement vénitien, qui invitait les patriciens à placer leurs fonds dans le commerce, ce qui prouve que le commerce manquait de capitaux, et la noblesse de désintéressement.

L'inégalité des richesses et la corruption des mœurs devaient amener la corruption du gouvernement, c'est-à-dire mettre une partie de l'ordre équestre dans la dépendance de l'autre, et compléter le système de l'oligarchie.

La prospérité des fortunes privées devait décroître sous un gouvernement qui, au-dedans, envahissait, et qui, au-dehors, ne protégeait pas.

La fortune publique se détériorait par la cupidité de l'administration et par les emprunts, même par le progrès des impôts, puisqu'il n'était pas un effet de l'accroissement de l'opulence nationale. L'état avait doublé son revenu et n'en était que plus obéré.

On avait perdu les habitudes et les goûts militaires. Personne n'était plus familiarisé avec les dangers. Personne n'avait pu acquérir de l'expérience. Les choses même que l'on peut faire avec de l'argent, étaient négligées. L'arsenal était sans activité; l'art des constructions navales n'avait pas suivi, chez les Vénitiens, les progrès qu'il avait faits chez d'autres nations; les fortifications des places tombaient en ruines. Ces forteresses étaient des emblèmes de l'histoire de la république, leurs dimensions gigantesques rappelaient le règne de l'opulence et de l'orgueil, leur état de ruine attestait la dégradation morale du gouvernement.

Les hommes n'aiment pas à se lancer dans un avenir dont ils n'ont aucune idée. Les paisibles habitants de Venise, à qui leur père, leur aïeul, n'avaient pu raconter la guerre, avec cet accent qui électrise et qui n'appartient qu'à ceux qui l'ont faite, devaient être disposés à adopter des maximes politiques, qui prolongeaient leur état de repos et que justifiait trop bien le sentiment de leur nullité militaire. Le défaut des gouvernements faibles est d'être irrésolus; ils attendent que la violence des circonstances les force de prendre un parti, et alors leurs déterminations sont l'ouvrage de la nécessité et non de la prudence.

On avait donc établi ce principe, que la république devait se borner au soin de sa conservation, ce qui était fort raisonnable sans doute; mais on ajoutait que cette conservation dépendait d'une imperturbable neutralité. La neutralité, quand on s'en est fait un système, devient à la longue une nécessité. Tout le secret de cette politique timide, pour ne rien dire de plus, était consigné dans un aveu qu'un négociateur vénitien fit, quelque temps après, à un ministre, qui lui proposait une alliance avec la France. « Depuis quatre-vingts ans, lui disait-il, nous existons sous l'abri de la bonne foi de nos voisins et de nos amis. Nous y comptons toujours, et nous n'imaginons pas qu'en évitant soigneusement de leur déplaire, ils veuillent notre destruction (1). » Ce langage, s'il eût été celui de la candeur, aurait dû inspirer de la pitié.

Cependant Venise avait deux ennemis natu-

---

(1) Dépêche de la légation française à Venise, du 17 fructidor an IV; ce négociateur était le procurateur François Pesaro.

*Tome V.*

rels, les Turcs et l'Autriche. Il est vrai que les Turcs, quand même ils n'auraient pas été occupés ailleurs, n'auraient pu l'attaquer sans exciter l'inquiétude de toutes les puissances européennes; aussi laissaient-ils la république en paix depuis le traité de Passarowitz. L'Autriche, maîtresse d'une partie de l'Italie et confinant de tous les côtés aux provinces vénitiennes, était une ennemie bien plus dangereuse. Trois fois dans un demi-siècle, elle avait porté la guerre au-delà des Alpes, traversé, foulé le territoire vénitien, sans que le gouvernement eût osé ni défendre sa frontière, ni manifester son opinion sur les intérêts en litige. Il ne devait donc la sûreté ou la sécurité dont on le laissait jouir, qu'à la jalousie des grandes puissances; et entre toutes les puissances européennes, celle qui était le plus intéressée à s'opposer aux progrès de l'Autriche, vers l'Italie, c'était certainement la France.

La France était par conséquent l'alliée naturelle de Venise. C'était à la cour de Vienne que les Vénitiens devaient prodiguer les respects, les protestations d'attachement; c'était au cabinet de Versailles qu'ils devaient confier leurs inquiétudes, porter leurs affections et leurs espérances; mais, comme nous l'avons déjà fait remarquer, ils avaient laissé percer, depuis cinquante ou soixante ans, leur antipathie contre la France, et ce qui s'y passait dans ce moment n'était pas propre à les réconcilier avec elle.

La crise que ce royaume était sur le point d'éprouver, et qui allait ébranler le monde, s'était annoncée par le désordre des finances. Le ministère, après avoir avoué sa propre impuissance, et éprouvé qu'il n'avait à attendre des parlements que des contradictions, voulut se passer d'eux, puis les détruire, et crut qu'il trouverait des coopérateurs plus utiles dans les notables de la nation, qu'il convoqua deux fois.

II. Rapport de l'ambassadeur vénitien sur les premiers symptômes de la révolution française. 14 juillet 1788.

Dès que cette assemblée fut réunie, les ministres de Venise s'appliquèrent à en prévoir les conséquences. C'est une chose digne d'attention que les jugements que portaient à cette époque, sur les affaires de la France, des observateurs étrangers.

Le chevalier Antoine Capello, alors ambassadeur de la république à Paris, adressait à son gouvernement, le 14 juillet 1788, un tableau de la situation intérieure de la France, et de ses rapports avec les principales puissances de l'Europe.

« Les désordres, disait-il, croissent dans ce royaume. La résistance aux nouveaux édits devient générale. Le gouvernement a cédé aux parlements et à tous les ordres de l'état, en annonçant la prochaine convocation des états-généraux; mais il n'en détermine point l'époque, et d'après, les termes de l'arrêt du conseil, il serait possible qu'elle n'arrivât pas avant la fin de l'année prochaine, en supposant même que le ministère y mît de la bonne foi : de sorte que ce somnifère ne produira pas l'effet qu'on en attend, celui de calmer la nation.

« Les affaires vont de mal en pis. La nation ne veut ni des bailliages, ni de la cour plénière : cependant le cours de la justice ne peut demeurer totalement interrompu sans une subversion générale. On ne peut plus voir quel expédient momentané reste au ministère, qui n'entraîne la perte de l'autorité souveraine, et n'achève de mettre le royaume en combustion. Voilà l'effet de l'imprévoyance : un gouvernement est sans force quand il est sans maturité.

« On pense que le ministère veut détruire entièrement les parlements. C'était son intention de la semaine dernière; mais comme ici on compte par jour, il serait possible qu'on fût frappé des dangers d'une tentative si hasardeuse, à une époque si voisine de la réunion des états-généraux.

« Cette assemblée, demandée à grands cris par tous les ordres, et qui trouvera la nation dans un état d'irritation, ne peut manquer d'avoir des conséquences incalculables. L'autorité des ministres, si ce n'est même celle du roi, en souffrira certainement. La doctrine reçue relativement à ces assemblées, est qu'elles représentent toute la puissance nationale. Elles ont une double destination; l'une est d'exposer au prince tous les désordres, de lui adresser des remontrances sur les abus; l'autre est de venir à son secours, lorsque des moyens extraordinaires deviennent nécessaires pour subvenir aux besoins de l'état. Or, qui sait jusqu'où peuvent s'étendre les remontrances, à propos d'abus et de désordres? et qui oserait prévoir tout ce qu'on peut s'aviser de proposer, lorsqu'il s'agira de mettre les dépenses au niveau des recettes? En attendant, les effets royaux sont aujourd'hui plus bas que jamais.

« Sérénissime prince, le temps présent réclame toute l'attention, toute la vigilance des observateurs politiques. La crise imprévue de la France fait naître un nouvel ordre de choses dans le système général. Le désordre des affaires de cette puissance et ses dissensions intestines, lui ont fait perdre sa considération au-dehors. La perte de ses alliés a été la conséquence de la faute qu'elle a commise en abandonnant la Hollande. Le stathouder, devenu à-peu-près souverain, n'a plus eu de sûreté qu'en se jetant dans les bras des cours de Berlin et de Londres; et aujourd'hui il est question d'un traité avec l'Angleterre, pour les affaires de l'Inde, ce qui cause une vive inquiétude à cette cour-ci.

« La Suède, qui, depuis long-temps, n'osait lancer à l'eau quatre vaisseaux, sans s'en être entendue avec la France, vient de déployer sur terre et sur mer l'appareil d'un armement formidable; et cela à l'instigation de cabinets qui ne sont point les amis de la cour de Versailles.

« La Porte, dans la guerre actuelle, s'est tout-à-fait affranchie de cette espèce de joug, que, depuis des siècles, la France avait imposé au divan, et certainement tout le crédit, toute l'influence dont la France y jouissait, va passer à l'Angleterre.

« L'empereur et l'Espagne sont les seuls alliés qui restent au roi : mais l'alliance avec l'empereur est une alliance passive, c'est-à-dire que l'Autriche exerce une grande influence sur la France, sans qu'il y ait réciprocité. Les derniers évènements de Hollande en fournissent la preuve complète.

« Quant à l'étroite alliance qui subsiste avec l'Espagne, elle pourrait éprouver du relâchement dans un changement de règne, et d'après les lois ordinaires de la nature, ce changement ne doit pas être éloigné.

« L'Angleterre, en même temps qu'elle se fortifiait de l'alliance de la Prusse, a enlevé à la France tous ses alliés, non par les armes, mais par l'intrigue et le secret. Pour opérer la révolution de Hollande, elle y a fait passer des guinées au lieu de soldats, et maintenant, pour secourir la Porte, sans être obligée de rompre sa propre neutralité, elle fait armer la Suède.

« Telle est, dans la politique actuelle, la situation relative de la France et de l'Angleterre. Aujourd'hui que notre république n'a rien à espérer de l'ancienne rivalité des maisons de France et d'Autriche; aujourd'hui que la première de ces deux puissances suit les impulsions de l'autre, et qu'écrasée de dettes, déchirée par des discordes intestines, elle abandonne ou perd ses plus anciens alliés; aujourd'hui que tous les souverains de l'Europe cherchent à se fortifier par des alliances, et que l'Angleterre elle-même, désabusée par la fatale expérience de la dernière guerre, a reconnu le danger de rester isolée; aujourd'hui enfin que la république peut être détournée de son système de neutralité, par ceux qui voudraient l'entraîner dans leurs embarras et l'associer à leurs propres périls, je demande avec respect à vos excellences, si ce n'est pas le moment de réfléchir sérieusement sur notre situation, et s'il convient à notre sûreté de rester dans l'isolement.

« Sans entreprendre des alliances, qui, je le sais, ne peuvent mûrir qu'avec le temps, il y a des moyens de se rapprocher, par une correspondance plus intime, par des ouvertures secrètes. On peut être unis sans être alliés; une puissance qui s'entend avec d'autres, obtient plus de considération et a plus de garanties. Il est vrai que ce sont les circonstances qui font les les alliés, mais il ne l'est pas moins qu'au moment du besoin, on ne les trouve pas aussi promptement qu'on le voudrait.

« Je parcours des yeux toute l'Europe, et je vois que notre république est le seul état qui soit sans rapports établis avec les autres; car ce n'est pas être en rapport que d'envoyer et de recevoir des ambassadeurs, puisqu'il ne résulte aucun lien de ce mode ordinaire de communication. L'Angleterre et la France s'envoient aussi des ministres, et pour cela on ne s'avisera pas de dire que ces deux puissances soient amies. Ne pas avoir de la prévoyance, c'est abandonner tout au hasard. La guerre étant imminente, notre sûreté exige que nous nous fassions un système de politique raisonné, et analogue aux circonstances; que nous imitions enfin la prudence de nos ancêtres. Ambassadeur et citoyen, je n'ai pu retenir ces respectueuses réflexions dans le moment actuel; que vos excellences, si elles ne les jugent pas dignes de considération, veuillent bien y voir une preuve de mon zèle (1). »

Qui croirait qu'une pareille lettre ne fut pas lue au sénat (2)? Pour comprendre une telle réticence, il faut se rappeler ce qui a été dit ci-dessus de l'organisation du gouvernement de Venise. La délibération appartenait au sénat; mais ce corps n'avait pas la puissance exécutive. Les ambassadeurs, non plus que les autres fonctionnaires, ne correspondaient point avec lui, ils écrivaient au doge, assisté de son conseil, ce qui explique l'emploi de cette formule, *votre sérénité et vos excellences*; et lorsqu'ils avaient à traiter des objets d'une nature plus secrète, ils correspondaient avec les inquisiteurs d'état, qui se chargeaient de donner eux-mêmes une direction au ministre, ou communiquaient au

III. Le gouvernement de la république ne prend aucune mesure.

_____

(1) *Raccolta cronologico-ragionata dei documenti inediti che formano la storia diplomatica della rivoluzione e caduta della repubblica di Venezia*, tom. I°, 1 part.

(2) Par ordre des excellentissimes seigneurs les sages, Pierre Zeno étant de semaine, la présente dépêche de l'ambassadeur Capello a été mise dans la liasse des lettres communiquées et non lues. *Ibid.* On a vu que plusieurs fois il s'était élevé des réclamations contre cet abus.

conseil du doge, ce qu'ils jugeaient, dans leur circonspection jalouse, pouvoir être confié à ce petit nombre d'hommes d'état.

Quand les dépêches étaient adressées au prince et à son conseil, elles étaient ouvertes par les conseillers, et on en délibérait entre le doge, les conseillers et les six sages-grands, qui formaient, à proprement parler, le conseil intime. Là on jugeait si elles devaient être communiquées au sénat. On voit combien cette méthode était favorable aux prétentions de l'oligarchie.

Ce conseil, qui évitait de provoquer une délibération sur les propositions formelles de l'ambassadeur, avait donc adopté le système de se tenir constamment à l'écart, malgré l'agitation générale de l'Europe, et de ne pas même contracter une alliance, de peur de se trouver engagé dans un parti. On sent, en lisant la dépêche du ministre vénitien, que sa nullité lui était à charge, et qu'il gémissait du peu de considération dont sa république jouissait chez l'étranger. Mais le gouvernement s'effrayait, en songeant aux efforts qu'aurait exigés une résolution énergique. De même que pendant long-temps il s'en était reposé de sa sûreté sur la jalousie des grandes puissances, maintenant il la confiait non moins imprudemment aux hasards de la fortune. Il se flattait que la secousse qui devait ébranler l'Europe ne se ferait pas sentir jusqu'à Venise, et, pour se rassurer lui-même, il aurait voulu ne voir, dans le bouleversement d'un grand empire, qu'un désordre local.

On aurait pu comprendre ce système, si au moins, en perfectionnant son administration, il se fût mis en état de déployer des forces, si, pour prolonger sa sécurité, il ne se fût pas contenté de fermer les yeux, et s'il n'eût placé toute son espérance dans la force d'inertie. Mais loin de là, il s'appliqua seulement à connaître exactement tous les progrès d'une révolution menaçante, et il prit le parti de manifester, au milieu du choc de tant d'intérêts, une indifférence également choquante pour tous. Ce parti était d'autant plus dangereux que l'impassibilité affectée par le gouvernement allait nécessairement se trouver en opposition avec toutes les passions individuelles, c'est-à-dire avec l'horreur et l'enthousiasme que les maximes nées de la révolution française devaient exciter dans une population composée de maîtres et de sujets.

La révolution prévue par l'ambassadeur Capello, éclata vers le milieu de l'année 1789. Peu de temps après, les ordres privilégiés furent dépouillés de leurs privilèges et le roi de tout son pouvoir. Le trône se trouva le poste le plus périlleux de l'état; ceux qui l'environnaient

1789.

s'éloignèrent, et ceux qui venaient de consommer ces grands changements, firent de vains efforts pour donner une forme régulière à ce nouvel ordre de choses. Mais laissons l'ambassadeur de Venise, rappelé de sa mission, nous retracer lui-même ces évènements, dans le rapport qu'il fit au milieu du sénat, le 2 décembre 1790.

IV.
Discours de l'ambassadeur au sénat, à son retour.
2 décembre 1790.

« Sérénissime prince, c'est une entreprise difficile que le tableau de la situation actuelle de la France. Cette révolution, dont j'ai été le témoin bien à regret, a eu pour causes les fautes du clergé, de la noblesse et de la magistrature, les torts de la cour et ceux de la nation. Après avoir développé ces causes, il faudrait approfondir l'état des finances, première origine de tous ces malheurs, considérer le nouvel ordre de choses sous tous ses rapports religieux, civils, politiques, économiques, et entreprendre l'examen d'une constitution extravagante, indéfinissable.

« Tout le monde sait que la grande catastrophe qui vient de ruiner la France, au moins pour une longue suite d'années, a eu sa source dans le désordre des finances. C'est une terrible leçon pour tous les souverains, qui doit leur apprendre qu'il n'y a de sûreté que dans l'ordre et l'économie. Un déficit occasionné, dans le principe, par l'ambition de Louis XIV, accru sous le règne et de l'aveu de son successeur, était devenu immense, par une guerre impolitique, peu honorable dans ses motifs et ruineuse dans ses résultats. La dilapidation du trésor sous le règne présent, quoique le roi n'ait pas dépensé un sou pour lui-même, avait, dès 1786, préparé les plus grands embarras au ministère.

« Il n'y avait de ressource que dans les impôts ou les emprunts; mais les parlements, si impolitiquement rappelés, contrariaient toujours le gouvernement, s'opposaient à tous ses projets, et finirent par déclarer qu'ils n'avaient pas le droit d'enregistrer les impôts sans le consentement de la nation : étrange aveu, par lequel ils s'accusaient eux-mêmes d'avoir outrepassé leurs pouvoirs pendant des siècles !

« On convoqua les notables en 1787, mais les intérêts privés prévalurent sur les intérêts publics, et cette assemblée, qui devait restaurer les finances, produisit moins de fruit que de scandale.

« Les besoins n'en devenaient que plus pressants. Les parlements, constants dans leur système de rénittence, finirent par demander les états-généraux. Cette demande était plutôt un palliatif que l'effet d'un desir sincère; mais les deux ordres du clergé et de la noblesse, après avoir, dans les bureaux des notables, soutenu victorieusement leur privilége si abusif de ne pas contribuer aux impôts, joignirent leur voix à celle des parlements pour provoquer cette grande assemblée.

« L'archevêque de Sens, alors principal ministre, avait embrassé un système despotique, dernière ressource d'un ministère moribond qui avait révolté toute une nation. Quand il vit la fermentation générale, dont il ne pouvait se dissimuler les dangereuses conséquences, il promit, sans y mettre de la bonne foi, d'assembler les états-généraux dans quatre ans; mais il fut expulsé. Necker, qui lui succéda, avait plus de présomption que de talent. Il accéléra la convocation de l'assemblée, et fit accorder au tiers-état une représentation double, contre le vœu des notables qu'il avait appelés pour les consulter.

« On ne peut nier que cette innovation, qui transformait le tiers en moitié, n'ait été la cause de l'explosion de la révolution actuelle; c'est l'ouvrage de ce ministre, qui agissait innocemment, parce que sa vue ne portait pas plus loin, et qu'il ne voulait, par cette mesure, que forcer les ordres privilégiés à payer l'impôt. Mais il s'aperçut trop tard du danger qu'il y avait à mettre le gouvernement entre les mains des populaires.

Ce fut en vain qu'il chercha, dans la suite, à rendre illusoire la double représentation qu'il avait accordée au tiers-état, en faisant décider qu'on voterait par ordre et non par tête; ce remède ne pouvait plus être efficace. Il avait mis des armes dans des mains long-temps enchaînées, il ne pouvait plus en diriger l'emploi.

« Je ne puis m'empêcher de dévoiler à l'excellentissime sénat, le déplorable concours de circonstances qui a produit cette révolution, dès long-temps opérée dans les esprits et reçue avec des transports de joie.

« Des abus qui pullulaient sans cesse dans le gouvernement, des coups d'autorité renouvelés de jour en jour, la faiblesse du roi, toujours victime de ses bonnes intentions, le despotisme ministériel, l'odieux de la féodalité, toutes ces causes faisaient dès long-temps soupirer les peuples après un changement. Quand on eut perdu la confiance des sujets, il n'y eut plus à compter sur leur docilité. Déjà une prétendue philosophie, favorisée par la licence de la presse, avait puissamment influé sur les opinions et fait perdre tout respect, pour la religion d'abord, et puis pour le gouvernement : il n'y avait plus de frein dans le ciel ni sur la terre. A l'amour pour le monarque avait succédé le mépris. Tout déplaisait en lui; ses vertus mêmes prenaient l'apparence de défauts; on lui reprochait jusqu'à sa tendresse conjugale, et les Français, qui, pendant tant de règnes, avaient supporté le joug d'une favorite, ne virent plus qu'un criminel abus dans l'ascendant d'une reine et d'une épouse.

« Parmi les causes de la révolution, on ne peut se dispenser de compter les intrigues du duc d'Orléans. Ce serait une lacune de n'en pas faire mention; mais on ne peut en parler sans horreur. Il avait concerté, contre le roi et contre la famille royale, un plan qu'il serait difficile d'expliquer, mais dont tout révèle l'existence. Les distributions d'argent, pour faire éclater des soulèvements dans Paris, ne cessèrent que lorsque le trésor de ce prince se trouva épuisé. Sans la nuit du 6 octobre 1789, sans la publicité de la procédure qui fut instruite au sujet des attentats commis à Versailles, lorsque le roi fut amené prisonnier à Paris, il aurait pu rester quelque incertitude sur les crimes de ce premier prince du sang, et l'équitable postérité n'aurait peut-être vu que des motifs de soupçon dans les libéralités d'un avare.

« Les états-généraux avaient toujours été le théâtre de scènes sanglantes, toutes les fois qu'ils avaient voulu prendre la direction des affaires. Il y avait 175 ans qu'on ne les avait assemblés;

les derniers n'avaient opéré quelque bien que parce qu'ils n'avaient rien fait. L'histoire remarquera qu'en 1788, ce ne fut pas par le tiers-état, alors passif, que fut sollicitée la convocation des états-généraux, mais bien par les ordres privilégiés, par les corps intéressés aux abus, et que cette assemblée a consommé la ruine de ceux qui l'avaient provoquée. Je passe sous silence les intrigues et les crimes horribles par lesquels le tiers-état est devenu la nation.

« Je passe à la constitution, qui n'est pas encore achevée, et que je trouve indéfinissable. Elle n'est ni monarchique, puisqu'on ôte tout au monarque; ni démocratique, puisque le peuple n'y est pas législateur; ni aristocratique, car l'aristocratie est un crime. Cette constitution est un monstre, qui confond tous les pouvoirs, et qui rassemble deux vices, qu'on a vus se succéder, mais jamais se réunir, le despotisme et l'anarchie. L'assemblée nationale a commencé par s'attribuer toutes les délégations de la souveraineté, elle l'exerce sur la nation elle-même.

« Elle a mis à la tête de la constitution une déclaration des droits de l'homme, avertissant de leurs droits ceux qu'elle devait instruire de leurs devoirs, confondant l'état naturel avec l'état civil, et l'homme sauvage avec l'homme en société. De la souveraineté du peuple, vraie abstractivement, mais inexécutable dans la pratique, on a déduit le dogme de l'égalité absolue entre les hommes, laquelle n'existe pas même dans l'état de nature; pour la réaliser, il faut tout détruire : aussi a-t-on aboli les ordres, les corps, les rangs intermédiaires, qui formaient les anneaux de la chaîne qui liait les sujets au souverain. Cette idée chimérique, mettant le désordre dans les têtes, a porté l'indiscipline dans l'armée et l'insubordination par-tout. Le système de l'égalité absolue étant incompatible avec la noblesse, on a détruit la noblesse; et, comme sans noblesse il ne peut exister de monarchie, il se trouve qu'on a détruit la monarchie elle-même, pour lui substituer une démocratie royale, c'est-à-dire un gouvernement qui n'a pas de nom.

« On a enlevé au roi toute coopération dans la législation. On ne lui laisse qu'un veto suspensif, nul après un court délai. On le prive de toute influence dans l'administration de la justice. On le dépouille des droits inhérents depuis quatorze siècles, à sa couronne, même de ses domaines patrimoniaux.

On a fait main-basse sur la juridiction ecclésiastique, sur les propriétés du clergé : on a rejeté l'autorité spirituelle du chef de l'église et son intervention. Les ecclésiastiques, privés de leurs biens, ont été réduits à la condition précaire de salariés. On a armé une garde nationale, c'est-à-dire un million d'hommes. On a détruit jusques dans ses racines l'odieux régime féodal. On a aboli les constitutions des provinces, les priviléges des corps et des individus. Enfin on a détruit les parlements, qui avaient demandé les états-généraux.

« Voilà quelle est, dans ses points principaux, cette constitution que je vous présente, avec une collection de lois, utiles en partie, en partie incroyables, contradictoires, et qui, sous le titre de monarchie, établissent une forme du gouvernement démocratique, qui pourrait à peine se réaliser dans un petit canton, mais dont la durée est impossible dans un royaume qui a vingt-quatre millions de sujets. L'assemblée nationale, qui s'est rendue permanente, oubliant qu'elle n'est que la déléguée de la nation, veut en être la souveraine ; cette assemblée, dis-je, s'est emparée de tous les pouvoirs : pourquoi ? parce qu'on manque d'un pouvoir modérateur, seule sauvegarde de la liberté publique.

« C'est en rappelant sans cesse, en exagérant les torts de l'ancien gouvernement, en offrant l'appât d'une liberté mensongère, en supposant des complots, en armant les pauvres contre les riches, que cette assemblée cherche à dissimuler les maux présents, à se faire croire nécessaire et à entretenir l'effervescence du peuple, qui pourrait finir par demander la loi agraire; idée absurde, impraticable, mais qui n'en fut pas moins énoncée l'année dernière dans un petit canton, où heureusement elle fut repoussée par le bon sens de quelques paysans. Cette assemblée, qui délibère en public, veut connaître et discuter les affaires politiques, et elle pousse le délire jusqu'à se croire la législatrice du monde entier.

« Il est incontestable qu'en France les abus de l'administration sollicitaient une réforme de la part des représentants de la nation. Des rois chasseurs font nécessairement des ministres despotes. Mais autre chose est de corriger les abus, autre chose de renverser le gouvernement lui-même dans ses fondements et d'en élever sur ses ruines un nouveau, qui ne peut convenir à un grand empire.

« Il reste à examiner les opérations de l'assemblée relativement aux finances, objet premier de sa convocation. Appelée pour combler le déficit, ce déficit est la seule chose qu'elle n'ait pas détruit, elle l'a augmenté. »

Ici l'orateur entre dans les détails des revenus et des dépenses; puis il ajoute : « Il ne reste pas d'autre moyen qu'une augmentation d'impôts, mais on a promis au peuple de le dégrever, et comment soumettre à de nouvelles charges un peuple armé? Les biens du clergé et les domaines de la couronne, qu'on appelle aujourd'hui domaines nationaux, seront encore, pendant quelque temps, une mine à exploiter, et qui soutiendra le nouvel ordre de choses, d'autant que, par la création d'un papier-monnaie, qui a cours forcé et qui ne porte point d'intérêt, on a assuré la vente des biens nationaux ; mais quand les biens auront été aliénés, les charges resteront ; l'industrie et le commerce sont déja paralysés. Un gouvernement aussi dispendieux n'est pas tolérable pour la France, qui voit s'avancer un avenir pire encore que le présent. Je ne dis rien des périls extérieurs. Je ne hasarderai point des conjectures sur la politique des autres puissances, toujours déterminées par leurs intérêts. Il est indubitable que les choses ne peuvent rester sur le pied où elles sont aujourd'hui : la révolution actuelle en nécessite une autre.

« Ce que j'ai dit me dispense de faire le portrait des ministres, hommes nuls, asservis par leur salaire, et du caractère desquels il est devenu indifférent de s'informer. D'autres temps commandent d'autres soins : les députés les plus fanatiques, dans le parti populaire, ont établi des sociétés dont la correspondance tend à la propagation de leurs principes. Non-seulement ils ont un club dans chaque ville du royaume, mais ils influent au-dehors, par le moyen de leurs écrits et de leurs émissaires, qui vont répandant par-tout le poison de la nouvelle doctrine. »

V.
Inaction des Vénitiens.

Ce tableau, qu'il ne s'agit pas ici d'apprécier, se terminait par un conseil indirect que l'auteur, averti du peu de succès de ses premières propositions, avait glissé, probablement par condescendance pour l'opinion de ses auditeurs : « Peut-être, disait-il, le meilleur, le seul remède est-il de laisser agir cette puissance, de l'abandonner à elle-même, c'est-à-dire qu'on ne peut attendre le bien que de l'excès du mal (1). »

Comme le gouvernement de Venise ne craignait rien tant que d'être sollicité de sortir de son système d'immobilité, il dut savoir gré à l'orateur, du soin qu'il prenait de flatter cette imprudente passion pour le repos, après avoir caressé l'orgueil aristocratique, par les jugements qu'il avait portés sur le roi, les ministres et les novateurs.

Cette révolution, avait-il dit, devait être suivie d'une autre; on en concluait que la seconde

---

(1) *Recueil chronologique*, etc., tom. I$^{er}$, 1$^{re}$ partie.

devait infailliblement détruire les effets de la première; il n'en resterait point de trace, pas même des maximes; ainsi il ne s'agissait que de gagner du temps et d'échapper au danger actuel encore éloigné pour Venise. C'est par une telle série de raisonnements qu'on se rassurait soi-même, qu'on prolongeait sa propre illusion, et qu'on arrivait à cette conséquence favorite qu'il n'y avait rien à faire.

On se détermina à traiter la révolution française comme un objet de police, de cette police minutieuse, qui, depuis quatre ou cinq ans, avait mis la suppression des loges maçonniques au nombre de ses mesures de sûreté, et qui défendait aux théâtres la représentation des tragédies, parce que ces représentations élèvent et agitent les ames (1).

On se reposa sur les inquisiteurs d'état, du soin de prévenir la contagion : ils ne pouvaient guère qu'en pallier les symptômes et exciter les passions opposées; mais l'opinion officielle, pour être seule en droit de se produire, n'est pas l'opinion dominante.

Le général Kosciusko racontait que, pendant

---

(1) Correspondance de M. Schlick, chargé d'affaires de France. Dépêche du 21 mai 1785.

son séjour à Venise, on avait vu un matin trois hommes pendus aux gibets de la place Saint-Marc, avec un écriteau qui les qualifiait de conspirateurs ; mais un membre du conseil des Dix lui dit, en confidence, que c'étaient trois morts qu'on avait pris à l'hôpital, et qu'on exposait pour effrayer le peuple.

L'inquisition d'état était en correspondance avec tous les ministres de la république dans les cours étrangères, recevait des avis sur tous les moyens que les fauteurs des nouvelles maximes employaient pour les propager. Tous les voyageurs lui étaient désignés d'avance. Sur les divers points du territoire, à la frontière, à Venise sur-tout, les précautions étaient redoublées pour empêcher l'introduction des écrits, pour observer la conduite des étrangers et des nationaux. Cette surveillance, qui ne pouvait être plus active, avait l'inconvénient de n'être pas inaperçue, de devenir gênante et de ressembler quelquefois à des avanies. Il devait en résulter des plaintes contre la partialité du gouvernement, des demandes en réparation d'insultes publiques. On avait beau s'appliquer à ne pas sortir des limites d'une exacte neutralité ; on s'exaltait d'une part, on s'aigrissait de l'autre : ces inconvénients pouvaient rompre cette paix qu'on voulait conserver à tout prix.

Mais il s'en fallait bien que le danger d'une rupture fût prochain. La France était trop préoccupée de ses dissensions intérieures, pour songer alors à une agression qu'assurément l'état de ses finances et de son armée ne lui conseillait pas. En lui supposant même des vues hostiles, il n'y avait aucune apparence qu'elles pussent être dirigées contre la république de Venise, avec qui la France n'avait rien à démêler. Dans les délibérations publiques, il échappait aux orateurs des jactances indiscrètes, sans qu'il y eût à en conclure qu'on voulait provoquer les étrangers : on les redoutait, et, pendant les premières années de cette révolution, la diplomatie française fut circonspecte jusqu'à la timidité.

Le gouvernement vénitien saisit l'occasion de faire éclater ses sentiments pour le roi, et pour sa cause, lorsqu'un prince de cette auguste famille, déjà dispersée, vint passer quelques jours à Venise, au commencement de 1791. L'ordre qu'on observait ordinairement dans les assemblées d'état fut interverti (1); on interrompit la

VI.
Arrivée de plusieurs princes en Italie.
Janvier 1791.

---

(1) Dépêche de M. de Bombelles, ambassadeur de France à Venise, du 26 janvier 1791.

Pour donner une fête au prince, on changea le jour d'une séance du grand conseil ; chose sans exemple.

navigation des fleuves (1); on chercha dans les anciens documents du cérémonial de la république les honneurs réservés aux têtes couronnées (2); la noblesse, le peuple, tout concourut à manifester une affection vraiment nationale; aussi l'ambassadeur de France écrivait-il : « Si « des armées victorieuses, si des flottes françaises « étaient dans le voisinage de Venise, les hon- « neurs rendus au prince voyageur ne seraient « pas plus pompeux (3). »

Peu de temps après le passage de ce prince, la reine de Naples vint aussi à Venise; enfin l'empereur Léopold II arriva en Italie. La république nomma, pour conférer avec le ministre autrichien, le procurateur François Pesaro; le choix de ce conférent, que nous verrons bientôt se signaler par sa haine contre la France, indique assez quel devait être l'objet de la négociation.

Le concours de tous ces personnages ne pouvait être fortuit.

L'Europe à cette époque se trouvait dans une grande agitation. A l'orient, la Russie, l'Autriche et la Turquie combattaient sur les rives du

---

(1) *Ibid.* du 8 janvier.
(2) *Ibid.* du 11 janvier
(3) *Ibid.* du 1<sup>er</sup> et 22 janvier.

Danube. A l'occident, la France bouleversait sa constitution intérieure. L'Espagne était en guerre avec l'empereur de Maroc. Au nord et au midi, deux puissances, la Suède et la cour de Naples, s'abandonnaient sans mesure à l'impulsion de l'Angleterre. Le gouvernement de Malte, aux prises avec une conspiration redoutable se voyait à la veille de sa destruction, et cette île était depuis long-temps l'objet des ambitions rivales de l'Angleterre et de la Russie. En Italie, le roi de Sardaigne ne pouvait voir qu'avec effroi une commotion qui devait ébranler son trône : le pape avait déja à se plaindre de l'envahissement d'Avignon. Ce fut dans ces circonstances que l'empereur vint faire un voyage et même un assez long séjour dans la Lombardie.

Le caractère modéré de ce prince, ses habitudes, et la circonspection reconnue des conseillers en qui il avait placé sa confiance, faisaient croire qu'il s'engagerait difficilement dans une entreprise aussi hasardeuse que celle qui devait avoir pour objet le rétablissement de l'autorité royale en France, la protection de tous les intérêts lésés et la sécurité des états limitrophes ; aussi dit-on qu'il fut entraîné à ce voyage par ceux qui voulaient l'isoler de ses conseils et l'entourer de personnes plus passionnées. Ses premières démarches, les premiers discours qu'il tint en Italie, manifestèrent ces sentiments de modération dont on cherchait à le faire sortir. Il dit au résident de Venise (1), qu'il s'occupait uniquement du soin d'assurer à ses sujets un bonheur paisible. Il refusa une entrevue que lui proposait le roi de Sardaigne. Il en eut une seule avec le prince frère de Louis XVI. Il s'excusa d'intervenir dans les réclamations du pape, au sujet du comtat d'Avignon. Les ministres d'Angleterre et de Prusse (2) se hâtèrent d'arriver à Milan. Les détails des négociations dont cette capitale était devenue le théâtre ne sont pas encore révélés, mais quelque temps après on publia en France (3), un traité conclu à Pavie, dans le courant du mois de juillet, entre l'empereur, l'impératrice de Russie, la Prusse et l'Espagne. Cet acte était la proclamation des récompenses promises à toutes les puissances qui entreraient dans la coalition; récompenses assignées, comme on le pense bien, sur le démembrement de la monarchie française.

VII.
Traité de Pavie.
Juillet 1791.

La partie des Pays-Bas conquise par Louis XIV

---

(1) Dépêche de M. d'Henin, chargé d'affaires de France, du 25 juin 1791.

(2) Lord Elgin, et M. de Bischopswerder.

(3) Moniteur du 18 novembre 1792.

et la Lorraine formaient le partage de la maison d'Autriche, qui devait ensuite échanger les Pays-Bas contre la Bavière.

L'Alsace était restituée à l'Empire.

On promettait aux Suisses l'évêché de Porentruy, le territoire de Versoy et quelques défilés sur la frontière de la Franche-Comté.

Au roi de Sardaigne la Bresse, le Bugey, le pays de Gex; en lui permettant même de s'emparer de la province de Dauphiné, s'il faisait une diversion importante.

Le roi d'Espagne se réservait le Roussillon, le Béarn, l'île de Corse et la partie française de Saint-Domingue.

La Russie et la Prusse ne pouvaient être spectatrices désintéressées de ce partage. Quand une puissance s'agrandit, les autres croient avoir droit à une indemnité. Pour en trouver la matière, il était stipulé que l'impératrice envahirait la Pologne, dont le roi serait contraint d'abdiquer. Kaminiec, une partie de la Podolie et Choczim, qu'on obligerait les Turcs à céder, devaient être réunis à la Russie.

Le roi de Prusse acquérait Thorn, Dantzig, la province polonaise qui longe la Silésie, et en outre la Lusace.

Pour dédommager l'électeur de Saxe de la perte de ce pays, on lui composait un royaume de tout ce qui restait de la Pologne. Il donnait la princesse sa fille en mariage à l'un des petits-fils de l'impératrice, et par ce moyen le trône de Pologne devenait héréditaire dans la maison de Russie.

Quoique l'Angleterre eût un ministre présent à ce traité, elle n'y intervint point comme partie contractante, mais elle y accéda au mois de mars 1792, et la Hollande peu de temps après.

Ce projet de partage n'ayant jamais reçu son exécution, ceux qui l'avaient signé étaient intéressés à en nier l'existence; mais ce n'était pas seulement le gouvernement français qui avait dénoncé cet acte à l'indignation des peuples, les Anglais eux-mêmes avaient mis de la jactance à le publier (1). Quoi qu'il en soit de l'authenticité de ce traité, la plupart des observateurs politiques paraissent convaincus, et en effet il n'est guère permis d'en douter, que ce fut dans ce voyage d'Italie que les cours du nord et celle de Naples, conjurées contre la France, parvinrent à triompher du caractère irrésolu de l'empereur Léopold, et jetèrent les fondements de cette coalition que vint bientôt réaliser le traité de Pilnitz.

---

(1) A Collection of state papers relative to the war against France, etc.

Immédiatement après son départ de Milan, on vit ce prince arriver dans un château de l'électeur de Saxe (1), où le roi de Prusse l'attendait. Toute l'Europe porta les yeux sur Pilnitz. Dans les fêtes dédiées aux illustres étrangers, des emblêmes brillants promettaient la paix au monde; on y lisait : *Concordia augustorum*, *felicitas temporum*, *pacatus orbis* (2), présages trompeurs, car il était impossible de ne pas voir que cette réunion était menaçante, d'autant plus que, dans le même moment, la médiation de la Prusse et de l'Angleterre venait de terminer les différends qui existaient entre l'Autriche et la Turquie.

VIII.
Congrès et traité de Pilnitz.
Août 1791.

Fox, dans le parlement d'Angleterre, dénonça les négociateurs de ce traité, comme les instigateurs d'une guerre « dont, après tout, disait-il, « d'autres que les peuples sont appelés à recueil- « lir le fruit (3). »

Quoique les puissances qui venaient de concerter à Pilnitz un plan pour imposer des lois à la France, se flattassent de ne pas éprouver une résistance générale de la part de la nation,

---

(1) Le 26 août 1791.
(2) C'étaient en effet des devises d'une fête donnée à Pilnitz.
(3) Séance du 21 janvier 1794.

elles sentaient que le secret et le temps étaient des éléments nécessaires à l'exécution de leurs projets ; mais quand l'éclat des conférences ne les aurait pas divulgués, ils ne pouvaient manquer de l'être par l'indiscrète joie de cette partie de la nation française qui brûlait de rentrer dans sa patrie, à la suite des armées de la Prusse et de l'Autriche.

Des intérêts bien différents faisaient que cette impatience de voir commencer la guerre était partagée par deux cabinets dont l'influence était d'un tout autre poids que celle des Français expatriés.

Cette coalition dont l'Angleterre et la Russie avaient été les instigatrices, venait d'être formée. Elle avait pour base une conformité de sentiments, c'est-à-dire la haine, la crainte et l'ambition ; mais si les haines étaient égales, les alarmes ne pouvaient être les mêmes ; et les ambitions devaient se trouver opposées. Il n'était pas facile de se mettre d'accord sur le système des opérations, sur le partage des périls, des sacrifices, et encore moins des avantages qu'on se flattait de recueillir.

IX.
Disposition des diverses puissances coalisées.

La Russie, qui n'avait rien à espérer du démembrement de la France, n'avait pas non plus à redouter la propagation des idées qui fermentaient dans le midi de l'Europe ; mais, pour avoir un autre objet, son ambition n'en était pas moins ardente. Elle voulait écraser les Turcs et consommer l'envahissement de la Pologne. Pour pouvoir le faire sans contradiction, il fallait occuper ailleurs la Suède, la Prusse, l'Autriche, l'Angleterre, et leur laisser entrevoir des agrandissements, qui serviraient de prétexte à ceux qu'elle méditait elle-même.

L'Angleterre était loin de présenter le spectacle de l'unanimité de sentiments dans sa population, même dans ses conseils : mais cette division était précisément ce qui faisait desirer ardemment à ceux qui tenaient le timon de l'état, de voir éclater une guerre dans laquelle leur île ne devait courir que de médiocres dangers, et qui pouvait offrir une si riche proie ; une guerre, dont les revers, comme les succès, feraient cesser les discordes intestines. Il fallait rallier toute la nation par le seul sentiment qui fût unanime, la haine contre la France ; il fallait qu'on s'indignât des efforts des Français pour conquérir la liberté, parce qu'on en jouissait soi-même et qu'on lui devait des moyens de puissance et de bonheur ; il fallait enfin que la destruction d'un peuple devînt un vœu populaire.

Les trois puissances allemandes, c'est-à-dire la Prusse, la fédération germanique et l'empereur, étaient dans une tout autre position.

La Prusse conservait éternellement des vues sur la Lusace, sur Thorn et Dantzig, qui devaient la rendre maîtresse du cours et du commerce de la Vistule; mais l'ambition de la Russie et de l'Autriche la rendait circonspecte, et lui conseillait de ménager ses forces, même en combattant à leurs côtés.

L'empire et l'Autriche étaient menacés de plus près par la révolution française. Déja des princes allemands, possessionnés en Alsace, avaient à regretter la perte de leurs fiefs; mais ce n'était qu'après d'interminables formalités que le corps germanique pouvait être mis en mouvement; et quant à l'empereur, au sortir d'une guerre ruineuse, il n'était pas naturel que son caractère modéré et ami de la paix se démentît, pour la première fois, par une entreprise dont les résultats étaient incalculables.

Ainsi, parmi ces cinq puissances principales, le corps germanique ne pouvait se déterminer que dans un long délai, et ne pouvait agir que faiblement; l'empereur ne desirait pas la guerre, et se trouvait déja ruiné par celle qui venait de finir; la Prusse avait à surveiller l'Autriche et la Russie, et devait ménager des forces qu'il lui était plus difficile qu'à toute autre puissance de réparer; les deux cabinets instigateurs de la guerre se promettaient d'en profiter, en y prenant le moins de part possible ; et sans examiner si le moment était favorable, si les coalisés étaient prêts, s'il n'était pas utile d'attendre l'époque prochaine où il y aurait en France plus de divisions et moins de ressources, l'Angleterre et la Russie travaillèrent sans relâche à vaincre la répugnance de Léopold.

Le prince de Kaunitz, son premier ministre, déclarait encore, en février 1792, au résident de Venise, « que l'empereur était déterminé à faire tout ce qui serait possible pour éviter la guerre, après celle qui venait de peser si durement sur ses sujets (1). »

Ces dispositions ne répondaient pas à l'impatience des deux cours qui voulaient tout précipiter. Malheureusement l'empereur Léopold mourut au commencement de mars 1792, après trois jours de maladie. Aussitôt arrivèrent à tous les gouvernements, des notes, que l'on appela un monitoire politique, où la cour de Saint-Pétersbourg, s'emparant de la direction générale de la diplomatie européenne, cherchait à triompher de toutes les irrésolutions, prodiguait les instances, les démonstrations d'intérêt, les offres

Mort de l'empereur Léopold II. Mars 1792.

(1) Dépêche de la légation de France à Venise, du 14 février 1792.

de secours, et même les menaces. Elle prenait le soin de déterminer ce que chacun avait à faire, et de fixer le contingent auquel on devait s'imposer. Après avoir réparti les sacrifices, elle distribuait les récompenses. On eût dit que la conquête de la France était offerte par souscription.

La guerre allait éclater : il restait à prévoir quel en serait le caractère. Les vieillards de cette génération avaient été élevés dans le respect d'un acte célèbre, qui, en rendant le repos à l'Allemagne, paraissait avoir consacré certains principes de droit public (1). Un système s'était accrédité, qui, en balançant les forces des diverses puissances, devait les tenir toutes immobiles ; et la théorie de ce système était sur-tout prônée par les états faibles, dont il était la sauvegarde. Une autre circonstance, qui avait plus de réalité, rassurait contre l'ambition des puissances prépondérantes : on les voyait d'autant plus obérées, qu'elles étaient plus entreprenantes ; et le désordre général de leurs finances, accru tous les jours par les vices de leur administration, la difficulté d'établir de nouveaux impôts, toujours plus grande, grace à l'obstina-

---

(1) Le traité de Westphalie.

tion de la classe privilégiée, et aux réclamations de celle qui ne l'était pas, faisaient croire à l'impossibilité des longues guerres. Cette impuissance des ambitieux, cet équilibre universel, inspiraient aux faibles une sécurité qui, comme on voit, n'était fondée que sur les jalousies de leurs voisins. Mais ce sentiment dut faire place à la crainte, lorsqu'on vit, dans le nord de l'Allemagne, un prince guerrier donner pour unique base à sa monarchie nouvelle la puissance militaire ; organiser ses forces, sans égard à la population, aux ressources de son pays ; s'abandonner à la fortune du soin de sa conservation, et se mettre dans la nécessité de conquérir. Il envahit une province qui était à sa convenance. Bientôt après, les grandes puissances, qui avaient combattu entre elles, s'accordèrent pour se partager un royaume voisin, sans déclaration de guerre. Dès-lors, on n'eut plus besoin de prétexte pour s'agrandir ; il est vrai que le nom de conquête se trouva trop noble pour ces sortes d'acquisitions : il n'y eut plus ni équilibre dans le fait, ni principes dans la théorie (1). On dut

---

(1) « Les hommes d'état et les politiques modernes ont dévié des principes de morale et de religion, seule base solide et noble sur laquelle la loi des nations était originaire-

comprendre que ces mêmes puissances, en se coalisant contre la France, ne changeraient ni de vues, ni de maximes.

X.<br>Conduite des Vénitiens envers la république française.

Quant aux Vénitiens, au milieu de l'agitation générale dont l'Europe était menacée, ils prétendaient conserver les avantages de la neutralité, sans imposer silence à leurs passions. Les plaintes des négociants et des consuls français contre la partialité, les vexations, les avanies qu'ils avaient à supporter, se renouvelaient tous les jours; et on ne pouvait espérer ni des réparations, ni une conduite plus équitable.

Une gabare vénitienne, qui croisait à la vue de la Corse, reçut quelques Français fugitifs de l'île. Jusque-là, on ne pouvait raisonnablement voir un grief politique dans un acte d'humanité; mais elle donna la chasse aux gardes nationales, et cela à l'entrée du port, ce qui devenait une insulte.

---

ment assise. Ils ont introduit un principe d'exception, qu'ils appellent la loi de la nécessité politique, qui justifie la rapine par la rapine, et qui établit sur une grande échelle, entre tous les gouvernements, un système d'injustice progressive; c'est en vertu de ce système que la Pologne a été partagée; il menace du même sort l'empire turc, et même plusieurs états chrétiens de l'Europe; il est peut-être la meilleure apologie des tentatives faites pour former des gouvernements populaires. » (*Annual Register*, 1797, ch. 2.)

Lorsque l'assemblée qui gouvernait la France fit notifier aux gouvernements étrangers, le départ du roi pour Varennes, et le décret qu'elle avait pris à cette occasion, pour déclarer que cet évènement ne changeait rien aux dispositions pacifiques de la France, le gouvernement de Venise, en réponse à cette communication, renvoya à M. de Durfort, alors ministre de France, le décret et la note, parce que cette pièce n'était pas au nom du roi. Quelque temps après, ce même ministre eut à notifier, au nom du roi, l'acceptation de la constitution; cette fois, on éluda la réponse, en disant que l'ambassadeur de la république à Paris était chargé de la faire au roi lui-même (1).

Ces actes caractérisaient, sinon un système de conduite, du moins une opinion établie; mais veut-on un trait de pusillanimité? il faut descendre à des détails.

Lorsque les lois nouvelles eurent divisé le clergé de France, exclu les uns du service de l'autel, et fait douter de la légitimité des autres, le ministre de Venise, résidant à Paris, ne voulant pas reconnaître le clergé qu'on appelait constitutionnel, demanda à son gouvernement

---

(1) Dépêche de M. de Durfort, du 26 novembre 1791.

s'il trouverait bon qu'il fît célébrer l'office divin dans un oratoire particulier. Par une première réponse, on l'autorisa à faire à cet égard comme les autres membres du corps diplomatique; mais on ne tarda pas à se repentir de lui avoir donné cette latitude, et par une nouvelle lettre il lui fut recommandé de s'abstenir de prendre aucune détermination.

XI. Leur système de neutralité.

On voit que cette conduite, plus que circonspecte, n'était pas d'accord avec des actes qui manifestaient une opposition formelle.

Cette circonspection reprit le dessus lorsque les puissances étrangères voulurent engager le gouvernement vénitien dans des démarches décisives.

La cour de Turin, placée plus près du danger que les autres puissances d'Italie, imagina de former, entre tous les états de la péninsule, une ligue, qui devait avoir pour objet la conservation des droits de chacun, dans le cas d'une explosion. La proposition confidentielle en fut faite par le comte de Hauteville, ministre du roi de Sardaigne, au résident de Venise, qui en rendit compte par sa dépêche du 1$^{er}$ novembre 1791 (1).

---

(1) *Recueil chronologique*, etc., tom. I, part. 1.

Les sages ayant délibéré sur cette proposition, le vieux système de s'en tenir à la force d'inertie prévalut; on jugea le danger éloigné, improbable; et, l'affaire ayant été présentée sous ce point de vue au sénat, la décision de ce corps confirma la délibération du collége.

Ainsi la cour de Turin et le gouvernement de la république jugeaient le danger tout différemment; c'était une conséquence naturelle de la différence de leur position. Le résident reçut l'ordre de répondre dans des termes très-affectueux, mais très-entortillés, afin de dispenser la république de prendre part à une ligue dont elle ne prévoyait pas la nécessité pour le maintien de la tranquillité dans ses propres états. La cour de Turin insista, et ce fut sans effet.

La perplexité des Vénitiens fut bien plus grande lorsque des invitations hautaines de la cour de Russie vinrent porter de nouvelles atteintes à ce système d'immobilité. Cependant le gouvernement ne se laissa pas ébranler. Il sut échapper à la contagion de l'exemple, et se promit encore de rester impassible, même lorsque la guerre fut décidément déclarée entre la France et presque toutes les puissances de l'Europe coalisées contre elle.

Aux deux extrémités de l'Italie septentrionale, les deux républiques de Gênes et de Venise, qui prétendaient rester neutres, devaient s'attendre à une perpétuelle obsession de la part des puissances belligérantes. Plusieurs puissances italiennes étaient entrées dans la coalition, notamment l'empereur, comme duc de Milan, et le roi de Sardaigne. Pour interdire le passage aux Français par les côtes de la Ligurie, il importait de s'assurer de Gênes; et, pour pouvoir envoyer en Italie des renforts de troupes allemandes, il fallait traverser le territoire vénitien.

On disait qu'il existait, à cet égard, une convention entre l'Autriche et la république; mais cette convention, fort antérieure aux circonstances présentes, ne pouvait autoriser que le passage des troupes de l'empereur, et contenait une multitude de formalités et de restrictions, inconciliables avec l'urgence et l'irrégularité des mouvements militaires.

Gênes et Venise durent donc s'attendre à voir leurs droits souvent violés; mais elles se flattèrent qu'on leur tiendrait compte de leur patience, et qu'on n'exigerait pas de leur part une accession plus positive à la coalition.

Il serait fort inutile de dire, aujourd'hui, que Venise aurait pu se sauver par une véritable neutralité ou par la guerre; ni l'une ni l'autre de ces assertions ne porterait la conviction avec elle. Les évènements étaient d'autant plus difficiles à prévoir, qu'il y avait dans cette question un élément absolument inconnu, c'était le calcul des forces. La France elle-même, à cette époque, ne connaissait pas les siennes; de là cette circonspection dans sa diplomatie, pour laquelle on ne lui doit ni reproches, ni éloges. On n'était pas modéré, on était incertain. Tout le monde se trompait en croyant la France moins redoutable qu'elle ne l'était réellement; mais le gouvernement français en tirait la conséquence, qu'il fallait dissimuler des griefs qu'on ne pouvait pas venger, et les Vénitiens en conclurent qu'ils pouvaient hasarder des insultes. L'un de ces partis est beaucoup plus dangereux que l'autre.

Il était tout simple que la France, dans l'impossibilité où elle était, à cette époque, d'atteindre les Vénitiens, prodiguât les ménagements, pour éviter de se brouiller avec eux : mais les Vénitiens devaient ou écouter leur politique, et garder une neutralité réelle, si cela leur était permis; ou, si la neutralité leur était interdite, en croire leur passion, et alors unir leurs efforts à ceux des ennemis de la France. Dans tous les cas, ils devaient se mettre en état de se faire respecter.

Si la France devait être vaincue, ils accéléraient sa défaite, et se mettaient en droit de réclamer une part des avantages procurés par la guerre. Si la fortune favorisait les Français et les conduisait jusqu'en Italie, les Vénitiens se trouvaient au moins sous les armes au moment du danger; s'ils ne pouvaient pas le repousser, ils étaient en position de traiter avec moins de désavantage : enfin, s'il fallait périr, on pouvait succomber plus honorablement.

Ce qu'il y a de certain, c'est qu'il ne fallait pas s'arrêter à un système, pour ne pas le suivre; à un système contre lequel les passions intérieures luttaient, sujet à toutes les alternatives de la crainte et de l'espérance, et qui laissait la république sans amis, parce qu'il ne révélait que sa faiblesse.

Le gouvernement de Venise se hâta de déclarer à la cour de Vienne, qu'il ne se départirait jamais de son invariable neutralité. C'était promettre de ne prêter aucun secours à la France; mais, dès ce moment même, on cessa de tenir la balance égale en ne rassurant pas la France par une semblable déclaration. Cette déclaration, il aurait été plus qu'inutile de la faire, puisqu'il n'était pas possible de la tenir.

*Ils donnent passage aux troupes autrichiennes.*

Les Vénitiens se virent obligés d'ouvrir le passage sur leur territoire, non-seulement aux troupes autrichiennes, qui se rendaient dans le Milanais; mais encore à une petite armée de huit mille hommes, que l'empereur envoyait au secours du roi de Sardaigne ; aux convois que celui-ci faisait venir d'Allemagne, et à des troupes que l'Angleterre avait prises à sa solde : ce qui assurément ne se trouvait pas stipulé dans les engagements antérieurement existants entre la république et l'Autriche.

Celle-ci, encouragée par ces premières complaisances, renouvela ses instances pour entraîner la république dans la coalition. Le gouvernement vénitien s'en défendit, mais il acheta le droit de persister dans sa neutralité par une concession nouvelle ; et, le 6 octobre 1792, il autorisa par un décret tous ses sujets à fournir à l'empereur et au roi de Sardaigne des armes, des vivres, des chevaux, toutes choses qu'on ne fournit pas quand elles doivent servir à faire la guerre à une puissance avec laquelle on veut rester dans les termes d'une parfaite neutralité. Mais ce décret s'explique, lorsqu'on se rappelle qu'à l'époque où il fut rendu, les armées de la coalition avaient pénétré en France et étaient en marche sur Paris.

*Ils leur fournissent des vivres, des armes, des chevaux*

Un peu avant cette époque, la cour de Naples avait reproduit un projet de ligue italique. Ce cabinet, que dirigeait alors le ministre Acton, n'ignorait pas les dispositions du gouvernement vénitien : aussi, pour lui faire adopter ce projet, avait-on soin de ne présenter la ligue que comme défensive, et d'écarter toute idée d'agression contre la Frace. On appuyait la proposition sur ce raisonnement : « L'Autriche et la Prusse se sont coalisées contre la France : ou elles réussiront dans leur projet de pénétrer jusqu'à Paris, ou elles y échoueront. Si leurs armées arrivent jusque dans cette capitale, toutes les armées françaises, toute cette population en effervescence, se trouveront refoulées vers les provinces de l'ouest et vers le midi : il y aura tout à craindre de leur courage et des conseils du désespoir, pour ceux qui se trouveront exposés à la pression de ce colosse politique. Si, au contraire, les Autrichiens et les Prussiens sont repoussés, qui sait jusqu'où peuvent se porter l'audace, l'ambition d'une nation puissante dans l'ivresse des succès (1)? » Malgré ce dilemme, la cour de Naples reçut à-peu-près la même réponse que la cour de Turin.

XII.
Ils refusent de reconnaître la république française.

Les évènements qui se passaient en France présentèrent bientôt la question sous une face nouvelle. Le roi avait été détrôné. L'ambassadeur de France à Venise avait cessé ses fonctions. Ce même ambassadeur Vénitien qui n'avait pas osé faire dire la messe dans son hôtel, prit sur lui

---

(1) *Recueil chronologique*, etc., tom. I, partie 1.

de quitter Paris sans prendre congé, et de se retirer non à Venise, mais en Angleterre ; conduite qui reçut l'approbation formelle du sénat. La nouvelle république qui venait de se constituer en France ne crut pas devoir en témoigner le moindre ressentiment, ni pouvoir se passer d'envoyer un nouveau ministre à un gouvernement qui cessait d'avoir un représentant auprès d'elle. Cette tentative lui occasionna un affront. Le chargé d'affaires, auquel on envoya des pouvoirs, ne put parvenir à se faire reconnaître. Le gouvernement français, qui était loin d'avoir le pressentiment de sa destinée, ne jugea pas au-dessous de lui d'insister pour obtenir l'admission de cet agent. Il cita vainement l'exemple de l'Espagne, de Naples, de Florence, de Gênes. Le sénat refusa de recevoir des lettres de créance dans lesquelles l'ancienne formule ne se retrouvait pas littéralement (1).

On conçoit très-bien sans doute une pareille difficulté, car ce changement de formule n'était pas moins que la déclaration d'un changement de gouvernement. Mais ce qui est plus difficile à concevoir, c'est que la nouvelle république

---

(1) Dépêches de la légation française, des 8 et 17 septembre 1792.

ait persisté dans ses sollicitations; que le sénat vénitien ait proposé un accommodement qui était une inconséquence, et que le gouvernement français s'en soit contenté.

En refusant de reconnaître l'envoyé de la république, le sénat consentit à traiter avec lui, mais par l'intermédiaire de son secrétaire de légation, ce qui était certainement assez bizarre; et cette préférence accordée au secrétaire venait de ce que le nom de la république n'était pas dans ses pouvoirs (1).

Lorsqu'on lui avait notifié l'existence de cette république, le gouvernement vénitien avait répondu, avec une naïveté qui ne lui était pas ordinaire, « qu'il ne serait ni des premiers ni des derniers à la reconnaître (2). »

C'était faire dépendre son amitié des évènements, et se mettre à la discrétion de la fortune.

En attendant, on persistait toujours à dire qu'on restait avec la France dans les termes d'une parfaite neutralité. Cependant on soumettait les Français voyageurs à des formalités qui auraient

---

(1) Dépêches de la légation française, du 22 décembre 1792.

(2) *Id.* du 27 octobre 1792.

pu passer pour injurieuses (1); on laissait les chemins ouverts à toutes les troupes allemandes qui descendaient en Italie (2); on trahissait sa partialité, en exhortant officiellement la république de Gênes à s'opposer de toutes ses forces au passage des Français (3); et on se laissait soupçonner d'avoir secouru le roi de Sardaigne par d'imprudentes libéralités, que la voix publique faisait monter à cinq cent mille ducats. Les moindres accidents devaient nécessairement faire éclater une inimitié si faiblement dissimulée. La frégate française la Junon, qui était dans la rade de Gênes, ayant envoyé son canot à terre, les hommes qui le montaient furent assaillis dans le port par des matelots vénitiens, qui les battirent, en blessèrent plusieurs, et mirent en pièces le pavillon français (4).

Cette offense fit sortir le gouvernement français de son système d'impassibilité. La réparation demandée avec fermeté fut obtenue. Les matelots vénitiens furent punis; et le ministre des relations étrangères, en rendant compte de

---

(1) *Id*. Des 6 octobre et 29 décembre 1792.
(2) *Id*. des 13 et 20 octobre 1792.
(3) *Id*. du 20 octobre 1792.
(4) *Id*. du 17 août 1792.

cette affaire à l'assemblée qui gouvernait alors la France, crut devoir ajouter, pour qu'on ne trouvât pas la réparation insuffisante, que les matelots français, victimes de cette rixe, avaient eu aussi des torts (1).

La diplomatie du gouvernement vénitien et son inquisition domestique rivalisaient d'activité; tandis qu'au-dehors on entretenait la correspondance la plus suivie avec les ennemis de la nation française, à Venise les prisons se remplissaient de ceux qu'on croyait ses partisans. On multipliait les précautions pour empêcher l'introduction de tout ce qui pouvait propager les nouvelles maximes et rappeler le souvenir de la France. L'animosité des ennemis que cette nation avait en Italie était allée jusqu'à faire imprimer un livre d'église, où les prières n'étaient que des imprécations contre les Français. Ce livre fut défendu par les inquisiteurs d'état. On aurait pu voir dans cette prohibition un trait d'impartialité, si des rigueurs excessives n'eussent manifesté les véritables sentiments de cette magistrature.

Le chargé d'affaires de France entretenait de quelques bienfaits un vieux prêtre nommé Ales-

---

(1) Séance du 16 octobre 1792.

sandri, qui acquittait sa reconnaissance par des assiduités. Ces assiduités devinrent un crime. Un jour ce vieillard étant aux pieds de son confesseur, celui-ci lui dit : « Un de mes pénitents est « venu m'avouer qu'il avait promis de vous poi- « gnarder, si vous étiez encore à Venise dans « huit jours. » Le moine pressa vivement Alessandri d'ôter à ce malheureux l'occasion de commettre un crime. « Voilà, ajouta-t-il, quelques « ducats, pour que vous puissiez vous éloigner « incessamment du territoire de la république. » On voit que les sentences d'exil se prononçaient au tribunal de la pénitence (1).

Un podestat vénitien, nommé Erizzo, s'était fait, dit-on, la dangereuse réputation de parler quelquefois sans horreur de la France. Sa qualité de patricien fit croire qu'il pouvait y avoir quelque inconvénient à divulguer un si pernicieux exemple. Il avait auprès de lui un secrétaire nommé Zannini, auquel il était attaché. « On ignore si celui-ci partageait l'esprit de tolérance dont son protecteur était accusé, mais les juges ne pouvaient placer la peine plus près du coupable. Le podestat reçut l'ordre d'envoyer son secrétaire à Venise. Le malheureux fut re-

---

(1) Dépêche de la légation française, du 29 décembre 1792.

mis aux mains des sbires et disparut. Cette méprise volontaire du tribunal glaça tous les esprits (1). »

Cette haine qu'on portait à la France avait cependant un contre-poids; c'était la crainte de l'Autriche. En dernière analyse, c'était dans la balance de ces deux sentiments que consistait toute la neutralité des Vénitiens, et ils ne prirent jamais aucune précaution pour qu'elle ne parût pas ce qu'elle était en effet; de sorte que, de part ni d'autre, on ne se crut obligé de leur en tenir compte.

On a dit : Les sénateurs de Venise n'auraient pas dû perdre de vue cette maxime fondamentale de leurs prédécesseurs, qui sauva si long-temps leur république du despotisme pontifical, *nous sommes Vénitiens, avant d'être chrétiens.* S'ils eussent dit, dans ces derniers temps, *nous sommes Vénitiens, avant d'être patriciens*, leur gouvernement subsisterait encore. Cela n'est pas certain, mais il est évident que ce n'étaient pas les prétentions de l'orgueil aristocratique qui pouvaient sauver l'état.

Les maximes sont faites pour être reproduites dans tous les temps; mais les dangers extraor-

---

(1) *Id.* du 15 décembre 1792.

dinaires veulent de ces résolutions qui n'appartiennent pas tant à l'étendue de l'esprit qu'à la force du caractère. Cette fausse prudence qui nous attache servilement à des traditions dont toute l'autorité consiste dans des maximes surannées et dans des exemples qui ne trouvent plus d'application, est la plus dangereuse de toutes les folies.

Graces au système dans lequel elle s'était obstinée, Venise devait ressentir le contre-coup de tous les évènements extérieurs. Elle ne pouvait se réjouir sincèrement des succès d'aucune des parties belligérantes. Elle était destinée à passer d'anxiétés en anxiétés. Elle en fit l'épreuve dès les premiers moments de la guerre.

Les armées de la coalition, après avoir pénétré jusqu'à quarante lieues de Paris, évacuèrent le territoire français. Les Prussiens se retirèrent, parce qu'ils s'aperçurent que leurs alliés leur laissaient faire l'avant-garde, sans avoir peut-être l'intention bien positive de les soutenir; parce qu'ils trouvèrent une vigoureuse résistance là où on les avait flattés d'une invasion facile; enfin, parce qu'il n'eût pas été raisonnnable d'entreprendre la conquête de la France avec une armée de soixante mille hommes, qui diminuait tous les jours, tandis que la nouvelle république

XIII.
Première campagne de la révolution.
1792.
Retraite des Prussiens.

déployait des forces qui démentaient toutes les assertions et trompaient tous les calculs.

<small>Envahissement de la Savoie.</small> La Savoie et le comté de Nice furent envahis. Le roi de Sardaigne devait s'attendre à voir les Français descendre des Alpes, aussitôt qu'ils auraient une armée disponible. Les peuples menacés par la guerre commençaient à désapprouver, par leurs murmures, une coalition qui l'avait provoquée, et les résidents vénitiens dans les cours étrangères rendaient compte au sénat des premiers symptômes de désunion qui se manifestaient parmi les coalisés.

<small>Bataille de Jemmapes.</small> La bataille de Jemmapes avait décidé du sort de la Belgique. Les Français étaient maîtres du cours de la Meuse. Mayence venait de se rendre à Custines; et, à l'exception de quelques places, tout le pays situé entre le Rhin et la mer se trouvait conquis.

Une escadre française, aux ordres de l'amiral Truguet, était dans le golfe de Gênes, une autre devant le port de Naples.

<small>Mort de Louis XVI. 1793.</small> Cette attitude imposante des armées françaises devait confirmer dans leur neutralité les gouvernements qui ne s'étaient pas encore déclarés contre la république. Mais la France, l'Europe, étaient dans l'attente d'un grand événement. Il allait être décidé du sort de Louis XVI. Le 21 janvier 1793 couvrit la France de

deuil. Ce fut le 26 que le sénat de Venise, sur la proposition de Jérôme Juliani, sage de semaine, revint sur le refus qu'il avait fait de reconnaître le chargé d'affaires qui se présentait avec des lettres de créance expédiées au nom de la république (1). C'était déceler sa faiblesse que choisir un tel moment pour une pareille concession. Quelques mois plus tôt, on aurait pu croire que le sénat n'avait été déterminé que par sa politique.

XIV. Promesse d'admettre le ministre de la république française, par le sénat vénitien.

---

(1) Voici le texte de la réponse du sénat :

« Le chargé des affaires de France a donné un mémoire au sénat le 22 du courant, par lequel il l'a informé de sa nouvelle qualité de chargé d'affaires de la république française, à laquelle il voudra bien faire connaître les sentiments de notre parfaite amitié et de notre bonne intelligence.

« Le sénat, qui connaît, par une longue expérience, les qualités personnelles du chargé d'affaires, sensible aux expressions amicales de ce mémoire, est persuadé qu'il ne continuera l'exercice de son ministère que pour seconder les bonnes dispositions énoncées dans ses lettres de créance, et qu'il emploiera les moyens les plus efficaces pour maintenir l'amitié et la bonne intelligence, qui, depuis si long-temps, subsistent heureusement entre les deux nations. Aussi le chargé d'affaires de France doit-il être convaincu qu'il sera traité avec les égards qu'il mérite, et que le sénat saisira avec empressement toutes les occasions de lui manifester de plus en plus sa considération particulière. »

*Meurtre de Basseville à Rome.*

Peu de jours auparavant, un attentat avait été commis à Rome contre le droit des gens. Le représentant de la république française, Basseville, avait été assailli dans sa voiture par le peuple en fureur, poursuivi dans sa maison, assiégé, frappé d'un coup mortel, traîné dans les rues, les intestins hors du ventre, accablé d'outrages, et jeté dans un corps-de-garde où il avait rendu le dernier soupir. La relation romaine qui publiait cet évènement, condamné par le souverain pontife lui-même, se terminait par ces mots : « La chose est accomplie; à ces traits, on reconnaît l'ancienne Rome. »

Cette fureur populaire avait été occasionnée par l'aspect de la cocarde nationale et par l'ordre que Basseville avait reçu de faire placer l'écusson de la république sur la porte de son habitation.

Le sénat de Venise, prévoyant l'explosion du ressentiment qui allait éclater, après un pareil outrage, ne voulut pas s'exposer à en partager les effets, et ce fut probablement une des raisons qui le déterminèrent à éviter une rupture avec la nouvelle république. Quelques membres du sénat penchaient vers un parti plus hasardeux; mais leur influence se borna à prolonger pendant cinq jours la délibération où on agita si on se déclarerait ouvertement contre la France.

La majorité de ce corps, toujours éloignée des entreprises hasardeuses, persista dans le système de neutralité. Tout ce qu'on put en obtenir, ce fut d'éviter de reconnaître formellement la république. Cette réticence était difficile à expliquer, puisqu'on venait d'admettre son agent. On s'en tira par un subterfuge peu digne de la gravité de ce sénat; on ne qualifia cet agent que du titre de chargé d'affaires de la nation, et non de la république française.

Mais il demanda, bientôt après, l'autorisation d'arborer ce signe fatal, qui avait occasionné à Rome un si effroyable tumulte. Le sénat ne crut pas pouvoir éviter d'y consentir, et il eut la sagesse de prendre des mesures pour que le peuple, attiré par la nouveauté de ce spectacle, ne démentît point, par des outrages, la neutralité que le gouvernement voulait professer.

XV. Revers des armées françaises en 1793.

Le gouvernement tumultueux qui venait de s'établir en France, avait, dans la lutte terrible où il se trouvait engagé, un assez grand nombre de désavantages. Il était odieux et incompatible avec toute bonne administration. Un sentiment généreux et toujours légitime, l'horreur du joug étranger, suppléa à tout. Ce gouvernement violent et sanguinaire déploya une grande énergie; mais là où l'énergie ne suffisait pas, ses efforts ne servaient qu'à l'épuiser. La fortune le soumit cette année aux longues épreuves des plus terribles revers. Tandis qu'au-dedans la discorde décimait les conseils, et que la guerre civile ensanglantait une grande partie du territoire, au-dehors la défaite de Nerwinde (1) faisait perdre aux Français ces belles provinces de la Bel-

<small>Bataille de Nerwinde.</small>

---

(1) Ce n'est peut-être pas le mot propre. La bataille de Nerwinde fut fatale, sans être décidément une bataille perdue. La droite et le centre des Français la croyaient gagnée ; la gauche recula malgré les instances du général Valence au général Miranda, et abandonna la ligne sans nécessité ; mais ce n'est point une histoire militaire que j'écris, et je considère cette bataille dans ses résultats. Quant à l'évacuation de la Belgique, elle était forcée après cet échec ; cependant cette retraite fut aussi une conséquence des conférences que le général Dumouriez avait eues avec le colonel autrichien Mack, conférences dans lesquelles il s'était fait l'allié des armées étrangères, pour marcher sur Paris.

Ces faits sont d'une tout autre importance que les détails de ce qui se pasait à Venise, mais on ne peut pas s'y arrêter et on ne peut pas toujours les caractériser avec justesse par un seul mot.

Je me borne à cette explication, pour excuser toutes les inexactitudes semblables, qui pourront se présenter dans la suite à propos des évènements contemporains que je suis obligé de rappeler, pour jeter de la clarté sur l'histoire de Venise, mais sur lesquels je dois m'interdire les développements, parce qu'ils n'appartiennent pas à cette histoire.

gique, que la victoire de Jemmapes leur avait ouvertes; les tempêtes dispersaient les flottes de la Méditerranée; et la coalition, qui voyait renaître ses espérances, se renforçait de l'accession déclarée de l'Angleterre, de l'Espagne, et du roi de Naples.

Condé, le Quesnoy, Landrecies, capitulaient; Valenciennes, écrasée sous cinquante mille bombes, ouvrit ses portes aux Autrichiens; Mayence succomba à la famine; l'Alsace fut envahie; Toulon fut livré aux ennemis; les Espagnols étaient dans Villefranche et dans Bellegarde; six cent mille hommes suffisaient à peine à retarder la marche des armées étrangères, qui, heureusement, ne pouvaient avoir, au milieu de tant d'ambitions jalouses, ni une direction combinée, ni un intérêt commun.

Perte de plusieurs places. Valenciennes. Mayence. Toulon.

Plusieurs fois, dans le cours de cette année fatale, les puissances coalisées pressèrent la république vénitienne de sortir de son imprudente neutralité. Plusieurs fois les divers gouvernements d'Italie renouvelèrent la proposition de former au moins une ligue, pour la sûreté de la péninsule. Le roi de Sardaigne sur-tout, qui avait à en défendre l'entrée, représentait vivement que le salut de tous était intéressé au succès de ses efforts, et que, par conséquent, toutes les puissances italiennes lui devaient d'y concourir. On a dit que le gouvernement de Venise se détermina à lui envoyer un secours de cinq cent mille ducats; mais ce subside fut donné avec un si profond mystère, qu'on ne pouvait y voir qu'une nouvelle preuve de la timidité et de l'irrésolution de la république. Telle était l'obstination du sénat dans son système d'inaction, qu'on ne put compter que trois voix pour accueillir les propositions du cabinet de Naples, celles de François Pesaro, d'un autre patricien de son nom, et d'un Zeno.

XVI.<br>Note présentée au gouvernement de Venise par le chargé d'affaires de France. 6 juin 1793.

Le gouvernement français, qui, au milieu de tant de désastres, avait bien aussi des sujets de terreur, publia à cette époque une déclaration de ses principes.

Le chargé d'affaires de France, en la notifiant au gouvernement vénitien, le 6 juin 1793, proclama la résolution du peuple français, de ne s'ingérer en aucune manière dans le gouvernement des autres états, mais, en même temps, de s'ensevelir sous ses propres ruines, plutôt que de souffrir qu'aucune puissance étrangère vînt s'immiscer dans le régime intérieur de la république, ou prendre aucune influence sur la constitution qu'il voulait se donner.

« Les nations, disait ce résident, ont de tout temps joui du droit d'organiser leur gouvernement, comme elles l'ont jugé convenable pour leur bonheur. Les exceptions à ce principe sacré du droit des gens, ne prouvent que l'abus de la force, et toute autorité qui en a été le résultat n'est que de la tyrannie.

« La nation française, également exempte de la pusillanimité qui cède à des volontés étrangères, et de l'ambition de gouverner au-delà des limites de son territoire, a consacré solennellement ce principe, aussi cher aux nations qu'aux familles, de ne point s'ingérer dans les actions d'autrui, tant qu'elles ne peuvent influer ni sur leur bonheur, ni sur leur sûreté, ni sur leur tranquillité.

« La nation française a pris les armes pour soutenir la souveraineté et l'unité de la république ; elle les déposera, quand ses ennemis auront reconnu ses droits imprescriptibles, qu'elle est résolue de défendre jusqu'à la dernière extrémité. Ce serait en vain qu'on lui proposerait aujourd'hui une forme de gouvernement, qu'elle avait adoptée à la vérité, mais que l'expérience lui a fait rejeter. Sa volonté sur ce point n'a d'autres limites que celles de son énergie. Elle se détermine d'après ses intérêts, ses besoins ; et tant que sa volonté n'offense pas les droits de ses voisins, elle n'en doit compte qu'à elle-même.

« Que deviendrait la tranquillité de l'Europe, si quelques puissances ambitieuses pouvaient changer à leur gré l'organisation intérieure des nations voisines? En soutenant ses droits, la nation française défend aujourd'hui ceux de tous les peuples. Ils invoqueront son exemple, quand l'étranger voudra se rendre arbitre de leur destinée; quand, à leur tour, ils auront à lutter contre les principes d'usurpation qu'on a voulu nous opposer.

« La reconnaissance de la république française et de sa souveraineté est désormais une condition essentielle de tous les traités qui pourront être faits pour le repos de l'Europe, si cruellement troublée par l'ambition des princes qui la gouvernent. Il importe qu'ils soient profondément pénétrés de cette vérité, comme ils doivent l'être de l'impuissance des moyens qu'ils ont employés pour lui imposer des lois. »

En même temps qu'elle proclamait de telles maximes, la république française ne cessait de représenter au sénat, que la France était la seule conservatrice de l'indépendance de l'Italie; que l'Autriche, dont les armées traversaient sans cesse le territoire vénitien, pour inonder la péninsule, était un ennemi naturel, dont il était moins dangereux de braver les menaces que d'accroître l'influence (1). C'était proposer au sénat une alliance avec la république française. Cette proposition suffisait pour le faire trembler. Il ne savait que trop ce qu'il avait à craindre de la puissance autrichienne, mais il n'oubliait pas tout ce que l'amitié de la république française pouvait avoir de périlleux. C'était déja avoir donné un assez grand scandale à l'Europe coalisée, que d'avoir admis un représentant de la France républicaine; le gouvernement vénitien, enhardi par les évènements de la guerre, chercha l'occasion de le réparer.

On lui avait demandé s'il recevrait un envoyé revêtu du caractère de ministre, et on lui avait en même temps exprimé le desir et l'espérance de voir la légation vénitienne rétablie à Paris. La réponse avait été affirmative; en conséquence, le chargé d'affaires fut rappelé, et un ministre se présenta, vers le mois de juillet, avec de nouvelles lettres de créance; mais, au lieu de l'accueillir, le sénat déclara « que les principes de son impartialité ne lui permettaient aucune variation dans la forme de ses correspondances, et que les circonstances le contraignaient à n'ad-

Refus de recevoir un ministre français.

---

(1) Dépêches du gouvernement, du 3 août 1793.
  id. de la légation française, du 27 juillet 1793.

mettre aucun changement dans celles qui subsistaient actuellement (1). »

De sorte que le ministre méconnu se vit obligé de partir, et les relations restèrent confiées à un agent d'un rang inférieur. Ce refus s'explique par les menaces de l'Autriche, dont les troupes semblaient prêtes à envahir le Frioul; par l'apparition d'une flotte anglaise dans la mer de Ligurie; et par les intrigues de tous les ministres étrangers, en résidence à Venise, notamment de l'ambassadeur espagnol. La république française n'en témoigna aucun ressentiment. Sa diplomatie en était venue au point de se féliciter d'être tolérée; et le ministère, qui ne pouvait se dissimuler tout-à-fait la honte de cette conduite, avouait « que tant de prudence n'eût pas été nécessaire, s'il l'eût été moins de conserver un agent à Venise, dans l'état actuel des choses (2). »

On serait tenté de croire que cet agent dirigeait ou préparait un parti dans la population vénitienne ; mais, quand on considère l'état d'isolement, de surveillance et d'humiliation où le tenaient la surveillance du gouvernement vénitien, la haine de toutes les autres légations,

---

(1) Dépêche de la légation française, du 3 août 1793.
(2) Dépêches du gouvernement, des 7 février, 7 mars, et 6 mai 1793.

la détresse à laquelle son propre gouvernement l'abandonnait, on demeure convaincu de l'impuissance où il était, je ne dis pas d'acquérir aucune influence, mais même de protéger efficacement les intérêts, souvent lésés, du peu de nationaux qui se hasardaient sur cette terre ennemie.

Mais cette légation contribuait à l'expédition de quelques approvisionnements que la France, alors en proie à la famine, sollicitait en vain de toutes parts; elle servait de point de communication avec Constantinople. Tels étaient les faibles avantages qu'on achetait à ce prix; car du reste la France aurait pu rappeler sa légation et prendre un langage plus digne de sa puissance, sans que le gouvernement vénitien eût trouvé dans cette conduite une raison de se déterminer à la guerre.

Enhardis par le refus dont ils venaient d'être témoins, les ministres des cours coalisées, résidant à Venise, entreprirent plusieurs fois de contraindre le gouvernement à expulser le secrétaire de légation, seul et faible reste de la représentation française.

XVII. Efforts des Anglais pour faire expulser de Venise la légation française. Décembre 1793.

Cette demande, toujours éludée, se reproduisait sous différentes formes. Elle fut renouvelée avec plus d'éclat et de force au mois de décembre.

Le 11 de ce mois, le collége reçut des inquisiteurs d'état l'avis suivant :

« Il est venu à la connaissance de ce tribunal que le chevalier Worsley (résident d'Angleterre à Venise) doit dans quelques jours présenter au gouvernement un mémoire, dont l'objet est de demander, comme un acte de complaisance pour sa majesté britannique, l'éloignement de la légation française. Il doit faire aussi cette demande au nom de toutes les puissances coalisées. Il la fondera sur des raisons prises dans l'intérêt de la république et dans celui de tous les princes; en exposant que les Français profitent de leur séjour dans l'état de Venise, et de la protection de cet état, pour faire passer les courriers au moyen desquels ils tentent de mettre l'Orient en mouvement, et pour entretenir des divisions intestines parmi les Grisons; afin de ménager par là un passage aux émissaires français, ou étrangers, qui vont prêcher par-tout le désordre et la révolte contre les souverains légitimes. Il proposera, en retour de cette complaisance, l'offre d'une flotte anglo-espagnole, qui se chargerait de la défense des côtes de la république, dans le cas non probable d'une agression de la part des Français; laissant du reste à la république la faculté de persister dans sa neutralité, sous la réserve toutefois de ne fournir à la France ni munitions de bouche, ni munitions de guerre. Il assurera que ces propositions lui ont été dictées, avant son départ, par le roi lui-même, et qu'elles lui ont été confirmées par M. Pitt. Le chevalier Worsley témoignera dans ses discours quelque désapprobation des formules altières dont mylord Hervey a usé en Toscane, et des menaces de M. Drack à Gênes; formes qu'il reconnaîtra ne point être convenables avec la république de Venise, qui, dans tout le cours des affaires présentes, s'est conduite de manière à manifester la droiture de ses sentiments. Il se propose de n'employer que des insinuations appuyées sur la justice, sur la vérité, et particulièrement sur cette ancienne et parfaite intelligence qui a constamment subsisté entre les deux états. On croit enfin qu'il s'est déterminé à cette démarche d'après l'avis des ministres des cours de Vienne, de Saint-Pétersbourg et de Berlin, résidant à Venise (1). »

On voit, par cette note, que l'inquisition d'état était instruite d'avance de ce qui se préparait dans les chancelleries des ministres étrangers, et qu'elle mettait le conseil en état de délibérer sur leurs demandes, avant de les avoir reçues officiellement.

---

(1) *Recueil chronologique*, tom. I, part. 1.

Le chevalier Worsley présenta en effet la sienne quelques jours après; mais elle n'eut pas le succès qu'il en avait espéré.

Le 17 décembre, l'inquisition d'état adressa au collége une nouvelle note ainsi conçue :

« Le tribunal a été averti que le résident d'Angleterre se proposait de lui adresser directement une communication dictée, dit-il, par les sentiments qu'il professe pour le gouvernement vénitien. Le tribunal croit devoir la transmettre confidentiellement au collége des sages, pour qu'ils en fassent l'usage qu'ils jugeront convenable.

« On prétend que les Français ont offert des sommes immenses au ministère ottoman, pour exciter la Porte à déclarer la guerre à l'empereur et à la Russie, afin d'opérer une diversion en faveur de la France. On dit que, n'ayant pas trouvé le moyen d'y réussir facilement, ils tentent de l'engager à attaquer la république de Venise. Ils calculent que la république, se voyant attaquée, sera obligée d'appeler les Impériaux à son secours, de manière que ceux-ci, sans avoir été provoqués directement par les Turcs, se trouveront en guerre avec eux. Outre les sommes ci-dessus énoncées, on promet à la Porte de lui laisser la partie des états vénitiens que ses armées auraient conquise.

« On ajoute que, du côté des Grisons, les Français intriguent contre Venise, et s'efforcent de réveiller le ressentiment de ces peuples. Leur objet est de s'ouvrir, par cette voie, une communication avec la Lombardie autrichienne.

« Le résident prétend en outre que le renvoi de la légation française aurait cet avantage qu'il priverait cette nation d'un passage pour ses courriers, pour ses messages, et que cette mesure ferait avorter le complot ourdi dans le sein de la république ; qu'au surplus elle peut se tenir assurée d'être défendue par toutes les forces de la Grande-Bretagne et des princes coalisés (1). »

Cette note donne une idée des moyens qui étaient mis en usage, pour arracher le gouvernement vénitien à son système de neutralité.

Pendant toutes ces délibérations, les armées françaises avaient terminé la campagne de 1793 par des avantages assez considérables. La bataille d'Hondscoote, et sur-tout celle de Watignies (2), avaient rétabli les affaires de la république dans le nord ; et au midi les troupes étrangères fuyaient de Toulon qu'elles laissaient en proie aux flammes.

XVIII.
Symptômes d'agitation en Italie ; perplexité des Vénitiens.
1794.

───────────

(1) *Recueil chronologique*, tom. I, part. 1.
(2) 16 octobre 1793.

Quelques symptômes d'agitation s'étaient manifestés en Italie vers la fin de cette année. On ne pouvait pas encore les caractériser comme une insurrection, mais on pouvait en concevoir quelque inquiétude. Les états de Venise eux-mêmes n'en furent pas tout-à-fait exempts. Les étudiants de l'université de Padoue se livrèrent à une effervescence qui tenait peut-être encore plus à la légèreté de leur âge, qu'à l'influence des idées nouvelles. Mais ce mouvement fut calmé sans effort, même sans rigueur. On craignait sur-tout pour les provinces les plus voisines du Milanais, c'est-à-dire pour Bergame et Brescia.

L'inquisition d'état y envoya un agent spécialement chargé de surveiller et d'arrêter les progrès du fanatisme. Il arriva que le fanatisme gagna beaucoup de têtes, et celle du commissaire lui-même (1).

La petite ville de Motta, dans le Frioul, s'avisa de faire un exposé de ses griefs, obligea les magistrats à le recevoir; et l'assemblée de cette commune prit le titre d'assemblée nationale.

Dans l'île de Zante, il y eut des rixes assez violentes, que l'on imputa aux fauteurs des nouvelles opinions; aussi, bientôt après, la maison du consul

---

(1) *Recueil chronologique*, tom. I, part. 1.

français qui résidait dans cette île fut-elle brûlée.

L'acte le plus remarquable de la police vénitienne à cette époque fut l'arrestation du sénateur Zorzi, qu'on ne manqua pas d'attribuer à des projets de révolution conçus par ce patricien.

Sans ces symptômes alarmants, sans quelques placards séditieux, qui invitaient le gouvernement à considérer le danger de plus près, il aurait été tenté de ne voir dans ce qui se passait en France qu'une époque importante de l'histoire; tant on aimait à s'aveugler pour ne pas sortir de son inaction! tant on se reposait sur ce système de neutralité, qui n'est point une sauve-garde, quand il est avéré que la modération, l'impartialité, ne sont que de la crainte et de la faiblesse!

On a dit souvent que, si, à cette époque, les états neutres s'étaient entendus, ils auraient pu demeurer inébranlables au milieu de cette vaste commotion. Et quels étaient-ils donc ces neutres, pour mettre, par leur médiation, un terme aux malheurs de la guerre, ou pour imposer au moins aux puissances belligérantes? La Suède et le Danemarck au nord, au midi la Fédération helvétique, les républiques de Venise et de Gênes, la Toscane; à l'orient la Turquie; au-delà des mers les États-Unis; c'est-à-dire des états du second ou du troisième ordre, si on en excepte l'empire ottoman; des états épars et qui ne pouvaient avoir un intérêt commun. A toute rigueur, on conçoit qu'ils auraient pu former une flotte, mais conçoit-on qu'ils eussent pu rassembler des armées pour agir de concert?

Chacun d'eux était plus ou moins entraîné en sens contraire par des intérêts opposés; et, pour ne parler que des Vénitiens, on les voit alarmés des principes français, alarmés des succès de l'Autriche, professant le principe de la neutralité, et pénétrés d'horreur pour les maximes françaises, qu'une partie de leurs sujets pouvait embrasser avec enthousiasme. C'est de la lutte de ces sentiments divers que résultent tous les contre-sens qu'on remarque si fréquemment dans leur conduite. Il faut aussi faire entrer en ligne de compte la dégénération de leur caractère, la timidité de leur gouvernement, le désordre de leurs finances, et l'état déplorable de leurs forces militaires. Le secret, qui jusque-là avait couvert le mystère de leurs délibérations, avait cessé d'être impénétrable, et on appliquait à ce symptôme de corruption le vain remède d'un serment.

Les anciennes lois qui interdisaient aux nobles toute communication avec les membres du corps diplomatique, furent exécutées avec une nouvelle rigueur; on les étendit aux personnes des deux sexes ; et les femmes des patriciens, celles même des secrétaires ne purent plus, sous peine de la vie, avoir la moindre relation avec un étranger.

Dans le même temps qu'ils refusaient de recevoir le ministre de la république française, les Vénitiens évitaient d'écouter ceux qui venaient échauffer leur zèle en faveur des Français expatriés ; et cependant les uns et les autres restaient à Venise, et traitaient, par des voies indirectes, avec ce gouvernement, trop circonspect pour avouer de telles relations (1).

Les Vénitiens fournissaient des blés à la république française et au gouvernement autrichien (2); mais en même temps ils en refusaient aux rois de Sardaigne et de Naples (3). On promettait de recevoir un ministre de France, et on éludait son admission ; on traitait avec le gouvernement sans le reconnaître, et on continuait de qualifier d'ambassadeur en France le ministre vénitien qui s'était retiré à Londres, et on croyait que le gouvernement français devait tenir compte

---

(1) Dépêches de la légation française, des 2 et 23 novembre 1792, 15 nivose, 16 germinal, et 5 prairial an II.

(2) *Id.* du 12 octobre 1792.

(3) *Id.* des 20 pluviose, et 16 germinal an II.

de cette condescendance illusoire. Ce n'était point là de l'impartialité, c'étaient des alternatives de passions contraires.

Il faut le dire, il y avait des intervalles où la police à Venise était plus neutre que le gouvernement. Si elle punissait des patriciens suspects de gallomanie, elle réprimait aussi les écarts de ceux qui déclamaient trop imprudemment dans le sens contraire, et des prêtres, dont le zèle allait jusqu'à anathématiser les Français (1). Un jeune artiste, qui est devenu depuis un peintre célèbre, est surpris par les sbires au moment où il dessinait un point de vue. Après l'avoir dépouillé, garrotté, accablé d'indignes traitements, un de ces misérables lui demande si l'on célèbre encore des fêtes en France. « Plus que jamais, répond-il; « la fête de la victoire revient tous les mois. » Cependant la légation se plaint de cet outrage, et aussitôt l'inquisition d'état en punit les auteurs, et condamne à une prison perpétuelle celui qui avait ordonné l'arrestation (2). Dans un autre moment, cette aventure pouvait nous coûter la scène du *Déluge* et *l'Endymion*.

---

(1) Dépêches de la légation française, du 23 novembre 1792, et du 25 ventose an II.

(2) Dépêche de la légation française, du 11 fructidor an II.

Quelque temps après, on imagina, pour frapper les esprits déja si exaltés, de faire brûler publiquement une cassette de poisons, qui, disait-on, avait été saisie, et dont on n'expliquait pas officiellement l'origine, mais en ayant soin de répandre qu'elle avait été envoyée de France.

Ces hommes si habiles insultaient la France, lorsqu'elle éprouvait des désastres, qu'ils ne voyaient pas sans impatience, et ils se rapprochaient d'elle au moment où elle leur inspirait le plus d'horreur; rôle éternel de la duplicité et de la faiblesse.

Ce gouvernement, qui passait successivement d'une crainte à une autre, suivant les impressions que faisaient sur lui les évènements extérieurs, manifestait son abattement par des concessions, par des actes de tolérance, par des demi-mesures et par une irrésolution telle qu'on pouvait, sans injustice, le croire capable de céder contre son gré à l'impulsion de l'un ou de l'autre parti.

Tantôt les agents qui représentaient auprès de lui la république française, le croyaient sur le point de faire cause commune avec l'Autriche et l'Angleterre (1); tantôt ils ne désespéraient

---

(1) *Id.* du 23 germinal, et 30 messidor an II.

pas de l'amener à une alliance offensive et défensive contre cette même coalition (1), et cela à quelques jours d'intervalle.

L'Angleterre le somma en vain de prendre au moins le parti d'une neutralité armée (2); la cour de Naples eut beau réitérer fréquemment la proposition d'une ligue défensive; deux décrets du sénat, en date des 8 et 15 février 1794 (3), firent perdre toute espérance de réaliser ce projet.

XIX.
Résolution vigoureuse sans effet.
Avril 1794.

Ce n'était pas qu'il n'y eût dans le gouvernement de Venise des orateurs très-portés à conseiller des mesures plus vigoureuses; mais, pour recevoir la conviction, dans les choses qui tiennent au calcul, il faut du sang-froid et des lumières; pour partager l'enthousiasme, il faut une certaine énergie. Les grandes assemblées, dominées presque toujours par l'esprit d'imitation, sont trop heureuses, quand il se lève un de ces hommes qui, par la puissance de leur ascendant, entraînent la masse et lui épargnent l'embarras de se décider. Or à Venise les formes de la délibération avaient été calculées de ma-

---

(1) *Id.* du 29 thermidor an II.
(2) *Id.* du 26 octobre 1792.
(3) *Recueil chronologique*, tom. I, part. 1.

nière à ne laisser que peu d'influence à ces orateurs privilégiés; aussi, dans cette occurrence, leur succès ne fut-il que momentané. Entre ceux qui ne pouvaient pas voir la sûreté de leur patrie dans ce système d'inaction, d'indifférence et d'oubli de toute précaution, le procurateur François Pesaro était un des plus ardents à demander que la république s'environnât d'un appareil de forces suffisant pour se faire respecter, ou ménager au moins, par les puissances belligérantes.

Il représenta dans le sénat, au mois d'avril 1794, que, quelque illusion qu'on voulût se faire sur l'imminence du péril, on ne pouvait ni se dissimuler que l'Italie était menacée d'une invasion, ni se reposer avec prudence sur une vaine déclaration de neutralité. Il demanda qu'au lieu d'abandonner les provinces à la discrétion de l'étranger, on rassemblât des troupes et qu'on munît les forteresses. Cette proposition patriotique, quoique combattue avec chaleur, fut cependant soutenue assez vivement pour emporter, dans le sénat, un décret qui ordonnait l'armement des places, l'organisation d'un train d'artillerie, l'appel des milices, et l'accroissement de l'armée régulière jusqu'à concurrence de quarante mille hommes (1). Si cette mesure

---

(1) *Recueil chronologique*, etc., tom. 1, part. 1.

eût reçu son exécution, il est possible qu'elle eût influé sur les évènements ultérieurs; car, bien que cette armée ne pût pas être aguerrie, quarante mille hommes de troupes, soutenus par soixante-quatorze mille hommes de milices et par une flotte, n'auraient pas laissé de présenter une force assez imposante pour qu'aucune des parties belligérantes n'eût voulu l'attirer sur elle. Les places sur-tout, si elles eussent été mises en état, auraient été facilement gardées par cette armée, et la république serait restée maîtresse sur son territoire.

Mais, pour déployer cet appareil, il fallait de l'argent et de la résolution. Le gouvernement n'avait ni l'un ni l'autre. On a calculé que les suites de la guerre ont, par le fait, coûté aux Vénitiens des sommes immenses, qui auraient pu être plus heureusement employées à prévenir le danger. Cela est vrai, sans qu'il faille en conclure qu'il était possible de mettre sur pied une armée telle qu'on la proposait. L'état n'avait alors que quatorze mille hommes de troupes; il s'agissait d'augmenter ce nombre de cent mille. Or, pour armer ces cent mille hommes, pour équiper vingt-six mille soldats de troupes réglées (en supposant même qu'on ne songeât pas à habiller les milices), il fallait trouver à l'instant un fonds de huit millions de notre monnaie. A cette première dépense il fallait en ajouter au moins une pareille pour la mise en état des places fortes : venait ensuite le matériel de l'artillerie de place et de campagne, puis l'achat des chevaux de troupe et de trait, puis l'armement d'une escadre, puis celui d'une flottille, afin d'être maître du cours des fleuves. On voit qu'il était impossible d'organiser ce plan de défense sans avoir vingt-cinq ou trente millions prêts à l'instant. Mais ce n'était pas tout. Ces cent mille hommes une fois rassemblés ne pouvaient pas coûter, même sur le pied de paix, moins de cinq ou six millions par mois. Ainsi le gouvernement qui décrétait cet armement devait s'attendre à une dépense de cent millions au bout de la première année. Ses revenus ne s'élevaient pas à la moitié de cette somme, et sa dette en était déja le double.

On aurait pu, dit-on, augmenter les impôts; je l'ignore; mais je n'y vois pas d'apparence; car je remarque qu'à cette époque, on les réduisait dans certaines provinces, notamment dans celles de Bergame et de Brescia, probablement pour ménager l'esprit des peuples qu'on croyait plus exposés à la contagion des principes d'insurrection (1).

---

(1) On avait aussi en 1790 suspendu pour cinq ans l'impôt

Il n'était pas si facile au sénat de déterminer les peuples à des sacrifices, qu'il l'a été aux puissances belligérantes de les y contraindre.

C'était donc se faire illusion que de se proposer un armement aussi considérable. Il y a plus, les grandes puissances, avant de le laisser s'accomplir, auraient voulu en connaître la destination. La prudence permettait-elle de mettre, dans un pareil moment, des armes entre les mains du peuple? N'était-il pas à craindre que l'empereur n'exigeât qu'on mît cette armée à sa disposition? Une neutralité appuyée de pareilles forces aurait été trop inquiétante, pour durer long-temps. Les Vénitiens n'auraient pas été trois mois sans prendre parti dans la guerre.

La première condition, pour employer utilement ses forces, c'est d'en connaître la portée et la durée; c'est de les employer avec cette aisance qui, excluant toute apparence d'effort, suppose toujours des ressources nouvelles, et se ménage les moyens de réparer un revers. Il ne s'agissait plus pour les Vénitiens de combattre sur un élément dont ils avaient été long-temps les maîtres. Leur commerce ne leur fournissait

---

sur les raisins de Corinthe qui se récoltaient dans les colonies de la mer Ionienne.

plus des ressources immenses, inconnues chez les autres nations. Les puissances auxquelles il fallait imposer étaient incomparablement plus fortes que la république de Venise. Il y avait donc de l'ostentation dans le décret qu'on avait fait rendre au sénat. Peut-être ne voulait-on qu'entraîner ce corps à une déclaration de guerre. Quoi qu'il en soit, la suite fit voir combien il était illusoire de compter sur un pareil développement de forces. Le gouvernement n'organisa qu'un corps d'environ sept mille hommes, et encore assez lentement. Ce n'était pas sans doute tout ce qu'il aurait pu faire. Il mérita un reproche plus grave même, en négligeant de réparer et d'armer les places. Trois fois François Pesaro harangua dans le sénat contre cette inaction ; on lui fit voir qu'elle était la suite d'un système. On opposait à son impatience des raisons prises dans l'insuffisance des moyens. On n'avait point d'officiers ; le trésor, les magasins étaient vides ; les recettes étaient tous les ans inférieures de six cent mille ducats à la somme des dépenses. Armés comme désarmés, on était à la merci de la France ou de la coalition. Ces étranges aveux échappaient aux partisans de la neutralité passive ; et ils les répétèrent si souvent, qu'ils finirent par faire rapporter le décret qui avait ordonné ce rassemblement de troupes (1).

Ce changement de résolution accrédita le bruit que la France avait des partisans et même des créatures dans le sénat de Venise. Un des agents que l'inquisition d'état entretenait à Paris, et qui soupait, disait-il, avec des membres du comité de salut public, avec Couthon et Robespierre, mandait qu'il leur avait entendu dire « qu'on « avait des vues sur l'Italie; que les intelligences « qu'on y entretenait coûtaient déja onze mil- « lions; qu'on n'attaquerait pas Venise directe- « ment, mais qu'on chercherait à y exciter des « troubles; qu'on y avait répandu, en 1793, trois « cent cinquante mille francs, et qu'on en desti- « nait le double pour l'année courante; que cette « république était considérée comme ennemie, « depuis qu'elle avait refusé le ministre français, « et fourni des armes et des munitions aux coa- « lisés (2). »

Des indiscrétions, des forfanteries odieuses sont assurément très-croyables de la part de plusieurs de ces hommes qui dirigeaient alors les affaires en France; mais ce qui ne l'est pas,

---

(1) *Recueil chronologique*, tom. I, part. 1.
(2) *Idem.*

c'est qu'avec une misérable somme de trois ou quatre cent mille francs, on achetât beaucoup de voix dans le sénat de Venise.

La France avait alors des moyens beaucoup plus puissants de contenir les neutres : la bataille de Fleurus (1) lui avait rendu sa supériorité. Elle avait un million d'hommes sous les armes, qui, de tous les points de sa frontière, s'avançaient sur le territoire ennemi. Robes-pierre touchait au terme de sa monstrueuse puissance ; et cette nouvelle révolution domestique, en même temps qu'elle vengeait une partie des malheurs passés, réconciliait un grand nombre de citoyens avec la patrie, permettait à l'administration de suivre une marche moins irrégulière, et aux cœurs français de se livrer sans partage aux généreux sentiments qui leur criaient avant tout de repousser l'étranger.

XX. Succès des armées françaises. Admission d'un ministre de la république française à Venise. Novembre 1794.

Les succès de la France occasionnèrent une telle inquiétude au gouvernement vénitien, qu'elle se manifesta même par des terreurs puériles. Il arriva que, parmi les nombreuses adresses que la convention nationale se faisait envoyer de toutes parts, il y en avait une d'un département du midi, où, en déclamant contre la coalition,

---

(1) 26 juin 1794.

le rédacteur avait, par ignorance, placé le nom de la république de Venise dans la liste des ennemis déclarés de la France. Cette adresse avait obtenu l'honneur si prodigué d'une mention honorable. Il n'en fallut pas davantage pour répandre l'alarme dans le sénat de Venise, que le gouvernement français ne daigna pas même rassurer.

On se repentit alors d'avoir refusé le ministre de la nouvelle république. On chercha à se rapprocher, et on témoigna le desir de réparer ce refus.

Note du résident d'Angleterre pour s'y opposer.
A cette nouvelle, le résident d'Angleterre s'empressa de faire éclater son extrême surprise de l'arrivée d'un Français, pour déployer dans Venise le caractère de ministre de la soi-disant république.

Les circonstances, selon lui, n'étaient point changées; il invoquait l'autorité de l'exemple donné l'année précédente; il demandait qu'on fît à cet envoyé la même réception qu'au premier; enfin il exigeait une prompte réponse, pour éviter, disait-il, la possibilité d'une interruption dans les rapports de bonne amitié qui existaient depuis si long-temps entre son gouvernement et la sérénissime république (1).

---

(1) Note du chev. Worsley, du 4 novembre 1794.
(*Recueil chronologique*, etc., tom. I, part. I.)

De son côté, le ministre français adressa au gouvernement une note dont j'extrais les passages suivants :

« Il n'a pu qu'être pénible pour le gouvernement français d'apprendre le refus que votre sérénité et vos excellences ont fait de recevoir son ministre plénipotentiaire, sans qu'elles aient jugé convenable d'en donner une raison, si ce n'est la remarque d'un changement dans les formules, auquel le sénat ne jugeait pas à propos de se prêter dans les circonstances. Cependant le gouvernement français n'a point attribué ce refus à des dispositions défavorables de la part du gouvernement vénitien.

*Note du ministre français.*

« Il a pensé seulement que le cœur paternel de votre sérénité et de vos excellences, alarmé des cris, des intrigues, des menaces insolentes, que se sont permis les ministres des puissances ennemies de la France, avait craint de compromettre un instant la félicité et la tranquillité de vos sujets ; et il a voulu, en gardant jusqu'aujourd'hui le silence sur cet objet, témoigner à la nation vénitienne que son amitié était entièrement indépendante des formes et de l'étiquette, et que, sans craindre un ennemi de plus, il desire conserver ses liaisons avec elle. Mais aujourd'hui ces considérations ne peuvent plus avoir lieu.

« Vainqueur de tous les princes coalisés contre sa liberté, le peuple français veut enfin connaître ses amis. Il ne croira plus que l'illustre sénat de Venise, dont l'Europe depuis tant de siècles admire la sagesse, puisse encore se laisser intimider par les vaines clameurs de quelques ministres audacieux, dont les maîtres ne sont plus à craindre; ni qu'il puisse hésiter entre l'amitié franche et loyale des Français, fondée sur les intérêts communs des deux nations, et les caresses perfides, les menaces téméraires de la maison d'Autriche, de l'Angleterre, ses ennemies naturelles, dont l'ambition et la cupidité seront toujours dangereuses pour la république de Venise, comme pour tous les états de l'Italie. La nation française, au contraire, contente du territoire fertile, immense, que son courage et son énergie ont su conserver, riche des productions de son sol et de son industrie, n'a rien à envier aux autres peuples de l'Europe. Sa politique ultérieure ne saurait être suspecte. Dans ses alliances avec ses voisins, la France peut plutôt donner que recevoir. Elle a appris au monde entier qu'elle ne craint personne; elle déclare solennellement, que, dans ses rapports avec les autres nations, elle ne sera jamais dirigée que par les principes du droit des gens.

« Ferme, invariable dans ces principes, le

gouvernement français m'envoie vers votre sérénité et vos excellences avec la mission de les assurer du desir qu'il éprouve de conserver pour la nation vénitienne ces sentiments d'estime, de confiance, qu'il lui a témoignés dans tous les temps ; mais il a droit d'exiger cette franchise, cette loyauté, dont il donne l'exemple.

« Il ne s'en tiendra plus à des paroles. Il demande que l'illustre sénat de Venise manifeste librement sa neutralité, et la résolution où il est de la faire respecter ; qu'ayant reconnu la république française, il reçoive ses ministres avec les égards dus à une grande nation; que les Français soient accueillis dans les états de la république comme amis; qu'ils y jouissent de leur liberté, de leurs propriétés, de leur industrie, sous la protection immédiate des lois, tant qu'ils ne donneront au gouvernement aucun sujet de plainte légitime.

« Le peuple français, convaincu alors qu'il peut se fier sur l'amitié du sénat et de la nation vénitienne, leur jurera fraternité, et sera disposé constamment à rejeter toute mesure contraire aux égards que se doivent deux nations. Si, contre toute apparence, les ennemis de la France, jaloux de cet attachement réciproque, osaient troubler le repos ou le commerce des Vénitiens, l'illustre sénat pourrait compter sur le plus prompt développement de toutes les forces de la république française, pour la défense de leurs propriétés et le maintien de leur indépendance. Elle vient d'en agir ainsi envers la république de Gênes, indignement outragée par le blocus de son port, et par les menaces des Autrichiens et des Piémontais (1). »

Le gouvernement français n'avait pas tenu encore un pareil langage. Celui de Venise se trouvait avoir à répondre à deux notes contradictoires. L'admission de l'envoyé de France était impossible à refuser, puisqu'elle avait été provoquée (2). Cette admission fut résolue à la

---

(1) *Recueil chronologique*, tom. I, part. I.

(2) Voici la réponse adressée au ministre anglais :

« 1794, le 22 novembre, dans le conseil des Pregadi ;

« Que par un notaire extraordinaire de la chancellerie ducale ce qui suit soit porté ce soir à lire au ministre résident de S. M. B., et qu'il lui en soit laissé copie. » (C'était la forme de communication ordinaire du gouvernement de Venise avec les ministres étrangers. Il traitait toujours par écrit, jamais par interlocuteurs.)

« Monsieur le résident, d'après le désir que vous nous avez témoigné, dans votre note du 4 de ce mois, d'être soigneusement informé de notre délibération, relativement à l'arrivée dans cette capitale de M. Lallement avec la qualité de ministre de la république française, nous vous faisons notifier que le sénat, constant dans le système de neutralité

pluralité de 162 suffrages sur 176. Après cette détermination, qui était pour lui un acte de courage, le sénat voulut prévenir les instances de la cour de Londres, en y portant des plaintes contre les formes impérieuses que le résident avait employées dans une démarche si insolite; et le cabinet britannique, voyant qu'il n'y avait plus moyen de revenir sur une affaire terminée, prit le parti de désavouer son agent (1).

A peine le ministre de la nouvelle république

---

qu'il professe, et sans s'écarter des égards dus à des puissances amies, égards qu'il a constamment observés, dans la durée de la présente guerre, a entretenu toujours, d'après les mêmes maximes, sa correspondance ministérielle avec les diverses puissances; que la retraite du sieur Jacob (le chargé d'affaires de France), déja notifiée, occasionnerait l'interruption de la correspondance avec la France, si un autre envoyé ne le remplaçait; que la marche adoptée au mois de juillet 1793 ne serait point applicable dans cette circonstance, parce qu'alors le sénat, bien qu'il n'accueillît pas le ministre, n'interrompait point sa correspondance, puisqu'il existait à Venise un agent français. D'après ces motifs, le sénat est dans l'intime confiance que vous ne verrez, dans la détermination qu'il a prise, qu'une conséquence naturelle des principes qu'il professe, et que cette détermination ne pourra produire aucune impression défavorable sur l'esprit si équitable de S. M. B. »

(*Recueil chronologique*, tom. I, part. I.)

(1) Dépêche de la légation française, du 5 pluviose an III.

eut-il été admis (1) dans cette ville que remplissaient les ennemis de la France, qu'il reçut des insinuations qui promettaient à sa patrie un secours faible, mais inespéré. Il y avait aux confins de l'Europe civilisée une nation belliqueuse qui s'était vue le jouet de l'ambition des cours d'Autriche, de Prusse et de Saint-Pétersbourg. La Pologne était asservie, partagée, et plusieurs de ses généreux citoyens avaient mieux aimé renoncer à leur pays qu'à la liberté. Un grand nombre de nobles polonais s'étaient réfugiés à Venise. La fortune avait rassemblé dans la même ville et ces fugitifs qui déploraient l'invasion de leur patrie, et d'autres exilés qui provoquaient les armes de l'étranger contre la leur. Tous redemandaient la terre natale, tous voulaient la reconquérir avec ses anciennes institutions; mais la conformité de leur malheur n'en faisait que mieux ressortir la différence de leurs passions et de leurs principes. Les uns, poursuivis par l'Autriche, la Prusse et la Russie, trouvaient à peine en Europe un asyle où on ne les recevait qu'avec timidité. Les autres, quoique favorisés par les vœux secrets de toutes les puissances, ne se voyaient pas accueillis avec une confiance

---

(1) Le 22 novembre 1794.

entière, et furent bientôt réduits à errer d'amis en amis.

Comme leurs compagnons d'infortune, les réfugiés polonais n'avaient sauvé que leurs armes; ils les offrirent secrètement au ministre de France. L'orgueil de leur noblesse ne s'effaroucha point d'une alliance avec une nation qui venait de proclamer la démocratie. Un lien commun les unissait, l'amour de l'indépendance. Cette offre, faite à cette époque, n'était pas sans générosité; les succès de la France n'étaient pas tels qu'ils assurassent les triomphes de sa cause. Les armées de la république n'avaient pas encore pénétré en Italie. Ainsi commença d'abord par le dévouement de quelques braves officiers, et bientôt après par la formation de quelques faibles bataillons, cette fraternité d'armes entre deux nations généreuses, qui, pendant vingt ans, devaient combattre sous les mêmes drapeaux, et se montrer également fidèles l'une à l'autre dans le malheur et dans la prospérité.

Ce fut vers la fin de l'année 1794 que le prince, frère de Louis XVI, et qui, après la mort de ce monarque, attendu la minorité du royal enfant prisonnier dans la tour du Temple, avait pris le titre de régent du royaume, s'arrêta dans les états de Venise, en revenant de Turin, et fixa son séjour à Vérone. Mais il n'y déploya point ce ca-

XXI.
Le prince frère de Louis XVI à Vérone.

ractère, et le nom de comte de Lille cacha le prince que la Providence réservait pour fermer les plaies de la France. Le gouvernement de Venise, qui, malgré l'incognito, l'avait envoyé complimenter à son premier passage, l'accueillit avec honneur à son retour, sans négliger cependant d'environner le casino de Gazzola d'une surveillance, qu'on a eu l'indiscrète témérité d'avouer en publiant quelques-unes des observations qui en furent le résultat.

Le sénat ne désespéra point de concilier le respect dû à une si auguste infortune avec la bonne harmonie qu'il voulait maintenir à tout prix entre la république vénitienne et le gouvernement français, alors triomphant de toutes parts.

*Puissances qui se détachent de la coalition.* Il ne pouvait plus se dispenser, après avoir admis le ministre français, d'en envoyer un à Paris ; on l'avait nommé, mais son départ se différait à l'aide de divers prétextes, lorsqu'une lettre du résident vénitien à Bâle, en date du 17 février 1795, annonça deux nouvelles qui devaient mettre fin à tous ces délais. Ce résident écrivait que le gouvernement français préparait une invasion en Italie; qu'il n'y destinait pas moins de cent quarante mille hommes; qu'on était résolu d'en expulser les Autrichiens, après quoi, disait-on, la Lombardie pourrait être partagée entre le roi de Sardaigne, le grand-duc de Toscane, et la république de Venise. Cet avis devait exciter à-la-fois chez les Vénitiens la crainte et l'espérance; mais ce qui suivait était encore plus décisif, pour les déterminer à garder une véritable neutralité. Le résident ajoutait qu'on parlait de projets de paix entre la France et plusieurs des puissances coalisées; que ce soupçon s'accréditait tous les jours; et, parmi ses autorités, il citait l'ambassadeur de la république française à Bâle (1).

En effet, le grand-duc de Toscane, sans avoir été en état de guerre déclarée contre cette république, venait de se réconcilier avec elle. Quant aux puissances belligérantes qui songeaient à se détacher de la coalition, les soupçons se portaient nécessairement sur la Prusse, à qui la présence d'une armée russe en Pologne et les troubles de ce royaume devaient inspirer un vif desir de rendre disponibles les troupes que la guerre actuelle la forçait de tenir sur le Rhin.

Il était plus difficile de deviner quels pouvaient être les autres états qui négociaient leur paix séparée. La Hollande était menacée de près. Le roi de Sardaigne devait se croire au moment

---

(1) *Recueil chronologique*, tom. I, part. 1.

d'être écrasé. L'Espagne voyait ses barrières forcées et plusieurs de ses places prises. Il était possible que Naples voulût détourner le danger, quoique plus éloigné. Quelles que fussent à cet égard les diverses probabilités, il était clair que ce n'était pas le moment de mécontenter la république française. On commença par envoyer à l'ambassadeur Pizani, qui depuis si long-temps avait quitté Paris, et s'était retiré en Angleterre, l'ordre de revenir dans cette capitale, pour y prendre congé dans les formes. Les lettres de créance d'Alvise Querini, nommé pour lui succéder, furent expédiées le 7 mars. Après cet acte, qui manifestait une détermination bien formelle, ce nouveau ministre trouva encore plusieurs prétextes pour différer son départ, et pour prolonger son voyage; mais, pendant ces délais, la Hollande fut conquise, la Prusse (1) et l'Espagne (2) se détachèrent de la coalition. Enfin il arriva à Paris, et se présenta au milieu de la convention nationale le 30 juillet 1795.

*Arrivée d'un ambassadeur vénitien à Paris. Juillet 1795.*

« Citoyens représentants, dit-il (3), le citoyen

---

(1) Le 5 avril 1795.
(2) Le 22 juillet.
(3) Séance de la Convention, du 12 thermidor an III. ( Moniteur du 18, et *Recueil chronologique*, tom. 1<sup>er</sup>, 1<sup>re</sup> partie. )

d'une république dont la liberté, qui remonte à plus de onze siècles, fut fondée dès sa naissance sur l'horreur du joug des Barbares, et sur le modeste desir de vivre tranquilles, trouve bien des motifs d'être pénétré profondément de la confiance dont sa patrie l'honore, en le chargeant de la représenter auprès d'une république dont les exploits et les victoires ont, dès ses premières années, attiré et fixé les regards de tout l'univers.

« Quoi de plus flatteur et de plus intéressant pour moi que de paraître dans le sein de la convention nationale de France, pour y confirmer les sentiments de parfaite amitié que le sénat et la république de Venise conservent à la république française? J'espère, citoyens représentants, être assez heureux pour concourir au maintien de l'harmonie qui subsiste depuis si long-temps entre les deux nations. C'est là le vœu que forme la mienne, et ce sera l'objet de tous mes soins. Je chercherai à atteindre ce but par tous les moyens possibles, et j'attacherai mon bonheur à y réussir. C'est ainsi qu'en justifiant le choix de ma patrie, je me flatte de mériter la confiance de la convention nationale. Je m'estimerai heureux sur-tout, si, en admirant de plus près sa sagesse, je vois, durant le cours de ma mission, luire ce grand jour, dans lequel, s'élevant par ses vertus au-dessus d'elle-même, elle voudra que les premiers, les vrais, les plus beaux fruits de sa gloire tournent au soulagement de l'humanité, en rendant la paix à l'Europe. »

Après les traités que la république venait de conclure, la France et l'Autriche allaient combattre corps-à-corps. Il était évident que les Français ne se borneraient pas à attaquer l'Allemagne, et qu'ils chercheraient à frapper leur ennemi par-tout où il était vulnérable, notamment dans le Milanais. Par conséquent un des résultats de ces traités était de porter la guerre en Italie : rien ne convenait moins aux intérêts de la république de Venise (1) ; dépourvue de

---

(1) « Le principal objet qui occupait le Directoire, était le projet de porter la guerre en Italie. Les Autrichiens se préparaient à passer le Rhin avec des forces considérables ; l'attachement des Belges pour les Français, leurs conquérants, était flottant ; le sort d'une autre campagne était incertain ; on pouvait beaucoup perdre ; on n'avait rien à gagner, en fixant le théâtre de la guerre dans les Pays-Bas. Au contraire, le placer en Italie c'était couper les ressources de l'empereur et augmenter celles de la république. On avait l'espoir d'une ample moisson, dans des contrées dont les habitants étaient généralement regardés comme peu affectionnés à leurs souverains. Le peuple des duchés de Milan, de Parme et de Modène était particulièrement mécontent ; et tous,

tous moyens de défense, elle devait s'attendre à voir la guerre s'étendre sur son territoire. Il ne restait qu'un moyen de détourner le fléau, c'était de neutraliser la péninsule, en obligeant le roi de Sardaigne à faire la paix avec la France, à quelque prix que ce fût. Le résident vénitien placé en observation à Bâle, écrivait qu'un membre du corps diplomatique lui avait prédit que, si le sénat ne prenait pas un parti, la ré-

---

excepté la noblesse et le clergé, semblaient plutôt desirer que craindre un changement de maître. Le commun peuple, dans les républiques de Venise et de Gênes, ne professait aucun attachement pour son gouvernement. En Toscane et dans les états du pape, il y avait beaucoup de mécontents, et ils étaient encore plus nombreux dans les états de Naples.

Parmi ces multitudes, il y avait quelques individus assez déterminés pour faire éclater leur mécontentement, malgré les dangers auxquels cette audace pouvait les exposer. Mais ce qui était plus dangereux, plusieurs d'entre eux entretenaient une correspondance particulière avec la France, et sollicitaient ouvertement quelques-uns des principaux chefs de la république d'entrer en Italie, où les armées ne trouveraient aucune résistance, de la part des naturels du pays, et où elles n'auraient à combattre que des Autrichiens. Le directoire résolut alors d'attaquer une contrée où tous les princes, excepté le roi de Sardaigne, ne pouvaient aucunement compter sur la fidélité de leurs sujets.

(*Annual register*, 1796.)

publique serait *hollandisée*, ou ses états donnés en compensation (1).

Cette époque était celle du renouvellement du conseil des Dix. Lorsqu'on dépouilla le scrutin, on trouva dans l'urne un grand nombre de billets qui recommandaient à ceux qui seraient élus la plus active surveillance et la plus grande sévérité contre les jacobins.

XXII.
Campagne de 1795.

Cependant la campagne de 1795 n'ouvrit point aux Français les routes de l'Italie : il avait fallu du temps pour que les troupes qui n'étaient plus nécessaires sur la frontière des Pyrénées, vinssent renforcer l'armée prête à franchir les Alpes. Les montagnes et les places qui protégeaient l'Italie du côté de la France, étaient gardées par une quarantaine de mille hommes de troupes piémontaises, et par un corps autrichien de quinze à vingt mille hommes.

Quoiqu'elle ne fût pas en mesure de descendre dans les plaines, l'armée française, que commandait alors le général Schérer, prit l'offensive vers la fin de la campagne, et la termina par un brillant fait d'armes.

Elle était dans cette partie méridionale des Alpes, où vient s'attacher l'extrémité de la chaîne

---

(1) *Recueil chronologique*, etc., tom. I, part. 1.

des Apennins, dominant de la hauteur du col de Tende les défilés qui conduisent d'un côté vers le Piémont par Coni, de l'autre par la pente des Apennins vers la mer de Ligurie.

Le général Devins, qui commandait l'armée austro-sarde, avait tenté inutilement de déposter les Français d'Ormea; ils le repoussèrent à son tour de Garessio, de Borghetto, le combattirent à Pietri, et le défirent complètement à Loano le 23 novembre. Cette bataille, qui coûta aux Austro-Sardes une partie de leur artillerie et de leurs troupes, procura aux Français l'occupation de Finale, c'est-à-dire qu'elle rétablit leur communication avec la mer.

<small>Bataille de Loano. 23 novembre 1795.</small>

Il s'agissait de s'élancer du pied des Apennins, de repousser l'armée que l'empereur et le roi de Sardaigne avaient dans le Piémont, d'occuper ou de rendre inutiles toutes les forteresses de cette contrée, de passer le Pô, et d'attaquer la puissance autrichienne dans la Lombardie; mais on n'avait rien fait, si cette puissance restait maîtresse de la place d'armes de l'Italie, c'est-à-dire de Mantoue, et si elle conservait la faculté de faire descendre, par la vallée de l'Adige ou le long des côtes de l'Adriatique, les inépuisables armées que son habile administration savait lui fournir.

L'auguste exilé qui habitait Vérone fixait les

yeux du gouvernement qui préparait l'invasion de l'Italie, sur-tout depuis que, devenu roi par le nouveau deuil de sa famille, il avait vu arriver un ministre d'Angleterre pour résider auprès de lui. Le directoire de France, dans une note qu'il fit remettre à l'ambassadeur Querini, considérait le séjour de ce prince sur les terres de Venise comme un grief, et demandait son éloignement. Le sénat, qui avait dès long-temps perdu l'habitude des procédés généreux, eut la faiblesse d'y consentir. Cette délibération fut prise à la majorité de cent quarante-quatre voix contre quarante-trois. La réponse à cette notification, qui même, dit-on, ne fut pas faite avec tout le respect dû au malheur, a été trop publique pour que l'histoire ne se croie point autorisée à la recueillir. « Je partirai, dit le roi ; mais j'exige « qu'on me présente le livre d'or, pour que j'en « efface le nom de ma famille, et qu'on me rende « l'armure dont l'amitié de mon aïeul Henri IV « avait fait don à la république (1). »

___

(1) On a imprimé que le gouvernement vénitien répondit à cette double demande, que, quant à la radiation, on ne s'y refusait pas, mais que l'armure de Henri IV ne pourrait être rendue que lorsqu'on aurait acquitté une dette de douze millions, contractée par ce prince envers la république. Cette réponse, comme on l'a observé, était digne d'un préteur

sur gages. Ce ne serait pas là ce qui me ferait douter de la vérité du fait ; on a vu plus d'une fois les Vénitiens prêter sur gages à des rois ; on a vu aussi des rois de France, notamment Henri III et Henri IV, faire des emprunts aux Vénitiens ; voici sur quoi je me fonde pour ne pas admettre cette réponse.

1° On n'indique point le document où elle est consignée.

2° On lit dans le *Recueil chronologique*, etc., tom. I, pag. 66 et suivantes : « L'invitation de partir fut notifiée au comte de Lille, le 13 avril 1796. Le 14, les inquisiteurs d'état chargèrent le podestat de Vérone, de lui faire connaître, par la personne qui l'approchait de plus près, combien sa réponse avait causé de déplaisir au gouvernement, après la longue hospitalité donnée à ce prince, et de protester formellement contre ces demandes. » « Che scegliesse la persona più influente col conte di Lilla, onde rimarcargli il dispiacere del governo, per la risposta avuta dopo tanta ospitalità, etc., che protestasse formalmente la risposta medesima, e proponesse facilitazioni limitate. »

Le roi partit le 21, en envoyant une procuration à l'ambassadeur de Russie pour suivre le double objet de sa demande. Les inquisiteurs d'état en eurent une copie, qu'ils transmirent, le 7 mai, aux sages du collége ; mais ils ajoutaient que le ministre russe avait expédié un courrier à sa cour, pour demander des ordres sur cette affaire ; il les reçut vers le milieu de juin, et, le 22, il présenta au collége une note conforme aux demandes du roi.

Au lieu de lui répondre catégoriquement, le gouvernement vénitien lui communiqua, le 2 juillet, les représentations que l'ambassadeur de la république à Saint-Pétersbourg avait reçu ordre de faire. Elles portaient, que laisser rayer

la maison de Bourbon du livre d'or, ce serait manquer de respect aux rois d'Espagne et de Naples, et au duc de Parme, avec qui la république était dans des rapports d'amitié ; et quant à l'armure de Henri IV, voici comment on s'exprimait :
« Di egual carattere potrete far conoscere l'altra petizione riguardante il pregevolissimo dono fatto alla repubblica da Enrico IV, in prova del sincero suo attaccamento, che, sotto questo spezioso rapporto, deve gelosamente da noi custodirsi, nè però mai esservi in alcuno ragione di pretendervi la rinunzia come dono cortesemente marcante una onorevole distinzione. »

On voit que le gouvernement se refusait aux deux demandes, et qu'on n'objectait point que l'épée fût le gage d'un emprunt.

« I maneggi del nobile veneto a Pietroburgo, il funesto cambiamento degli avvenimenti militari in Italia, e le ragioni lampanti che accompagnavano la direzione tenuta dal senato, fecero sì che la corte di Russia non insistesse divantaggio nelle sue dimande, e che l'affare avesse tutta quella felice riuscita ch'era desiderata.

# LIVRE XXXVII.

Campagnes du général Bonaparte en Italie. — Révolution à Bergame et à Brescia. — Insurrection de la population des provinces vénitiennes contre les Français. — Massacre de Vérone. — Signature des préliminaires de paix à Leoben. Avril 1796-mai 1797.

Au moment où le prince quittait cette terre inhospitalière, les hostilités recommençaient dans les Alpes. De part et d'autre, on avait employé l'hiver à renforcer les moyens d'attaque et de défense. L'armée française, au mois d'avril 1796, était forte, en y comprenant tous ses corps détachés, même ce qui était en Provence, de soixante-trois mille cinq cents hommes. Ceux qui ne paraissent pas avoir exagéré la force de l'armée opposée, la portent à trente-six mille Piémontais, quarante mille Allemands, et quatre ou cinq mille hommes de cavalerie napolitaine.

I.
Commencement des hostilités.
Avril 1796.

Des deux côtés, on avait changé le commandant en chef. Le général Beaulieu était venu remplacer le général Devins; et le gouvernement français avait confié son armée au général Bonaparte, qui, en partant, avait dit à l'auteur de cette histoire : « Dans trois mois je serai à Milan ou à Paris. »

On ne peut pas s'attendre à trouver ici un récit, ni même un tableau de cette guerre mémorable; mais une notice rapide est nécessaire, pour faire sentir l'influence de ces évènements, qui tous, allant retentir au cœur de la république de Venise, ne pouvaient manquer d'influer sur ses délibérations et ses destinées.

L'avantage des Français consistait en ce qu'ils avaient affaire à une armée qui avait deux intérêts divers : les Sardes devaient se proposer pour objet principal la défense du Piémont; les Autrichiens la conservation du Milanais. Il paraît que ce fut sur cette circonstance que le général français arrêta le plan de ses opérations.

Arrivé à Nice dans les premiers jours d'avril 1796, il porta sur-le-champ son quartier-général à Albenga, sur le bord de la mer, et poussa des troupes jusqu'à Voltri, c'est-à-dire à six lieues de Gênes. Ce mouvement, qui menaçait une ville importante, où une insurrection populaire pouvait faciliter l'entrée des Français, devait donner de l'inquiétude au général autrichien, qui, en effet, le 9 avril, vint attaquer les troupes françaises dans cette position. Elles firent une résistance assez vigoureuse pour l'arrêter; et dans la nuit, dérobant leur mouvement à l'ennemi, elles vinrent se réunir au centre de l'armée, postée sur les hauteurs de Savone. Dès qu'ils se furent aperçus de ce départ, les Impériaux avancèrent de hauteur en hauteur, culbutant tous les détachements français, jusqu'à ce qu'ils fussent arrivés à une dernière redoute que le colonel Rampon gardait avec quinze cents hommes (1). Cet officier, électrisant sa troupe par son exemple et par le serment qu'il lui fit prêter de se défendre jusqu'à la mort, arrêta les Autrichiens pendant toute la journée du 11. La division française du général Laharpe s'avança pour le soutenir. Pendant ce temps-là, l'aile gauche, commandée par le général Masséna, fit une marche sur les derrières de l'ennemi et le prit en flanc à la pointe du jour, au moment où il venait recommencer ses attaques sur la redoute. Ainsi l'armée française avait tourné autour de ce pivot que formait la redoute, dérobant sa droite et prolongeant sa gauche le long

*Bataille de Montenotte 9 avril 1796.*

---

(1) Il commandait la 21ᵉ demi-brigade.

de la colonne autrichienne. Ébranlée par cette attaque imprévue, celle-ci fut obligée de se retirer avec perte d'un millier d'hommes tués et de deux mille prisonniers.

Cette hauteur, sur laquelle on avait combattu, portait le nom de Montenotte, qui devint celui de la victoire qui venait d'ouvrir cette glorieuse campagne.

La retraite des Impériaux rendit les Français maîtres de Cairo; c'est-à-dire qu'ils se trouvèrent sur le revers des Apennins, du côté de l'Italie, et dans la vallée de la Bormida, qui court vers Alexandrie.

*Bataille de Millesimo. 13 avril 1796.* Le 13 avril, l'armée se mit à la poursuite des Impériaux, dont une partie s'était réunie aux Piémontais, sur la rive gauche de la Bormida. Le général Augereau força la gorge de Millesimo, tandis que le général Masséna, qui, par ce changement de direction, se trouvait à la droite de l'armée, s'étendait, en descendant la Bormida, jusqu'à Dego, et poursuivait une partie de l'armée autrichienne en retraite vers Tortone. Dans ces divers mouvements, dont un pays coupé de profonds ravins était le théâtre, le lieutenant-général Provera se trouva, avec un corps de quinze cents grenadiers autrichiens, séparé de l'armée austro-sarde, par la division du général Joubert. Il se jeta dans les ruines d'un vieux château, et arrêta à son tour la marche des colonnes françaises pendant toute une journée. Les Impériaux firent de vains efforts pour le dégager, et les Français pour le forcer dans ses retranchements. Le général Joubert, qui y pénétra, lui septième, tomba blessé d'une balle. Le lendemain, l'action devint générale. On combattit depuis la hauteur de Cossaria, que défendait encore Provera, jusqu'à celle de Dego. Enfin ce général fut contraint de se rendre, les Austro-Sardes furent enfoncés ; la Bormida, qui séparait les deux armées, fut franchie.

Les Français comptaient sept à huit mille prisonniers, quinze drapeaux et vingt-deux pièces de canon, qui attestaient la victoire de Millesimo; lorsqu'à la pointe du jour, le général Beaulieu vint, avec sept mille hommes, refouler leur aile droite, maîtresse de Dego seulement depuis quelques heures. Cette audacieuse attaque dura toute la journée : mais des troupes détachées du centre arrivèrent pour renforcer le général Masséna ; et l'ennemi, repoussé avec perte de quelques cents hommes, abandonna successivement la position de Ceva et une partie de la vallée de la Bormida. *Combat de Dego. 15 avril 1796.*

Pendant que ces choses se passaient, le général Serrurier, laissé sur l'extrême gauche, pour garder la vallée d'Oneille, avait franchi aussi *Bataille de Mondovi. 22 avril 1796.*

l'Apennin, et descendait le Tanaro, qui coule parallèlement à la Bormida, et à l'ouest de celle-ci. Dès-lors, les Français, maîtres de ces deux vallées, se trouvèrent avoir séparé l'armée autrichienne de l'armée sarde, poursuivirent cette dernière, qu'ils battirent à Mondovi le 22 avril, et, trois jours après, ils n'étaient plus qu'à neuf lieues de Turin.

<small>Armistice accordé aux Piémontais. 23 avril 1796.</small>

Dès le 23, le commandant des troupes piémontaises proposa une suspension d'armes : c'était ce que le général français pouvait desirer de plus favorable à ses desseins. Les forteresses de Coni et Tortone furent le prix de cet armistice; et, libre désormais de l'inquiétude que pouvaient lui donner l'armée et les places du roi de Sardaigne, il se mit à la poursuite des Autrichiens, qui, n'ayant plus à s'occuper de la défense du Piémont, se préparaient à disputer le passage du Pô à l'armée victorieuse.

<small>II. Les Autrichiens expulsés du Milanais. Passage du Pô par les Français. 7 mai 1796.</small>

Il avait été inséré dans la convention conclue avec le roi de Sardaigne, que l'armée française aurait la faculté de passer le Pô sous Valence, place qui était occupée par les troupes piémontaises. C'était effectuer le passage de ce fleuve au-dessus du confluent du Tésin, et par conséquent l'ennemi devait attendre les Français sur cette seconde rivière. Aussi le général Beaulieu s'était-il appuyé à Pavie, qui était en effet sur la route directe de Tortone à Milan. Mais, dans la nuit du 7 mai, l'armée se porta à dix lieues au-dessous du confluent; on y trouva cinq bateaux; le général en chef s'y précipita avec quelques braves, et le colonel Lasnes, arrivé le premier sur la rive opposée, dispersa quelques escadrons de cavalerie placés en observation. Aussitôt que les Autrichiens surent que l'armée effectuait ce passage à Plaisance, celles de leurs divisions qui étaient à portée se présentèrent pour la rejeter dans le fleuve, avant qu'elle eût eu le temps de se former; mais elles furent repoussées vigoureusement; et, le lendemain, le duc de Parme, dont le territoire était sans défense, acheta la paix moyennant une contribution.

*Traité de paix avec le duc de Parme. 8 mai 1796.*

Le général Beaulieu, voyant les Français en-deçà du Pô, se hâta de mettre l'Adda entre eux et lui, sans s'occuper de Milan, qui, désormais, était pour eux une conquête assurée. Ils le suivirent; et, en arrivant à Lodi, dont on n'avait pas eu le temps de couper le pont, ils virent en bataille, sur la rive gauche de l'Adda, une forte arrière-garde de dix mille hommes de l'armée impériale, et trente pièces d'artillerie prêtes à foudroyer quiconque tenterait le passage. Aussitôt le général Masséna reçut ordre de former en colonne un corps de quatre mille grenadiers, se mit à leur tête, et s'avança sous le feu de l'ar-

*Bataille de Lodi. 10 mai 1796.*

mée ennemie. Un moment d'hésitation, dans ce périlleux trajet de cent toises, fit craindre que la colonne ne rebroussât chemin; Masséna, les généraux Berthier, chef de l'état-major, Dallemagne, Cervoni, le colonel Lasnes, se précipitèrent aux premiers rangs, et, leur exemple entraînant les soldats, l'impulsion fut irrésistible; on passa le pont; l'ennemi, rompu en un instant, abandonna le champ de bataille et vingt pièces de canon.

Pizzighitone, Crémone, furent le fruit de cette victoire. La ville de Milan, déja dépassée de dix lieues, envoyait ses clefs; le duc de Modène demandait la paix, et se réfugiait à Venise. L'armée autrichienne se retirait au-delà du Mincio, c'està-dire sur Mantoue. Les Français étaient sur la frontière du territoire vénitien; et leur général leur disait ces paroles, qui ont retenti si longtemps dans le cœur des braves : « Quand vous « rentrerez dans vos foyers, vos concitoyens di- « ront : il était de l'armée d'Italie. »

Hostilités sur le Rhin. 20 mai 1796.

La guerre commençant si vivement dans la péninsule, le gouvernement autrichien se détermina à inquiéter les Français sur une autre frontière, et à ralentir leurs mouvements, en manifestant l'intention de négocier. Le 21 mai 1796, c'est-à-dire dix jours après la bataille de Lodi, il rompit l'armistice existant sur le Rhin;

et, le même jour, un ministre autrichien (1) présentait à l'ambassadeur de France résidant à Bâle (2), une note, qui annonçait le desir d'entamer des négociations, plutôt que des dispositions à conclure la paix. On ne pouvait se faire, à cet égard, aucune illusion, tant ces deux actes, faits simultanément, étaient contradictoires. Le gouvernement français s'empressa de déclarer qu'il était prêt à écouter des propositions; elles n'eurent pas lieu. Les évènements militaires ne laissèrent pas à la diplomatie autrichienne le temps d'organiser ces conférences, où elle espérait arrêter l'impétuosité du vainqueur.

Les débris de l'armée battue à Montenotte, à Millesimo, à Dego et à Lodi, avaient repassé précipitamment l'Oglio et le Mincio, pour établir leur ligne de défense sur ce dernier fleuve. Cette ligne a le double avantage d'être très-courte et très-forte : appuyée à ses deux extrémités sur le Pô et le lac de Garde, elle est protégée par le Mincio et par les places de Peschiera et de Mantoue.

<small>Passage du Mincio.<br>31 mai 1796.</small>

Mais ce fleuve n'était pas aussi difficile à franchir que l'Adda. Les Français, qui avaient passé

---

(1) Le baron de Dengelmann.
(2) M. Barthélemi.

l'Oglio à la suite de l'armée autrichienne, se présentèrent dans la nuit du 30 mai devant Borghetto, sur la rive droite du Mincio. L'ennemi coupa le pont; pendant qu'on travaillait à le réparer, le général Gardanne, à la tête de quelques grenadiers, se jette dans le fleuve. A la vue de cette faible troupe, qui s'avançait ayant de l'eau jusque sur les épaules, les postes autrichiens s'ébranlent; l'arche du pont qui venait d'être coupée est rétablie; toute l'armée passe, et trouve l'armée autrichienne rangée en bataille. Feignant de vouloir l'attaquer, le général en chef fait commencer le feu, tandis qu'une de ses colonnes s'élevait à la hauteur du lac de Garde, pour occuper la vallée de l'Adige, et couper la retraite à l'ennemi. Le général Beaulieu, qui s'en aperçoit, se met aussitôt en marche, passe l'Adige, détruit tous les ponts, et gagne les montagnes du Tyrol, laissant Mantoue livrée à ses propres forces.

Ainsi fut accomplie, en quelques jours, la première partie du plan qui avait pour objet de détruire la puissance autrichienne dans la péninsule. L'armée avait franchi les Apennins, le Pô, l'Adda, l'Oglio : les princes qu'elle avait trouvés sur son passage étaient soumis; la Lombardie était occupée; il restait à priver ses anciens possesseurs des moyens d'y rentrer.

Avant que l'armée française s'ébranlât des bords du golfe de Gênes, l'esprit d'insurrection avait commencé de se manifester non-seulement dans la Lombardie, mais encore dans les provinces vénitiennes voisines, notamment dans le Bergamasque. Le vice-podestat de Bergame, Alexandre Ottolini, donna le premier l'alarme, par un rapport du 3 avril, c'est-à-dire antérieur de huit jours à la reprise des hostilités (1). Les mêmes symptômes se manifestèrent bientôt à Brescia, à Crème, à Peschiera, à Legnago. Les places de la Chiusa, Ponte-Vico, Orcinovi, Asola, étaient absolument sans défense; le gouvernement ne put se déterminer à y envoyer un soldat ni un canon.

III. Symptômes d'insurrection en Italie.

Pendant que les Français s'avançaient à grands pas vers la Lombardie, l'archiduc Ferdinand, parti de Milan avec précipitation, arriva le 9 mai à Bergame, sans y être annoncé. On recevait à tous moments des nouvelles de la retraite de l'armée autrichienne; les caisses militaires, les bagages, des détachements, une population épouvantée, se présentaient sur les limites du territoire vénitien. Le podestat ne cessait d'écrire que tout Milan était en fuite, qu'on était

Évacuation précipitée du Milanais par les Autrichiens

___

(1) *Recueil chronologique*, tom. I, part. 1.

Tome V.

obligé de laisser les portes de Bergame ouvertes pendant la nuit; qu'il arrivait continuellement des voitures attelées de bœufs, faute de chevaux; que les paysans de la Lombardie demandaient asyle; qu'une multitude de soldats débandés avaient quitté l'armée impériale, et s'engageaient dans les troupes de la république; que les corps de cavalerie mangeaient les blés sur pied, et qu'enfin l'arrière-garde autrichienne venait d'être forcée au pont de Lodi.

Ordres du gouvernement vénitien à ses magistrats. Le gouvernement, dans ces circonstances si difficiles, nomma un provéditeur-général des provinces de terre-ferme, qui fut Nicolas Foscarini, ancien ambassadeur à Vienne et à Constantinople; il devait résider à Vérone. En même temps, on adressa à tous les magistrats de ces ordres que les supérieurs donnent si facilement à leurs subordonnés, pour l'exécution de choses inexécutables : on leur recommandait d'éviter que les intérêts de la république ne fussent compromis, et de conserver cette impassible neutralité sur laquelle le gouvernement persistait à se faire illusion (1).

---

(1) Di mantenere le disposizioni in quella innocuità di riserva che è dimandata dalla delicatezza de' pubblici rispetti, vegliando ad un tempo perchè tutto proceda in quei modi tranquilli, non compromittenti i pubblici riguardi. (Proclamation du 11 mai, *Recueil chronologique*, tom. I, part. 1.)

Le podestat de Bergame tenait soigneusement les inquisiteurs d'état informés de tout ce qui se passait à Milan, des exactions auxquelles cette ville était soumise, du mécontentement qui en était la suite, et sur-tout des apparences qui faisaient prévoir un soulèvement des peuples opprimés par les vainqueurs. Il en calculait les moyens, les chances, et en prédisait le succès. Ces espérances ne se réalisèrent pas complètement; une insurrection éclata en effet dans la Lombardie, mais elle fut comprimée presque aussitôt.

L'armée française, en poursuivant les Autrichiens après le passage de l'Adda, était entrée comme eux sur le territoire vénitien, et le quartier-général avait été un moment à Brescia. Le général en chef avait cherché à rassurer les habitants du pays par une proclamation (1).

IV.
Proclamation du général Bonaparte en entrant sur le territoire vénitien.

Mais immédiatement après le passage du Mincio, dès que les Impériaux et les Français eurent à se disputer le territoire de la république, devenu le théâtre de la guerre, le gouvernement éprouva combien il était difficile de conserver une impartialité véritable, et dont les uns et les autres voulussent bien être convaincus.

---

(1) Elle est du 10 prairial an IV. (Moniteur du 24.)

29.

*Occupation de Peschiera par les Autrichiens et puis par les Français.*

La forteresse de Peschiera n'avait qu'une garnison de soixante invalides, une artillerie sans affûts, cent livres de poudre et point de palissades. Le chemin couvert était planté d'arbres; et les fortifications, comme celles de toutes les places vénitiennes, étaient négligées depuis un siècle. Les portes en étaient ouvertes journellement aux troupes autrichiennes qui passaient. L'officier qui y commandait ne cessait de représenter les conséquences de cet abandon, sans recevoir aucune réponse.

Quand le général Beaulieu conçut un moment l'espérance de défendre la ligne du Mincio, il jugea indispensable l'occupation de cette place, sur laquelle il devait appuyer sa droite; et, après avoir rempli la simple formalité d'écrire une lettre au provéditeur, il jeta dans Peschiera des troupes qui s'empressèrent de s'y mettre en défense, mais qui l'évacuèrent aussitôt qu'il eut commencé son mouvement de retraite vers le Tyrol. Le général en chef français, en rendant compte au directoire du passage du Mincio, terminait son rapport par cette phrase : « La république de Venise a laissé occuper par les Impériaux Peschiera, qui est une place forte; grace à la victoire de Borghetto, nous nous en sommes emparés (1). »

---

(1) « Les dispositions du gouvernement vénitien envers

Le provéditeur lui avait envoyé de Vérone un officier, sous prétexte de demander la réparation de quelques dommages commis à Brescia

V.
Entrevue du général Bonaparte et du provéditeur.

la France, étaient, avec raison, soupçonnées de n'être rien moins que favorables. Si, avant l'entrée des Français en Italie, elles eussent été amicales, leurs succès et le pouvoir menaçant auquel ils étaient parvenus, les rendaient trop dangereux pour être vus de bon œil. Venise, placée entre deux puissances telles que la France et l'Autriche, n'avait aucune inclination pour l'une plutôt que pour l'autre, et elle aurait éprouvé une vive satisfaction de ne les avoir plus pour voisines. Le général français, ne voulant point offenser un état qui conservait des relations amicales avec la république française, publia une adresse au gouvernement et au peuple de Venise: il y déclara qu'en poursuivant les ennemis de la France, sur le territoire vénitien, il ferait observer la plus stricte discipline, et qu'il en traiterait les habitants avec les égards et les considérations dus aux anciennes liaisons qui existaient entre les deux nations.

Cependant les Autrichiens avaient pris possession de Peschiera, par la connivence des Vénitiens, à qui cette ville appartenait. Là Beaulieu espérait tenir jusqu'à l'arrivée des secours qu'il attendait d'Allemagne. Bonaparte, desirant le chasser de l'Italie, ou le forcer à se rendre, s'avança dans l'intention de lui couper la retraite vers le Tyrol, par le côté à l'est du lac de Garde. Le 13 mai de grand matin, plusieurs divisions de l'armée française se portèrent vers le point de Borghetto, sur lequel Bonaparte se proposait de passer le Mincio, pour entourer l'armée de Beaulieu. Les Autrichiens firent les derniers efforts pour défendre le pont;

par l'armée ; cet officier le trouva fort courroucé de l'acte de partialité qu'il avait à reprocher au gouvernement vénitien, et témoignant le désir que le provéditeur vînt exposer lui-même les explications qu'il avait à donner sur cette affaire.

Telle était la terreur répandue par les armes françaises, que ce magistrat, homme d'une grande naissance, ancien ambassadeur, se crut perdu, parce qu'il fallait qu'il se présentât devant le général. « Je pars, écrivait-il à son gouverne-
« ment (1); que Dieu veuille bénir mes efforts,
« et me recevoir en holocauste ! »

Sa frayeur se peint encore plus naïvement dans le début de sa lettre suivante. « J'ai rempli
« le devoir de citoyen. Je suis allé à Peschiera ; je
« me suis trouvé entre les mains des Français ;

---

mais les Français l'emportèrent après une action très-chaude. Le général autrichien, pénétrant leurs intentions, abandonna en hâte la position de Peschiera, et se reporta avec une extrême diligence vers l'Adige, dont il rompit les ponts, pour arrêter la poursuite des Français. Par ce moyen il opéra sa retraite vers le Tyrol, unique place de sûreté qui lui restât alors. »

(*Annual register*, 1796.)

(1) Lettre de Nicolas Foscarini, du 31 mai 1796.
(*Recueil chronologique*, tom. I, part. 1.)

« j'ai traversé les longues colonnes de ces farou-
« ches soldats. J'ai vu le général Bonaparte. »

Celui-ci ne pouvait desirer de trouver le provéditeur dans une disposition d'esprit plus favorable au parti qu'il voulait en tirer. Il s'agissait
d'occuper Vérone à l'instant, sans coup férir,
afin de poursuivre les Autrichiens et d'avoir un
pont sur l'Adige. Pour cela, il fallait intimider
le magistrat vénitien et lui ôter toute idée de
résistance.

« Il me dit, écrivait Nicolas Foscarini, que
« la république de Venise avait mal répondu aux
« dispositions amicales de sa nation; que les faits
« se trouvaient fort différents des promesses; que
« nous avions trahi la France, en laissant les Al-
« lemands occuper Peschiera, ce qui lui avait fait
« perdre quinze cents hommes, dont le sang de-
« mandait vengeance; que, pour garder la neu-
« tralité, il aurait fallu résister aux Autrichiens;
« que, si on craignait de n'avoir pas des forces
« suffisantes, nous devions le lui déclarer, il se-
« rait venu à notre secours; que, si, comme je le
« disais, les Autrichiens avaient abusé de notre
« bonne foi, il n'y avait qu'un parti à prendre,
« non pas protester, mais leur déclarer la guerre.
« Ensuite, après avoir rappelé tous les griefs que
« la France avait contre la république, il ajouta
« qu'il avait reçu de son gouvernement l'ordre

« de brûler Vérone, ce qui allait être exécuté
« cette nuit même, par la colonne du général
« Masséna, qui était en marche avec du canon et
« des mortiers, et que peut-être dans ce moment
« le feu était déja commencé (1). »

VI. Terreur à Vérone.

La colère du général imposa tellement au provéditeur, qu'il offrit de recevoir les troupes françaises dans Vérone. Les Véronais attendaient avec anxiété le retour de Foscarini; il ne revint qu'après minuit, et fit annoncer que les Français allaient entrer dans Vérone, à titre d'amis, pour traverser la ville. L'épouvante s'empara de tous les habitants, principalement des nobles et des riches. La majeure partie de ces deux classes, et grand nombre même de celle du peuple, s'enfuirent précipitamment dans un désordre extrême. La route de Vérone à Venise fut à l'instant couverte de carrosses, de voitures de toute espèce, de charrettes. Les personnes qui n'avaient pu s'en procurer, se sauvaient à pied, hommes et femmes portant les enfants dans leurs bras. L'Adige offrait un même tableau de confusion; les barques, les bateaux chargeaient en toute hâte des effets précieux, les meubles grossiers

---

(1) Lettre du même, du 1$^{er}$ juin. (*Recueil chronologique*, tom. I, part. 1.)

du pauvre, des passagers en masse, et dérivaient vers Venise. « Les Venètes n'avaient pas témoigné plus de terreur à l'approche d'Attila (1). »

Cette terreur des Véronais venait de ce que le général reprochait à leur ville d'avoir été assez audacieuse pour se croire un moment la capitale de la France (2).

Les troupes françaises entrèrent dans Vérone le 1$^{\text{er}}$ juin; quelques jours après, elles occupaient Legnago et la Chiusa.

Le rapport du provéditeur répandit l'alarme dans Venise; le sénat crut qu'il allait avoir à défendre cette capitale : ce fut alors qu'il laissa pénétrer ses véritables dispositions. Depuis quelques jours, c'est-à-dire depuis la retraite des Autrichiens, il multipliait coup sur coup les mesures militaires; ordre aux commandants des escadres de les ramener sur-le-champ à Venise, de faire rentrer tous les vaisseaux quelconques, même celui qui portait à Constantinople un nouvel ambassadeur; ordre aux provéditeurs en

Mesures prises par les Vénitiens.

―――――

(1) *Hist. de la révolution de la république de Venise*, par A. N. P., part. 2, ch. 10.

(2) « J'aurais mis le feu à une ville assez audacieuse pour se croire la capitale de l'empire français.
(Lettre du général Bonaparte, du 17 prairial an IV. Moniteur du 24.)

Istrie, en Dalmatie, en Albanie, de faire partir à l'instant pour Venise toutes les troupes disponibles, d'en lever de nouvelles, de rassembler les milices, en accélérant ces opérations par tous les moyens : nomination d'un patricien pour commander toutes les forces appelées dans les lagunes, et d'un autre pour assurer les approvisionnements ; envoi d'un courrier à Paris pour solliciter l'adoucissement des menaces proférées par le général en chef; levées de recrues, redoublement d'activité dans l'arsenal ; établissement d'une taxe sur les maisons de la capitale et du dogado ; imposition d'un décime sur tous les biens-fonds que les habitants de Venise possédaient dans la terre-ferme; ouverture d'une caisse pour recevoir les dons patriotiques, qui s'élevèrent, dit-on, à treize cent mille ducats.

Ces mesures ne pouvaient pas avoir pour objet de se défendre contre les violences des Autrichiens. Ils avaient occupé le territoire de la république pendant trois semaines, l'avaient traversé dans tous les sens, avaient séjourné dans les places, en allant et en revenant, sans qu'on eût pris seulement la précaution de s'en plaindre, et maintenant ils étaient en pleine retraite.

Cet armement ne pouvait pas non plus avoir été déterminé par les menaces des Français, puisqu'il était ordonné avant qu'elles fussent proférées.

Que voulait-on défendre avec ces troupes ? Le territoire ? Il était trop tard. La capitale ? Sa position insulaire n'exigeait que des barques.

Il était donc probable qu'on voulait intimider les Français, ou qu'on se préparait à se déclarer contre eux s'ils éprouvaient quelques revers.

Mais plus ces préparatifs étaient évidemment hostiles, moins ils étaient propres à rassurer le gouvernement vénitien. On jugea que le provéditeur, terrassé par l'accueil qu'il avait reçu, accablé de réquisitions, troublé par une multitude de demandes et de plaintes, ne pouvait ni suffire à tout, ni avoir jugé de sang-froid l'état des choses, ni être propre à négocier avec le général. On chargea de cette mission deux autres patriciens, Nicolas Bataja et Nicolas Erizzo, qui joignirent le quartier-général devant Mantoue, au moment où les Français venaient d'enlever le faubourg Saint-Georges.

VII. Conférences du général avec deux commissaires du gouvernement vénitien.

Le général leur dit (1) : « Que la république

---

(1) Ceci est extrait du rapport des deux envoyés, daté de Vérone, le 5 juin 1796.
(*Recueil chronologique*, tom. I, part. 2.)

« française avait de grands sujets de plainte con-
« tre la république de Venise; mais que depuis,
« l'accueil que les Véronais avaient fait à ses
« compagnons d'armes et à lui-même, l'avait con-
« firmé dans l'opinion qu'il fallait regarder ce
« qui était arrivé comme un effet de l'impré-
« voyance. Les choses étant passées, il se félici-
« terait de pouvoir donner à leur gouvernement
« des preuves de l'amitié du sien, bien persuadé
« que, pendant le séjour des troupes françaises
« sur le territoire de Venise, le sénat ne discon-
« tinuerait pas de manifester sa loyauté, et que
« rien ne manquerait à la subsistance de l'armée;
« car cette armée n'ayant à sa suite ni magasins
« ni équipages, il fallait bien qu'elle tirât sa sub-
« sistance du territoire qu'elle occupait. »

Les commissaires lui ayant demandé, avec
toutes les précautions dont une pareille question
était susceptible, s'il pouvait prévoir la durée du
séjour de ses troupes à Vérone, il leur répondit:
« Qu'il serait obligé de les y laisser tant que les
« circonstances de la guerre pourraient l'exiger;
« mais qu'il consentirait à les retirer dès-à-pré-
« sent, si la république se mettait en état d'in-
« terdire aux Autrichiens le passage de l'Adige;
« qu'au surplus il espérait qu'avant peu l'ennemi
« serait totalement expulsé de l'Italie, ce qui per-
« mettrait de réduire à un très-petit nombre

« les troupes françaises qu'on laisserait pour la
« garde des ponts de Vérone. »

Il parla ensuite de la guerre, de la politique, avoua qu'il était redevable de la rapidité de ses conquêtes au peu de prévoyance des généraux alliés; annonça la probabilité d'une paix prochaine avec le roi de Naples; dit que le chevalier Azara, ministre d'Espagne, l'attendait à Brescia, pour traiter d'un accommodement avec le pape; et ajouta que les intentions bien connues de son gouvernement étaient de rendre l'Italie indépendante, et de faire du duché de Milan un état séparé comme autrefois, ce qui ne pouvait qu'être conforme aux vues de la république de Venise.

« La variété de ces objets, disent les commis-
« saires dans leur rapport, la finesse de ses ob-
« servations, l'étendue de ses vues, la manière
« dont ils les développait, ses aperçus sur les
« intérêts de sa nation et des autres; tout cela
« nous autorise à penser, non-seulement que cet
« homme est doué de beaucoup de talent pour
« les affaires politiques, mais qu'il doit avoir un
« jour une grande influence dans son pays. »

Cependant le podestat de Bergame annonçait que la population de cette province était dans un violent état d'irritation, provoqué par la conduite des Français; qu'il n'était point de

VIII.
Dispositions de la population vénitienne et ordres

sacrifices auxquels elle ne se portât pour le service de ses souverains adorés, et qu'il cultivait avec soin tous ces sentiments (1); que cependant il recommandait aux prêtres de prêcher la modération (2).

Quelques jours après (3), il annonçait qu'il pouvait disposer de dix-huit mille montagnards bien armés, et qu'on lui offrait en outre quinze cents fusils; il ne lui manquait que des officiers.

Une chose non moins significative que les rapports du magistrat de Bergame, ce fut une communication adressée au gouvernement par les inquisiteurs d'état, et que je vais transcrire.

« Une personne de confiance vient de faire parvenir au tribunal une lettre dont voici l'extrait :

« 25 juillet 1796. Un ami m'a dit : les Français chercheront certainement des prétextes pour attaquer Venise. On dit qu'elle arme; si elle n'arme pas avec énergie, elle sera foulée aux pieds comme les autres. Il est vrai qu'il est tard ; il serait possible que, s'ils remarquaient

---

(1) Rapport du podestat Ottolini, du 15 juin 1796.
(*Recueil chronologique*, tom. I, part. 2.)
(2) *Id.* du 29 juin.
(3) *Id.* du 8 juillet.

des préparatifs considérables, les Français voulussent en connaître l'objet; mais, en les faisant dans l'intérieur du Dogado, ils seront moins facilement aperçus. D'ailleurs, on pourra dire qu'on prend des précautions pour contenir le peuple mécontent et pour repousser les Autrichiens. Cette réponse leur donnera à réfléchir. Aux armes donc! aux armes! et qu'il n'y ait pas moins de quarante mille Esclavons et de quatre mille hommes de cavalerie, si l'on ne veut pas être mis sous le joug (1). »

Il faut convenir qu'une pareille communication avait bien l'air d'un conseil.

Ce qui ne laisse aucun doute à cet égard, c'est une lettre (2) que les mêmes inquisiteurs

---

(1) *Recueil chronologique*, tom. I, part. 2.

(2) « Les offres faites par les fidèles sujets de la république, pour leur propre défense et pour le salut de l'état, sont une affaire aussi importante que délicate. Le zèle, la prudence, la pénétration de votre seigneurie illustrissime, qui, sans oublier la nécessité du plus profond secret, a si bien accueilli les vœux de ces sujets fidèles, ne peuvent que mériter nos éloges, et nous assurent qu'elle ne perdra jamais de vue les précautions qui doivent être gardées dans l'exécution d'un dessein si difficile à-la-fois et si périlleux.

« Dans l'impossibilité de déterminer toutes les circonstances et de donner cours dès-à-présent à une chose si délicate, nous nous bornerons à vous charger de manifester aux dé-

écrivirent le 28 juillet à ce podestat de Bergame, qui montrait tant de zèle, pour lui ordonner de continuer d'organiser et d'armer la population mécontente avec la plus grande diligence, mais avec le plus profond secret, et sur-tout en évitant une explosion prématurée.

On voit que la république armait, et on peut juger si c'était dans un esprit d'impartialité.

---

putés des divers cantons l'approbation du sénat et la nôtre.

« Ils en verront un témoignage dans le soin qu'on a pris de leur envoyer le sergent-général Noveller, homme de beaucoup d'expérience, qui, de vive voix, fera part à votre seigneurie illustrissime de ses instructions. Il se concertera aussi avec elle pour la conduite de cette affaire, de manière à assurer le salut de l'état et des sujets, sans s'écarter de la modération et de la circonspection requises, en se tenant dans la réserve qu'exigent les maximes du gouvernement et l'impartialité qu'il professe. Il faut sur-tout éviter toute manifestation, et tout mouvement préparatoire qui serait dangereux et peut-être même fatal. Il faut que le concert soit parfait, mais secret; c'est-à-dire qu'il doit se renfermer strictement entre les personnes destinées à concourir d'une manière principale à une entreprise dont le succès dépend du choix du moment et des moyens. » Le reste de la lettre contenait des instructions sur le dénombrement des forces, l'armement et l'organisation des corps, le choix des officiers, et principalement sur les précautions à prendre pour que toute la masse agît simultanément et dans la même direction.

(*Recueil chronologique*, tom. I, partie 2.)

C'était à ces dispositions qu'elle avait employé le mois de juin. Les Français, pendant ce même temps, avaient comprimé l'insurrection de la Lombardie et celle des fiefs impériaux voisins de Gènes. Pizzighitone, Crémone, Peschiera, avaient dès long-temps ouvert leurs portes. Le château de Milan venait de capituler. Des colonnes républicaines s'étaient avancées jusqu'à Brixen et à Trente, tandis que d'autres occupaient le fort de Fuentes dans les Alpes, le fort d'Urbin sur la frontière de l'état ecclésiastique, Ferrare sur le Pô, Bologne dans la Romagne, Ancône sur l'Adriatique, Livourne sur la mer de Toscane. Le roi de Naples venait de traiter; et, à son exemple, le pape avait demandé un armistice. Il ne restait plus à l'Autriche dans toute l'Italie que la seule place de Mantoue.

*Progrès des Français en Italie.*

Ce fut le moment que le gouvernement français choisit pour solliciter l'alliance des Vénitiens. Non-seulement il en fit faire et réitérer la proposition directement, mais il la fit passer par des médiateurs désintéressés ; il provoqua sur cet objet les méditations du sénat et celles des hommes d'état vénitiens placés à des points de vue différents, dans l'espérance qu'éloignés du centre des illusions et des intrigues locales, ils jugeraient avec plus de sagacité la marche probable des évènements, et se défendraient plus

IX.
Le gouvernement français propose son alliance aux Vénitiens, qui la refusent.
7 juillet et 17 août 1796.

*Tome V.*        30

facilement contre les passions, qui faisaient repousser toute alliance avec la nouvelle république.

L'ambassadeur de France à Constantinople, le prince de la Paix à Madrid, le général de l'armée à Brescia, le ministre de France à Venise, commencèrent et renouèrent, à différentes reprises, cette négociation.

La note que l'ambassadeur près la Porte ottomane remit au baile à cette occasion, contenant un exposé de la situation politique de Venise, il est important de la consigner ici.

« La république française, disait-il, ne s'isole point au milieu de l'Europe ; elle ne veut point profiter seule de ses victoires. Appelée par sa puissance à assurer l'indépendance de tous les états, à confondre les projets de quelques cours ambitieuses, elle ne restera point au-dessous de sa destinée ; mais elle a droit de s'attendre à trouver les gouvernements que cette cause intéresse disposés à la seconder. Elle ne peut douter que telles ne soient les intentions de l'auguste sénat de Venise ; et c'est avec une pleine confiance que le soussigné a l'honneur de s'adresser à M. Foscari, pour lui proposer, d'après les ordres qu'il en a reçus de son gouvernement, une alliance entre les deux républiques.

« Les circonstances les invitent à s'unir, puisqu'elles leur donnent le même ennemi. Cet ennemi, qui n'est que trop connu du sénat, c'est cette puissance inquiète qui a desséché les sources de la prospérité des provinces vénitiennes sur la terre-ferme; qui, de jour en jour, fait déchoir le port de Venise de son antique splendeur; qui n'aspire à rien moins qu'à dominer dans l'Adriatique, après avoir envahi les importantes provinces de la côte orientale. Mais l'Autriche n'est pas le seul ennemi qui doive exciter l'inquiétude du sénat. La cour de Saint-Pétersbourg, qui marche aujourd'hui si ouvertement à la conquête de toute la Turquie européenne, a déja jeté les fondements de son empire dans le cœur de la Grèce, et n'est pas moins dangereuse que la maison d'Autriche, pour l'indépendance et la sûreté de la république de Venise.

« Comment douter que la Russie ne favorise les vues ambitieuses de l'Autriche contre la république, après avoir éprouvé elle-même, dans l'exécution de ses projets, la condescendance de ce cabinet? Pourrait-il rester aux Vénitiens quelque espérance de conserver le commerce si avantageux dont ils sont en possession, de garder même les îles de Zante, de Corfou, de Céphalonie, si le colosse de la puissance russe s'étendait jusqu'aux Dardanelles? Le gouvernement français en appelle à la conscience, à la profonde sagesse du sénat vénitien. Des mesures dont l'objet est de prévenir les dangers qui viennent d'être indiqués, et d'obvier à ceux qui existent déja, en rétablissant la puissance vénitienne sur des bases plus solides, ne peuvent donc qu'être conformes aux vues du sénat. L'alliance proposée est d'autant plus desirable, qu'elle serait vue favorablement par la Porte ottomane et par l'Espagne, qui, vraisemblablement, ne tardera pas à y accéder, etc.

« A Péra, ce 17 messidor an IV de la république française, 7 juillet 1796.

Verninac. »

En effet, le reiss-effendi répéta plusieurs fois à l'interprète de la légation vénitienne, qu'il lui paraissait indispensable que la république prît un parti dans la crise actuelle; qu'elle ne pouvait plus se flatter de maintenir son indépendance en s'isolant; et qu'il la croyait dans la nécessité de faire cause commune avec la Porte, la France et l'Espagne (1).

La France, pour déterminer les Vénitiens à entrer dans cette alliance, ne leur offrait pas seulement la garantie de leurs états, mais encore

---

(1) Dépêche du baile de Venise, du 9 juillet.

elle leur promettait des avantages considérables.

Les ambassadeurs de Venise en Espagne annonçaient (1) que l'alliance de cette cour avec la France était conclue, et que le prince de la Paix les avait pressés vivement d'engager leur république à s'y réunir; ajoutant même qu'il croyait pouvoir s'en flatter, d'après les armements qu'on lui voyait faire.

A Paris, à Venise, au quartier-général de l'armée, on avait réitéré les mêmes propositions. Tout cela n'empêcha pas le collége de faire décréter dans le sénat, le 27 août 1796, qu'on persisterait dans le système de neutralité, et (ce qui était contradictoire avec les préparatifs militaires qu'on faisait de toutes parts), dans une neutralité désarmée, c'est-à-dire impuissante.

Il est évident que le gouvernement vénitien était affermi dans ce système, parce qu'il l'était dans l'opinion que les succès de la France n'étaient que passagers. Ceci nous oblige à reporter nos regards sur les opérations militaires.

---

(1) Dépêche datée de Saint-Hildephonse, le 25 juillet 1796, et écrite en commun par Barthélemi Gradenigo, ambassadeur, dont la mission venait de finir, et par Almoro Pisani, son successeur.

X.
Marche
du maréchal
de Wurmser
en Italie.
29 juillet
1796.

L'Autriche, au commencement de cette campagne, avait vu son armée dispersée et détruite en partie ; mais, dans toute cette guerre, son administration signala son habileté par sa promptitude à créer, organiser, équiper et mettre en ligne de nouvelles armées. Indépendamment des nombreux détachements qui venaient de l'intérieur renforcer les troupes allemandes dans le Tyrol, le maréchal de Wurmser marcha, pour en prendre le commandement, à la tête de vingt mille hommes, appelés de l'armée du Rhin.

L'armée française avait reçu, depuis le commencement de la campagne, à-peu-près neuf mille hommes de renfort; mais elle avait perdu bien davantage dans les combats qu'elle avait livrés. Un pays immense à garder, et le siége de Mantoue, occupaient près de la moitié de cette armée. Elle s'étendait depuis le lac d'Iseo, à l'ouest du lac de Garde, jusqu'à Porto-Legnago. La ligne commençait à Corona, sur les confins du Tyrol; passait à Torbolé, à l'extrémité septentrionale du lac de Garde; descendait à Salo, sur la côte occidentale; puis à Desenzano, au midi de ce lac; à Peschiera, qui est sur le point où le Mincio en sort : de là elle se prolongeait sur la rive gauche du Mincio, par Bussolengo vers Vérone, et enfin jusqu'à Porto-Legnago et Labadio. Brescia était un point excentrique, mais lié avec Peschiera par des postes intermédiaires.

Cette ligne, qui traversait les routes par lesquelles l'ennemi pouvait déboucher du Tyrol vers l'Italie, couvrait le corps d'armée chargé du siége de Mantoue. Le quartier-général était à Marmirolo, un peu au nord de cette place.

Le 29 juillet, le maréchal de Wurmser, descendant des Alpes Tyroliennes, arriva vers l'extrémité supérieure du lac de Garde, détacha un corps de quinze mille hommes, pour côtoyer ce lac à l'ouest, et menacer Brescia, tandis que lui-même, à la tête de son armée, passait à l'est entre le lac et l'Adige, occupait le Monte-Baldo, forçait le poste de la Corona, qui ferme ce défilé, et débouchait dans la Lombardie par la rive gauche du Mincio.

Il devait résulter de ce mouvement que la colonne qui descendait à l'ouest du lac de Garde, pouvait arriver à Milan avant l'armée française; que toutes les troupes qui se trouvaient au-delà du Mincio étaient compromises; que des corps séparés, des garnisons forcées d'évacuer les places, des généraux sans communication avec leur chef, allaient être poussés dans des directions différentes; que toute la Lombardie pouvait se soulever; et qu'il devait être également difficile à l'armée française de se réunir, et de combattre avec quelque espoir de salut si elle n'était pas réunie.

Les Autrichiens en effet culbutèrent, d'un côté, la division française qui gardait la rive occidentale du lac, et de l'autre le général Masséna, posté dans la vallée de l'Adige.

La ligne des Français se trouva percée, les troupes placées à Porto-Legnago étaient coupées, celles de Vérone allaient l'être; Brescia était occupé par l'ennemi; des partis de cavalerie se dirigeaient déja sur Milan. La division qui occupait Vérone se hâta de l'évacuer. La population manifestait de l'impatience; les Français frappèrent des réquisitions de vivres, emmenèrent sept canons, enclouèrent les autres, jetèrent les munitions qu'ils ne purent emporter, brûlèrent quelques bateaux. Les habitants reçurent ordre de se renfermer dans leurs maisons, sous peine de mort; et la garnison, dans sa retraite, traversa une grande ville déserte: c'étaient de sinistres adieux.

A Venise, on prit l'apparition du maréchal de Wurmser pour le signal de la délivrance de l'Italie; ses succès y excitèrent une joie inexprimable (1). On vit le bas peuple s'abandonner aux

---

(1) *Recueil chronologique*, tom. I, partie 2.

démonstrations d'une haine imprudente, et les Esclavons, qui composaient la garnison de cette capitale, non moins empressés de faire éclater des passions qui flattaient celles de leurs maîtres. Ils se répandirent sur les places, dans tous les lieux publics, en vomissant des imprécations contre les Français, poursuivirent ceux qui osaient paraître, leur arrachèrent la cocarde et la foulèrent aux pieds. Ils imaginèrent de pénétrer dans les maisons, et de demander de l'argent pour prix des meurtres qu'ils allaient commettre. Les asyles où le jeu, les femmes, la musique, rassemblaient les indolents citoyens de Venise, étaient tout-à-coup envahis par une populace ou une soldatesque effrénée, qui venait promettre des têtes ; et le sybarite opulent, la femme voluptueuse, interrompaient leurs plaisirs pour applaudir à des fureurs et payer d'avance des assassinats.

Cependant l'irrésistible fortune de la France allait confondre ces odieux projets.

La marche de cette division, qui menaçait la Lombardie, ne laissait pas le temps au général français de rassembler ses troupes pour livrer bataille aux Autrichiens à la vue de Mantoue. Se trouvant entre les deux corps ennemis il replia ses postes avec toute la diligence que permettait une attaque imprévue, et conçut le projet de

XI.
Le général Bonaparte abandonne le siége de Mantoue.

combattre ces deux corps l'un après l'autre. Par une de ces résolutions qui n'appartiennent qu'aux capitaines qui savent oublier un grand projet pour en exécuter un plus grand, il lève dans la nuit le siége de Mantoue prête à capituler, abandonne toute sa grosse artillerie dans les tranchées, jette son armée sur la rive droite du Mincio, détache un corps pour aller reprendre les défilés à l'ouest du lac de Garde; marche sur la division qui avait débouché de ce côté, l'attaque à Brescia, à Castiglione, à Lonado, tandis que le général Masséna pousse les Impériaux vers le lac. Cette division autrichienne errait sans être tout-à-fait détruite, cherchant à se rallier au corps d'armée, qui, déja sur la rive droite du Mincio, se déployait devant Castiglione. Il fallait se jouer du temps, des obstacles et des distances, pour achever de détruire ce corps, avant d'être obligé de se retourner vers l'armée de Wurmser. La fortune fit arriver les restes de cette division devant Lonado, au moment où le général français venait d'y entrer avec une poignée de monde. Les Autrichiens, impatients de passer, pour se joindre au maréchal de Wurmser, envoient sommer le commandant de Lonado. Bonaparte fait débander les yeux au parlementaire, se montre, et lui enjoint d'aller dire à ses chefs, que, s'ils ont la présomption de vouloir prendre le général de l'armée d'Italie, ils n'ont qu'à avancer ; qu'ils doivent savoir qu'il est là avec toutes ses troupes, et qu'eux-mêmes sont prisonniers. Ils veulent parlementer, on refuse toute conférence ; ils demandent du temps, le général ne leur donne que quelques minutes ; et quatre mille hommes, qui pouvaient le prendre, mettent bas les armes.

Alors, débarrassés de cette division ennemie, les Français se mirent en marche, le soir même, pour aller à la rencontre du corps d'armée autrichien. Le lendemain 5 août, on l'aperçut entre Castiglione et le Mincio. Là se livra une bataille qui rendit aux Français la possession de l'Italie prête à leur échapper. Les corps des généraux Masséna et Augereau attaquèrent vaillamment, tandis que la division Serrurier faisait un mouvement pour envelopper la gauche de l'armée ennemie. Cette manœuvre décida la retraite du maréchal de Wurmser. Dès le lendemain on l'obligea de quitter la ligne du Mincio ; et, le 11 août, le général Masséna occupait ces mêmes défilés de l'Adige dans lesquels il avait été forcé le 29 juillet. Peu de jours après la bataille, on reprit le blocus de Mantoue. Les Impériaux avaient perdu dans cette marche de huit jours cinq à six mille morts, dix à douze mille prisonniers, et la majeure partie de leur artillerie.

XII.
Bataille de Castiglione.
5 août 1796.

Lorsque la division du général Serrurier se présenta pour rentrer dans Vérone, elle en trouva les portes fermées ; quelques troupes autrichiennes y étaient encore. Le provéditeur fit dire qu'il ne pouvait ouvrir les portes que dans deux heures ; on les enfonça à coups de canon. Ainsi les Vénitiens protégeaient les impériaux dans leur retraite, tandis qu'à l'approche du maréchal de Wurmser, lorsque les Français s'étaient vus dans la nécessité d'évacuer Vérone, on leur avait refusé jusqu'à des clefs de portes de souterrains (1).

Les provinces de Brescia et de Vérone furent en proie à tous les désordres de la soldatesque allemande et française, qui, tour-à-tour victorieuse et vaincue, exigeait des vivres, des chevaux, des effets, des contributions, et pillait les villes quand elle ne pouvait plus les défendre. Sans doute on devait regretter de ne s'être pas mis dès long-temps en état d'empêcher de pareils excès ; mais les mesures que le gouvernement avait prises semblaient avoir pour objet de venger ces offenses, plutôt que de les prévenir.

―――――

(1) Les Français poursuivirent les Autrichiens à Vérone, où ceux-ci firent quelque résistance, grace à la connivence des Vénitiens. (*Annual Register*, 1796.)

XIII.
Projets de résistance de la part des Vénitiens.

La retraite de la seconde armée autrichienne ne changea rien aux projets qu'il avait conçus. Le 28 août, c'est-à-dire quinze jours après que le maréchal de Wurmser fut rentré dans le Tyrol, le podestat de Bergame annonçait que toute la population de sa province demandait la permission de se lever en masse, et qu'on pouvait compter sur trente mille hommes (1).

Les inquisiteurs d'état arrêtèrent un plan pour organiser cette masse en dix-huit régiments. Ils s'occupèrent du choix des officiers, qu'on prenait tant dans les troupes de ligne que dans la masse elle-même; préparèrent des approvisionnements de vivres pour un mois; s'assurèrent de l'artillerie, des munitions et des canonniers nécessaires; fournirent aux habitants les moyens de fabriquer de la poudre dans leurs montagnes, leur promirent de les faire soutenir par des troupes réglées : sur-tout ils s'appliquèrent à sonder les dispositions des autres provinces, et à y semer les germes d'une pareille insurrection. Le développement de toutes ces mesures fut le sujet d'un mémoire qu'ils remirent au gouvernement, le 31 août; communication dont les sages ne jugèrent point à propos de faire part au

---

(1) *Recueil chronologique*, tom. I, part. 2.

sénat, et qui fournit même à Pierre Dona, membre du collége, l'occasion de s'élever contre toutes ces mesures avec force, mais sans succès (1).

Venise, toutes les places voisines, et les îles des lagunes, s'encombraient de troupes arrivées de l'Istrie, de la Dalmatie, de l'Albanie, et que de nombreux détachements de recrues venaient renforcer journellement. On élevait de petits forts, on plaçait des batteries à toutes les passes; les lagunes étaient couvertes d'une multitude de bâtiments armés.

Le ministre de France ne pouvait se dispenser de demander quelques explications sur la destination d'un appareil militaire qui se rassemblait sous ses yeux, et avec une précipitation si remarquable. Le sénat lui répondit par des protestations de neutralité, de loyauté (2); et le ministre, qui savait à quoi s'en tenir, voulut bien en paraître satisfait.

---

(1) *Recueil chronologique*, tom. I, part. 2.

(2) Avendo il ministro Lallement, con una sua memoria, ricercato il motivo degli apprestamenti guerrieri che sotto i di lui occhi si facevano colla massima celerità in Venezia, il senato, in risposta, dimostrò così leali e sinceri i suoi sentimenti della più perfetta neutralità, ch'egli si chiamò soddisfatto e tranquillo. (*Recueil chronologique*, tom. I, part. 2.)

Cependant le gouvernement ne pouvait pas avoir une grande confiance dans l'expérience militaire de ces patriciens; et il n'oubliait pas son antique maxime de ne jamais confier ses armées de terre à un indigène. Ce double motif détermina le gouvernement à chercher un général étranger, à qui on confiât la défense de la république.

Il y avait alors à Venise un prince connu dans l'Europe par une intrépidité qui avait étonné les plus braves, et par son ardeur à courir après des périls au milieu desquels son devoir ne le plaçait pas. Sans être marin, il avait fait le tour du monde, et combattu comme amiral ; sans être Espagnol ni Français, il avait conduit une batterie flottante sous le canon de Gibraltar.

Le gouvernement jeta les yeux sur ce brillant volontaire, à qui l'appât des périls aurait suffi pour l'engager dans cette cause, quand ses opinions politiques ne l'auraient pas fait l'allié naturel des Vénitiens.

Le bruit s'en étant répandu à Vienne, le baron de Thugut, alors premier ministre, témoigna à l'ambassadeur de Venise que l'empereur verrait avec peu de satisfaction que le choix de la république se portât sur le prince de Nassau, contre lequel il avait quelque sujet de mécontentement; ajoutant que les intérêts des deux nations pourraient en souffrir, par le défaut d'intelligence entre les généraux (1).

Cette déclaration fut reçue comme un ordre. On peut en tirer deux conséquences: l'une que le cabinet de Vienne, en s'immisçant dans le choix du général de la république, témoignait assez qu'il comptait sur sa coopération; l'autre que les Français lui eurent l'obligation de n'avoir pas à combattre un adversaire, qui probablement se serait montré redoutable, et qui, à coup sûr, n'aurait pas laissé inactives les forces qu'on lui aurait confiées.

Quand le ministère autrichien parlait ainsi, le maréchal de Wurmser descendait en Italie, et forçait les Français à abandonner le siége de Mantoue. On a vu comment, peu de jours après cette invasion, il avait été contraint lui-même de rentrer dans le Tyrol. Mais la question de la possession de l'Italie était loin d'être décidée. Le vieux général avait été battu; son armée, quoique affaiblie, n'était pas désorganisée, et recevait de nouveaux renforts. Les Français n'avaient alors dans toute l'Italie que cinquante-six mille huit cents hommes présents sous les armes. Il ne leur était plus possible de recom-

---

(1) Dépêche de l'ambassadeur Augustin Garzoni, du 1er août 1796.

mencer le siége de Mantoue, puisque leur artillerie, abandonnée dans leurs tranchées, était entrée dans la place. Il fallait se déterminer à un blocus, qui, ne pouvant être parfait avec peu de troupes, devait nécessairement être long. L'attitude du maréchal de Wurmser dans le Tyrol était encore menaçante.

Le général français sentait trop combien sa situation était précaire, pour ne pas chercher à consolider, par de nouveaux efforts, les avantages que ses victoires lui avaient procurés. Dans les premiers jours de septembre, il fit un mouvement vers le Tyrol. Le corps du général Masséna remonta la rive gauche de l'Adige, s'avançant par Ala et Serravalle, tandis que le général Vaubois marchait parallèlement par la rive droite, se dirigeant vers Torbolé, au nord du lac. Il y fut joint par la brigade du général Guieux, qui s'était embarqué à Salo, et avait brûlé la flottille ennemie. Les avant-postes autrichiens furent menés battant d'un côté jusqu'au défilé de San-Marco, de l'autre jusqu'à un camp retranché qu'ils avaient près du village de Mori. Les généraux Vaubois, Guieux et Saint-Hilaire, enlevèrent ce camp, au moment même où le général Masséna forçait le passage, secondé par le général Victor et par le général Dubois, qui paya ce succès de sa vie. Au débouché de ce dé-

XIV.
Bataille de Roveredo.
5 septembre 1796.

filé, on aperçoit la ville de Roveredo. Les Autrichiens la traversaient, pour se former sur la route de Trente. Le général Rampon, se jetant dans Roveredo, mit de la confusion dans le mouvement des ennemis. Cependant au-delà de Roveredo, l'Adige, en se rapprochant d'une montagne escarpée, ne laisse qu'un passage de quarante toises de largeur : une muraille, un vieux château, ajoutaient aux obstacles que présentait ce défilé. Les Autrichiens veulent y tenir ferme, pour arrêter la poursuite des Français; mais le canon de ceux-ci les écrase; une nuée de tirailleurs les incommode de son feu, et une colonne serrée, qui se précipite sur le défilé, les force de l'abandonner. La cavalerie est déja à leur poursuite. Ils laissent sur la place vingt-cinq pièces de canon, sept drapeaux, et cinq ou six mille prisonniers. Telle fut la bataille de Roveredo, qui se donna le cinq septembre 1796. Le lendemain, le général Masséna entra dans la ville de Trente.

Ce moment fut celui que le maréchal de Wurmser choisit pour une manœuvre audacieuse. Présumant que les Français tenteraient de poursuivre son armée jusqu'à la pente des montagnes du Tyrol vers l'Allemagne, peut-être jusque dans Inspruck, il conçut le projet de les retenir dans les gorges du Tyrol, par la résistance mesurée d'une partie de ses troupes, tandis qu'avec le reste il ferait un circuit, se jetterait dans les provinces vénitiennes, arriverait encore une fois sur l'Adige, prendrait l'ennemi à revers, et l'enfermerait dans les vallées.

Le général français, soit qu'il eût prévu ce mouvement, soit qu'il eût voulu assurer ses derrières, au moment où il allait s'engager dans le défilé de l'Adige, soit qu'il se fût proposé lui-même de rentrer du Trentin en Italie par un autre côté, avait porté la division Augereau par-delà Vérone, vers la vallée de la Brenta, qui descend du Tyrol en courant vers Bassano.

Cette division se trouvait, dès le 8 septembre, sur les bords de cette rivière fort au-dessus de Bassano. Ce fut au village de Primolan que le général Lanus, commandant de l'avant-garde, rencontra celle du maréchal de Wurmser, qui descendait par la gorge de la Brenta. Les forces étaient trop inégales pour que les Français pussent arrêter l'armée autrichienne ; elle déboucha du défilé dans la plaine de Bassano, et se porta sur cette ville, détachant une division de huit mille hommes sur Vérone, pour aller s'emparer des ponts de l'Adige.

Mais le même jour, l'armée française, victorieuse à Roveredo, descendait aussi le long de la Brenta. Elle parut dans la plaine, chargea les

XV.
Le maréchal de Wurmser contraint

impériaux, les poursuivit à Bassano, à Citadella, à Montebello, fit un grand nombre de prisonniers, et se sépara en plusieurs corps, pour détruire les deux colonnes ennemies, en leur coupant toute retraite.

Elles se réunirent; mais elles se trouvaient entre la Brenta et l'Adige. L'espoir de repasser la première de ces rivières leur était interdit par la présence des Français. Elles essayèrent de forcer le passage de l'Adige à Vérone, d'où elles furent repoussées par le général Kilmaine.

Dans la nuit du 10 au 11 septembre, le maréchal de Wurmser fila le long de l'Adige, en descendant ce fleuve, et le passa à Porto-Legnago, au moment où le général Augereau arrivait sur ce même point, et que le général Masséna passait à Ronco. Atteint le 12 près de Céréa, le vieux maréchal repoussa vigoureusement les troupes qui le serraient de près, reprit les ponts qu'on lui disputait, et fit cinq cents prisonniers; mais renfermé alors entre l'Adige et le Mincio, il n'avait plus d'autre asyle que Mantoue.

Il marcha dans cette direction pendant toute la nuit du 12 au 13, détruisant tous les ponts après son passage, culbutant les détachements qui se présentaient pour retarder sa marche, et se jeta enfin dans la place avec six ou sept mille hommes, restes de cette armée qui devait reconquérir l'Italie.

Deux jours après son arrivée dans Mantoue, il en sortit à la tête de toute cette garnison, qui formait une petite armée de près de vingt-cinq mille hommes, pour écarter les troupes françaises qui tentaient déjà de resserrer le blocus. Cette sortie donna lieu à une nouvelle bataille, qui coûta aux Autrichiens deux ou trois mille hommes et la tête du pont de Saint-Georges.

Les Vénitiens avaient rejeté plusieurs fois l'alliance de la France. Elle ne pouvait ignorer ni leur partialité pour l'Autriche, ni leurs dispositions militaires, d'autant plus suspectes qu'elles étaient mystérieuses sans pouvoir être secrètes. Un appareil immense couvrait les lagunes; tout le monde en était témoin. La population des campagnes de la province de Bergame était armée, organisée en régiments; elle avait des canons, des magasins; on y fabriquait de la poudre. Il était impossible que des soldats répandus dans tous les villages ne s'en fussent pas aperçus, et on pouvait encore moins se méprendre sur la destination d'un pareil armement.

XVI. Nouvelles propositions d'alliance faites aux Vénitiens par le gouvernement français. 27 septembre 1796.

Cependant la France, après s'être assuré encore une fois la possession de l'Italie, par la destruction de la seconde armée autrichienne, réitéra ses propositions d'alliance à la république de Venise. Le 27 septembre 1796, quelques jours après la défaite du maréchal de Wurmser, le ministre français présenta au gouvernement vénitien une note, où il s'attachait à exposer la véritable situation de la république de Venise, « en butte, disait-il, à son insu, ou du moins sans qu'elle parût s'en apercevoir, à l'ambition de trois puissances avides ; la Russie, qui, dans ses vues sur la Porte, regardait comme un accessoire nécessaire de ses usurpations en Turquie l'invasion des colonies vénitiennes ; l'Angleterre, qui, à la faveur de la connivence de la Russie, méditait de s'emparer du commerce du Levant ; l'Autriche, qui, dans la perte éventuelle de ses possessions en Italie, entrevoyait dans les provinces vénitiennes de terre-ferme le dédommagement le plus convenable au système de prépondérance dont elle ne se croyait pas obligée de se désister. »

On ne peut se dispenser de s'arrêter sur cette dernière observation. Si c'était une menace, elle était enveloppée sous les formes d'un avertissement officieux ; mais, pour n'en être pas effrayés, il fallait que les Vénitiens se crussent bien des droits à la reconnaissance de l'Autriche.

Le ministre français poursuivait ainsi : « Le gouvernement de Venise se fie aux anciennes maximes du droit public, et ne craint pas des voisins envers lesquels il évite d'avoir des torts ; mais dans quels moments se fait-il un appui d'un système tombé en désuétude depuis long-temps? Le droit public n'existe plus, et toute trace d'équilibre politique a disparu de l'Europe. Il ne reste plus de garantie aux états faibles que celle qu'ils peuvent trouver dans la force fédérative. » Et ici le négociateur indiquait la seule alliance qui pût procurer une dernière ressource aux Vénitiens. Menacés de leur ruine, ils n'avaient d'espoir que dans une négociation franche et prompte avec le seul état de l'Europe qui fût intéressé à leur conservation, et il les engageait à envoyer immédiatement à Paris un agent politique chargé de manifester au directoire exécutif leurs dispositions pour unir enfin irrévocablement la destinée de leur pays à celle de la France. Il finissait par assurer le sénat que la république, alliée de la France, pouvait tout attendre de son amitié; « mais, ajoutait-il, si, par égard pour ses ennemis naturels, qui méditent sa perte, elle continue de fermer les yeux sur ses véritables intérêts, elle aura laissé échapper le moment de se soustraire pour toujours à l'ambition autrichienne. Environnée de périls, privée du droit de réclamer un appui, elle aura à se reprocher d'avoir négligé les offres et repoussé l'amitié de la seule puissance de qui elle pût attendre une garantie. Ce sont là sans doute des vérités dures, et il en coûte de les énoncer; mais la loyauté française ne sait pas ménager les expressions, lorsqu'il s'agit d'éclairer et de sauver ses amis. »

Dans les conférences qui avaient précédé ces propositions écrites, le négociateur vénitien, qui était le procurateur François Pesaro, avait laissé voir trop évidemment le besoin qu'il avait de chercher des difficultés, par le soin qu'il prenait de déplacer les faits, et de tirer de la même circonstance deux propositions contraires. Tantôt il affectait ou plutôt il avouait une grande terreur des Autrichiens. « Que la France, disait-« il (1), nous garantisse contre leur retour, et « alors nous serons libres de manifester nos sen-« timents pour elle. » Un moment après, dans même conférence, il ne s'alarmait plus de la puissance de l'empereur : dans l'état actuel des circonstances de la guerre, l'armée française avait une supériorité assez marquée sur les troupes allemandes; « mais si l'empereur, ajoutait-il, « faisait descendre en Italie des renforts consi-« dérables, pour délivrer Mantoue et reconquérir « la Lombardie; ce serait le moment que nôtre

---

(1) Dépêche de la légation française à Venise, du 23 prairial an IV.

« république choisirait pour se déclarer en fa-
« veur de la France (1). » Il était permis de douter
d'un dévouement à qui les occasions d'éclater ne
manquèrent pas, et que tant de circonstances
vinrent démentir.

Dans les conseils de Venise on débattit quatre
propositions différentes.

Les uns, en petit nombre, se résignaient, par
crainte plutôt que par sentiment, à s'allier avec
la France; mais on leur opposait que le nom
des Français était odieux comme leurs maximes.
Il y avait à craindre qu'à la paix, ils ne s'arran-
geassent avec l'Autriche aux dépens de la république, et que, pour se faire céder les Pays-Bas,
ils n'offrissent les états vénitiens. On disait que
cette idée n'était pas nouvelle, et que, pendant
le ministère du cardinal de Bernis, un ambassadeur français et le prince de Kaunits lui-même
l'avaient proposée au cabinet de Versailles. Cependant, en supposant la réalité de ce dessein, il
était évident que, s'il existait un moyen de le
détourner, c'était de s'allier avec la France, et
que le danger n'était pas tant dans l'alliance que
dans le refus.

Les plus audacieux voulaient l'alliance de

---

(1) *Ibid.*

l'Autriche. Cette alliance, comme la précédente, aurait eu l'avantage de mettre la cour de Vienne dans l'impossibilité de s'indemniser de ses pertes aux dépens de la république, du moins sans rougir; mais alors ses armes étaient malheureuses, et le gouvernement vénitien, qui n'avait songé à prendre ses précautions militaires que fort tard, pouvait bien se promettre quelques succès d'une trahison dont le moment serait habilement choisi, sans avoir pour cela le droit d'espérer d'heureux résultats d'une guerre régulière.

Les esprits circonspects, mais qui n'étaient pas abattus par la présence du danger, reproduisaient le système de la neutralité armée. Il était tard; cependant on était encore à temps, puisqu'on avait les quatorze mille hommes qui composaient l'armée existante antérieurement à la guerre, tout ce qui était venu d'outre-mer et qui remplissait les lagunes; les milices de la terre-ferme et les trente mille montagnards en armes dans la province de Bergame. Seulement on ne pouvait pas se dissimuler que cet appareil militaire était difficile à déployer, lorsque les armées belligérantes avaient pris l'habitude de sillonner en tout sens le territoire vénitien, et que les vainqueurs occupaient plusieurs places.

Enfin tous les esprits disposés à s'effrayer de la seule proposition d'une mesure vigoureuse, les vieillards, les partisans incorrigibles des anciennes maximes, s'obstinaient à vouloir trouver leur sûreté dans la neutralité désarmée.

Cela n'était plus possible, puisque de fait on était en armes. Ce fut cependant le parti qu'on adopta.

« Le sénat, après une mûre délibération, remercia le directoire de France du soin qu'il avait pris d'intervenir dans l'examen des dangers auxquels la république de Venise était exposée; mais il déclara qu'éloigné de toute vue ambitieuse, se reposant sur l'amour de ses sujets et sur ses rapports d'amitié avec toutes les puissances de l'Europe, il ne pouvait accepter les propositions de la France, et qu'il trouvait, dans ses principes de modération, de bonne intelligence et d'impartialité, la garantie de la paix et de la tranquillité de son pays. Une conduite différente, ajoutait le sénat, ne ferait que compromettre sa sûreté, en l'exposant à tomber dans le gouffre d'une guerre qui pèse sur toutes les nations; mais dont les sentiments paternels du gouvernement pour ses sujets lui rendent l'idée seule insupportable (1). »

---

(1) Dépêche de la légation française, du 24 vendémiaire an v.

Telle fut la réponse qui ferma pour jamais toute voie aux négociations d'une alliance entre les deux républiques. La France dut être d'autant plus piquée de ce refus, que sa diplomatie pouvait à bon droit s'applaudir d'avoir amené si près de sa conclusion une quadruple alliance, qui aurait démenti avec éclat l'isolement dans lequel la haine de plusieurs cours voulait absolument tenir le gouvernement français. Le parti que prenait une république si réputée pour sa sagesse, ramena la Porte ottomane à ses irrésolutions, et l'empêcha de réaliser les dispositions favorables qu'elle venait de manifester.

On expliquait ce refus si positif des Vénitiens, par l'aversion que la classe aristocratique avait vouée à la révolution française, par le dépit qu'elle éprouvait du triomphe de cette révolution, par l'inertie du gouvernement, le délabrement des finances, le dépérissement des forces, la dégénération de l'ordre équestre.

Il faut considérer qu'on proposait au sénat l'alliance des Français alors en guerre avec les principales puissances de l'Europe, et maîtres momentanés de l'Italie; accepter cette alliance c'était encourir l'inimitié de l'Autriche, qui ne pouvait pas cesser d'être voisine de l'état vénitien.

Sûrement les craintes actuelles des Vénitiens

devaient être et étaient d'irriter une nation puissante, victorieuse, et qui occupait leur territoire. Ils ne pouvaient oublier le péril présent pour s'occuper du danger que l'ambition des Russes, des Autrichiens, des Anglais, pouvait leur faire courir ; mais, indépendamment des passions, des préjugés, auxquels il faut toujours laisser une part dans les délibérations des hommes, ils avaient une raison qui répondait à tout : c'était cette maxime immuable, inculquée dans l'esprit de tous les Italiens, que les Français ne peuvent rester long-temps maîtres de l'Italie.

Ils avaient vu des succès prodigieux, c'était une raison pour ne pas les croire durables ; ils avaient vu deux ou trois armées autrichiennes détruites, mais ils en voyaient renaître d'autres, et avec elles les espérances d'une aristocratie dégénérée.

Dans ce moment même on recueillait avec avidité les bruits d'un rassemblement de troupes considérables dans le Frioul autrichien. On parlait du général Alvinzi, qui devait venger les désastres de Wurmser et de Beaulieu. On voyait les Français resserrer leur ligne, et évacuer quelques places éloignées du théâtre des opérations militaires.

XVII.
Nouvelle invasion des Autrichiens en Italie.
Octobre 1796.

Le gouvernement autrichien donnait à l'Europe l'étonnant spectacle de ce que peuvent l'ordre et l'activité d'une administration soigneuse, quand elle dispose d'une population nombreuse et vaillante, déterminée à s'acquitter, par de généreux efforts, des bienfaits dont elle se reconnaît redevable envers ses princes.

A la fin du dix-huitième siècle, comme dans les premiers temps du moyen âge, l'Italie voyait arriver sans cesse des bords du Danube de nouvelles armées qui traversaient en tous sens la belle Vénitie; mais cette fois ce n'étaient plus des Hérules, des Ostrogoths, des Hungres, devant lesquels la population épouvantée fuyait pour se jeter dans les lagunes; c'étaient des libérateurs, que les maîtres des lagunes appelaient de leurs vœux pour repousser d'autres étrangers.

La partie des troupes du maréchal de Wurmser qui était restée dans les montagnes, celles qui, après être descendues dans la plaine, s'étaient retirées du combat assez à temps pour n'être pas coupées, avaient formé le noyau d'une nouvelle armée, qui se divisait en deux corps principaux; l'un, que l'opinion publique portait à cinquante mille hommes, était réuni dans le Frioul, sous le général Alvinzi; l'autre, d'environ vingt mille hommes, sous le général Davidowitch, occupait les hauteurs du Tyrol, que les Français venaient d'évacuer.

On était au mois d'octobre 1796, l'armée française en Italie s'élevait à peine à quarante-huit mille hommes. On éprouvait les effets des discordes intestines. Le gouvernement, alors aux prises avec des ennemis domestiques, perdait sa force, sa prévoyance, son temps et sa considération.

Cette faible armée, obligée de contenir une population malveillante, avait deux divisions occupées à resserrer la nombreuse garnison de Mantoue, qui, par ses fréquentes sorties, semblait sans cesse aller au-devant de l'armée qui devait la délivrer.

En effet le général Alvinzi s'avança jusques sur la Piave, le général Masséna était posté sur la Brenta, ayant son quartier-général à Bassano.

Il importait à sa sûreté que la division autrichienne restée dans le Tyrol ne pût pas arriver sur lui par les gorges de la Brenta, pendant qu'il aurait en face l'armée principale. Pour éviter ce danger, le général Vaubois, chargé de tenir en échec le corps du Tyrol, reçut ordre de s'emparer d'un poste avancé près le village de Saint-Michel. Il réussit non sans beaucoup d'efforts à brûler le pont des ennemis; mais il fut repoussé, et suivi le long de la vallée de l'Adige jusqu'à Rivoli et à la Corona où il prit position.

Pendant ce temps-là, c'est-à-dire dans les

premiers jours de novembre, le général Alvinzi avait passé la Piave, et le général Masséna, forcé de lui céder la ligne de la Brenta, s'était replié sur Vicence, où il avait été rejoint par la division du général Augereau.

Le 5 novembre, ces deux divisions réunies se portèrent au-devant de l'ennemi, l'attaquèrent vivement, et le jetèrent de l'autre côté de la Brenta. Mais les évènements qui venaient de se passer dans le haut Adige, obligèrent le général en chef de porter toutes ses troupes dans cette vallée. Là il y eut, dans les environs de Vérone, un combat sanglant dont l'avantage ne demeura point aux Français. Le général Alvinzi, qui avait suivi ce mouvement, manœuvrait vers le bas Adige pour percer la ligne des Français, et pénétrer jusqu'à Mantoue. S'il avait eu le bonheur de parvenir devant cette place, il écrasait les deux divisions qui la bloquaient, se réunissait au maréchal de Wurmser; et l'armée française, séparée de la Lombardie par le Mincio, n'avait plus de retraite.

XVIII. Bataille d'Arcole. 15, 16 et 17 novembre 1796.

Le général français, après avoir repassé l'Adige à Vérone, fila le long de cette rivière, en la descendant par la rive droite jusqu'à la hauteur de Ronco. Là, il jeta un pont, se porta sur la rive gauche, et attaqua les impériaux près du village d'Arcole. Ce combat célèbre dura trois jours, les 15, 16 et 17 novembre. Il paraît que le point d'attaque n'avait pas été heureusement choisi ; des efforts de courage réparèrent cette méprise. Le général Augereau, saisissant un drapeau, se porta en avant des troupes rebutées par une attaque infructueuse. Le général en chef, pied à terre, à la tête du pont d'Arcole, qu'il s'agissait de franchir, appelait ses soldats, en leur demandant s'ils étaient encore les vainqueurs de Lodi. Ce fut là que, repoussés par un feu terrible, ils le renversèrent dans un marais ; ce fut là que le général Lasnes, atteint déja deux fois, vint recevoir à cette même place une troisième blessure. Le général Masséna pénétra jusques dans les quartiers des impériaux, et les généraux Verdier, Bon, Verne, Robert, Gardanne et Vignolles, payèrent de leur sang une victoire attestée par des trophées et par la retraite de l'ennemi.

A peine sortant de ce combat, les Français eurent à courir vers le haut Adige, pour arrêter la colonne du général Davidowitch, qui, ayant forcé la position de Rivoli, pouvait déboucher sur Mantoue. A l'arrivée des troupes victorieuses d'Arcole, il fut obligé de regagner les montagnes.

Le général Alvinzi s'était arrêté derrière la Brenta. Ainsi, malgré une bataille perdue, il forçait les Français à rester sur l'Adige.

*Tome V.*

Le jour même de la bataille d'Arcole, le gouvernement français faisait partir un négociateur chargé de proposer à l'Autriche un armistice général, dont elle éluda la conclusion. L'utilité de cette suspension d'armes pouvait être envisagée sous différents rapports par les deux puissances belligérantes. En Italie, les Français pressaient Mantoue, et avaient conçu l'espérance de voir bientôt cette place succomber sous leurs efforts. Mais, en Allemagne, leur armée avait été ramenée jusques sur le Rhin, et le prince Charles attaquait vivement le fort de Kehl, dont la perte allait priver les armées de la république de la facilité d'envahir la Souabe. Ainsi, de part et d'autre, on risquait, par la continuation de la guerre, la perte d'une place importante; et, par la suspension des hostilités, on laissait échapper l'occasion d'une conquête assurée.

Les instructions du négociateur français (1), qui était le général Clarke, lui prescrivaient de proposer un armistice de six mois au moins, pendant lequel les deux armées devaient garder leurs positions respectives. On offrait même d'abandonner les têtes de pont de Neuwied et de Huningue, pourvu que les Autrichiens éva-

---

(1) Elles sont du 26 brumaire an 5.

cuassent de leur côté celles qu'ils avaient en-deçà de Manheim, sur la rive gauche du Rhin. Les approvisionnements de la place de Mantoue devaient être entretenus sur le même pied où ils se trouvaient, par le remplacement successif de la consommation journalière. Kehl, qui n'était point un poste offensif, ne pouvait dédommager les Impériaux de la perte de Mantoue; par conséquent, l'armistice leur était avantageux sous ce rapport; mais, d'un autre côté, il fallait se décider à laisser encore durant six mois les Français maîtres des provinces belgiques et de la Lombardie, et, pendant ces six mois, les liens de ces provinces avec la métropole ne pouvaient que se relâcher.

Le négociateur était chargé en outre de proposer une réunion de plénipotentiaires des deux puissances, soit à Bâle, soit à Paris, pour y traiter de leur paix définitive et des intérêts de leurs alliés. On desirait sur-tout, pour simplifier et abréger la négociation, que l'empereur consentît à faire une paix séparée; le directoire lui écrivait directement pour la lui offrir, et autorisa le plénipotentiaire français (1) à indiquer les sécularisations en Allemagne comme un

---

(1) Lettre du directoire, du 28 brumaire an 5.

moyen d'indemniser l'empereur des cessions que la république exigeait.

La proposition de l'armistice par le directoire était certainement sincère; car en même temps qu'on allait le négocier en Italie, le général Moreau, qui commandait sur le Rhin, reçut ordre de l'offrir à l'archiduc Charles. Ce prince, faute de pouvoirs, refusa de l'accepter.

La cour de Vienne n'envoya point de passeports au négociateur français; et, comme, dans ce moment, elle préparait un nouvel effort de ses armées vers l'Italie, pour gagner du temps et pour diviser la négociation, elle indiqua à ce plénipotentiaire deux conférences, l'une à Vicence avec un général autrichien chargé de discuter les conditions de l'armistice; l'autre à Turin, avec un ministre qui devait écouter les propositions relatives à la paix.

Au lieu d'un armistice général, elle commença par ne proposer qu'un armistice partiel en Italie, et elle se réservait la faculté de ravitailler Mantoue et d'en changer la garnison. Ces propositions n'étaient pas acceptables. Elles ajournaient indéfiniment la chûte de Mantoue, compromettaient l'armée française sur le Rhin devant toutes les forces de l'Allemagne, et, en changeant totalement la face des affaires, mettaient la paix définitive au hasard des évènements.

Les cessions demandées par le directoire (1) se réduisaient à la Belgique et aux possessions autrichiennes sur la rive gauche du Rhin. L'empereur devait reconnaître les réunions faites alors au territoire de la république, soit par la constitution, soit par les lois postérieures. Il devait accéder au traité signé entre la France et la Hollande, promettre de contribuer à procurer en Allemagne un dédommagement au stathouder, prendre l'engagement de ne s'immiscer en rien dans les différends existant entre le pape et la république, et de ne point poursuivre ses sujets allemands ou italiens qui avaient pu se montrer favorables à la France.

Pour prix de ces concessions, on lui rendait ses états d'Italie; la France s'engageait à évacuer, après la conclusion de la paix définitive, les électorats ecclésiastiques et le Palatinat, et elle acceptait la médiation de l'Autriche pour la paix à négocier avec l'Angleterre.

Ces propositions n'assuraient pas à l'empereur des indemnités considérables pour la perte de ses possessions sur la rive gauche du Rhin; mais il recouvrait ses états d'Italie, et le directoire faisait remarquer, non sans quelque raison, que

---

(1) Instructions des 28 et 29 nivose an V.

les compensations que l'Autriche pouvait prétendre, se trouvaient déja en partie dans les envahissements qu'elle avait faits en Pologne depuis quelques années (1).

Les évènements ont prouvé combien les conditions que je viens d'analyser étaient modérées. Si l'Autriche les eût acceptées, elle aurait évité des désastres, conservé une grande influence en Italie; et les Français, pour contre-balancer cette influence, se voyaient obligés de se jeter sur les états du pape, contre lesquels le général en chef reçut en effet l'ordre de préparer une expédition.

Mais la difficulté n'était pas seulement de faire adopter ces conditions par l'empereur, il y en avait aussi à les lui faire parvenir. On ferma au négociateur les chemins de Vienne, et il fut obligé d'aller jusqu'à Florence solliciter l'entremise du grand-duc, pour que ce prince fît arriver jusqu'à l'empereur, son frère, les preuves de la partialité de son ministère, et les propositions de la république française, dont cette demande attestait suffisamment la sincérité.

*Plaintes du général français contre les Vénitiens.*

Le général en chef, en rentrant dans Milan après sa victoire, adressa des reproches aux au-

---

(1) Lettre du directoire, du 28 brumaire an 5.

torités de cette ville, dont les soins ne l'avaient secondé que faiblement pendant cette campagne. On recueillit de son discours des paroles qui étaient faites pour intéresser les Vénitiens (1). « Si vous ne m'aviez pas laissé manquer d'argent, avait-il dit aux Milanais, et que mes soldats ne se fussent pas trouvés sans souliers, j'aurais détruit l'armée autrichienne, pris Mantoue et fait quatorze mille prisonniers. C'est de la chûte de cette place que dépend la possession de Vérone, de Brescia, de Bergame, et de Crème. Comme j'avais abattu les ailes de l'aigle, j'aurais fait perdre terre au lion. » Ces expressions étaient menaçantes pour Venise. L'explication du mécontentement du général se trouvait dans une lettre qu'il écrivit à cette époque au directoire (2). « Les Vénitiens ayant accablé de soins l'armée du général Alvinzi, j'ai cru, disait-il, devoir prendre de nouvelles précautions, notamment celle de m'emparer du château de Bergame, afin d'empêcher les partisans ennemis de venir gêner nos communications de l'Adda à l'Adige. Cette province de l'état de Venise est mal-intentionnée

---

(1) Rapport du vice-podestat de Bergame, Alexandre Ottolini, du 10 décembre 1796.

(2) Moniteur du 17 nivose an 5.

à notre égard. Il y avait dans la ville de Bergame un comité chargé de répandre les nouvelles les plus ridicules sur le compte de l'armée. C'est sur le territoire de cette province qu'on a le plus assassiné de nos soldats, et c'est de là que l'on favorisait la désertion de nos prisonniers autrichiens. »

Occupation de Bergame. 25 décembre 1796.

En effet, le 25 décembre, un corps de quatre mille hommes se présenta devant les portes de Bergame, et demanda à occuper le château. On juge combien dut être douloureuse la nécessité de les recevoir, pour ce podestat, qui, depuis si long-temps, préparait avec tant de soin le soulèvement de toute la population de la province. A peine entré dans la ville, le commandant français exigea qu'on en fît sortir toutes les troupes vénitiennes, demande qui fut éludée en partie. Les Français s'emparèrent d'un magasin d'armes. Les plaintes du gouvernement vénitien attestent qu'ils y avaient trouvé deux mille fusils. Il est vrai que l'ambassadeur assurait (1) qu'ils appartenaient aux habitants; mais les Français avaient bien quelques raisons de douter que deux mille armes de guerre renfermées dans un

---

(1) Lettre de M. Querini, ambassadeur de Venise à Paris, du 20 janvier 1797.

( *Arch. des aff. étr.* )

magasin, fussent à l'usage d'une population paisible, et on pouvait soupçonner qu'elles étaient là à la disposition d'un podestat qui méditait de sinistres projets.

Pendant ce temps-là, la fortune semblait ménager aux Vénitiens un moyen de sortir des difficultés inextricables au milieu desquelles ils s'étaient placés. La Prusse leur faisait une proposition qui devait ranimer leurs espérances.

XIX. Proposition d'alliance entre Venise et la Prusse. Decembre 1796.

Le baron de Sandoz Rollin, alors ministre de cette puissance à Paris, avait cherché l'occasion d'avoir une conférence avec l'ambassadeur de Venise. Après avoir loué l'habileté du sénat à conserver sa neutralité, il avait ajouté, que cependant il ne paraissait pas de la prudence de s'abandonner tout-à-fait aux chances incertaines des évènements; que les Français ayant violé tous les droits de la neutralité, cette conduite pouvait fournir aux Autrichiens un prétexte pour en faire autant, et pour attenter à la sûreté de la république; que peut-être il était digne de la sagesse du gouvernement de se ménager un appui solide, une garantie contre l'ambition de la maison d'Autriche. Ce ministre voyait clairement, disait-il, que la république n'avait pu entrer dans l'alliance de la France, parce que la France ne pouvait pas se maintenir toujours en Italie. La seule puissance, avec laquelle le sénat pût s'allier utilement et sans danger, était, ce lui semblait, le roi de Prusse, prince qui ne pouvait avoir aucun intérêt en opposition avec ceux de la république, et qui était le seul en état de mettre obstacle aux vues ambitieuses de l'Autriche sur les possessions vénitiennes (1). Le baron de Sandoz ne disait pas qu'il eût mission de son gouvernement pour proposer cette alliance. Il ne donnait ce projet que comme le résultat de ses propres réflexions; mais il y avait bien là de quoi provoquer celles du gouvernement de Venise.

L'expédient avait d'abord ce grand avantage qu'il était sans aucun inconvénient pour la république. Il était clair que la Prusse ne s'intéressait que très-médiocrement au sort de cet état; mais elle voulait ralentir les progrès de la France, en lui ôtant la faculté de traiter sans ménagement les provinces vénitiennes, et enlever ultérieurement à l'Autriche une ressource pour s'agrandir ou pour s'indemniser de ses pertes.

Le collége, dit-on, ne communiqua point cette dépêche au sénat, et répondit à son ambassa-

---

(1) Dépêche de l'ambassadeur Alvise Querini, du 23 décembre 1796.

deur (1) que si le ministre prussien revenait sur ce sujet, il fallait ne lui donner qu'une réponse évasive, et même éviter de prendre avec lui l'engagement de transmettre sa proposition.

En effet, le 7 mars 1797, le baron de Sandoz, étant allé faire une visite au ministre de Venise, reprit le discours qu'il avait entamé au mois de décembre précédent; mais celui-ci lui répondit conformément aux instructions qu'il avait reçues, c'est-à-dire de manière à laisser tomber cette affaire. On verra bientôt les terribles conséquences de ce refus. Probablement que la république fut retenue par cette considération qu'elle allait irriter également les deux cours belligérantes ; les Français sur-tout étaient alors en position de ne pas pardonner les alliances faites sans leur aveu.

Vers le milieu de décembre, on apprit à Venise, que le chargé d'affaires de Vienne devait demander au gouvernement de désigner un de ses membres pour avoir une conférence avec lui : les inquisiteurs d'état en avaient déja pénétré l'objet (2).

---

(1) Dépêche des inquisiteurs d'état, du 7 janvier 1797.

(2) Notes adressées au gouvernement par les inquisiteurs d'état, les 19 et 22 décembre 1796.

XX.
Troisième attaque des Autrichiens
Janvier 1797.

Un officier autrichien était arrivé le 17 à Venise; il était descendu chez le chargé d'affaires; tous deux étaient allés aussitôt chez un citadin: là, ils s'étaient informés du nom, du caractère, des opinions, des dispositions de l'officier vénitien qui commandait à Vérone. Ils avaient dit que le général de l'armée impériale avait le projet de passer l'Adige sur ce point; mais qu'on desirait effectuer ce passage sans le moindre dommage pour la ville; et c'était pour cet objet qu'ils sollicitaient une conférence très-secrète.

Le 22, le chargé d'affaires revint dans cette même maison, et répéta combien il serait à desirer qu'on pût prendre des mesures, pour que le passage des Autrichiens par Vérone eût lieu de concert avec le gouvernement vénitien. On ne sait pas jusqu'à quel point cette négociation fut poussée: il ne s'agissait de rien moins que de livrer les ponts de Vérone et le corps français qui les occupait; mais apparemment que sa présence fit juger l'exécution du projet trop difficile (1).

---

(1) Il est remarquable qu'on eut en France quelque avis de ce projet; car on inséra dans le Moniteur du 8 pluviose an V (27 janvier 1797), un article ainsi conçu: « S'il est « vrai que les Vénitiens eussent le projet de faciliter le pas-

Le général autrichien fut obligé de se décider à tenter le passage de l'Adige de vive force. Il se trouvait encore à la tête de cinquante mille hommes, ayant été renforcé par l'inépuisable population des états héréditaires, et notamment par un corps de volontaires fourni par les habitants de Vienne, dont le patriotisme, durant cette guerre, ne saurait être assez honorablement célébré. La ligne des Français s'étendait le long de l'Adige, depuis le défilé de la Corona, et le poste de Monte-Baldo, que gardait la division du général Joubert, sur les confins du Tyrol, jusqu'à Porto-Legnago qu'occupait la division Augereau. Le général Masséna était au centre en avant de Vérone.

Les Autrichiens, postés parallèlement à cette ligne, à Bassano, Padoue et Monselice, commencèrent à s'ébranler dès les premiers jours

---

« sage du Pô aux *Français* ( c'est une faute d'impression ; il est clair qu'il s'agit des Autrichiens, car les Français avaient passé depuis long-temps le Pô, et en occupaient les deux rives) ou de leur donner les moyens de transporter des troupes « sur les côtes de la Romagne, la crainte d'être traités comme « ennemis pourra les retenir. » On voit qu'on ne se trompait que sur les détails. Il ne s'agissait point du Pô, où les Autrichiens n'avaient rien à faire, mais de passer l'Adige pour débloquer Mantoue.

de janvier 1797. Dans leur objet de percer l'armée française, et de pénétrer jusqu'à Mantoue, ils se divisèrent en plusieurs colonnes; le général Provera prit la route la plus courte, se dirigeant vers le bas Adige, à-peu-près à la hauteur de Porto-Legnago. Pendant qu'il opérait ce mouvement, trois corps descendaient des montagnes du Tyrol; le général Laudon marchait sur la province de Brescia; le général Davidowitch, à la tête de douze mille hommes, sur Peschiera et la Chiusa, pour être maître du cours du Mincio; et le général Alvinzi en personne arrivait de Trente sur Roveredo.

Le bruit du canon qu'on entendait de Vérone annonçait, en devenant plus sensible de moment en moment, que les troupes françaises avaient plié; en effet les Autrichiens venaient de les déposter de Rivoli.

XXI. Bataille de Rivoli. 13 janvier 1797.
Le général de l'armée française était alors à Bologne, occupé de négocier avec le saint-siége. Il eut à se féliciter d'avoir résisté à la tentation d'entrer en vainqueur dans l'ancienne capitale du monde; ce ne fut que quelque temps après qu'il se décida à l'envoyer occuper par un de ses lieutenants. L'avis lui parvint à Bologne que sa ligne allait être attaquée de toutes parts. Au moment où il arrivait à Vérone, Masséna était engagé avec l'ennemi, et le même jour, c'était

le 12 janvier, à la même heure, Joubert était attaqué sur les hauteurs de Monte-Baldo.

Le 13 à minuit, le général Provera ayant repoussé la division Augereau, qui était en avant de Porto-Legnago, jeta un pont sur l'Adige, à une lieue de cette place, et se mit en marche sur Mantoue.

La ligne des Français était percée, leur gauche était culbutée, et ils avaient sur leurs derrières les corps de Laudon, de Davidowitch et de Provera. Les divisions chargées du siége de Mantoue allaient se trouver entre la colonne du général Provera et la garnison de la place.

Pendant cette même nuit, le général en chef de l'armée française se portait de Vérone sur le plateau de Rivoli, c'est-à-dire au-devant d'Alvinzi, qui espérait écraser Joubert. La bataille fut longue et très-sanglante; l'aile gauche française, qui avait été enfoncée, fut ralliée par Masséna, et l'ennemi abandonna le champ de bataille, neuf pièces de canon et plus de dix mille prisonniers. Cette victoire assurait la désorganisation de la cinquième armée autrichienne; mais il fallait courir après la colonne du général Provera, qui s'avançait à marches forcées vers les lignes de Mantoue.

Aussitôt après avoir franchi l'Adige, il avait vu la division Augereau à sa poursuite; elle était

XXII.
Bataille de la Favorite.

tombée sur son arrière-garde, et lui avait enlevé deux mille prisonniers. Un faible corps de quinze cents hommes, commandé par le général Guieux, s'était présenté sur le passage des Autrichiens, et, en les harcelant, avait retardé leur marche.

Tout cela n'empêcha point Provera de se présenter le 15 janvier, vers huit heures du matin, devant Mantoue, et d'envoyer une sommation au général Miollis, qui était retranché dans le faubourg Saint-Georges, avec quelques centaines d'hommes.

Celui-ci le contint tout le reste de la journée et toute la nuit. Avant le jour, le général de Wurmser sortit de la place, et mit entre deux feux le corps assiégeant que commandait le général Serrurier; mais une partie de ces mêmes troupes qui avaient combattu à Rivoli, était déjà arrivée dans les lignes. La garnison fut repoussée dans la place sans avoir pu donner la main au corps qui venait la délivrer; et ce corps, acculé contre le faubourg Saint-Georges, se vit bientôt en désordre et dans l'impossibilité de résister. Le respectable général Provera (comme l'appelait son vainqueur), demanda à capituler, et se rendit prisonnier de guerre avec à-peu-près six mille hommes qui lui restaient; livrant ses bagages, son artillerie, et ses drapeaux, parmi lesquels il y en avait de brodés par des mains royales. A la nouvelle de ces évènements, les généraux Laudon et Davidowitch opérèrent leur retraite.

Cette action reçut le nom de bataille de la Favorite; elle décidait du sort de Mantoue, qui capitula en effet le 2 février.

Ces succès permirent à l'armée française de rentrer dans le Tyrol, et de s'avancer sur le territoire vénitien; non-seulement elle passa la Brenta, mais elle se porta jusqu'à la Piave.

Pendant qu'il faisait occuper Vicence, Padoue, Trévise, le général en chef parlait des avantages à procurer à la république, dans le traité de paix qui paraissait prochain. Il voulait, disait-il, lui faire acquérir Mantoue, et la rendre assez puissante pour qu'elle pût opposer une barrière à l'Autriche; il traçait la ligne des places que les Vénitiens auraient à réparer ou à construire, pour se mettre en état de remplir leur nouvelle destination.

C'était à d'autres sources que les inquisiteurs d'état tâchaient de puiser des notions sur les arrangements que pourrait amener la paix entre les deux plus grandes puissances de l'Europe.

Dès le mois de septembre 1796, ils avaient été informés que la cour impériale avait un négociateur secret à Paris. Celui que le directoire

*Capitulation de Mantoue.*
*2 février 1797.*
*Occupation de toute la terre-ferme par les Français.*

XXIII.
*Commencement des négocia-*

*tions entre l'Autriche et la France.* avait envoyé, au mois de novembre, et qui n'avait pu obtenir des passeports pour Vienne, avait entamé des conférences à Turin avec un ministre autrichien, dont les pouvoirs paraissaient se borner à entendre les propositions sans même les discuter. A Paris, la négociation paraissait plus avancée : on tendait à s'accorder, disait-on, sur la cession de la Belgique, et sur les nouvelles limites de la France ; mais la France exigeait aussi que l'empereur renonçât à la Lombardie ; et de là naissaient deux questions d'une haute importance : l'état ultérieur de l'Italie, et l'assignation des indemnités qui pourraient déterminer l'Autriche à tant de sacrifices. Il avait été proposé de lui donner la Bavière, en transportant la maison de Bavière en Italie, et en lui composant un état avec le Milanais, accru du duché de Modène.

Si ce projet eût reçu son exécution, la face de l'Europe était changée, et les évènements ultérieurs étaient tout autres. Mais on apprit en même temps qu'il ne se réaliserait point, parce que la Prusse s'opposait formellement à laisser la maison d'Autriche s'agrandir en Allemagne (1) ; et la république, que cet arrangement

---

(1) Message des inquisiteurs d'état aux sages du collége, en date du 12 février 1797.

aurait délivrée d'une cruelle inquiétude, n'avait pas droit de faire valoir cette considération auprès du cabinet prussien, dont elle avait refusé l'alliance.

Une dépêche de l'ambassadeur Querini, du 25 janvier, vint révéler des projets d'une bien autre importance. Une personne de la société intime d'un membre du directoire exécutif, avait entendu dire, que le gouvernement français était disposé à donner une indemnité à l'empereur, et que, l'opposition de la cour de Berlin ne permettant pas de prendre cette indemnité en Bavière, on était conduit à la chercher en Italie, d'où résultait la possibilité qu'on y affectât les provinces vénitiennes.

Ce fut alors que Venise eut à se repentir de n'avoir pas mis la cour de Berlin dans ses intérêts.

Quelques jours après, l'ambassadeur, à qui ces paroles avaient été rapportées, chercha l'occasion d'avoir une conférence avec le membre du gouvernement, à qui on les attribuait. Il lui exprima avec amertume tout ce que le système des opérations et la conduite des troupes françaises avaient d'offensant, de cruel même pour Venise, ajoutant qu'il ne voyait que trop que son gouvernement serait victime de sa bonne foi; qu'on ne l'exhortait à la patience que pour en abuser plus long-temps et qu'il avait la douleur de prévoir que le prix de tant de sacrifices serait un attentat à la souveraineté et à l'indépendance de sa république.

Tel est le langage que, dans son rapport, le ministre vénitien prétend avoir tenu. Il ajoute que son interlocuteur lui répondit, qu'il ne croyait point que le gouvernement français eût les pensées qu'on lui supposait; que la république de Venise n'avait qu'à se tenir exactement dans la ligne de la neutralité, à persévérer dans une conduite prudente, à éloigner tout soupçon de partialité en faveur de l'Autriche, et qu'il ne serait introduit aucune innovation contraire à ses intérêts ou à sa dignité.

L'ambassadeur ne pouvait guères se flatter de persuader le gouvernement français de la loyauté, et de l'impartialité de la république. La France avait au moins de son côté l'avantage d'avoir offert son alliance aux Vénitiens, et il n'est pas possible de douter qu'au moment où elle faisait et renouvelait cette proposition, elle ne fût sincère dans ses vues. Son intérêt n'était pas tant d'avoir un auxiliaire contre l'Autriche, que d'assurer sa propre armée contre les périls que pouvait lui faire courir l'infidélité des Vénitiens.

Si le récit des évènements militaires dont l'Italie fut à cette époque le théâtre, a été assez clair pour qu'on se soit représenté la situation respective des deux armées, on aura vu, que, plus d'une fois, les Français se trouvèrent placés entre les troupes impériales et le territoire vénitien. Il faut considérer que l'armée française, séparée de ses frontières, par de grandes distances, par l'Adige, le Mincio, l'Oglio, l'Adda, le Tésin et les Alpes, ne pouvait que très-difficilement recevoir des renforts, ou se frayer un passage en cas de revers. L'armée autrichienne, au contraire, trouvait, après chaque défaite, un asyle dans ses montagnes, et, en reculant, se rapprochait de provinces populeuses, empressées de réparer ses pertes.

XXIV. Mécontentements des Français contre les Vénitiens.

Le général français sentit que la guerre serait interminable, tant qu'il ne la porterait pas au sein de ces provinces mêmes, qu'il suffisait à l'armée ennemie de toucher, pour recouvrer toutes ses forces. Mais, en se décidant à sortir de l'Italie par les Alpes noriques, il lui importait encore plus de ne pas laisser derrière lui une nation dont les dispositions fussent hostiles. Or il voyait cette nation armée, et, quand il aurait pu se méprendre sur la véritable destination d'un rassemblement de troupes régulières, il n'aurait pas été possible de se faire illusion sur l'armement clandestin de toute la population des campagnes.

Que la malveillance fût méritée ou non, il était évident qu'elle existait. Malheureusement les désordres inséparables de la guerre devaient irriter ce sentiment, et lui donner de jour en jour un nouveau degré d'énergie. Plus il était facile aux soldats, dont le discernement est rarement en défaut, de juger que la population vénitienne ne les accueillait pas avec bienveillance, moins ils devaient être portés à se l'attirer. D'ailleurs le plan de cette guerre n'avait pas été conçu avec toute la grandeur qui se développa dans son exécution, et les moyens par lesquels on en avait préparé le succès, n'avaient rien qui répondît à l'importance de l'entreprise. La France était épuisée de tout, excepté de sang, et de là devait résulter un système de guerre, toujours onéreux pour l'habitant, mais qui devait être bien plus odieux à un peuple qui mettait sa défense dans la foi qu'il voulait qu'on ajoutât à ses protestations de neutralité.

Les soupçons conçus d'une part, les appareils militaires imprudemment ordonnés de l'autre, le refus de l'alliance, et une multitude de circonstances, que chacun appréciait au gré de sa passion, établirent bientôt entre les deux gouvernements cet échange de reproches, qui pré-

cède ordinairement les ruptures, sans les justifier.
Le représentant de la république française développa dans une note, la longue série des griefs, dont il avait évité de faire mention pendant qu'il négociait l'alliance. Ces griefs consistaient en injures faites à des Français, ou en démonstrations de partialité en faveur de leurs ennemis. La réponse fut évasive et récriminatoire, comme on devait s'y attendre. Les espérances des ennemis de la France renaissaient au moindre évènement qui semblait devoir remettre en question la conquête de l'Italie, et telle était l'imprudente facilité avec laquelle on se livrait à ces illusions, qu'après la paix signée entre le gouvernement français et le roi des Deux-Siciles, le ministre napolitain, qui avait reçu l'ordre d'en faire part au sénat de Venise, crut décent de se dispenser de voir le ministre de la république française, disant hautement qu'il ne croyait pas ce traité plus solide qu'une toile d'araignée (1).

Si on veut bien réfléchir sur toutes ces circonstances, on reconnaîtra qu'elles conseillaient aux Français de chercher des garanties autre part que dans les actes diplomatiques, et des

---

(1) Dépêche de la légation française, du 18 nivose an V.

auxiliaires ailleurs que dans les gouvernements. Aussi, laissant à cette partie de la population, dont leurs principes favorisaient les intérêts, le soin d'exprimer ce qu'on appelait la volonté générale, virent-ils successivement toutes les villes du Milanais, demander et organiser, sous leur influence, une forme de gouvernement nouvelle. On pouvait se croire revenu au temps de la ligue lombarde, qui avait été pour l'Europe moderne l'aurore de la liberté.

Reggio, Modène, Bologne, Ferrare, suivirent cet exemple. L'incendie s'approchait des états vénitiens.

Le gouvernement français ne prenait pas la peine de dissimuler ses soupçons ni ses moyens de vengeance. Il faisait imprimer dans les papiers publics cet article menaçant : « Les Véni-
« tiens continuent à armer en secret, ils font
« des levées qui se rassembleront et s'armeront,
« dès que le moment favorable sera arrivé. Le
« gouvernement vénitien se flatte de dérober aux
« Français la connaissance de tous ces prépara-
« tifs, parce qu'il y a très-peu de communica-
« tions entre Venise et la terre-ferme, et qu'il
« soumet tout à l'inquisition la plus sévère; mais
« toutes ces précautions sont inutiles. Les Fran-
« çais ont par-tout des intelligences et des amis;

« ils ont dans la terre-ferme plus de partisans
« qu'on ne croit. On sait que de tout temps les
« nobles et les riches propriétaires de terre-ferme
« ont souffert impatiemment la tyrannie véni-
« tienne. S'ils ne se sont pas déclarés contre le
« gouvernement, c'est qu'ils ont craint les mal-
« heurs d'une révolution, dont le succès était
« incertain, puisqu'il dépendait des évènements
« de la guerre. Le danger n'existe plus; dès-à-
« présent, toute la partie de l'état de Venise qui
« est en-deçà de l'Adige peut se déclarer sans
« avoir à craindre que les Vénitiens tentent de
« la soumettre de nouveau au despotisme aristo-
« cratique. Dès-à-présent, Bergame, Brescia,
« Crème, Peschiera, etc., peuvent se réunir à
« la république lombarde. Les habitants dispo-
« sés à prendre ce parti sont en grand nombre.
« Après ce qu'ils ont souffert de la présence des
« armées, ils n'espèrent pas d'autre dédomma-
« gement que de recouvrer leur liberté. Le reste
« de l'état de Venise sera encore quelque temps
« le théâtre de la guerre et restera dans l'indé-
« cision; mais il est aisé de prévoir qu'il se dé-
« clarera aussi indépendant. La faiblesse du gou-
« vernement vénitien est aujourd'hui connue de
« ses propres sujets. Sa seule force était dans
« l'opinion, et l'opinion est changée. Quoi qu'il

« puisse arriver, ce gouvernement terroriste tou-
« che à sa fin (1). »

Quand on se rappelle qu'un an auparavant, à une époque où les Français n'étaient pas encore descendus des Alpes, le ministre de Venise à Paris avait été assez effrayé d'un article de gazette, pour imprimer le désaveu d'une réponse noble qu'on prêtait à son gouvernement, au sujet de l'asyle accordé aux émigrés (2); on se demande l'effet que devait produire le manifeste que je viens de rapporter, et cela dans un moment où les armes françaises avaient inondé le territoire de Venise de sang autrichien.

Cependant on ne prit ni le parti de se plaindre ni le soin de se disculper.

Après de telles menaces et un tel silence, il était désormais impossible de se réconcilier ou de se tromper mutuellement, et l'on peut voir une modération affectée, dans une lettre que le général en chef écrivit au provéditeur, pour se plaindre des persécutions dirigées, par le gouvernement de Venise, contre les sujets de la république, partisans de la France (3). Dans la

---

(1) Moniteur du 9 ventose an V (27 février 1797).
(2) Dans l'*Ami des lois*.
(3) Cette lettre est datée de Conégliano, le 24 ventose an V.

situation actuelle des esprits en Europe, disait-il, toute persécution ne peut qu'accroître les dangers des gouvernements.

XXV. Dispositions des sujets de Venise.

Ce qu'on disait de la disposition des esprits dans les états de Venise n'était ni totalement vrai, ni totalement faux. Il y avait de la division, même dans les conseils de l'aristocratie, et à plus forte raison parmi les sujets. Des deux côtés on poussait la haine ou l'enthousiasme pour les principes français jusqu'au fanatisme. Les gens sages, ceux qui aimaient le repos, ceux qui prévoyaient des désordres et des crimes, gémissaient et regrettaient un gouvernement, qui avait au moins eu jusques-là le mérite de la stabilité.

Les sentiments étaient fort divers sur le gouvernement vénitien. On ne pouvait pas lui reprocher d'être prodigue; il était plus sombre que sévère; mais il avait les inconvénients attachés à sa nature. Le pouvoir aristocratique a le défaut d'être le plus insupportable de tous pour l'amour-propre des sujets. Ce tort de blesser les amours-propres était, à cette époque, le plus grand, le plus dangereux : l'aristocratie a plus besoin de force que tout autre gouvernement, et celle de Venise ayant perdu les siennes se trouvait atteinte du double malheur d'être à-la-fois un objet de haine et de mépris.

Si quelque chose eût pu la sauver, c'eût été la haine qu'on portait à la nation française. Mais comment espérer que les peuples fermeraient l'oreille à ces mots séduisants de liberté, d'égalité, qui réveillent de si nobles pensées, et qui malheureusement exaltent aussi tant de passions? Que pouvaient les proclamations d'un podestat, s'efforçant de vanter l'antique sagesse et la modération du sénat de Venise, à côté de ces théories nouvelles, qui apprenaient au peuple qu'il dépendait de lui de vivre sans maître? La nombreuse classe des nobles sujets devait faire cause commune avec les populaires, parce qu'une occasion lui était offerte de sortir de sa nullité.

Aussi, dès que l'étincelle partie de Milan eut produit l'explosion révolutionnaire, il n'y eut plus rien à espérer des conseils de la sagesse, ni de l'amour de l'ordre, ni du tableau des malheurs qu'on pouvait prévoir. Il n'exista plus d'autre ressource que d'opposer des passions à des passions. La population vénitienne se divisa en deux classes, d'un côté les enthousiastes des idées nouvelles, hommes généreux, hommes éclairés, esprits imitateurs, scélérats, insensés, de l'autre les ennemis de la France. Mais du moment que cette haine était le moteur de l'impulsion qu'on voulait donner aux défenseurs de l'ancien gouvernement, celui-ci dut voir avec évidence qu'il ne pouvait développer ses forces sans se déclarer contre l'armée française, et par conséquent qu'il devait s'attendre à une guerre ouverte, puisqu'il allait la provoquer.

Cependant le sénat, aveuglé par une longue épreuve de la docilité de la population, ne pouvait renoncer à ses illusions, ni croire qu'une révolution fût sur le point d'éclater.

Cette révolution avait encore besoin d'être consolidée par des victoires. Pendant qu'on méditait à Venise de sinistres projets, et qu'on recevait de Paris des avertissements plus sinistres encore, le général de l'armée d'Italie, occupé de conclure, avec le pape, le traité de Tolentino, avait laissé le commandement des troupes sur la Piave au général Masséna.

L'Autriche avait rappelé des bords du Rhin un prince qui s'y était couvert de gloire, pour l'opposer au conquérant de l'Italie. L'archiduc Charles, après avoir inspecté la ligne de l'armée impériale, choisit une position sur le Tagliamento. L'armée française avait enfin reçu des renforts qui la portaient à plus de cent mille hommes. C'était une mesure décisive que de déployer un si grand appareil de forces, et d'acquérir la supériorité numérique au moment où il ne restait plus qu'à frapper les derniers coups. Le prince Charles allait trouver devant lui, sur

XXVI. Arrivée d'une nouvelle armée autrichienne, commandée par l'archiduc Charles.

les Alpes noriques, trente mille hommes de ces mêmes troupes qu'il avait combattues sur les bords du Rhin. Le général en chef arriva. La division Masséna marcha en avant, le 10 mars 1797, se portant sur Feltre, que les impériaux évacuèrent. La division Serrurier passa la Piave le 12, le général Guieux la suivit, et le 16 toute l'armée se trouva sur le Tagliamento.

Passage du Tagliamento. 16 mars 1797. Quoique les bords de ce fleuve fussent vigoureusement défendus, les troupes des généraux Guieux et Bernadotte n'en opérèrent pas moins le passage, sous le feu de l'ennemi, qui profita de la nuit pour se retirer vers Gradisca et Gorice. Ils poursuivirent leur succès et s'emparèrent d'abord d'Udine, ensuite de Gradisca le 18 mars, après un combat sanglant, tandis qu'une de leurs divisions entrait dans Palma-Nova et chassait de cette forteresse la petite garnison vénitienne qui l'occupait. Gorice venait d'être abandonnée par les impériaux ; le général Masséna se trouvait maître des défilés des montagnes ; Trieste allait être occupé par les Français.

Pendant que l'armée obtenait ces nouveaux succès, on apprit que la division qu'elle avait laissée dans le Tyrol venait d'être repoussée ; mais ce contre-temps n'empêcha point le général en chef de profiter de ses avantages, et de poursuivre les ennemis jusqu'à Clagenfurth. Là, il écrivit, le 1ᵉʳ avril, au prince Charles une lettre mémorable. « Les braves militaires, lui « disait-il, font la guerre et desirent la paix. « L'Europe, qui avait pris les armes contre la « république française, les a posées. Votre nation « reste seule, et cependant le sang va couler. « Cette sixième campagne s'annonce par des « présages sinistres. Quelle qu'en soit l'issue, « nous tuerons de part et d'autre quelques mil- « liers d'hommes de plus, et il faudra bien qu'on « finisse par s'entendre, puisque tout a un terme, « même les passions humaines.

*Lettre du général Bonaparte au prince Charles.*

« Le directoire exécutif de la république fran- « çaise avait fait connaître à sa majesté l'empe- « reur le desir de mettre fin à la guerre qui désole « les deux peuples. L'intervention de la cour de « Londres s'y est opposée. N'y a-t-il donc aucun « espoir de nous entendre? et faut-il, pour les « intérêts ou les passions d'une nation étrangère « aux maux de la guerre, que nous continuions « à nous entre-égorger? Vous, monsieur le gé- « néral, qui, par votre naissance, approchez si « près du trône, et êtes au-dessus de toutes les « petites passions qui animent souvent les minis- « tres et les gouvernements ; êtes-vous décidé « à mériter le titre de bienfaiteur de l'humanité, « et de vrai sauveur de l'Allemagne? Ne croyez

« pas, monsieur le général, que j'entende par-là
« qu'il ne soit pas possible de la sauver par la
« force des armes ; mais, dans la supposition que
« les chances de la guerre vous deviennent favo-
« rables, l'Allemagne n'en sera pas moins rava-
« gée. Quant à moi, si l'ouverture que j'ai l'hon-
« neur de vous faire peut sauver la vie à un seul
« homme, je m'estimerai plus fier de la couronne
« civique que de la triste gloire qui peut revenir
« des succès militaires. »

<small>Suspension d'armes.</small>

Le prince n'avait pas de pouvoirs. Il fallut écrire à Vienne. L'armée française continua sa marche, et elle était à Iudembourg, à vingt lieues seulement de cette capitale, lorsque les plénipotentiaires (1) se présentèrent, pour demander une suspension d'armes : le général français l'accorda, mais pour cinq jours. Ce fut ainsi que Autrichiens arrêtèrent la marche de l'armée française.

<small>XXVII. Insurrection de Bergame. 12 mars 1797.</small>

Pendant que les impériaux étaient expulsés de l'Italie, une colonne de prisonniers de guerre, qui se trouvait à Bergame, disparut, et les Français accusèrent les troupes vénitiennes restées dans la place d'avoir favorisé cette évasion, qui

---

(1) Le 7 avril 1797, les comtes de Bellegarde et de Merfeld, et le marquis de Gallo.

ne pouvait avoir été exécutée sans la connivence du podestat. La légation française porta plainte contre lui ; mais on a vu, par les projets qu'il méditait, combien le gouvernement vénitien devait juger la présence de ce magistrat nécessaire à Bergame.

Ce magistrat savait que plusieurs Vénitiens, qui se trouvaient à Milan, s'étaient affiliés à une de ces sociétés politiques qui préparaient alors les révolutions populaires. Il ne doutait pas que les Milanais ne cherchassent à exciter un soulèvement dans les provinces de Bergame et de Brescia. Il envoya son secrétaire avec la mission de pénétrer le mystère de ce plan et le nom de ceux qui devaient avoir la principale part à son exécution. Cet émissaire, adressé à une personne que le podestat croyait sûre, ne fut mis en communication qu'avec des agents de la police de Milan (1), et par conséquent ne fut instruit que de ce qu'on voulait qu'il crût. Il rapporta que l'insurrection devait éclater dans dix jours et commencer par Brescia. C'était un faux avis. Elle éclata dès le lendemain à Bergame : en voici le récit, d'après le podestat lui-même (2).

---

(1) Voyez le rapport de cet émissaire lui-même, Guillaume Stephani, en date du 10 mars 1797.

(2) Rapport d'Alex. Ottolini, du 16 mars 1797.

*Tome V.*

Dans la matinée du 12 mars, les postes occupés par les troupes françaises furent doublés, des patrouilles parcoururent les rues, des pièces de canon furent mises en batterie sur les places. Le commandant français, à qui Ottolini envoya demander l'objet de ces dispositions, fit répondre à ce podestat qu'on avait remarqué de l'agitation parmi les troupes vénitiennes, qu'elles avaient fait de nombreuses patrouilles pendant les nuits précédentes, qu'il savait qu'on réunissait le corps des bombardiers, et qu'en conséquence de tous ces mouvements, il avait cru devoir prendre ses précautions.

Quelque temps après, plusieurs membres de la magistrature municipale vinrent avertir le podestat, que le commandant français les avait mandés, et leur avait dit d'un ton impérieux qu'ils eussent à signer le vœu de la nation pour la liberté et pour la réunion de la province à la république cisalpine; que, sur leurs représentations, il avait ajouté qu'ils couraient le risque de la vie. Ottolini leur fit considérer tout ce qu'ils devaient à leur gouvernement et à leur patrie, leur rappela qu'il y avait quatre cents ans que leurs ancêtres s'étaient mis volontairement sous la loi des Vénitiens, et les exhorta à résister, par une fermeté inébranlable, à des menaces, qui seraient probablement sans effet.

Mais il ne pouvait leur offrir aucun secours; leur sûreté, celle de leurs familles était compromise; ils lui déclarèrent qu'ils allaient signer la pétition, en restant au fond du cœur dévoués au gouvernement.

Pendant que cette scène se passait chez le podestat, les colporteurs de la pétition recevaient un grand nombre de signatures; le concours des habitants inquiets, ou exaltés, ou curieux, était immense; on s'occupait d'élire une municipalité.

La journée se termina, sans qu'au milieu de cette agitation extraordinaire, on eût à se plaindre d'aucun excès, ni même à remarquer du trouble. Vers le soir, le commandant français fit demander au podestat que les patrouilles vénitiennes cessassent de parcourir la ville, ajoutant que les troupes françaises feraient feu sur elles si elles les rencontraient.

Le lendemain, le même officier déclara à Ottolini que le peuple de Bergame était libre, que par conséquent il convenait d'écarter tout ce qui pouvait mettre obstacle à cette liberté; et, dans cet instant, deux des nouveaux membres de la municipalité vinrent intimer au podestat l'ordre de partir.

Tel est le récit de ce magistrat.

Le 14, on afficha dans Bergame l'avis suivant:

« Le peuple souverain est informé que la muni-
« cipalité provisoire exercera ses fonctions jusqu'à
« ce que lui-même ait nommé ses magistrats. »
Le même jour, les représentants du peuple souverain de Bergame écrivirent à la nouvelle république de Milan : « Nous avons reconquis notre
« liberté, nous desirons qu'elle s'allie à la vôtre :
« recevez notre amitié; accordez-nous celle du
« peuple que vous représentez. Vivons, com-
« battons et mourons, s'il le faut, pour la même
« cause. Les peuples libres ne doivent avoir
« qu'une même manière d'exister; soyons donc
« unis pour jamais, vous, les Français et nous.
« Bergame, le 24 ventôse. »

Suivant les versions françaises, la révolution fut spontanée et les troupes n'y prirent aucune part. L'exemple des Milanais ne pouvait manquer d'entraîner une population si voisine, et qui devait si naturellement être tentée de secouer le joug de ses maîtres. Les mesures répressives que le magistrat voulut employer pour prévenir cette révolte, aigrirent les esprits et hâtèrent l'explosion. Les Bergamasques, fatigués de la tyrannie d'Ottolini, avaient envoyé des députés à Milan, pour demander du secours; mais on leur avait refusé toute coopération; les commissaires de la république française avaient répondu qu'il n'entrait pas dans leurs pouvoirs d'intervenir dans les démêlés domestiques des gouvernements étrangers. Le podestat, impatient de punir ceux qu'il jugeait les chefs de l'entreprise, en avait envoyé les noms aux inquisiteurs d'état; mais le courrier avait été arrêté, et la fatale liste, interceptée, avait averti de leur danger tous ceux qu'atteignaient les soupçons d'Ottolini. L'insurrection fut spontanée, soudaine, générale, et aurait pu être sanglante, sans les troupes françaises, qui n'y prirent d'autre part que d'empêcher les désordres par leur présence. On assurait que le commandant de Bergame, pressé par les habitants insurgés de s'unir à eux, avait répondu que ce qui se passait ne pouvait le concerner sous aucun rapport, et qu'il n'avait ni ordre, ni secours, ni conseil, à leur donner.

Si, comme les relations françaises l'attestent, ce commandant fit cette réponse, elle était conforme aux instructions qu'il avait reçues. Elles lui défendaient, et ceci est positif, de se mêler directement ni indirectement, des dissensions domestiques qui pouvaient éclater dans l'état de Venise; annonçant que, si on se permettait de hasarder quelque démarche qui pût compromettre la neutralité française, une punition éclatante en prouverait aussitôt le désaveu.

A cela on pourrait ajouter que, dans la relation de ces évènements, qui fut publiée à Bergame, relation signée de tous les nouveaux fonctionnaires et du clergé, on n'attribuait aucune part aux Français dans cette révolution, dont les Bergamasques réclamaient tout l'honneur.

On ne pouvait révoquer en doute que cette révolution n'eût été volontaire, et, sinon unanime, du moins appuyée de l'assentiment d'une grande partie de la population, en voyant à l'instant les autorités populaires organisées, une garde nationale sous les armes, et toutes ces innovations consacrées par le concours des ministres de la religion et par un sermon de l'évêque.

Je ne prétends ni concilier ces deux versions, ni leur en substituer une qui soit plus exacte. Il est probable que dans l'une et l'autre il y a de l'exagération. S'il est difficile de croire que les Français n'aient pris aucune part à ce mouvement populaire, il le serait tout autant de penser qu'ils ont eu besoin de recourir à la violence pour le faire éclater. On ne peut se refuser à la conviction que la révolution française, la conquête de l'Italie, l'établissement d'une république à Milan, n'aient été les causes premières de la révolution de Bergame; mais il est impossible de déterminer la part active, directe, immédiate que les Français y ont prise; je ne doute point que beaucoup d'entre eux n'aient parlé sur ce sujet avec indiscrétion. La même impartialité m'oblige d'ajouter que les chefs les désavouèrent (1), et de faire observer que, si ces chefs eussent été les provocateurs du mouvement, il se serait bien plus rapidement propagé, et qu'on les aurait vus figurer dans l'insurrection de Brescia, qui éclata quelques jours après. Or, toutes

---

(1) Lettre du général commandant la Lombardie, au commandant de Bergame.

Milan, le ... mars 1797.

Je viens d'apprendre indirectement, citoyen, les évènements qui se sont passés dans votre ville, et dont j'ignore la cause et l'objet. J'ai lieu d'être surpris de n'avoir reçu de vous aucun rapport sur cette affaire. Cela me fait croire, au reste, que les Français n'y ont eu aucune part. Quoi qu'il en puisse être, et quoi qu'il puisse arriver ultérieurement, je vous défends, sous votre responsabilité personnelle, de vous mêler directement ni indirectement de ces innovations, à moins que les mouvements ne fussent dirigés contre la citadelle, ou contre les troupes que vous commandez; et si vous aviez déja hasardé quelque démarche qui pût compromettre la neutralité qui existe entre les deux républiques, je vous préviens que je désapprouve formellement ce que vous auriez fait, et que je vous ferai punir, parce que, dans ce cas, vous auriez tenu une conduite opposée aux intentions du général en chef, et à mes instructions. Je vous prie de m'accuser la réception de cette lettre, et de me répondre catégoriquement.

KILMAINE.

XXVIII.
Insurrection de Brescia.
17 mars 1797.

les relations, même celle du provéditeur, portent que celle-ci fut l'ouvrage d'une centaine d'habitants, qu'on nomme pour la plupart, et qui, s'étant rassemblés à quelque distance de la ville, s'avancèrent vers les portes. Le provéditeur leur envoya demander ce qu'ils voulaient; ils répondirent qu'ils étaient suivis de cinq cents hommes de Bergame, de dix mille Cisalpins, de beaucoup de Français, qu'ils entendaient entrer dans Brescia, et que tout serait mis à feu et à sang si on faisait la moindre résistance.

Le provéditeur, quoique ayant une garnison assez forte, fit ouvrir les portes à cette poignée d'insurgés, laissa désarmer ses troupes, arrêter les magistrats, enfin opérer une révolution dans la ville, sans qu'on eût aperçu ni gens de Bergame, ni Cisalpins, ni Français (1).

Il est vrai de dire que le château était occupé par les troupes françaises; mais il est reconnu qu'elles ne prirent aucune part à cette affaire, et même qu'elles n'en eurent pas l'occasion, tant la faiblesse du provéditeur avait applani toutes les difficultés.

Quelques jours après, et presque en même temps, on vit répandre deux pièces fort diffé-

---

(1) *Recueil chronologique*, tom. II, 3ᵉ part.

rentes; l'une était un mandement de l'évêque de Brescia, Jean Nani, où il exhortait ses ouailles à la concorde, au nom de cette religion qui, disait-il, prescrit l'obéissance et la fraternité, abhorre les vaines distinctions et les priviléges, et forme des chrétiens une seule famille, qui exclut toute ombre de despotisme et de servitude. « Et vous, ajoutait-il, en finissant, ministres du « sanctuaire, qui partagez avec moi le soin de la « vigne de Jésus-Christ, concourez à éloigner ce « zèle mensonger qui y porte la désolation, prê-« chez la paix et donnez une juste idée du gou-« vernement démocratique. »

L'autre pièce était une proclamation de ce même provéditeur Battaja, qui s'était retiré à Vérone.

« Le fanatisme de quelques brigands, ennemis de l'ordre et des lois, a excité, disait-il, le peuple de Bergame à devenir rebelle à son légitime souverain, et à envoyer une horde de scélérats gagés pour soulever d'autres provinces.

« Nous exhortons les sujets fidèles à se lever en masse, à prendre les armes, à dissiper, à exterminer ces brigands, sans faire quartier à qui que ce soit, quand même il serait prisonnier. Ils peuvent être certains que le gouvernement leur donnera les secours les plus prompts en argent, en armes et en troupes réglées. Les Esclavons à la solde de la république sont déja en marche pour se joindre à eux.

« Le succès de cette entreprise ne peut être douteux. L'armée autrichienne a enveloppé et complètement battu les Français dans le Tyrol et dans le Frioul. Elle poursuit les restes de ces hordes impies et sanguinaires, qui, sous prétexte de faire la guerre aux ennemis, dévastent le pays et pillent les sujets de la république, dont la conduite a toujours attesté l'exacte neutralité. Les Français ne peuvent donc secourir les rebelles. Attendons et saisissons le moment favorable pour leur ôter jusqu'à la possibilité de la retraite.

« Les Bergamasques restés fidèles et les autres sujets de la république, sont invités à chasser les Français des villes et des forts qu'ils occupent contre le droit des gens, et à s'adresser à nos commissaires Pierre-Jérôme Zanchi et Pierre Locatelli, pour recevoir les instructions opportunes. La paie est de quatre livres par jour pendant tout le temps qu'ils seront en activité. »

Je n'ai pu me dispenser de rapporter cette pièce, parce qu'elle devint un long sujet de discussions et qu'elle fut désavouée par le gouvernement vénitien, mais seulement trois semaines après (1). Il serait fort difficile d'avoir des preuves irréfragables de son authenticité.

Il est remarquable qu'elle n'accuse point les Français d'avoir pris part aux insurrections de Brescia et de Bergame ; qu'en annonçant leur défaite dans le Tyrol, ce qui était très-vrai, elle y ajoute leurs désastres dans le Frioul, tandis qu'ils y remportaient des victoires ; qu'enfin elle proclame des projets hostiles contre cette armée, avec un éclat qui n'était point dans les habitudes circonspectes du gouvernement vénitien.

Il est possible qu'un provéditeur expulsé de son gouvernement ait oublié cette circonspection. Il est possible aussi que les Français aient supposé cette pièce. Cependant quel aurait été leur objet? Elle n'était pas nécessaire pour exciter leurs troupes, et elle devait leur susciter des ennemis, dans un moment où ils étaient engagés avec le prince Charles, vainqueurs à la vérité, mais non encore maîtres des défilés qui conduisent en Autriche. Inquiets de l'échec que leur aile gauche venait d'essuyer dans le Tyrol, ils devaient être certainement fort éloignés de vouloir mettre aux prises avec une population insurgée les détachements épars qu'ils avaient laissés sur le territoire vénitien.

---

(1) Le 12 avril.

J'ignore ce que le temps révélera à l'histoire; mais, jusqu'à présent, la raison se prête difficilement à admettre que les Français aient supposé une proclamation si contraire à leurs intérêts.

Quant au gouvernement vénitien, les difficultés de sa position, la discordance des passions qui agitaient la république, devaient jeter de l'irrésolution dans ses conseils, et ne lui laissaient guère que le choix des fautes.

Pendant qu'on cherchait à arrêter les progrès de l'esprit révolutionnaire, pendant que les proclamations du gouvernement, les caresses des magistrats, les discours des prêtres, les adresses des villes, l'exemple sur-tout des habitants de Vérone, excitaient la population des campagnes à repousser les insurgés de Bergame et de Brescia, ceux-ci parcouraient le pays situé sur la rive droite du Mincio, abattaient le drapeau de Saint-Marc et plantaient des arbres de la liberté.

Ces insurgés armés étaient encore en très-petit nombre. Au contraire, sur la rive gauche du Mincio, les troupes réglées, les gardes civiques fournies par les villes et les corps de paysans, formaient une véritable armée, qui aurait pu certainement reconquérir Bergame et Brescia.

Le gouvernement n'en fit pas assez, car il n'osa marcher contre les rebelles, de crainte de trouver les Français dans leurs rangs, et il en fit trop, en se plaignant de la connivence de ces mêmes Français, puisque c'était confondre la cause des uns avec celle des autres, donner aux insurgés une importance qu'isolés ils n'auraient pu acquérir, leur indiquer un point de ralliement et de puissants auxiliaires.

Alarmé des rapports qui lui arrivaient des provinces situées sur la rive droite du Mincio, le gouvernement députa deux de ses membres auprès du général en chef, écrivit à Paris, et se rapprocha du ministre de la république française.

Il demandait à ce dernier si Venise pouvait compter sur l'assistance, sur la protection de la France. Ce ministre ne pouvait pas avoir reçu d'avance des instructions, pour répondre à une interrogation, que les procédés antérieurs du gouvernement vénitien devaient si peu faire prévoir. Il dit « qu'après avoir éludé les conseils et si souvent refusé l'alliance de la république française, il était bien tard pour réclamer son appui; qu'il ne présumait pas que son gouvernement voulût intervenir dans un différend élevé entre le peuple et la classe nobiliaire; mais que, si les gens sages, qui le faisaient consulter, pouvaient, par de prudentes réformes, rétablir le calme dans les provinces, il ne doutait pas

XXIX. Négociations des Vénitiens avec la France.

qu'on ne trouvât, dans l'amitié de la France et dans le rapprochement des principes, tout l'appui nécessaire pour consolider une constitution adaptée à l'esprit du temps, et pour ramener ces époques de prospérité, où la république de Venise faisait respecter sa neutralité, et voyait rechercher son alliance (1). »

Cette raison était absolument dans l'esprit de la politique que le gouvernement français avait alors adoptée. Il est probable que le ministre, privé d'instructions précises pour une circonstance si extraordinaire, ne crut pas pouvoir se dispenser de se renfermer dans le système qui tendait à créer des démocraties.

Sans être en droit d'en faire un reproche au représentant de la république française, on peut remarquer que le conseil qu'il donnait de changer la forme du gouvernement vénitien, n'était pas d'une haute politique. Venise aristocratique était certainement alors l'ennemie de la république française ; mais Venise démocratique ne pouvait lui être utile ; et si, cette puissance, déja trop faible, devait se subdiviser en plusieurs états, que faire d'un gouvernement fédératif composé de gouvernements municipaux ?

---

(1) Dépêche de la légation française, du 12 germinal an V. (1er avril 1797.)

Quoi qu'il en soit, cette insinuation du ministre français devint l'objet d'une délibération dans le conseil général. Il y avait à-peu-près deux cents votants. On y entendit pour la première fois, depuis cinq cents ans, la proposition de changer la forme du gouvernement, mais elle ne fut appuyée que par cinq suffrages. Des opinants, qui mettaient encore de la confiance dans les mesures énergiques, furent d'avis de comprimer l'insurrection par la force et la sévérité. Cette proposition compta jusqu'à cinquante partisans. Il était facile de prévoir que la majorité préférerait les partis mitoyens; et, lorsque des orateurs proposèrent de modifier la constitution par degrés, sans secousses, insensiblement, c'est-à-dire de renvoyer les réformes à un autre temps, sans refuser absolument de s'y soumettre, ils réunirent cent quatre-vingts suffrages (1).

Il faut en convenir, on ne pouvait guère prendre un autre parti. Puisqu'on avait envoyé des députés au général en chef, il fallait bien attendre sa réponse. D'ailleurs, ceux qui pouvaient se croire assez de sagacité, pour pénétrer le système politique de cet homme extraordinaire, se croyaient autorisés à le soupçonner de ne pas partager les opinions et les projets de son pro-

---

(1) *Ibid.*

pre gouvernement. Ils avaient remarqué que, par sa promptitude à accorder la paix à quelques puissances de l'Italie, il les avait fait échapper à l'uniformité démocratique, dans laquelle les vues du directoire paraissaient se renfermer. Un homme, qui, vraisemblablement ne soumettait son opinion aux préjugés du moment que pour les dominer, admettrait peut-être la possibilité de laisser subsister une aristocratie légitimée par cinq siècles d'existence.

XXX. Conférences des commissaires de la république avec le général Bonaparte. 25 mars 1797.

Le rapport des deux commissaires qu'on lui avait envoyés ne se fit point attendre. Ces commissaires, qui étaient le procurateur François Pesaro et le sage de terre-ferme Jean-Baptiste Cornaro, eurent avec lui deux conférences (1).

---

(1) « A peine l'eûmes-nous atteint à Gorice, disent-ils, qu'il s'empressa de nous recevoir, quoique très-occupé d'autres affaires, et notamment de la capitulation de Trieste.

« Nous lui retraçâmes toutes les circonstances des évènements de Bergame et de Brescia, en tâchant d'intéresser sa justice à réparer le tort, et même l'offense si grave que venait d'éprouver un gouvernement neutre et ami. Il répondit que l'insurrection de Brescia n'était pas encore parvenue à sa connaissance ; qu'on lui avait fait le rapport de celle de Bergame ; mais que, d'après ce rapport, les troupes françaises n'y avaient pris aucune part. On la représentait comme le résultat des dispositions des habitants, encouragés probablement par l'exemple et le voisinage des Milanais. Il ajouta

Le général n'était encore instruit qu'imparfaitement des évènements de Bergame, et point du tout de ceux de Brescia; mais il désavouait les com-

cependant que, d'après la note que le sénat avait fait remettre au ministre de France, et d'après nos représentations, il allait donner des ordres pour que le commandant de Bergame fût jugé et puni, s'il résultait de l'instruction qu'il eût coopéré à l'insurrection de cette ville.

« Parmi les remerciements que nous lui devions pour ces démonstrations d'équité, nous glissâmes cette observation, que la punition d'un officier, en supposant qu'elle eût lieu, ne pouvait être qu'une réparation du mal passé; mais qu'il s'agissait aussi du présent, et que le plus grand intérêt, pour la république, était de rétablir la tranquillité dans ces deux provinces. L'objet le plus important était donc de connaître les mesures à prendre pour y parvenir, afin que, lorsque le gouvernement les aurait ordonnées, elles ne rencontrassent point d'opposition de la part des commandants français, et ne fournissent pas un prétexte, pour accuser la république de s'écarter des principes de neutralité.

« Eh bien! répliqua-t-il avec vivacité, quel serait votre projet? Nous n'hésitâmes pas à ajouter que, dans les circonstances, ces insurrections étant l'ouvrage d'un petit nombre d'individus, la population ne les ayant point secondées, il était permis d'espérer que la douceur, appuyée de l'appareil de la force, suffirait pour ramener les citoyens égarés; mais que, les châteaux de Bergame et de Brescia étant occupés par les troupes françaises, il serait à desirer, pour éviter toute occasion de mésintelligence, qu'ils fussent remis aux troupes

mandants français, s'ils y avàient pris part, et il se proposait, dans ce cas, de les faire punir. Du reste le gouvernement vénitien pouvait prendre

---

vénitiennes; ce qui était d'autant plus proposable, que, dans sa position actuelle, l'armée ne pouvait avoir besoin de ces deux places.

« Cette dernière proposition ne parut pas obtenir de sa part le moindre assentiment. Le général s'excusa de son refus sur la prévoyance qui ne permettait pas, même au milieu des succès, de négliger ses sûretés pour la retraite. Du reste, il se montra indifférent sur les diverses mesures entre lesquelles le sénat pouvait choisir. Seulement il remarquait que, si l'emploi de la force ne réussissait pas, cet essai malheureux accroîtrait l'audace des insurgés, et propagerait l'insurrection dans les autres provinces, où déja, à sa connaissance, il en existait quelques germes. Il ajouta que, d'après sa manière de voir, l'expédient le plus sûr, le plus efficace, serait d'intéresser la puissance française elle-même à rétablir l'ordre, et que, si on l'en priait, il s'y prêterait, connaissant les maximes de son gouvernement, et qu'il y concourrait avec la certitude d'y réussir.

« Nous découvrîmes d'un coup-d'œil toutes les sinistres conséquences d'une telle proposition, et nous lui représentâmes que l'intervention d'une puissance étrangère, pour ramener des sujets à l'obéissance, ne pouvait que produire un effet contraire, fournir un sujet de plainte aux mal-intentionnés, faire soupçonner l'impuissance du souverain, exciter les égarés et décourager les fidèles; que c'était au gouvernement, au gouvernement seul, à prendre les mesures pour ramener ses sujets, et que tout au plus on pourrait convenir

les mesures qu'il jugerait convenables pour faire rentrer dans le devoir les provinces insurgées. Il ne se refusait pas à interposer son autorité,

des moyens de coopération, si les troupes françaises devaient continuer d'occuper les forts de Bergame et de Brescia.

« Il parut hésiter sur ce dernier point, disant qu'au milieu de la fermentation des idées nouvelles, il encourrait quelque blâme, en se déclarant contre des principes auxquels il se reconnaissait redevable en partie du succès de ses armes, et s'il fournissait des secours pour réduire des hommes, coupables peut-être envers leur gouvernement, mais partisans déclarés de la France; que seulement il obéirait, dans le cas où le directoire le lui ordonnerait formellement; mais qu'il persistait à croire que le moyen le plus sûr, pour se garantir des dangers d'une insurrection générale, était d'imiter l'exemple du roi de Sardaigne, c'est-à-dire de se lier plus étroitement avec la république française.

« Voyant où tendait cette insinuation, nous lui dîmes que les rapports entre les deux républiques étaient déjà si intimes, et les procédés de la nôtre si ingénus, que le moindre pas qu'elle ferait au-delà la placerait hors du système dans lequel elle mettait sa sûreté, et que le sénat ne pourrait prendre une détermination sur un point aussi délicat, qu'au moment où la paix ferait connaître l'état ultérieur, et les rapports réciproques des diverses puissances européennes.

« Alors, tâchant avec assez de finesse de nous écarter de l'objet principal que nous avions en vue, il nous rappela, et en quelque sorte nous reprocha le long séjour du comte de Provence à Vérone, l'asyle donné à Venise au duc de Modène, et sur-tout à ses trésors, les fonds considérables appartenant

s'il en était requis ; mais, pour tout concilier, le moyen le plus efficace était de former une union plus intime entre les deux républiques, c'est-à-

---

aux ennemis de la France, et qui, selon lui, existaient à Venise, notamment ceux du roi d'Angleterre; et, à ce sujet, il laissa entrevoir des desseins qui pourraient être une occasion de grands embarras pour la république. Nous répondîmes à ces diverses imputations, sans pouvoir nous flatter de l'avoir convaincu, et nous le ramenâmes à l'objet le plus essentiel de notre mission; mais nous ne pûmes en obtenir ni aucune promesse, ni des réponses plus positives. La conférence se termina par une invitation de revenir le lendemain, afin de prendre le temps de réfléchir plus mûrement sur ces importantes affaires.

« Le lendemain, dès que nous nous présentâmes, il nous demanda si nous avions pensé à ce qu'il nous avait dit, et, sans attendre notre réponse, il ajouta que, la république française ayant déclaré qu'elle ne se mêlerait pas de la forme des autres gouvernements, le sénat pouvait prendre, relativement à Bergame et à Brescia, les mesures qui lui paraîtraient les plus convenables, en ayant soin seulement de l'en informer d'avance, pour prévenir tout conflit avec les troupes françaises; mais que, tout bien examiné, il lui semblait plus opportun d'attendre la réponse du directoire.

« Nous lui fîmes observer que, dans une crise semblable, les moindres délais pouvaient être funestes, que l'incendie s'étendrait; à quoi il répliqua que c'était au sénat à prendre une détermination, et qu'au reste il était instruit que déjà on faisait marcher des troupes vers la terre-ferme.

« Il nous fit lire un rapport, qu'il venait de recevoir dans

dire que Venise se déclarât ouvertement pour la France, et qu'afin d'échapper au fléau des réquisitions, qui se multipliaient sans profit pour

le moment, sur les évènements de Brescia, lequel, à très-peu de chose près, était conforme à nos propres renseignements. Ensuite il nous montra une pétition des insurgés qui sollicitaient l'appui de la république française; mais nous remarquâmes que cette pétition n'avait ni date ni signatures.

« Dans l'une et l'autre conférence, ajoutent les députés, on traita d'autres points très-pénibles à discuter.

« Nous le priâmes d'adoucir la déplorable condition des sujets de la république, et de soulager le trésor de la charge que lui occasionne l'entretien de l'armée française. La victoire ayant conduit cette armée dans les provinces allemandes, nous avions lieu d'espérer que l'état de Venise serait délivré du poids qui l'accable depuis dix mois; et que notre épargne, dispensée enfin de fournir à la subsistance de ces troupes, pourrait voir le terme de tant de sacrifices; après quoi, nous insinuâmes que nous osions compter sur sa justice pour la réalisation des indemnités qui nous avaient été promises.

« Nous étions bien loin de nous attendre à sa réponse.

« Il commença par nous dire que son armée était dans l'indispensable nécessité de tirer ses approvisionnements du pays qu'elle laissait sur ses derrières, c'est-à-dire de notre territoire; que, cette armée s'étant considérablement accrue, on ne pouvait pas éviter d'augmenter les réquisitions; qu'il voyait avec peine qu'une si grande charge dût encore peser sur des provinces déja épuisées, et que le seul expédient qu'il trouvait, pour l'alléger, était que le sénat four-

l'armée, il conviendrait que le sénat s'obligeât à fournir un subside d'un million par mois, soit en argent, soit en denrées, tant que la guerre

---

nît, soit en argent, soit en denrées, une somme d'un million par mois, et cela pendant six mois, à moins que la guerre d'Italie ne fût terminée plutôt. Il ajouta qu'il avait toujours reconnu les inconvénients de la méthode des requisitions, que la nécessité seule pouvait la justifier, qu'elle donnait lieu à beaucoup d'abus, qu'il en avait entretenu plusieurs fois notre provéditeur, lui représentant que cette méthode occasionnait la dissipation des ressources et le mécontentement des peuples, qui avaient à reprocher à leur gouvernement de les abandonner, et de ne pas s'interposer entre l'armée et eux. Il conclut que, si le sénat s'engageait à lui fournir le secours mensuel qu'il demandait, non-seulement il délivrerait les provinces de toutes requisitions à venir, mais encore qu'il ferait fixer positivement le montant de toutes les fournitures déja faites, et que ces deux sommes formeraient une créance que certainement la nation française ne manquerait pas de liquider à la paix; qu'il importait de faire éclater les dispositions du sénat pour la république française, et qu'il pouvait nous assurer que le directoire avait tenu beaucoup plus de compte à la république de Gênes des quatre millions qu'elle avait fournis, qu'à la république de Venise de tout ce qu'elle avait souffert, parce que les sacrifices de celle-ci étaient regardés comme moins volontaires.

« Nous lui témoignâmes vivement notre surprise, qu'au moment où nous espérions la fin de ces sacrifices, on nous proposât un tribut mensuel si fort au-dessus des ressources de notre trésor, ajoutant que ce serait fournir aux Autri-

durerait, sauf à faire de ce subside et des fournitures déja effectuées l'objet d'une créance, que la république française ne manquerait pas de liquider à la paix.

---

chiens un prétexte pour nous en demander autant, ce qui consommerait notre ruine, et ce que nous ne pourrions cependant refuser d'après notre système de neutralité.

« A ces mots, nous interrompant, il nous fit considérer, avec amertume, que les armées autrichiennes étaient entièment chassées de l'Italie, que toutes nos forteresses, toutes nos villes étaient entre ses mains, qu'il se trouvait en état de nous faire la loi, et que, si notre trésor était épuisé, ce qu'il ne croyait pas, le sénat pouvait facilement s'aider de ceux du duc de Modène (\*), et de tous les fonds déposés à Venise par les ennemis de la France, fonds que la France était en droit de réclamer.

« Nous ne manquâmes pas de lui objecter que, si les grandes puissances peuvent se permettre quelquefois l'emploi des moyens arbitraires, celles qui sont médiocres et modérées, comme notre république, ne peuvent fonder leur tran-

---

(\*) Le duc de Modène s'était en effet réfugié à Venise avec son trésor. Ce prince avait la réputation d'aimer à enfouir l'argent ; aussi raconte-t-on qu'en 1790 les receveurs des deniers publics, qui, tous les mois, lui apportaient la partie de ses revenus qu'il se réservait, ayant traversé en plein jour, avec quelque appareil, la place du château, alors remplie de monde, le peuple de Modène, en voyant passer les caisses, se mit à chanter avec une gaieté maligne : *Requiescat in pace.*

(Correspondance du ministre de France à Venise, 23 janvier 1790. *Arch. des aff. étr.*)

Les commissaires s'étant recriés sur cette nouvelle demande, il ajouta qu'ils n'avaient qu'à s'aider des trésors du duc de Modène, qui étaient en dépôt à Venise, et de tous les fonds appartenant aux ennemis de la France, fonds que la France était en droit de réclamer; et saisissant le bras du procurateur Pesaro, il ajouta ces paroles (1): « Il n'y a plus de milieu désormais; si vous pre-
« nez le parti des armes, la république de Venise

---

quillité et leur sûreté que sur les bases de la bonne foi et de la justice, c'est-à-dire sur le respect des propriétés individuelles; que tout acte arbitraire, outre l'inconvénient de compromettre nos rapports politiques extérieurs, aurait celui d'entraîner la subversion de notre constitution, et que, quant à la demande d'une prestation mensuelle, demande à laquelle le sénat ne pouvait être tenu d'adhérer, il fallait bien au moins, dans tous les cas, s'informer si le trésor public pourrait y suffire. Or nous avions la certitude qu'il était impossible d'en espérer une somme qui approchât de celle dont il s'agissait.

« Dans cette discussion, nous ne vîmes que trop qu'il regardait l'état vénitien comme occupé par son armée, et qu'il projetait de se l'assujettir encore davantage, pour se mettre en état d'exiger tout ce qu'il voudrait. Déja il a envahi la forteresse de Palma-Nova, et il en augmente les fortifications avec une diligence incroyable. Il occupe le port de Trieste, de sorte qu'il est parvenu à nous bloquer de toutes parts. »

(1) Recueil de pièces relatives aux affaires de Venise, du 22 floréal an V.

« ou l'armée d'Italie est perdue. Ainsi songez
« bien au parti que vous allez prendre; n'exposez
« pas le lion valétudinaire de Saint-Marc contre
« la fortune d'une armée qui trouverait dans ses
« dépôts et parmi ses blessés de quoi traverser
« vos lagunes. » Il y avait peut-être un peu de
jactance dans ce conseil; mais il ne pouvait être
mieux adressé qu'à celui qui avait été le provocateur de toutes les dispositions offensives.

Le sénat délibéra, le 30 mars, sur le rapport
de ses députés, et se résigna à promettre le
secours mensuel d'un million. Il y avait deux
cent un votants dans l'assemblée; sept opinèrent contre la proposition; cent seize l'adoptèrent; soixante-dix-huit s'abstinrent de voter.
Quand, dans un corps délibérant, il y a un
grand nombre de membres qui prennent le
parti de se récuser, c'est un symptôme de dissolution.

Pendant ce temps-là, les plaintes du gouvernement vénitien étaient arrivées à Paris. L'ambassadeur avait reçu du directoire une réponse
à-peu-près semblable à celle que le général de
l'armée d'Italie avait faite aux députés. On avait
feint d'apprendre avec surprise les évènements
qui étaient les sujets de ces plaintes, et on avait
ajouté que, pour prendre un parti, il était convenable d'attendre les rapports du général. On

voit que la politique du directoire tournait dans un cercle vicieux. Mais l'ambassadeur vénitien terminait sa dépêche en disant que ce gouvernement n'avait point de plan arrêté; qu'il se réglait d'après les circonstances; que son but principal était de détacher l'empereur de l'Angleterre; qu'on ne ferait point la paix, à moins que la cession de la Belgique n'en fût la base; que les révolutions étaient devenues nécessaires en Italie, pour se procurer des objets de compensation à offrir à l'empereur, et que c'était probablement la destination réservée aux provinces vénitiennes (1).

XXXI. Insurrection de Salo. 24 mars 1797.

Ces négociations sans résultat donnaient à l'esprit d'insurrection le temps de se propager. S'il fallait en croire ceux qui veulent que le peuple n'ait pris aucune part à ces mouvements, la ville de Salo sur le lac de Garde aurait été subjuguée par treize hommes, et cela, bien qu'elle eût un provéditeur et une garnison. Ces treize hommes, dit-on, arrivèrent bride abattue, en criant : Vive la liberté ! Ils se renforcèrent d'une cinquantaine de sbirres et de spadassins, s'emparèrent des caisses publiques, arrêtèrent le provéditeur, désarmèrent la troupe esclavonne,

---

(1) Dépêche d'Alvise Querini, du 26 mars 1797.

et établirent une nouvelle municipalité (1). Que penser d'une pareille révolution? Que penser du provéditeur et de sa troupe, s'il est vrai que la population n'eût pas favorisé l'entreprise de cette poignée d'étrangers? Et quelle était la part des Français dans cette révolution? Un témoin croyait en avoir reconnu cinq parmi les hommes qui se réunirent aux treize cavaliers.

On était tellement troublé de ces nouvelles, que la terreur devançait les évènements, et que les magistrats annonçaient, dès le 13 mars, l'insurrection de la ville de Crème, qui n'éclata que le 28. On avait, quelques jours auparavant, demandé aux habitants un nouveau serment de fidélité; cérémonie qui, comme on sait, ne coûte rien à des mécontents, et précède ordinairement les explosions.

XXXII. Insurrection de Crème. 28 mars 1797.

Le 27, on annonça qu'un détachement de cavalerie française se présentait aux portes. Aussitôt elles furent fermées, les ponts levés; la garnison se mit sous les armes, et deux officiers allèrent au-devant des Français pour savoir avec quelles intentions ils arrivaient. Ces officiers furent assez mal accueillis par le com-

---

(1) *Relation* d'André Giacomini, consignée dans le *Rapport* du provéditeur extraordinaire Battaja, du 25 mars 1797.

mandant, qui leur dit que la neutralité entre la France et les Vénitiens était rompue. Invité à venir s'expliquer avec les magistrats, ce commandant entra dans Crème seul. On lui représenta qu'il ne devait point se formaliser de ce qu'on en usait avec sa troupe comme avec toutes les autres, et que du reste on avait la certitude que les rapports d'amitié entre les deux républiques n'étaient point changés. Il insista pour qu'on lui ouvrît les portes, déclarant qu'il y entrerait de force, si on l'y obligeait, et qu'au surplus il ne demandait le logement dans la ville que pour un jour, sa troupe devant aller le lendemain à Soncino. L'entrée fut accordée, et il se trouva que ce détachement consistait en quarante hommes.

Pendant toute la journée, ils se comportèrent avec modération; on remarqua seulement que l'officier qui les commandait avait expédié plusieurs estafettes, et qu'il en reçut trois dans la nuit.

Le 28 au matin, on eut avis de l'approche d'un autre corps de troupes françaises, qu'on disait de deux cents hommes, et d'un troisième de pareille force qui arrivait d'un autre côté. Les ponts étaient levés, les barrières étaient fermées; on allait reconnaître ces deux corps; mais les quarante cavaliers, déjà introduits dans la place, s'emparèrent d'une des portes et l'ouvrirent. Les deux nouveaux détachements, en entrant, coururent aux casernes, en prirent possession, désarmèrent la garnison, relevèrent les gardes, et cinq de ces étrangers, arrivés au palais du magistrat vénitien, lui annoncèrent, le pistolet sur la poitrine, qu'il était prisonnier, en le sommant de rendre son épée. On reconnut parmi eux un homme de Bergame en uniforme français.

Ils allèrent, accompagnés d'un membre de la municipalité, prendre possession de la chancellerie et des caisses publiques.

Pendant ce temps-là, trois Bergamasques et un Français, qui portait la parole, se rendirent chez le podestat, pour lui dire, dans les termes les plus respectueux, et en lui donnant tous ses titres accoutumés, qu'on savait combien il avait mérité l'affection des peuples de son gouvernement; mais que la ville de Crème voulait être libre; qu'il ne paraissait pas douteux que Venise ne conservât sa souveraineté; que seulement le gouvernement pourrait éprouver quelques modifications dans ses formes.

La nuit se passa tranquillement. Le 29 au matin, on força un ouvrier de la ville d'attacher une chaîne au cou de la statue de saint Marc, et on planta l'arbre de la liberté en présence de l'évêque. Les cris de Vive la liberté étaient proférés par les Français et par les Bergamasques. On entendit quelquefois et par intervalles le cri de Vive saint Marc. Enfin on déclara aux magistrats, toujours avec des formes très-polies, qu'ils étaient libres et qu'ils eussent à partir (1).

Je viens de transcrire la relation vénitienne de cet évènement. Il n'y est pas fait la moindre mention des dispositions des habitants à l'insurrection. On n'y voit figurer que des Français et des Bergamasques; ainsi ce seraient les Bergamasques qui auraient fait violence successivement à la population de Brescia, de Salo et de Crème. Cependant, quand les écrivains de ce parti racontent la révolution de Bergame, ils soutiennent que les habitants n'y avaient pris aucune part. La confiance se refuse à des exagérations qui se contredisent. Elle ne peut admettre ni que les Français aient été spectateurs tout-à-fait impartiaux dans ces scènes de désordre, qui rappelaient et qui semblaient excuser et consolider ce qui s'était passé en France, ni que la population vénitienne soit demeurée constamment froide et passive dans le tumulte de tant de passions.

---

(1) *Relation des évènements de Crème.* ( *Recueil chronologique*, tom. II, 3ᵉ part. )

Il est difficile de concevoir comment le gouvernement laissait une poignée de rebelles ou de soldats étrangers opérer des révolutions dans des villes fortes, munies d'une garnison et remplies d'une population dévouée à ses maîtres. On avait organisé dans la province de Bergame une masse de trente mille hommes ; la province de Vérone en offrait autant ; on avait des troupes, c'était plus qu'il n'en fallait assurément pour contenir quelques factièux, si réellement la population eût voulu rester fidèle à l'aristocratie vénitienne. Mais nous voyons par-tout les portes ouvertes, les garnisons désarmées, les podestats chassés, sans que ce peuple ait jamais fait le moindre mouvement pour les défendre et pour repousser des nouveautés que, disait-on, il abhorrait.

Cela dément les flatteries des podestats, qui ne cessaient de représenter la population comme remplie d'amour pour ses maîtres ; mais c'est une illusion commune à beaucoup de gouvernements de prétendre à l'adoration, lorsqu'ils devraient se contenter de l'obéissance.

XXXIII. Levée en masse des montagnards en faveur du gouvernement.

Il faut dire cependant à la louange des habitants des montagnes, qu'ils persistaient courageusement dans leur fidélité. Les paysans des vallées des Alpes dans les provinces de Bergame et de Brescia, ceux de la Val-Sabbia sur-tout, s'étaient signalés par leur empressement à s'enrôler dans cette masse armée qu'organisait le podestat Ottolini. Il avait cultivé leurs dispositions avec soin. Ces montagnards de la Sabbia aperçurent l'occasion d'attaquer les insurgés qui avaient opéré la révolution de Salo, fondirent sur eux, le 31 mars, leur tuèrent une centaine d'hommes, firent trois cents prisonniers, et n'eurent que trois des leurs blessés légèrement (1).

Cet évènement, pour le récit duquel je me conforme encore aux rapports des agents du gouvernement vénitien, fait naître plusieurs observations.

D'abord, pour que la perte des insurgés fût si considérable, il fallait que leur nombre se fût accru, car on a vu qu'ils n'étaient qu'une soixantaine lorsqu'ils avaient chassé la garnison de Salo quelques jours auparavant.

En second lieu, parmi ces prisonniers, il y avait un détachement de deux cents Polonais, qui était en marche pour rejoindre l'armée (2). Or si ce combat eût été autre chose qu'une sur-

---

(1) *Rapport* d'Antonio Turini, syndic de la Val-Sabbia, du 4 avril 1797.

(2) La légion du général Dambrowski.

prise, comment ces deux cents Polonais ne se seraient-ils pas défendus; et s'ils s'étaient défendus, comment y aurait-il eu cent morts d'un côté, et seulement trois blessés de l'autre?

Troisièmement, le procurateur François Pesaro disait au général en chef, dans une lettre, dont la rédaction avait été soumise à l'approbation du sénat : « Il est vrai de dire que rien ne « porte à croire que les Français aient pris au- « cune part à cet évènement. Seulement il s'en « est trouvé quatre parmi les prisonniers (1). »

Ce succès, quoique peu glorieux, était fort important dans les circonstances, on l'appela une victoire, et il releva les espérances des partisans du gouvernement; mais il en résultait en même temps un inconvénient très-grave. Ce combat, ces prisonniers, les autres combats, les échanges qui s'ensuivirent constataient la guerre civile et l'existence de plusieurs factions ennemies s'entre-déchirant au sein de la république.

Les montagnards de la province de Bergame formèrent le blocus de Brescia. Vérone envoyait un détachement de trois mille hommes de sa levée en masse sur le Mincio, pour en disputer

---

(1) Lettre de François Pesaro au général en chef, dont le projet fut approuvé par le sénat, le 6 avril 1797.

le passage aux insurgés. Cette province se remplissait de troupes régulières et de paysans armés. On était de part et d'autre dans une extrême défiance ; le commandant français se croyait obligé de prendre les plus exactes précautions pour éviter une surprise ; il avait approvisionné les forts, n'habitait plus que la citadelle, et menaçait de faire jouer l'artillerie des châteaux sur la ville au moindre mouvement que ferait la population.

Des Véronais parurent à Venise avec une cocarde bleue et jaune. C'était arborer un signal auquel la haine, qui fermentait depuis longtemps, devait se rallier, et, pour qu'on ne se méprît pas sur l'objet de cette haine, le ministre anglais résidant à Venise affecta d'adopter ce signe de ralliement (1).

Mais l'éclat qu'avaient fait les montagnards, leurs premiers succès, la captivité de deux cents soldats de la légion polonaise, étaient des évènements trop inquiétants, pour que les Français laissassent s'organiser et s'accroître une force, qui tenait déja une de leurs garnisons bloquée dans Brescia. Il était facile de voir quel danger pouvait en résulter pour l'armée. Le général qui

---

(1) Dépêche de la légation française, du 19 germinal an V.

commandait en Lombardie entreprit de désarmer les habitants de ces vallées, et il en résulta des combats, des incendies, des dévastations, que la jactance des Français prit encore soin d'exagérer.

Le gouvernement autrichien, alors réduit à préparer la défense de sa capitale, suivait de l'œil avec un vif intérêt les mouvements qui se manifestaient dans les provinces vénitiennes. Dans une conférence qui eut lieu le 9 avril entre le baron de Thugut et l'ambassadeur de Venise, le ministre autrichien s'étendit en observations sur le parti qu'on pouvait tirer de ce mouvement populaire. Il ne doutait pas que le gouvernement vénitien ne l'encourageât, ne l'appuyât, et il y voyait une nouvelle preuve des dispositions bienveillantes de la république pour les intérêts de l'empereur; il n'en avait jamais douté, et, à cette occasion, il laissa échapper (1) quelques mots d'où l'on pouvait conclure qu'il n'ignorait pas les offres séduisantes que le directoire avait faites au sénat; mais il s'empressa de dire que

XXXIV.
Insinuation du ministère autrichien à ce sujet.
Avril 1797.

---

(1) E lasciò scappar qualche cenno che mi indicò, creder egli che gli Francesi avessero tentato, ne' mesi scorsi, di blandir l'eccellentissimo senato con promesse.

Dépêche de l'ambassadeur Pierre Grimani, du 10 avril 1797.

l'empereur avait trop éprouvé l'amitié de la république pour ne pas y compter. A cela il ajouta ces mots (dont l'ambassadeur ne fit aucune mention dans sa dépêche adressée au collége, mais dont il rendit compte aux inquisiteurs d'état, par une lettre secrète): « Vous verrez que
« le directoire ne vous donnera que de belles
« réponses aux plaintes que vous lui avez adres-
« sées sur la conduite des Français en Italie. Il
« désapprouvera peut-être ce qui s'est passé,
« mais il en agira avec vous comme avec le duché
« de Clèves; il mettra la main sur les provinces
« vénitiennes de la rive droite du Mincio, et la
« souveraineté de la république n'en sera que
« plus lésée. Je connais trop la sagesse du sénat
« pour ne pas être certain qu'il ne prêtera point
« l'oreille aux séduisantes paroles du directoire
« et de Bonaparte, comme il s'y est refusé il y a
« quelques mois et même depuis peu, si je ne
« me trompe. Oh! si les Brescians et les Berga-
« masques s'unissaient à nous, l'Autriche serait
« certaine de terminer la guerre par une paix rai-
« sonnable. Il est si aisé de fermer les passages
« du Tyrol! En vérité il dépend du sénat de ré-
« duire les Français à la dernière extrémité.

« Je m'imagine bien que votre excellence n'a
« aucunes instructions pour traiter de cet objet;
« aussi n'en parlé-je que par forme de conversa-

« tion. Le mouvement de la population véni-
« tienne, soutenu par le gouvernement, peut
« empêcher le renversement du système de l'Ita-
« lie; il peut tenir en respect l'Espagne, qui a
« des vues pour l'agrandissement du duché de
« Parme, et le roi de Sardaigne, qui voudrait
« aussi reculer ses frontières. »

Là-dessus, l'ambassadeur lui ayant exprimé
combien la république aurait de regret de voir
cesser ses relations de voisinage avec sa majesté
impériale, le baron de Thugut reprit : « Les in-
« tentions de l'empereur sont de maintenir la
« Lombardie dans le système où elle était avant
« l'invasion des Français. Il s'opposera tant qu'il
« pourra aux projets des autres puissances, et
« j'espère qu'elles ne réussiront pas. Monsieur
« l'ambassadeur, l'intérêt de la maison d'Autriche
« et celui de votre république sont maintenant
« les mêmes. Je ne vous demande aucune réponse
« sur cela. Je vous fais part de mes réflexions;
« ce n'est pas le ministre des affaires étrangères
« qui vous parle. »

C'était très-réellement le ministre qui parlait.
Il feignait de croire que le sénat avait alors à se
défendre des séductions de la France, tandis
qu'il y avait déjà long-temps que le directoire
avait cessé de faire usage avec le gouvernement
de Venise même de formules bienveillantes. Le

baron de Thugut prenait soin de dire que l'empereur voulait maintenir la Lombardie dans son état antérieur, pour écarter toute idée de la cession de ce duché. Ses insinuations avaient un double objet; d'abord de procurer une diversion favorable aux armes autrichiennes, si la paix n'avait pas lieu, et puis de persuader aux Vénitiens que la France projetait le démembrement de leurs états, tandis que l'Autriche n'avait aucunes vues sur leur territoire. Or, pour juger de la sincérité du baron de Thugut, il ne faut que se rappeler que, dans ce moment et depuis long-temps, il était question d'indemniser l'Autriche aux dépens de Venise.

Les négociations pour la paix étaient en pleine activité à Paris, au quartier-général et même ailleurs; mais il était aisé de prévoir que les deux généraux en chef ne se laisseraient pas gagner de vitesse. Ils étaient des hommes trop éminents pour qu'on pût traiter sans leur avis, et leur dérober la gloire de donner la paix à leur patrie.

Les Autrichiens avaient demandé un armistice de deux mois. Le général français, qui craignait qu'on ne profitât de ce délai pour organiser l'insurrection hongroise, n'accorda, comme je l'ai dit, qu'une suspension d'armes de cinq jours.

Le gouvernement vénitien mettait alors à encourager sa levée en masse tout le soin que l'Autriche pouvait desirer. Les affaires des Français allaient assez mal dans le Tyrol. Ils n'avaient laissé que douze mille hommes en Italie, dont quatre mille gardaient la Romagne, et huit mille étaient dispersés depuis le Tagliamento jusqu'aux frontières du Piémont. Les généraux sentirent de quelle importance il était de ne pas laisser priver l'armée de ses subsistances et couper la ligne de communication avec le Milanais. En conséquence, ils travaillaient à désarmer les paysans; ceux-ci se retiraient dans les montagnes; la flottille française qui était sur le lac de Garde canonnait les villages qui ne voulaient pas remettre leurs armes, et le provéditeur de Vérone écrivait le 11 avril, « que, d'après la fidélité et l'ardeur que manifestait cette population, il fallait espérer que, de sa retraite, elle pourrait choisir un moment favorable pour envelopper une seconde fois les perturbateurs de son repos; qu'en attendant, il envoyait aux fidèles montagnards des chefs et leur fournissait les moyens de fabriquer de la poudre (1). » On évaluait la levée en

---

(1) *Rapport* de Joseph Giovanelli, provéditeur extraordinaire de terre-ferme, à Vérone, et d'Alvise Contarini, vice-podestat, du 11 avril 1797.

masse de la province de Vérone à trente mille hommes. Un comité fut établi dans cette ville, pour seconder ces dispositions militaires par des mesures de police vigoureuses. Les prisons se remplirent de tout ce qui était suspect de quelque partialité pour la France.

Il était naturel que les démonstrations de joie qui trahissaient les espérances de cette population conjurée fussent pour les généraux français des sujets d'inquiétude (1); ils en rendirent compte à leur chef, qui, sur-le-champ, jugea nécessaire de substituer les formes péremptoires d'une sommation militaire aux procédés de la diplomatie.

XXXV. Déclaration du général français relativement aux préparatifs hostiles des Vénitiens.

15 avril 1797.

Un de ses aides-de-camp arriva à Venise avec deux lettres, l'une pour le ministre de France, l'autre pour le doge, à qui il avait ordre de la remettre en présence du collége assemblé (2).

(1) On peut consulter l'écrit intitulé : *Les trames des oligarques vénitiens, ou rapport sur les papiers trouvés à Carina, le 20 germinal an V.* Brescia, 1797.

(2) Dans l'intervalle, il arriva une troisième lettre du général, c'était la réponse à un mémoire que François Pesaro lui avait adressé. Nous allons transcrire ces lettres successivement.

*Lettre au ministre de France.*

« Enfin, nous ne pouvons plus douter que l'objet de l'ar-

L'audience fut assignée pour le 15 avril.

L'aide-de-camp fut introduit dans le collége, où il lut à haute voix la lettre suivante :

« Toute la terre-ferme de la sérénissime ré- *Lettre au doge.* mement des Vénitiens ne soit de prendre à dos l'armée française. Il m'était difficile de comprendre comment Bergame, de toutes les villes de l'état vénitien la plus aveuglément dévouée au sénat, avait été la première à prendre les armes contre lui. Je comprenais encore moins que, pour calmer ce léger mouvement, il fallût vingt-cinq mille hommes, et que M. Pesaro, dans notre conférence, eût refusé la médiation de la république française, pour faire rentrer cette place dans le bon ordre. Tous les procès-verbaux faits par les provéditeurs de Brescia, de Bergame, de Crème, où l'on attribue l'insurrection de ces villes aux Français, sont un tissu d'impostures, dont le but ne peut être expliqué que par l'espoir de justifier aux yeux de l'Europe la perfidie du sénat de Venise. On a eu l'adresse de choisir le moment où l'on me croyait engagé dans les défilés de la Carinthie, ayant en tête l'armée du prince Charles, pour mettre à exécution une trahison, qui serait sans exemple, si l'histoire ne nous eût transmis le souvenir de celle qui eut lieu contre Charles VIII, et des Vêpres siciliennes. Ceux de Rome ont été plus avisés, en choisissant le moment où nos troupes étaient occupées ailleurs ; mais ceux-ci seront-ils plus heureux? Le génie de la république française qui a lutté contre toute l'Europe, serait-il réservé à éprouver un échec dans les lagunes de Venise ?

« 1° Un vaisseau vénitien a attaqué et maltraité la frégate la Brune, et a pris sous sa protection un convoi autrichien.

« 2° La maison du consul de France à Zante a été brûlée.

publique de Venise est en armes; de toutes parts les paysans, que vous avez armés et soulevés, crient *Mort aux Français!* plusieurs centaines de soldats de l'armée d'Italie en ont déja été

---

le gouvernement a vu avec satisfaction l'insulte faite à l'agent de la république.

« 3° Dix mille paysans, armés et payés par le sénat, ont massacré plus de cinquante Français sur les routes de Milan à Bergame.

« 4° Les villes de Vérone, de Trévise, de Padoue, sont pleines de troupes; on arme de toutes parts, malgré les promesses de M. Pesaro, sage-grand de la république de Venise.

« 5° Tout homme qui a prêté assistance à la France, est arrêté et emprisonné, tandis que les agents de l'Autriche sont caressés et se montrent à la tête des assassins.

« 6° Le cri de ralliement qu'on entend de toutes parts est *Mort aux Français!* Par-tout des prédicateurs, qui ne sont que les organes du sénat, font retentir des cris de fureur contre la république française.

« Nous nous trouvons donc réellement en état de guerre avec la république de Venise, et elle le sait si bien qu'elle n'a pas trouvé de meilleur moyen que de désapprouver en apparence les mouvements des paysans qu'elle a réellement armés et payés.

« En conséquence, citoyen ministre, vous demanderez une explication catégorique dans le délai de douze heures; c'est-à-dire vous demanderez si nous sommes en guerre ou en paix.

« Dans le premier cas, vous partirez de Venise sur-le-champ.

victimes. C'est en vain que vous désavouez des rassemblements que vous-mêmes vous avez organisés. Croyez-vous que, dans le moment où je me trouve au cœur de l'Allemagne, je ne puisse pas faire respecter le premier peuple de l'uni-

---

« Dans le second, vous exigerez :

« 1° Que toutes les personnes arrêtées pour leurs opinions, et qui ne sont en effet coupables que d'avoir manifesté de l'affection pour les Français, soient mises en pleine liberté.

« 2° Que toutes les troupes sortent des places, en n'y laissant que les garnisons ordinaires sur le pied où elles étaient il y a six mois.

« 3° Que tous les paysans soient désarmés, comme ils l'étaient il y a un mois.

« 4° Que le sénat prenne des mesures pour la tranquillité de la terre-ferme, et ne concentre pas sa sollicitude dans les lagunes.

« 5° A l'égard des troubles de Bergame et de Brescia, j'offre, comme je l'ai déjà fait, la médiation de la république française, pour faire rentrer tout dans l'ordre accoutumé.

« 6° Que les auteurs de l'incendie de la maison du consul de Zante soient punis, et que cette maison soit rebâtie aux frais de la république.

« 7° Que le capitaine qui a fait feu sur la frégate la Brune soit puni, et que la valeur du convoi qu'il a protégé contre les règles de la neutralité, soit payée à la France. »

Dans la lettre au procurateur François Pesaro, les reproches étaient entremêlés de conseils et même de propositions d'accommodement.

« Si le sénat de la république de Venise, écrivait le géné-

vers? croyez-vous que les légions d'Italie souffriront les massacres que vous excitez? Le sang de mes frères d'armes sera vengé. Il n'est pas un bataillon français qui, chargé de cette noble mission, ne sente redoubler son courage et tri-

---

ral, avait eu à cœur de finir les affaires de Brescia et de Bergame promptement et sans effusion de sang, il aurait accepté la médiation de la république française, que je vous ai offerte à Gorice.

« Mais il paraît bien décidé aujourd'hui qu'on a cherché un prétexte pour armer les paysans des montagnes, et on y a parfaitement réussi. Le sang français a coulé de toutes parts, par-tout vos paysans se sont fait un jeu de satisfaire sur les cadavres de nos frères d'armes leur cruauté et la fureur que vous leur avez inspirée. La lettre que votre courrier m'apporte semble aussi me menacer de toute cette population armée. Vous n'avez pas bien réfléchi sans doute sur les exemples que vous offre cette campagne.

« Mon aide-de-camp doit dans ce moment être à Venise; il était porteur d'une lettre pour le sénat. Je desire, pour la paix, que vous ayez donné à la république française la satisfaction que les circonstances exigent.

« Quant à Brescia et à Bergame, ce que je vous avais offert à Gorice, je l'offre encore au sénat. J'interposerai l'autorité de la république française pour que tout finisse. Il me paraît que ce n'est pas trop exiger que de vouloir que les paysans, que vous avez exaltés et armés, n'assassinent plus nos soldats. Il serait singulier que le sénat de Venise nous obligeât à lui faire la guerre dans un moment où nous sommes en paix avec tout le continent. »

pler ses forces. Le sénat de Venise a répondu par la perfidie la plus noire à nos généreux procédés. Je vous envoie mon aide-de-camp pour vous porter cette lettre, qui vous déclare la guerre ou la paix. Si vous ne vous empressez de dissoudre les attroupements, si vous ne faites arrêter et consigner en mes mains les auteurs des assassinats, la guerre est déclarée. Le Turc n'est pas sur votre frontière, aucun ennemi ne vous menace; cependant, de dessein prémédité, vous avez fait naître des prétextes, pour former un attroupement dirigé contre l'armée. Il sera dissipé dans vingt-quatre heures. Nous ne sommes plus aux temps de Charles VIII. Si, contre les intentions notoires du gouvernement français, vous me réduisez à faire la guerre, ne croyez pas qu'à l'exemple des assassins que vous avez armés, les soldats français dévastent les campagnes des innocents et malheureux peuples de la terre-ferme. Je les protégerai, et ils béniront un jour jusqu'aux crimes qui auront contraint l'armée française à les soustraire au joug de leur tyrannique gouvernement. »

XXXVI. Réponse du gouvernement vénitien.

Le doge répondit à l'aide-de-camp que l'affaire serait soumise à la souveraine délibération du sénat, qui toujours avait nourri des sentiments de loyauté et d'amitié sincère pour la république française. Quand cet officier se fut retiré, on lut une note du ministre de France, qui reproduisait, sous des formes moins insolites, les demandes du général en chef, et on délibéra le jour même la réponse suivante :

15 avril 1797.

Louis Manini, par la grace de Dieu, duc de Venise, etc.

Au général Bonaparte, commandant en chef l'armée d'Italie.

« Dans la profonde douleur qu'a dû nous causer la lettre qui nous a été remise par votre aide-de-camp, et qui nous instruit des fâcheuses impressions que vous avez reçues contre l'ingénuité de notre conduite, nous éprouvons quelque consolation, en voyant qu'une voie nous est ouverte pour les effacer entièrement par une réponse prompte et précise.

« Le sénat, invariable dans la résolution de maintenir la paix et l'amitié qui nous lie avec la république française, s'empresse de vous en renouveler l'assurance dans les circonstances présentes.

« Certainement une déclaration aussi franche, aussi solennelle, ne saurait recevoir quelque atteinte d'évènements qui n'y ont aucun rapport. Lorsqu'une révolution, aussi fatale qu'inattendue, a éclaté dans nos provinces de la rive droite du Mincio, les sentiments unanimes de nos peuples leur ont fait prendre spontanément les armes, dans le seul objet de réprimer la révolte, et de repousser les violences des insurgés ; c'est uniquement pour atteindre ce but qu'ils ont imploré l'assistance du gouvernement.

« Si, dans une confusion aussi grande, quelques malheurs sont arrivés, ils ne peuvent être imputés qu'à un désordre passager, et ils sont tellement contraires aux intentions du gouvernement, que, dans la vue d'en éloigner le danger, nous avons toujours, et même dans une proclamation récente, recommandé à nos sujets de borner l'usage de leurs armes à leur propre défense, même en présence des insurgés.

« Bien déterminés à prendre les mesures qui peuvent seconder vos desirs, nous espérons que vous reconnaîtrez dans votre justice, qu'il est indispensable en même temps que nous soyons garantis d'une attaque extérieure, et que des agitations intérieures ne viennent point troubler notre tranquillité et nos sujets, dans la manifestation de leurs sentiments pour nous.

« Empressé de satisfaire à votre demande, le sénat fait rechercher, pour vous les consigner, ceux qui ont osé commettre des assassinats sur des individus de l'armée française. Les mesures les plus efficaces seront prises pour en découvrir les auteurs, afin qu'ils subissent le châtiment qu'ils méritent.

« Pour arriver à remplir tous ces objets à notre satisfaction réciproque, nous avons cru utile de vous envoyer deux députés, qui sont en outre chargés expressément de vous assurer de notre desir de vous complaire. Ils vous diront combien il nous serait agréable que vous voulussiez bien intervenir d'une manière efficace auprès de votre gouvernement, pour qu'il s'intéressât au rétablissement de l'ordre dans les provinces qui se sont séparées de nous, et à leur retour vers l'ancien état des choses. Nos députés ont aussi l'ordre de vous renouveler les assurances des sentiments aussi constants que sincères dont nous sommes pénétrés pour la république française, et de notre considération la plus distinguée pour votre illustre personne. »

André Alberti, *secrétaire*.

Cette lettre fut approuvée par cent cinquante-six suffrages. Les deux députés qu'elle annonçait furent le censeur François Dona, et l'ancien ministre de la guerre, Léonard Justiniani. L'aide-de-camp, qui ne trouvait pas, dans ces promesses évasives, la réponse catégorique qu'il était venu chercher, menaçait de faire afficher dans Venise la déclaration de guerre (1). On parvint à le calmer et à le faire repartir.

Les choses en étaient venues au point qu'il ne paraissait pas qu'il restât au gouvernement de Venise le temps de commettre d'autres erreurs.

Le provéditeur de Vérone mettait une grande importance à faire entrer dans cette place des troupes esclavonnes, quoiqu'il y eût déja des Italiens. Les commandants français s'y étaient refusés avec obstination. On usa de tous les moyens pour dissiper leurs craintes et vaincre leur résistance. Le 14 avril, on obtint que quatre compagnies seraient introduites dans la ville. Le provéditeur, en se félicitant de ce succès, ajoutait que dans l'intérieur, la population était armée, et qu'au-dehors, il y avait à peu de distance une force considérable (2). Le surlende-

---

(1) Non soddisfatto l'uffiziale della lettera che il senato aveva diretto al general Bonaparte, calcolandola come evasiva; minacciò di far affiggere i manifesti dell' intimazione di guerra per la città.

Exposé adressé le, 22 avril 1797, par le sénat à ses ministres dans les cours étrangères.

(2) Tuttochè non mai lontana da quelle misure di prudenza che è dovuta al nostro uffizio, la massa interna ar-

main, il écrivait qu'il avait recommandé de gagner du temps, pour éluder le désarmement exigé par le général en chef (1).

Cependant à Peschiera (2), à Castel-Nuovo (3) et dans quelques autres places, les commandants français désarmaient les garnisons vénitiennes. A Vérone (4), où ils n'étaient pas à beaucoup près les plus forts, on prenait de part et d'autre toutes les précautions que supposent la méfiance et la haine, en continuant les protestations d'amitié et de loyauté.

XXXVII.
Négociations
à Paris.

A Paris l'ambassadeur vénitien se repliait en cent manières, pour pénétrer les intentions du directoire, et même pour influer sur ses déterminations. Il n'épargnait ni les moyens de cor-

---

mata degli abitanti, quella esistente poco dalla città distante, etc.

(*Rapport* du provéditeur Joseph Giovanelli, et du vice-podestat Alvise Contarini, du 14 avril 1797.)

(1) Credevamo pure di ben servire agli ossequiati comandi, dirigendoci per procurare che insister non abbia per il disarmo de' villici.

(*Rapport* des mêmes, du 16.)

(2) *Rapport* des mêmes, du 15.
(3) *Rapport* des mêmes, du 16.
(4) *Ibid.*

ruption (1), ni les souplesses; mais c'était une faible ressource de descendre jusqu'à l'intrigue, pour se livrer à des agents subalternes qui finirent par le compromettre (2). Quelquefois les membres du directoire mirent dans leurs communications avec ce ministre une hauteur qui ressemblait à de la franchise (3); dans les communications officielles, on lui donnait l'assurance que toutes les insurrections des provinces vénitiennes, désavouées par le gouvernement français, devaient finir; qu'elles ne pouvaient qu'occasionner un bouleversement général, et fournir aux paysans un prétexte pour prendre les armes. On ajoutait qu'il était facile de reconnaître, par les ordres que le directoire expédiait, qu'il éprouvait un sincère désir de rester en paix avec la république. Il n'avait aucune raison pour l'attaquer; on n'ignorait pas qu'elle était accoutumée à craindre, à respecter la maison d'Autriche, qu'elle avait même plus d'affection pour cette puissance que pour la France; mais enfin le directoire n'avait point à se plaindre du sénat, et

---

(1) Dépêches de cet ambassadeur, des 8, 17 et 22 avril 1797, et réponse du collége, du 7 mai.

(2) *Recueil chronologique*, tom. II, 3ᵉ part.

(3) Dépêche de l'ambassadeur, du 8 avril 1797.

il aimait encore mieux avoir affaire à un gouvernement ancien et dont les principes étaient connus, qu'en laisser naître un autre dont la direction serait peut-être contraire aux intérêts de la France. « Tout cela, ajoutait l'ambassadeur, serait fort rassurant, si le passé ne m'avertissait que les effets ne répondent pas toujours aux paroles. » Cependant il se laissait aller à penser qu'il était possible que le directoire, reconnaissant la difficulté d'opérer une révolution dans les provinces vénitiennes, se fût décidé à en arrêter les progrès (1).

Ce langage du gouvernement français était fort différent de celui que tenait à la même époque son général; on ignorait à Paris ce qui s'était passé en Italie. Quelle que pût être la sincérité des promesses du directoire, la nouvelle des évènements de Salo vint en suspendre l'effet, et, bientôt après, les scènes sanglantes de Vérone rendirent tout rapprochement impossible.

XXXVIII.
Situation de Vérone.

Depuis que des troupes esclavonnes avaient été introduites dans cette ville, il fallait s'attendre de jour en jour à quelques rixes entre les soldats des deux nations, et les esprits étaient

---

(1) Dépêche de l'ambassadeur Alvise Querini, du 17 avril 1797.

dans un tel état d'irritation, que la moindre étincelle devait occasionner une explosion générale. Elle eut lieu le 17 avril. Pour l'intelligence de ce récit, il est bon de se faire une idée de la situation des Français dans Vérone. Ils y étaient à-peu-près au nombre de treize cents, pour occuper les trois forts et les diverses portes de cette grande place. Dans l'intérieur de la ville, il y avait des hommes isolés, des agents de l'administration de l'armée, des femmes et quatre cents malades.

On voit que, si l'attaque eût été préméditée de la part des Français, ils auraient dû commencer par faire rentrer dans les forts tous leurs compatriotes épars dans la ville; ils n'auraient pas laissé aux portes des détachements insuffisants pour les défendre; car il y avait, dans l'intérieur des murs, outre la garde bourgeoise, deux mille Esclavons, mille hommes de troupes italiennes, plusieurs milliers de paysans, et en dehors un corps de huit mille hommes, composé de troupes réglées et de paysans armés. Les Vénitiens sentaient si bien la supériorité de leurs forces, qu'ils avaient déployé des troupes sur les places d'armes qui sont devant les châteaux. On avait parlementé la mèche allumée, et, pour faire retirer ces troupes, il avait fallu menacer de canonner la ville.

Un renfort de cinq cents hommes, arrivant, le 16 avril, pour entrer dans les forts, avait été obligé de se faire jour au travers des troupes vénitiennes qui s'opposaient à son passage. Un autre détachement de cent hommes, venant de Peschiera, arriva le 17 vers midi : il fut enveloppé. On voulait désarmer les Français; on criait qu'il fallait les fusiller. Cependant ce détachement parvint à entrer, ce qui porta les forces françaises dans Vérone à dix-neuf cents hommes.

On savait qu'une colonne autrichienne descendait du Tyrol; les Vénitiens avaient écrit au général Laudon, qui la commandait, pour lui demander du secours.

C'était un véritable état de guerre. Chaque jour, à chaque heure, à chaque instant, le sang était près de couler. Tous les rapports ne s'accordent pas à assigner la même cause à la rupture. Les uns l'attribuent à la rencontre d'une patrouille française et d'une patrouille bourgeoise qui s'engagèrent; d'autres à l'assassinat de quatre Français, qui, menacés par le peuple, fuyaient vers les châteaux. Je vais, comme je l'ai fait jusque ici, laisser les agents du gouvernement vénitien exposer les détails de cet évènement.

XXXIX.
Massacre des Français.

« Il était à-peu-près quatre heures du soir, disent dans leur rapport le provéditeur et le podestat (1), lorsque, sans que rien nous en eût fait connaître la cause, on entendit partir du fort le plus élevé au-dessus de la ville, trois coups de canon à poudre, qui paraissaient un signal. Ils furent aussitôt suivis de beaucoup d'autres à boulet, qui étaient dirigés contre le palais. Aussitôt le peuple cria vengeance, sonna le tocsin, et, encouragé par la proclamation de vos excellences, du 12 avril dernier (2), se lança contre les Français répandus dans la ville. Militaires,

---

(1) *Rapport* du 18 avril, daté de Vicence.

(2) Elle portait : « In questi tempi recenti, alcune città oltre Mincio, prese da spirito di vertigine et d'insurrezione, intrapresero anche di costringere altre popolazioni a seguitarne l'esempio. Queste però, attaccate per intimo senso del proprio benessere all' antico sperimentato governo, spiegarono con zelo per la propria difesa un filiale ardore, e quindi, prese spontaneamente le armi, invocarono dal naturale loro principe assistenze e sussidj. Le quali cose, dirette soltanto alle interne perturbazioni dello stato, non possono per alcun modo ferire le ingenue massime de neutralità, apertamente professate dalla repubblica nostra. »

« Conformandosi a questa constante pubblica intenzione li fedelissimi sudditi nostri, come ne siamo certi anco per le recenti solenni proteste e disposizioni di attaccamento, continueranno ad animarsi nel lodevole dimostrato fervore soccorrendosi gli uni gli altri, in caso di minaccia e di attacchi per l'oggetto importante della commune difesa. »

employés d'administration, femmes, tout fut attaqué sans distinction; et le massacre fut considérable, car on compta plus de cent Français tués et vingt-six Véronais. L'agitation était extrême; toute la population en armes parcourait les rues et menaçait de mort quiconque était suspect d'inclination pour les Français.

« Empressés de connaître la cause de ce malheur et d'en prévenir de plus grands, nous parvînmes, non sans peine, à faire élever un drapeau blanc sur la grande tour et faire cesser le tocsin. Les forts Saint-Pierre et Saint-Félix suspendirent leur feu; le vieux château continua de tirer. Nous envoyâmes deux parlementaires, pour demander la raison de ces actes d'hostilité. Le commandant Beaupoil leur dit qu'il était sous les ordres du général Balland; que, sachant que les hostilités avaient été provoquées, non par le gouvernement vénitien, mais par le peuple, il allait descendre pour en conférer. Il s'achemina en effet, mais le peuple en fureur le coucha en joue, et il se retira pour attendre une escorte.

« Cependant la fermentation croissait, les massacres continuaient, nous tâchions de ramener le calme. Nos exhortations furent inutiles. Le provéditeur François Emili voulait chasser les Français des forts; six cents Esclavons et deux mille cinq cents paysans, avec deux pièces de canon, se précipitèrent vers la porte San-Zeno, attaquèrent cent cinquante Français qui y étaient de garde, et les forcèrent à capituler.

« Dans le même temps le capitaine Coldogno, avec quarante dragons, se rendait maître de la porte Vescovo, faisant prisonniers soixante-dix Français qui s'y trouvaient. Le comte Nogarola s'empara de celle de Saint-Georges, avec le secours des habitants qui combattaient en dedans, et des paysans qui attaquaient par dehors. Le combat fut long, et il y eut beaucoup de sang répandu, avant que quatre-vingts Français, à-peu-près, qui gardaient cette porte, missent bas les armes.

« On combattait aux portes, et le canon du château vieux continuait de tirer, lorsque le commandant Beaupoil, accompagné seulement de deux aides-de-camp, mais escorté par la garde bourgeoise, parut à l'entrée du palais. On ne l'eut pas plutôt reconnu, qu'il fut assailli par derrière, saisi par les cheveux, désarmé ainsi que ses aides-de-camp, maltraité, et ce ne fut qu'avec beaucoup de peine que les officiers qui l'entouraient lui sauvèrent la vie. Vous jugez s'il se plaignit de cette violation du droit des gens.

« Lorsque nous fûmes en conférence et qu'on lui eut demandé pourquoi le général Balland foudroyait de son artillerie une ville qui, depuis dix mois, exerçait l'hospitalité envers les Français, et qui appartenait à une puissance amie; il nous répondit qu'il fallait l'attribuer au meurtre d'un chef de bataillon et de trois autres Français, qui venaient d'être assassinés, avant que le feu des châteaux n'eût commencé. Pour profiter des dispositions qu'il montrait, nous lui proposâmes de faire cesser le feu des châteaux, et d'arrêter la marche d'un corps de troupes qui venait de Peschiera au secours de ses gens. Il y consentit, mais il ne pouvait qu'être dans une agitation extrême, car il voyait la fureur des habitants croître de moment en moment, et il entendait les cris de cinq cents Français contre lesquels s'exerçait la juste vengeance d'un peuple exaspéré par dix mois de calamités.

« Enfin nous convînmes avec lui qu'on jetterait un voile sur le passé; qu'on l'attribuerait de part et d'autre à des circonstances fortuites; que la bonne harmonie existant entre les deux nations n'en serait point troublée; qu'on ferait sortir de la ville les corps de paysans armés; que, par réciprocité, on n'y ferait point entrer les troupes françaises; que les gardes seraient rétablies sur le même pied qu'auparavant, et qu'on ferait une proclamation pour calmer le peuple.

« Cette convention fut portée par lui au général Balland, qui devait la ratifier; mais, au lieu d'une ratification, ce général nous envoya quatre articles, qui étaient : le désarmement général et absolu, dans le délai de trois heures, non pas seulement des paysans, mais même des habitants; le rétablissement des communications; la remise de six ôtages à son choix; une satisfaction prompte et éclatante pour le meurtre de tous les Français qui avaient été assassinés.

« C'était son ultimatum; il ne donnait qu'un délai de trois heures pour que toutes les armes fussent déposées sur la place, en avant du château. Le feu entre la ville et le château vieux n'avait pas cessé.

« Pendant la nuit, le peuple s'abandonna à sa fureur, pilla non-seulement les propriétés des Français, mais aussi les magasins de vivres, parce qu'ils avaient été formés pour eux, et les maisons de plusieurs habitants. Une foule tumultueuse inondait les salles du palais, et criait que, bien loin de consentir à se laisser désarmer, elle voulait escalader les forts et exterminer tous les Français. On demandait le signal de l'attaque. Nous sûmes même que, *dès la veille*, le peuple, de son propre mouvement, avait dépêché un courrier au général autrichien Laudon, pour l'inviter à venir au secours de Vérone. Enfin on parlait de nous arrêter. Dans cet état de choses, ne pouvant calmer un peuple en effervescence, ne voulant point occasionner une déclaration de guerre, en ordonnant l'attaque des châteaux, qui avaient cessé de faire feu; craignant de compromettre le gouvernement par notre présence, nous prîmes le parti de nous retirer. »

On voit que, dans ce rapport fait à leur gouvernement, le provéditeur et le podestat ne nient point l'assassinat d'un chef de bataillon et de trois Français, antérieurement aux décharges de l'artillerie des châteaux; qu'ils ne dissimulent point les massacres qui signalèrent cette horrible journée, et dont en effet près de cinq cents Français, même ceux qui se trouvaient dans les hopitaux furent victimes; qu'enfin ils conviennent que la veille, c'est-à-dire dans un moment où on ne pouvait pas prévoir que les Français tireraient sur la ville, on avait envoyé demander du secours au général autrichien le plus voisin.

Je vais continuer d'analyser les relations vénitiennes.

XL. Les forts canonnent la ville.

Le lendemain 18, il y eut un combat de cinq heures, qu'on interrompit pour parlementer. Le général persista dans les conditions qu'il avait exigées la veille. On convint d'une courte treve. Pendant qu'on négociait, le peuple, toujours plus furieux, cria qu'il voulait que les Français évacuassent les forts et traversassent la ville désarmés, ou bien qu'il allait donner l'assaut. Les châteaux recommencèrent leur feu. Les Vénitiens y répondirent si vivement, que, dès le soir, ils furent sur le point de manquer de munitions; les Français firent plusieurs sorties, qui ne leur réussirent pas. Dans la ville, plusieurs édifices étaient détruits, quelques autres étaient en flammes.

Le sénat ordonna au provéditeur-général qui était à Vicence, de se porter au secours des Véronais avec des troupes et de l'artillerie. Il amena à-peu-près deux mille hommes. Le 21, les châteaux tirèrent à boulet rouge. Les assiégés voyaient grossir les troupes ennemies, et savaient qu'une colonne autrichienne approchait. Ils manquaient de pain, la vie de quelques-uns de leurs compatriotes, non encore massacrés, était au pouvoir des Véronais. Au milieu de toutes ces anxiétés, ils découvrirent, du haut du château Saint-Félix, une colonne qu'ils reconnurent bientôt pour être française. C'était le général Chabran, amenant un secours de douze cents hommes; il avait passé sur le ventre à un corps nombreux de paysans, soutenu par mille hommes de troupes réglées, et lui avait pris douze pièces de canon. En approchant de la ville, il demanda à y entrer, et cette demande était, selon l'usage, accompagnée de la menace de mettre la ville en cendres, si les portes tardaient à s'ouvrir. Son arrivée donna lieu à une correspondance, puis à quelques ouvertures de négociation, puis à une entrevue. Mais le peuple, quoique sous les armes depuis quatre jours, n'avait rien perdu de sa fureur; son exaltation ne laissait guère les moyens de traiter; la conférence fut rompue, les hostilités continuèrent pendant la nuit du 21 au 22. La journée suivante se passa en dispositions de la part des Français, en attaques infructueuses du général Chabran contre la ville, en correspondances qui n'interrompaient point la canonnade et le bombardement. Le 23, le général Balland reçut la nouvelle de la signature de la paix entre la république française et l'empereur; il en fit part à la ville; dès-lors, plus d'espoir pour les habitants d'être secourus par les troupes autrichiennes; toute l'armée française devenait disponible pour les punir. On convint d'une suspension d'armes. On sut que le général Victor avançait avec un corps de six mille hommes; alors les Vénitiens désespérèrent du succès, et les Français voulurent que le traité qu'ils allaient accorder à Vérone fût une capitulation.

Des parlementaires de la ville se présentèrent au fort Saint-Félix. Voici les conditions que leur dicta le général Balland :

XLI.
La ville se soumet.

« Un commissaire français avec deux compagnies de grenadiers, précédé et suivi d'une troupe vénitienne à pied et désarmée, entrera dans Vérone par la porte San-Zeno, qui sera remise à un bataillon de grenadiers français.

« Il se portera dans tous les lieux de la ville où il était demeuré des Français.

« Tous les Français, détenus ou non, en quelque lieu qu'ils se trouvent, seront indiqués et rendus sur-le-champ à ce commissaire, qui les fera sortir aussitôt par la porte San-Zeno.

« Toutes les pièces de canon, obusiers, etc., existant dans la ville, seront encloués sur-le-champ par les Vénitiens, pour que les paysans ne puissent pas s'en servir; le commissaire en fera la visite pour s'en assurer.

« On enverra à la citadelle seize ôtages, parmi lesquels seront les deux provéditeurs, l'évêque et d'autres personnages nommément désignés.

« S'il sort de la ville une voiture, un cheval, un seul habitant, soit par les portes, soit par l'Adige, le traité sera rompu.

« D'ici à ce soir, toute troupe armée, de quelque espèce qu'elle soit, viendra déposer ses armes à cinq cents pas du camp, en face de la Croix-Blanche.

« Les autres conditions à ajouter à cette capitulation, seront dictées par le général Kilmaine. La réponse devra arriver au fort avant quatre heures. »

Les provéditeurs se soumirent à ces conditions. C'était se rendre à discrétion, puisqu'on ne stipulait rien pour la sûreté des propriétés, ni même de la vie des habitants. Ils écrivirent : « Accordé. « Les Vénitiens s'abandonnent à la générosité « française; les vies, les propriétés des habitants, « des troupes et de leurs chefs, sont sous la « sauve-garde de la loyauté de la nation française, « de ses chefs et de ses troupes. »

Alors trois parlementaires montèrent au château, où le général Kilmaine venait d'arriver. Celui-ci ajouta, pour l'exécution de la capitulation, quelques dispositions peu importantes. Les provéditeurs ne jugèrent pas à-propos de se livrer en ôtages; ils partirent pour Padoue dans la nuit du 24 avril (1), laissant dans Vérone,

---

(1) Presimo il partito di cautamente sottrarci dalla faccia del popolo e dalla ferocia de' Francesi. *Rapport* des provéditeurs Joseph Giovanelli, et Nicolas Erizzo, daté de Padoue, le 25 avril 1797. Tous les détails ci-dessus sont tirés

suivant leur rapport, à-peu-près deux mille hommes de troupes réglées, sept à huit mille paysans, et une population nombreuse et très-exaltée.

Les provéditeurs partis, on recommença la négociation sur nouveaux frais. Les Véronais se soumirent à payer quarante mille ducats de contribution, pour racheter leurs propriétés et leurs vies. Les paysans furent désarmés et renvoyés chez eux; les troupes réglées partirent pour Vicence, avec leurs armes et leurs bagages. Les malheureux qui avaient échappé au massacre se trouvèrent rendus à leurs compatriotes, et les troupes françaises entrèrent dans Vérone consternée.

En déplorant ces fureurs, il serait injuste de ne pas ajouter que plusieurs habitants de Vérone eurent la générosité et le bonheur de sauver un petit nombre de ces Français, que poursuivait la haine nationale. Les comtes Alexandre Carlotti et Nogarola sont du nombre de ceux à qui l'histoire doit cet honorable témoignage.

Quelques maisons furent pillées par les troupes victorieuses, et trois des principaux habi-

---

des rapports des mêmes provéditeurs, des 18, 19, 20, 21, 22, 23 et 24 avril.

*Tome V.*

tants furent livrés à une commission militaire, et fusillés.

Tel fut le résultat de l'insurrection de Vérone (1), que les Français appelèrent les Pâques véronaises, par allusion aux Vêpres siciliennes.

XLII. *Bâtiment français canonné par les forts de Venise.*

Pendant qu'on était à Venise dans le paroxisme d'anxiété que devait produire l'entreprise des Véronais, et à une époque où on ne pouvait pas encore en prévoir l'issue, le 20 avril au soir, il s'y passa un évènement non moins déplorable, non moins propre à faire juger les sentiments qui animaient la population de la capitale, et les chefs du gouvernement.

Le commandant du fort Saint-André du Lido, c'est-à-dire de la passe par laquelle on entre dans le port de Venise, adressa au provéditeur des lagunes, le rapport suivant que je traduis littéralement.

*Rapport de l'officier vénitien.*

« Divers rapports, qui m'étaient parvenus ces jours derniers, m'annonçaient que treize bâtiments armés croisaient dans le golfe, sans arborer un pavillon qui fît connaître à quelle nation ils appartenaient, et qu'ils étaient ac-

***

(1) Les relations françaises de cet évènement ont été recueillies dans un écrit imprimé sous le titre de *Recueil de pièces relatives aux affaires de Venise*, du 22 *floréal an V*.

compagnés d'autres navires qui paraissaient chargés de troupes. Ces avis avaient excité ma vigilance ; lorsque hier, une demi-heure avant la nuit, les vigies aperçurent trois gros bâtiments armés, qui se dirigeaient à pleines voiles vers le port.

« Je fis partir aussitôt deux embarcations, qui leur portaient l'ordre de rétrograder. Dès qu'elles furent près du premier bâtiment, qui avait arboré le pavillon français, nos officiers signifièrent au capitaine que l'entrée de ce port était interdite à tout bâtiment armé, de quelque nation qu'il fût. Celui-ci répondit insolemment que rien ne l'empêcherait d'entrer, et qu'il était prêt à forcer le passage. Toutes les représentations furent inutiles ; il continua sa marche.

« J'ordonnai aux galères et galéottes de se tenir prêtes, et à l'officier d'artillerie d'envoyer deux volées à ce vaisseau, pour avertir les deux autres qui le suivaient. En effet, ils revirèrent de bord ; mais le premier corsaire poursuivit sa course, et, quand il fut au milieu des bâtiments de la république, il leur tira divers coups, qui obligèrent les nôtres à faire feu pour leur défense. Cet engagement dura quelque temps. Le corsaire, gardant toujours son pavillon français, aborda la galéotte du capitaine Wiscowitch, dont l'équipage se défendit à l'arme blanche. Le capitaine et l'écrivain du corsaire furent tués, au moment où ils allaient mettre le feu à la sainte-barbe. Ce bâtiment, qui s'appelle *le Libérateur de l'Italie*, porte huit pièces de canon; il était commandé par le capitaine Laugier. Le nombre des morts est de cinq, celui des prisonniers de vingt-neuf. Nous avons eu cinq blessés. »

On voit que le résultat de ce rapport est qu'un bâtiment armé de huit pièces de canon, et monté par trente-quatre hommes, avait entrepris de forcer l'entrée du port de Venise, et, que lorsqu'il s'était trouvé au milieu de la station vénitienne, composée de plusieurs galères, et sous le canon des forts, il avait commencé le combat. La raison se refuse à admettre de pareilles invraisemblances. Si ces trois bâtiments se dirigeaient sur Venise, avec l'intention d'en forcer l'entrée, et bien déterminés à combattre, comment les deux qui étaient en arrière, avaient-ils reviré de bord au premier coup de canon?

XLIII.
Lettre du sénat à son ambassadeur, sur cette affaire.

Il existe une autre relation de cet évènement, non moins authentique que la première, et irrécusable: c'est celle du sénat lui-même. Elle fut adressée, le 26 avril, à l'ambassadeur de la république près le directoire, pour le mettre en état de donner des explications sur cet évènement.

« Dans la soirée du 20 de ce mois, y disait-on,

trois bâtiments armés en course, se dirigèrent sur le port du Lido ; l'un d'eux s'avança hardiment, et vint mouiller près de la poudrière (1). Le commandant lui envoya l'ordre de démarrer (2). Le capitaine s'obstina à y demeurer (3), et commença, un moment après, à canonner une felouque de la république, qui gardait ce poste. Ce fut alors que le fort Saint-André et les autres bâtiments lui répondirent par leur feu. Quelques hommes furent tués, les autres pris. Le bâtiment fut arrêté; il se trouva chargé de munitions d'artillerie, et particulièrement de grenades. »

Ce récit révèle une circonstance remarquable, c'est que le bâtiment arrivé à la passe y mouilla l'ancre, qu'on lui signifia l'ordre de démarrer, après qu'il eut amarré apparemment, et qu'il ne le voulut pas. Or, à qui persuadera-t-on qu'un brick de huit canons, qui se jette au milieu d'une

---

(1) Fù uno più ardito nell' entrare e darvi fondo vicino all' ellaboratorio di polvere.

(2) Col mezzo d'un uffiziale veneto pertanto fù eccitato a distaccarsi.

(3) Ma il capitano vi si oppose con molta fermezza, volendovi fermarsi.

*Relation* envoyée par le sénat à son ambassadeur à Paris, le 26 avril 1797.

station de plusieurs galères et sous un fort, pour les attaquer, commence par mouiller l'ancre et par s'amarrer? S'il arrivait avec l'intention de combattre, il ne pouvait attaquer trop brusquement ; ce serait une singulière manœuvre, pour se préparer au combat, que de se mettre dans l'impossibilité de se mouvoir.

Après avoir rapporté textuellement les deux relations vénitiennes, il est juste de les comparer à une relation française. Je ne la choisirai point dans des écrits publics, toujours plus ou moins suspects d'exagérations ou de réticences ; mais je rapporterai le compte que le ministre de France rendit de cet évènement, à son gouvernement, auquel il ne devait que la vérité (1).

Suivant ce rapport, le bâtiment du capitaine Laugier était un lougre armé de quatre canons ; il allait sur la côte d'Istrie. Chassé pendant toute la journée par deux bâtiments autrichiens, il eut besoin de chercher dans les eaux de Venise un asyle contre l'ennemi et contre le mauvais

---

(1) Procès-verbal dressé, le 4 floréal an V, par le consul de la république française à Venise, des déclarations faites par les hommes de l'équipage du lougre. Ce procès-verbal fait partie du *Recueil des pièces relatives aux affaires de Venise.*

temps. En passant sous les batteries du Lido, il salua le fort de neuf coups de canon, et il fut sommé de s'arrêter. Il mouilla l'ancre. Pendant cette manœuvre, un officier vénitien vint à bord pour lui ordonner d'appareiller. Le capitaine représenta que le temps était mauvais, promit de partir le lendemain, demanda un ordre par écrit, et deux chaloupes pour le remorquer. L'officier se retira, en proférant des menaces; et, pendant même que le bâtiment se disposait à obéir, le fort et les vaisseaux de la station le couvrirent de leurs boulets. Le capitaine, ayant fait descendre tout son équipage sous le pont, restait seul dehors avec son porte-voix, lorsqu'il tomba mort. A l'instant, des matelots et des soldats vénitiens sautèrent à bord du bâtiment, tuèrent quelques hommes, qui essayèrent de faire résistance, dépouillèrent les autres, et les laissèrent toute la nuit nus sur le pont, après avoir pillé le vaisseau (1).

Quelques inexactitudes qu'il puisse y avoir dans ce récit, conforme dans toutes ses circonstances aux déclarations des hommes de l'équipage, recueillies par le consul, il y a au moins quelque vraisemblance. Ce qu'il y a de certain,

---

(1) Dépêche de la légation française, du 10 floréal an V.

c'est que, le surlendemain de l'évènement, le sénat rendit un décret (1) par lequel il adressait des félicitations au commandant et aux officiers du port sur leur conduite, et accordait une gratification d'un mois de solde aux équipages qui avaient attaqué le vaisseau français (2). Ce dé-

---

(1) Sarà cura del provveditor di manifestargli il pieno nostro aggradimento, ed animarlo a proseguire con pari zelo e fervore nell' esercizio delle appoggiategli importanti incombenze; niente meno gradita la benemerita opera prestata all' oggetto stesso dagli uffiziali e valoroso equipaggio.... Si autorizza il provveditor di somministrare agli equipaggi, in aggiunta alla natural paga, l'importar della medesima di un mese, ed assicurando gli uffiziali della piena pubblica riconoscenza, etc.

(Décret du sénat, du 22 avril 1797.)

(2) A ces relations des deux parties intéressées, je crois devoir en ajouter une qui fut publiée l'année suivante, chez une nation qui n'était pas suspecte de partialité en faveur de la France.

« La république de Venise avait vu long-temps, avec un secret mécontentement, les victoires et les progrès des Français en Italie. Comme tous les indigènes de cette contrée, les Vénitiens avaient de l'antipathie pour les Français; la différence des manières et du caractère les portaient à une inimitié, qu'il était impossible de ne pas remarquer. Mais l'antipathie politique des Vénitiens était encore plus forte que leur aversion personnelle. Les conquêtes des Français avaient mis entre leurs mains le sort de l'Italie. L'ancienne

cret avait été rendu dans un moment où on se flattait encore de forcer les Français, assiégés dans les châteaux de Vérone, à capituler. Les

importance des souverainetés et des états de cette contrée avait entièrement disparu, et eux seuls donnaient des lois. C'était une situation humiliante, sur-tout pour un état qui traitait au moins comme égal avec quelques-unes des puissances de l'Italie, et comme supérieur avec le plus grand nombre. Jamais la maison d'Autriche, quoique toujours redoutable, n'avait causé à Venise autant de terreur, pas même lorsque, unissant l'Espagne et l'Allemagne par les intérêts d'une famille, elle possédait la plus grande part de l'Italie. Mais le caractère des Français, inquiet et turbulent, et leur penchant à porter l'innovation par-tout, alarmaient le sénat de Venise à un tel degré, que, sachant l'opposition des principes français à leur gouvernement, ils regardaient ce peuple comme prêt à saisir la première occasion de le renverser. Pleins de cette conviction, ils attendaient avec anxiété un retour de la fortune vers les Autrichiens, dont le voisinage, d'après une longue expérience, leur paraissait moins dangereux que celui des Français. En même temps, ils rendaient plusieurs services aux premiers, et manifestaient clairement pour eux une partialité qui n'échappait point à l'œil de Bonaparte, et dont il indiqua suffisamment l'intention de se souvenir en temps et lieu. Toutefois, espérant que les succès extraordinaires de ce général auraient un terme, ils continuèrent de favoriser les autres, par tous les moyens possibles, mais avec mystère. Le ressentiment des Français s'en accrut; ils s'emparèrent de Bergame, où ils déjouèrent une insurrection tramée contre eux, et ce fut le signal de leurs hostilités

paysans armés s'étaient emparés du fort de la Chiusa, et avaient fait main-basse sur la garnison. A Castiglione, un détachement avait été

---

contre Venise. Elle se plaignit de la violation de son territoire. On lui répondit par les reproches de sa conduite partiale envers les impériaux. Chaque jour amenait de nouvelles occasions de mécontentement, et il fut aisé de prévoir que cette inimitié réciproque aurait pour dernier résultat des actes de violence.

« Tel était l'état des choses, lorsque les Autrichiens furent forcés d'évacuer le territoire de Venise, et de chercher un refuge dans les états héréditaires. Aussitôt que les Français y pénétrèrent à leur poursuite, et s'engagèrent dans ces contrées montagneuses, les Vénitiens commencèrent à les regarder comme tellement embarrassés dans ces gorges étroites, qu'il leur serait difficile de s'en dégager, et qu'il serait possible aux impériaux, d'après la connaissance qu'ils avaient des lieux, d'attaquer leurs ennemis avec succès. Les Français étaient déja à une grande distance de l'Italie; le petit nombre des leurs qui y restaient, et dont une partie était dans les hôpitaux, ne pouvait résister et devait être facilement vaincu. Les nouvelles annonçaient la marche du général Laudon dans le Tyrol, où il avait remporté sur les Français quelques légers avantages; on ajoutait que le général Alvinzi entrait en Italie par la Carniole, et marchait sur l'arrière-garde de l'armée de Bonaparte. Un rapport circulait, qui représentait les Français sur le point de mettre bas les armes, et qui annonçait leur destruction comme certaine, si on opérait un mouvement général, et si les fidèles sujets du gouvernement de Venise voulaient y concourir. L'occa-

désarmé; il y avait eu des affaires assez vives à Desenzano, à Chiari, à Valeggio. On savait que la colonne autrichienne du général Laudon descendait du Tyrol en Italie.

---

sion était favorable pour intercepter la communication entre Bonaparte et ses postes d'Italie. Dans cet objet, quarante mille paysans du territoire vénitien furent armés et incorporés avec dix régiments d'Esclavons; ils furent postés sur toutes les routes ; par-tout les courriers et les convois pour l'armée française furent arrêtés.

« Cependant la haine des Vénitiens éclatait de la manière la plus outrageante. Quiconque avait accueilli les Français, était traité en ennemi de l'état, et jeté dans les prisons. Leurs adversaires seuls étaient appelés à l'exercice de l'autorité. Dans les places publiques, les Français étaient insultés dans les termes les plus grossiers. On les chassa de Venise ; et à Padoue, Vicence, Vérone, les habitants eurent ordre de leur courir sus. Les officiers de l'armée vénitienne se vantaient ouvertement de ce que le lion de Saint-Marc justifierait le proverbe que l'Italie est le tombeau des Français. Le clergé invectivait contre eux dans les chaires, la presse n'était occupée qu'à les diffamer par des libelles, et le gouvernement devenait responsable de ces mauvais procédés, dans un pays où la parole n'était pas plus libre que la presse.

« Mais ce n'était que le prélude des outrages qui suivirent : dans les routes de Mantoue à Legnago, et de Cassano à Vérone, plus de deux cents Français furent assassinés. Deux bataillons, qui allaient joindre l'armée de Bonaparte, furent arrêtés par les troupes vénitiennes, et obligés de s'ouvrir un passage les armes à la main. Il y eut deux autres rencontres

XLIV. *Préliminaires de paix signés à Léoben. 18 avril 1797.*

Mais la nouvelle accablante des préliminaires de paix entre la France et l'Autriche, signés le 18 avril, vint terrasser le gouvernement vénitien. La cession des Pays-Bas, la reconnaissance de la nouvelle république lombarde, qui en étaient les conditions ostensibles, faisaient craindre que l'Autriche ne se fût pas déterminée à de si grands sacrifices, sans l'assurance secrète d'une indemnité, et l'on ne pouvait pas douter que, pour atteindre un des principaux objets de leur politique, qui était de détacher l'empereur de l'alliance de l'Angleterre, les Français ne permissent à ce prince de s'agrandir ailleurs. On apprit

---

semblables. A Vérone, un complot fut tramé pour massacrer les Français qui étaient dans la ville ; l'exécution eut lieu le vendredi après Pâques ; on n'épargna pas même les blessés et les malades qui étaient dans les hôpitaux. Près de quatre cents Français en furent les victimes. Ceux qui formaient les garnisons des trois châteaux de la ville y furent assiégés par les troupes vénitiennes ; mais ils furent délivrés par un corps de l'armée française, qui mit en déroute l'armée des assiégeants, et leur fit quatre mille prisonniers, parmi lesquels étaient plusieurs de leurs généraux. Sur mer, les Vénitiens prirent ouvertement sous leur protection les vaisseaux autrichiens, et tirèrent sur les vaisseaux qui les poursuivaient. A Venise même, un vaisseau républicain fut coulé bas par l'ordre du sénat, et le commandant mis à mort avec l'équipage.

( *Annual Register*, 1797, ch. 2. )

en même temps que Vérone était punie, que les paysans étaient désarmés, que toute la population de la rive droite du Mincio était en pleine insurrection contre la capitale, que des colonnes françaises s'avançaient du Milanais, de Vérone, de la Romagne, vers les lagunes. Les provéditeurs de Vicence et de Padoue avaient bien reçu du sénat l'ordre de faire sonner le tocsin, pour rassembler la population de ces provinces, et arrêter dans leur marche les corps qui accouraient au secours des Français assiégés dans Vérone (1); mais il n'était plus temps; des proclamations annonçaient à ces villes qu'elles ne devaient plus obéir à leur ancien gouvernement (2); on y organisait des municipalités, et le lion de Saint-Marc y était abattu (3).

La nouvelle de tous ces évènements allait arriver au quartier-général de l'armée française. Il est aisé de juger avec quelle anxiété le gouvernement devait attendre des rapports sur l'accueil que ses députés y avaient reçu.

Ces députés n'y étaient pas encore, lorsque la nouvelle du massacre de Vérone les atteignit.

XLV.
Nouvelles conférences

---

(1) *Recueil chronologique*, tom. II, 3ᵉ part.
(2) Proclamation du général Lahoz.
(3) A Vicence, le 27 avril; à Padoue, le 28.

*des commissaires vénitiens avec le général français.*

Ils entendaient dire par-tout sur leur route (1) que Venise venait de déclarer la guerre à la France; que la paix avec l'empereur était signée; et, parmi les différentes versions relatives aux conditions du traité, il y en avait de douloureuses pour la république. Plus loin, depuis Pontieba jusqu'à Clagenfurt, il n'était bruit que du partage des états vénitiens; à Léoben, ils avaient eu à entendre les cris de fureur des soldats, qui juraient de venger leurs frères d'armes assassinés (2).

Enfin ils arrivèrent à Gratz, où ils eurent une conférence avec le général en chef. « Après lui avoir fait parvenir, par le général Berthier, disent-ils dans leur rapport (3), une lettre de son frère, nous nous présentâmes devant cet homme vraiment extraordinaire, sur-tout par la vivacité de son imagination, l'énergie de ses sentiments et la promptitude qu'on remarque en lui au premier coup-d'œil (4). Il nous accueillit

---

(1) Dépêche des députés Dona et Justiniani, du 21 avril 1797.

(2) Dépêche des mêmes, du 28 avril 1797.

(3) Du 28 avril 1797.

(4) Veramente originale, ma forse non più che per vivacità d'imaginazione, robustezza invincibile di sentimento, ed agilità nel ravvisarlo esternamente.

d'abord avec assez de politesse, et nous laissa dire tout ce que nous crûmes propre à le convaincre de l'amitié de notre république pour la France. Nous établîmes que les deux états ne pouvaient pas vouloir se faire la guerre. Après le développement de ces propositions, nous ajoutâmes que, relativement aux évènements qui étaient malheureusement survenus, nous n'apportions que des justifications et non des plaintes ; que nous étions prêts à répondre à tout, et à détruire tous les soupçons ; que, pour l'avenir, on était à la recherche des auteurs des assassinats, qui seraient punis exemplairement ; que la république effectuerait, ainsi qu'il en avait témoigné le desir, le désarmement de ses sujets, pourvu qu'il voulût bien faire rentrer dans l'ordre les deux villes insurgées.

« Nous nous aperçûmes sur-le champ qu'il avait pris son parti, et qu'il voulait éviter cette discussion. Après nous avoir écoutés tranquillement, il se prit à nous dire : « Eh bien ! les « prisonniers sont-ils en liberté ? » Nous n'avions aucune instruction sur ce point ; nous lui répondîmes qu'on avait rendu les Français, les Polonais et quelques Brescians. « Non, non, « répliqua-t-il, je les veux tous ; tous ceux qui « ont été incarcérés pour leurs opinions, de « quelque lieu qu'ils soient, même les Véronais.

« Ils sont tous amis de la France. Si on ne me
« les rend, j'irai moi-même briser vos plombs.
« Je ne veux plus d'inquisition; c'est une insti-
« tution des siècles de barbarie. Les opinions
« doivent être libres. » Oui, répartîmes-nous;
mais le petit nombre n'a pas le droit de faire
violence à toute une population fidèle. « Je vous
« répète, ajouta-t-il, que j'entends qu'on dé-
« livre tous ceux qui ont été arrêtés pour leurs
« opinions; j'en ai l'état. » Mais, lui objectâmes-
nous, cet état ne dit probablement pas s'ils sont
détenus pour leurs opinions ou pour d'autres
délits. Les Brescians, par exemple, ont été faits
prisonniers les armes à la main par les habitants
de Salo, qu'ils étaient venus attaquer.

« Et les miens! répliqua-t-il, et les miens, qui
« ont été massacrés? L'armée crie vengeance.
« Je ne puis la lui refuser, si vous ne punissez
« les malfaiteurs. » Ils seront punis, dîmes-nous,
quand on nous les indiquera, quand on four-
nira les preuves. Il interrompit : « Votre gou-
« vernement a tant d'espions; qu'il punisse les
« coupables. S'il n'a pas les moyens de contenir
« le peuple, il est inepte et ne mérite pas de
« subsister. Le peuple hait les Français; pour-
« quoi? Parce que la noblesse les déteste, et c'est
« aussi pour cela qu'ils sont poursuivis par le
« gouvernement. A Udine, où il y a un gouver-

« neur excellent, on n'a pas vu des désordres
« comme ailleurs. »

« Nous lui représentâmes qu'il n'y a point de police qui puisse contenir des millions de sujets, encore moins maîtriser les opinions, qu'il prétend devoir être libres, et qui, chez les paysans, prennent leur source dans la dévastation des campagnes et des habitations ; que si le peuple hait les Français, ce sont les désastres de la guerre qu'il faut en accuser.

« Ici il nous interrompit encore. « Au fait, si
« tous ceux qui ont outragé la France ne sont
« pas punis, tous les prisonniers mis en liberté,
« le ministre anglais chassé, le peuple désarmé,
« et si Venise ne se décide pas entre l'Angleterre
« et la France, je vous déclare la guerre. Je viens
« de conclure la paix avec l'empereur; je pou-
« vais aller à Vienne; j'y ai renoncé pour cela.
« J'ai quatre-vingt mille hommes, vingt barques
« canonnières. Je ne veux plus d'inquisition,
« plus de sénat; je serai un Attila pour Venise.
« Quand j'avais en tête le prince Charles, j'ai
« offert à M. Pesaro l'alliance de la France, je
« lui ai offert notre médiation, pour faire ren-
« trer dans l'ordre les villes insurgées. Il a refusé;
« parce qu'il lui fallait un prétexte, pour tenir la
« population sous les armes, afin de me couper
« la retraite, si j'en avais eu besoin ; maintenant,

« si vous réclamez ce que je vous avais offert,
« je le refuse à mon tour. Je ne veux plus d'al-
« liance avec vous; je ne veux plus de vos pro-
« jets, je veux vous donner la loi. Il ne s'agit
« plus de me tromper pour gagner du temps,
« comme vous l'essayez par votre mission. Je sais
« fort bien que votre gouvernement, qui n'a pu
« armer pour interdire l'entrée de son territoire
« aux troupes des puissances belligérantes, n'a
« pas aujourd'hui les moyens de désarmer sa po-
« pulation. Je m'en charge; je la désarmerai mal-
« gré lui. Les nobles des provinces, qui n'étaient
« que vos esclaves, doivent, comme les autres,
« avoir part au gouvernement, mais déja ce gou-
« vernement est vieux, il faut qu'il s'écroule. »

« Il est inconcevable qu'un tel discours, assurément prémédité, ait été prononcé tranquillement, et que nous n'en ayons pas été atterrés.
Nous représentâmes au général que nous ne pouvions croire qu'il voulût employer à la subversion d'un gouvernement les armes glorieuses
qui venaient de sauver le sien; que, bien que
les états fussent inégaux en force, ils étaient
égaux en droits; que la république française,
s'étant déclarée la protectrice des peuples, ne
pouvait pas vouloir nous opprimer; que si nous
avions laissé notre état désarmé, c'était une
preuve de notre bonne foi et de notre éloigne-

ment pour la guerre; que les nobles des provinces étaient admissibles au patriciat, et qu'il y en avait plusieurs exemples; mais qu'au reste, ces objets étaient étrangers à celui de notre mission; que nous venions pour le satisfaire sur les deux demandes qu'il avait adressées au sénat, la punition des coupables et le désarmement; que, pour les coupables, on était sur leurs traces; que, pour le désarmement, on l'opérerait, s'il voulait bien faire rentrer les villes insurgées dans le devoir; que c'était ce qu'il avait promis, et que nous comptions sur sa résolution.

« Eh bien, dit-il, nous tirerons une ligne le
« long du Mincio; il sera défendu aux insurgés
« d'attaquer les Véronais ; mais ceux-ci se bat-
« tent contre nous et répandent le sang français,
« qui crie vengeance; il la faut. Je n'ai pas be-
« soin d'auxiliaires; j'ai quatre-vingt mille hom-
« mes. Je veux dicter la loi, et je commence par
« vous déclarer que si vous n'avez pas autre
« chose à me dire, vous pouvez partir. »

« Alors, sans l'irriter, mais sans s'avilir, l'un de nous, Léonard Justiniani, lui parla d'une manière si calme, si raisonnée, si insinuante, que le général se contint, et renouvela même l'entretien avec lui, après dîner, dans son cabinet. Justiniani reprit les divers sujets qui avaient été traités le matin; mais, en le ramenant à l'objet de notre mission, il lui représenta que l'intégrité des états constituait l'existence politique des gouvernements, et que le premier devoir de ceux-ci était de procurer la sûreté à leurs sujets; que ce serait sacrifier l'une et l'autre que d'opérer un désarmement sans prendre des précautions; que, puisqu'il voulait employer sa médiation pour les villes insurgées, il convenait de contenir les rebelles et de les empêcher de passer le Mincio; que la ligne de démarcation qu'il proposait pouvait être fort utile pour cela, et que, s'il voulait bien nous donner une note sur cette proposition, nous la transmettrions au sénat; que les sénateurs étaient des hommes justes, loyaux, constants dans leurs maximes, et bien différents de ce qu'il les croyait; qu'après avoir donné la paix à l'empereur, au pape, au roi de Naples, tous ennemis de sa nation, il ne pouvait pas vouloir faire la guerre à une république, qui avait prouvé sa bonne foi et son amitié pour la France par tant de sacrifices; que nous n'étions nullement autorisés à lui répondre au sujet de la guerre à déclarer à l'Angleterre; mais qu'on pouvait en faire la proposition par une autre voie; que nous n'avions point d'instruction relativement aux prisonniers, mais qu'il était tout simple que le sénat les relâchât, par condescendance pour lui, lorsque, par le retour des villes insurgées à l'obéissance, ils auraient cessé d'être dangereux.

« Le général, évitant la discussion, et gardant toujours le ton impérieux, répondit : « Laissons « les détenus ; aussi-bien je serai à Trévise dans « trois ou quatre jours, peut-être avant vous, « dès que j'aurai vu le marquis de Gallo et mon « camp de Brück. » Comme il paraissait pressé de nous quitter, nous le priâmes de nous assigner une nouvelle conférence ; il nous invita à dîner pour le lendemain.

« Ce dîner, où l'on nous fit personnellement beaucoup de civilités, fut pénible à cause des questions dont on nous accabla sur les formes de notre gouvernement, et des plaisanteries sur les procédures de l'inquisition d'état, sur les plombs, les tortures, le canal Orfano et autres mensonges inventés ou copiés par les écrivains français.

« La conférence qui suivit le dîner découvrit de plus en plus la détermination prise par le général de dicter la loi au lieu de traiter. Il prétendit qu'il existait vingt-deux millions dans notre trésor. Il parla des effets anglais déposés à Venise, et il est bon de remarquer qu'il ne dit pas un mot de ceux du duc de Modène, qu'il ne parla point de ce prince, ce qui pourrait faire croire qu'il est compris dans le traité de paix. Il revint sur le désarmement des paysans, sur la punition des coupables, le renvoi du ministre anglais, la liberté des prisonniers. « Autrement, disait-il, « la guerre ; » et même il ne parlait pas de paix, après toutes les satisfactions obtenues. A diverses reprises, il parcourut beaucoup d'autres sujets. Il nous dit qu'il se moquait des Esclavons, et qu'il comptait bien aussi aller les attaquer ; mais qu'il serait bien reçu parmi eux, ayant déja des relations en Dalmatie. Il ajoutait qu'ostensiblement le gouvernement de la république paraissait appartenir à toute la noblesse ; mais que, dans le fait, c'était l'apanage d'un petit nombre de patriciens, et autres observations semblables qu'il est inutile de répéter.

« Qu'on nous permette de repasser toutes les circonstances qui ont amené cette terrible situation.

« Une république comme la nôtre, riche, maîtresse d'un état puissant, en possession d'un grand commerce, devait inspirer quelques ménagements à la France dans le commencement de la révolution. Aussi on cultiva sa bienveillance, on parla d'intérêts communs, on évita d'occuper nos places, dans les premiers temps de l'irruption ; on ne nous demanda point des subsistances à titre gratuit ; le gouvernement vénitien, en prodiguant ses secours, fit douter de sa force, on usa et on abusa de sa facilité ;

on lui proposa une alliance ; et, en cas de refus, on le menaça de ce qui arrive aujourd'hui.

« Il est probable que, dans le principe, les Français ne voyaient dans notre république qu'une barrière à opposer aux Russes, pour les empêcher d'envahir la Morée, et qui garantissait les républiques italiennes du danger d'être écrasées par l'Autriche. Il n'y a pas un mois que Bonaparte, non encore assuré d'une victoire décisive, et prévoyant qu'il pourrait avoir à faire une retraite, nous proposait une alliance. Mais aujourd'hui qu'il est débarrassé des Autrichiens, que ses forces sont disponibles, qu'il peut faire de nous ce qu'il voudra, il n'a plus à s'occuper de nous rendre les provinces qui se sont détachées de nous ; aussi le traité qu'il aurait été possible de faire à Gorice n'est plus possible ici. Il nous l'a dit clairement, et par malheur la série des faits le démontre.

« Nous avons le regret de ne pouvoir encore vous donner des détails positifs sur le traité de paix, le secret des conditions est impénétrable. Dieu veuille que ce mystère ne cache pas le partage des états de la république ! »

On voit qu'à l'époque de cette conférence, on ne savait pas encore l'issue de l'affaire de Vérone, qui en effet n'était pas terminée. On n'avait pas dit un mot de l'évènement du Lido.

XLVI. Déclaration de guerre aux Vénitiens.

De part et d'autre, on ignorait cet incident ; les négociateurs marchandaient sur l'élargissement des détenus et sur le désarmement des milices. Pendant ce temps-là, des courriers étaient en route qui leur apportaient l'autorisation de promettre la mise en liberté de tous les prisonniers et d'annoncer que le désarmement général était opéré.

Les deux commissaires n'étaient pas encore partis de Léoben, lorsqu'ils reçurent la dépêche du sénat, qui leur donnait des instructions sur la manière dont il fallait présenter l'affaire du Lido. Ils furent tellement effrayés de ses conséquences qu'ils n'osèrent pas la traiter de vive voix. Ils expliquèrent par une lettre, le mieux qu'il leur fut possible, l'outrage fait au pavillon français, et se hâtèrent de partir ; mais à peine étaient-ils à quelques postes de Léoben, qu'un autre courrier de Venise les rencontra. Celui-ci leur portait l'avis de l'entrée des Français dans Vicence et dans Padoue, et de la révolution qu'on y avait fait éclater. L'état des choses changeait à tout moment. Il fallait bien cette fois hasarder une entrevue avec un général irrité. Ils allèrent l'attendre à Palma-Nova, et, à son arrivée, sollicitèrent une audience par cette lettre :

« Il n'y a plus dans la terre-ferme un homme

resté fidèle au gouvernement qui ne soit désarmé. Les intentions de votre excellence ne peuvent plus trouver la moindre opposition. Il semble que cet état des choses doit déterminer la grande nation, que votre excellence représente si glorieusement, à ne pas agir d'une manière hostile contre un gouvernement qui desire de bonne foi l'amitié de la France, et qui est prêt à manifester, par tous les moyens, la sincérité de ses sentiments.

« Si des circonstances impossibles à prévoir ont amené des évènements pour lesquels la république française se croie en droit d'exiger des réparations ; si, au terme des plus glorieux succès militaires, elle jugeait que le gouvernement vénitien eût quelque chose à faire pour compléter le nouveau système d'équilibre politique que la France jugera à propos de donner à l'Europe, nous supplions votre excellence de s'expliquer.

« La France, au point de grandeur où elle est parvenue, objet de l'admiration universelle, trouvera certainement plus de gloire dans les efforts volontaires que la république vénitienne s'empressera de faire, que dans une conduite hostile contre un gouvernement qui se reconnaît sans défense. »

Voici la réponse :

« Je ne puis, messieurs, vous recevoir couverts du sang français. Quand vous aurez fait remettre en mes mains l'amiral du Lido, le commandant de la tour et les inquisiteurs d'état, qui dirigent la police de Venise, j'écouterai ce que vous avez à dire pour votre justification.

« Vous voudrez bien quitter le continent dans le plus bref délai.

« Cependant, messieurs, si le nouveau courrier qui vous est arrivé est relatif à l'affaire de Laugier, vous pouvez vous présenter devant moi. »

Les députés racontent, dans leur rapport du 1er mai, qu'ils reçurent cette lettre, toute sévère qu'elle était, avec une joie inexprimable, parce qu'elle leur offrait une conférence. Ils s'y rendirent, et exposèrent au général qu'ignorant les détails du malheureux évènement arrivé au Lido, ils n'hésitaient pourtant point à l'assurer que ni le sénat ni les inquisiteurs d'état ne pouvaient y avoir pris aucune part; et que certainement les officiers quelconques qui auraient transgressé leurs ordres seraient punis d'une manière exemplaire. « Nous ajoutâmes, disent-ils, que, pour le moment, nous ne pouvions lui dissimuler que le meilleur moyen d'obtenir la satisfaction qu'il demandait était d'en prescrire la forme, mais de la prescrire telle qu'elle pût se concilier avec l'existence politique de la république vénitienne et de ses états ; que c'était le vœu de la nation entière ; qu'enfin nous desirions qu'il se montrât pour nous tel qu'il s'était montré pour les ennemis à qui il avait accordé la paix, pour les peuples conquis à qui il avait donné la liberté, pour les neutres dont il avait accepté l'alliance ; et que nous ne devions pas avoir à craindre de le trouver indifférent à l'égard d'une république toujours amie de la France.

« Il avait écouté tranquillement ; mais, au lieu de nous répondre, il répéta le contenu de sa lettre, déclarant qu'il ne voulait rien entendre avant qu'on lui eût livré les coupables. Il nous dit que, s'il avait donné la liberté à d'autres peuples, il briserait aussi les chaînes des Vénitiens ; qu'il fallait que le conseil choisît entre la paix ou la guerre ; que, si l'on voulait la paix, il fallait commencer par proscrire cette poignée de patriciens qui avaient disposé de tout jusqu'à-présent et ameuté le peuple contre les Français. Ce fut en vain que nous essayâmes tous les moyens de l'apaiser. Nous hasardâmes légèrement de lui proposer une réparation d'un autre genre ; mais il répliqua avec vivacité : « Non, « non, quand vous couvririez cette plage d'or,

« tous vos trésors, tout l'or du Pérou, ne peu-
« vent payer le sang français. »

En sortant de cette conférence, le général publia le manifeste qui contenait la déclaration de guerre (1).

---

(1) Il est par-tout, notamment dans le Moniteur du 29 floréal an V. Il contient la récapitulation des griefs.

FIN DU TOME CINQUIÈME.

# TABLE DES MATIÈRES

CONTENUES DANS CE VOLUME.

PAGE

Livre XXXIII. Guerre de Candie, 1644-1669.. 1

Livre XXXIV. Conquête de la Morée par les Vénitiens. — Paix de Carlowitz, 1670-1699. — Guerre de la succession d'Espagne. — Neutralité des Vénitiens, 1700-1713. — Les Turcs déclarent la guerre à la république. — Elle perd l'île de Tine, la Suda et Spina-longa en Candie, et la Morée. — Siége de Corfou. — Paix de Passarowitz, 1713-1718...... 123

Livre XXXV. Guerre pour la succession de Parme et de Toscane. — Neutralité des Vénitiens dans cette guerre et dans la suivante, pour la succession de l'empereur Charles VI. — Division du patriarcat d'Aquilée, 1719-1750. — Guerres de l'Europe pendant la seconde moitié du XVIII$^e$ siècle. — Guerres de la république avec les puissances barbaresques. — Sa situation à la fin du siècle, 1751-1789...... 217

Livre XXXVI. Révolution française. — Conduite des Vénitiens envers la république française. 1788-1795. 333

Livre XXXVII. Campagnes du général Bonaparte en Italie. — Révolution à Bergame et à Brescia. —

Insurrection de la population des provinces vénitiennes contre les Français. — Massacre de Vérone. — Signature des préliminaires de paix à Leoben. Avril 1796-mai 1797...................... 439

FIN DE LA TABLE DES MATIÈRES DU TOME CINQUIÈME.

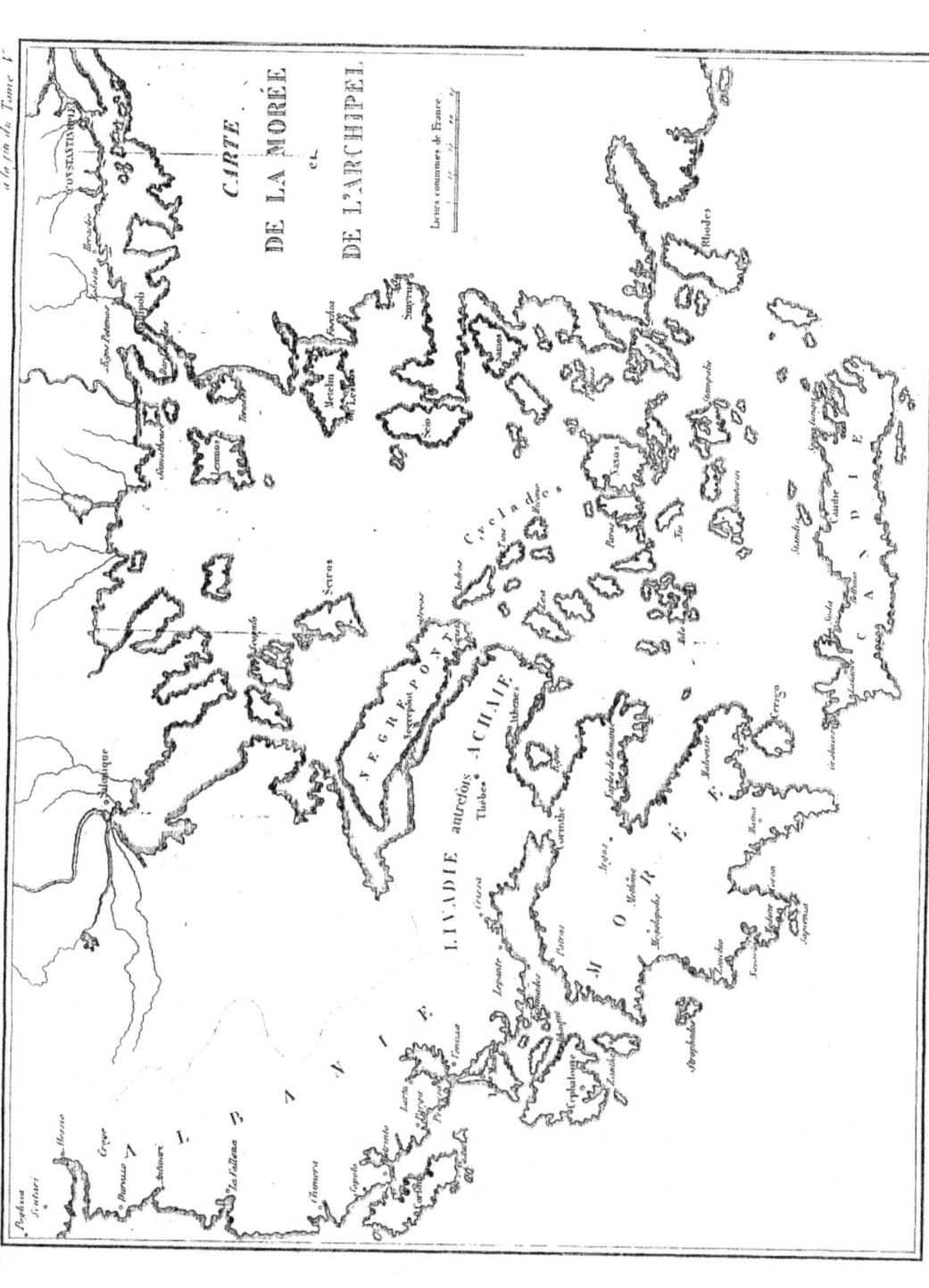